汽车先进技术译丛　汽车技术经典手册

汽车底盘设计（上卷）部件设计

［意］　吉安卡洛·珍达 （Giancarlo Genta）　　著
　　　　洛伦兹·莫雷洛 （Lorenzo Morello）

王志福　译

机械工业出版社

本卷分两部分介绍了底盘的主要子系统：第一部分介绍了从轮胎到底盘结构的主要部件，包括车轮、悬架、转向和制动系统。因为主动系统和自动系统的发展，控制系统现在变得越来越重要。第二部分是关于传动及其相关组件的。这些内容复杂，需要单独的阐述。本书适于汽车工程专业方向的师生阅读，也适合一般技术人员查阅。

图书在版编目（CIP）数据

汽车底盘设计. 上卷，部件设计/（意）吉安卡洛·珍达（Giancarlo Genta），（意）洛伦兹·莫雷洛（Lorenzo Morello）著；王志福译. —北京：机械工业出版社，2019.2（2023.1 重印）

（汽车先进技术译丛. 汽车技术经典手册）

书名原文：The Automotive Chassis：Volume 1：Components Design
ISBN 978-7-111-61616-0

Ⅰ.①汽…　Ⅱ.①吉…②洛…③王…　Ⅲ.①汽车 – 底盘 – 零部件 – 设计　Ⅳ.①U463.1

中国版本图书馆 CIP 数据核字（2018）第 295221 号

机械工业出版社（北京市百万庄大街22号　邮政编码100037）
策划编辑：何士娟　李　军　责任编辑：何士娟
责任校对：郑　婕　王明欣　封面设计：鞠　杨
责任印制：常天培
固安县铭成印刷有限公司印刷
2023 年 1 月第 1 版第 2 次印刷
169mm×239mm · 32 印张 · 2 插页 · 661 千字
标准书号：ISBN 978-7-111-61616-0
定价：148.00 元

电话服务　　　　　　　　　　　网络服务

客服电话：010 – 88361066　　机　工　官　网：www. cmpbook. com

　　　　　010 – 88379833　　机　工　官　博：weibo. com/cmp1952

　　　　　010 – 68326294　　金　书　网：www. golden – book. com

封底无防伪标均为盗版　　机工教育服务网：www. cmpedu. com

序　　言

　　《汽车底盘设计》是 20 年经验的结晶：一方面来自工程专业教学的经验，如车辆力学、车辆系统设计、底盘设计等；另一方面是从大型汽车公司的车辆和底盘部件设计实践中得来的经验。这本书的主要读者对象是汽车工程专业的学生，其次是在这一领域工作的所有设计师和技术人员。这本书可以给所有的汽车爱好者提供技术指导。

　　根据传统和道路车辆设计学科的多样性，我们一般将车辆分为三个主要的子系统：发动机、车身和底盘。

　　底盘不像发动机和车身那样是在制造过程的某一环节中生产的可见子系统；底盘部件是直接组装到车身上的。因此，底盘的功能不能脱离汽车的其余部分进行单独评价。

　　当我们读这本书的讨论历史演变的章节时，会更加清晰地看到以往的情况与现在大不相同；在最初的汽车中，底盘被定义为一个真实的自行运动的组件，其中包含：

- 一个结构，通常是一个梯形装置，能够承载车辆所有零部件。
- 车轮与车身之间起机械连接作用的悬架。
- 车轮及其轮胎。
- 根据车辆路径改变车轮角度的转向系统。
- 用于减速或停止车辆的制动系统。
- 用于传递发动机转矩到驱动轮的传动系统。

　　在装配发动机后，这组部件能自行运动。在进行试验性测试时，可以使用配重模拟车身。底盘在制造过程中，从汽车制造商的车间到车身制造商。

　　客户常从汽车制造商那里购买底盘，再到车身制造商那里根据他们的期望和要求完成整车装配。

　　当代汽车这种特殊的结构和功能仅可用于工业车辆，除了公交车，其结构可由一个车身制造商制造完成，也能根据底盘框架的整体刚度完成车身装配。

　　几乎每辆汽车的底盘结构，作为其基板（平台）的那部分都不能与车身分离；有时使用一个辅助装置来将悬架或者发动机安装到车身上，以便在主装配线旁进行预组装。

　　无论是传统技术方面还是创新技术方面，这些组件都促进了车辆工程这个特定学科的发展；因此，几乎所有的汽车制造商都有一个专门的部门，来解决车身或发动机与底盘匹配的问题。

最近又有了一个新的理由来证明这个学科和机构的特殊性，就是所谓的"技术平台"（Technological Platforms）的产生。市场提倡产品多样化，这是前所未有的；营销专家有时称这种现象为碎片化。

这种高度多样化的零件模块化若没有一个强大的标准化体系，即使成本可接受也无法持续发展。

这种情况已被工业车辆制造商所熟知多年。术语"平台"（Plat Forms），指的是车身下部以及前部的组件；形容词"技术的"，描述了与以前的底盘不同的技术。该子系统特殊的技术与科学特性、不同的发展周期以及更长的经济寿命，吸引着工程师们对它进行研究。

《汽车底盘设计》分为两卷，共五个部分。

上卷分两部分介绍了底盘的主要子系统。第一部分介绍了从轮胎到底盘结构的主要部件，包括车轮、悬架、转向和制动系统。主动/自动系统的发展，使得控制系统变得越来越重要。

第二部分是关于动力传动及其相关组件的。这些内容比较复杂，需要单独阐述。

值得注意的是，许多汽车制造商将该子系统的构件设计和生产机构与动力传动机构合并在一起，来代替底盘机构。这可以解释为合理的标准化问题以及这个组件的生命周期问题，在某种程度上更像是针对发动机而非底盘，当然这些对本书的技术内容不产生影响。

本书用了两章来阐述汽车产品的发展历程，以便让读者了解汽车这100年来的技术演变过程。在作者看来，这个主题可以激励人们进行技术创新。

本书只讲述那些典型的、应用广泛的道路车辆架构，未考虑其他的车辆，如摩托车、拖拉机或推土机等。

下卷分为三个部分，完全是关于底盘系统的，涉及底盘对于整车性能的重要性以及相关法规和标准。

第三部分阐述了车辆功能，并介绍了顾客的需求和相关要求。

第四部分解释了底盘设计对于车辆性能的影响。特别是纵向、横向和垂向的动力学分析，以及对燃油消耗率、制动性、操控性和舒适性等的影响。

第五部分是针对底盘和大型车辆所做的数学模型。汽车工程师在物理测试之前越来越多地利用虚拟原型的数学模型，并在原型测试之前进行数学模拟测试。

即使数学模型是根据专家们给出的值计算的，也能直接查到，但我们认为仍有必要将这些数值背后的原理与估值方法提供给读者。本部分的目的不是教大家如何建立自己的模型，而是指导大家如何正确地和负责任地使用其结果。

本书的最后有 5 个附录。

附录 A 回顾了基本的系统动力学，有助于大家理解第四部分和第五部分数学模型的创建。

附录 B 是关于两轮车的相关内容。对两轮车的研究在某些方面比四轮车更复杂，非常特殊且和汽车无关。此外，摩托车制造行业与汽车行业属于不同的行业范畴。然而，因为这两种车都通过轮胎与地面接触，所以两个行业之间还是有相通之处的。因此这两个领域的工程师可以相互交流互相促进。

附录 C 致力于解决在行星或者不同于地球的环境下必须面对的与车辆相关的特殊问题。此类车辆始于阿波罗计划使用的那一辆车。这部分内容对传统车辆与未来可以用于星际探测的车辆之间的相似性和差异性进行了讨论。

附录 D 讲解了各种数学方法，较为简化地解释了事故对汽车运动的影响。

附录 E 介绍了本书中列举的不同种类的车辆的主要数据。这些数据能够让学生们练习最基础的实践技能。

吉安卡洛·珍达（Giancarlo Genta）
洛伦兹·莫雷洛（Lorenzo Morello）
陶瑞诺（Torino），意大利

前　　言

　　《汽车底盘设计》是由 ATA（意大利汽车工程师协会）赞助的关于汽车工程系列丛书之一，是 2005 年出版的关于汽车变速器的著作的延续。

　　事实上，菲亚特集团意识到了专业知识在开发和管理具有高度竞争力的产品的重要性，进而找到都灵大学开设汽车工程课程的机会，对致力于开发、生产以及持续改进汽车产品的专业人士设置第一和第二学位。

　　本课程的目的不仅是为企业提供新的资源，还包含在全球化进程中促进公司发展，这只有通过零件商或供应商以及相关环节的负责人之间的文化认同才能做到。

　　这门课程，从 1999/2000 学年在都灵实施，已经成为菲亚特集团下许多公司的汽车原理专家们组成的理工教授团体的研究项目，他们对此进行了规划与实施。这些专家并不仅限于专业课程规划，还参与了讲义的准备，并经常参加实际教学活动。

　　菲亚特集团将这项任务分配给菲亚特研究中心，有很多原因。

　　菲亚特研究中心（CRF）的责任不仅是设计创新的产品，还包括产品开发和工艺设计。此外，CRF 必须使公司的经营部门了解新产品，以确保快速将有竞争力的产品推向市场。

　　最后要说的是，CRF 不仅专注于整车领域，而且还专注于汽车衍生产品，如零部件和生产系统。基于这个原因，它的业务范围涵盖了工业车辆和零部件供应商，以获得更大的汽车市场。

　　这项任务是异常艰巨的，涉及许多研究中心的专家和一些来自运营领域的专家。该成果不仅是一个综合性研究计划，还包括准备讲义和视频来辅助课程，以及设计学生的实践活动。

　　《汽车底盘设计》专注于底盘相关组件设计以及将其融入整车设计中从而使客户满意。这本书涉及汽车系统设计、汽车底盘设计、汽车变速器设计，是都灵理工大学汽车工程课程的一部分。

　　本书出版最重要的意义，就是传播汽车文化，使更多的年轻人投入到汽车设计和开发中来。

Nevio Di Giusto

致　　谢

感谢菲亚特研究中心使这两卷书能够顺利出版。该中心不仅资助了这项工作的进行，还提供了大量的技术资料。

特别感谢 Kamel Bel Knani、Roberto Cappo、Paolo Mario Coeli、Silvio Data、Roberto Puppini 和 Giuseppe Rovera 提出的建议和相关的信息。

特别感谢都灵汽车博物馆 Donatella Biffignandi 的帮助和她提供的历史部分的材料。

感谢本书的编辑：Paul Gilster 大幅修订了英文版文本，Natalie Jacobs 完成这本书的收尾工作。

上卷还受益于由菲亚特研究中心为维持教学课程，在车辆系统设计、底盘设计和汽车传动设计方面的讲义，以及在那不勒斯的费德里克二世大学图灵理工学院汽车工程硕士的汽车工程课程。

另外，衷心地对提供插图材料的各公司表示感谢：奥迪、菲亚特汽车、格特拉克、本田、依维柯、Marelli、奔驰、法雷奥（按字母顺序排名）。没有它们的贡献，这本书就不够完整和具体。

关 于 作 者

1. 吉安卡洛·珍达（Giancarlo Genta）

吉安卡洛·珍达获得都灵理工学院的航空工程学位（1970年）和航空航天工程学位（1971年）后，便作为机械设计与技术助理开始了自己的职业生涯。

珍达博士做过多个项目的客座教授，1976年开始从事航天推进系统相关工作，1977年后从事车辆机械相关工作，后来从事机械工程与汽车工程学院的车辆系统设计工作。1983年，他被邀请成为都灵大学航空航天工程学院航空发动机设计专业副教授，并于1990年成为此课程全职教授。1989—1995年，他被聘为该大学机械工程系主任。他曾在伊利诺伊大学为硕士研究生教授应用力学分析课程。

他还受邀在国外教了许多课程，在多国参与合作项目，如肯尼亚（2年）、索马里（6个月）、印度（1个月），以及国际劳工局（意大利）。

珍达博士1996年成为都灵理工学院的荣誉成员，于1999年成为国际航天学院的荣誉成员，并在2006年被选为该学院的正式成员。

他于1997年获得了机电一体化专业的博士学位。

他的研发项目主要集中在机械设计领域，专注于静态和动态结构分析。

他研究了旋转部件的磁场分布、车辆动力学以及相关的控制系统，是机电一体化跨专业实验室的发起人。他在该实验室研究了磁力轴承、移动机器人和车辆动力学。

珍达博士发表了270多篇科学论文，涵盖了机械设计的诸多内容。这些论文发表在意大利、英国和美国的杂志或学会期刊上。

他写的关于车辆动力学的书籍（意大利语和英语），被一些意大利和美国的大学选为参考书。他还在复合材料的设计、飞轮能量存储（后被翻译成俄语）、旋转系统动力学和空间探索方面有畅销书。

2. 洛伦兹·莫雷洛（Lorenzo Morello）

1968年，洛伦兹·莫雷洛（Lorenzo Morello）获得都灵理工学院机械与汽车工程专业的学位，然后作为机械设计与技术助理开始了大学职业生涯。

1971年，他离开大学，到了菲亚特一个汽车技术研发的分支机构。他参与了ESV US项目的车辆试验原型的开发，还建立了车辆悬架的数学模型和抓地力的仿真研究。

自1973以来，他一直参与一个汽车数学模型开发的重大项目，以落实该公司应对第一次能源危机的产品政策。作为该项目的一部分，他研发了一个新的低油耗的汽车的自动变速器和直接喷射式小型柴油机。

莫雷洛博士被任命为该车辆的底盘部经理并参与了许多原型车开发的研究，如电动汽车、越野车、载货车和公共汽车。

1977 年，他被任命为该研究小组的经理，并领导了由约 100 个设计工程师组成的研发队伍，致力于开发原型车。在这期间，他们开发了一种采用薄钢板点焊车体新技术的城市公交和一种即将投产的商用车，完成了国家研究理事会委托开发的轻量化城市用车，还应美国能源部要求开发了一种混合动力车。

1980 年，他负责发动机研发部。这个团队大约有 200 人，主要致力于开发新的汽车发动机。根据高涡流速燃原理，他成功地开发了汽油发动机、汽车直喷式柴油机、涡轮增压预燃室柴油发动机、一模两缸汽车发动机和其他许多改进的原型。

他于 1983 年被委任为产品开发总监，该职位涉及菲亚特集团汽车产品的所有应用研究活动，管辖大约 400 人，致力于动车、底盘和车身以及原型车构建研究。

1983 年，莫雷洛博士加入菲亚特汽车总部，负责新款汽车汽油发动机和直喷式柴油机的开发（世界上第一次应用在汽车上）。1987 年，他被任命为动力总成工程总监；该团队开发在普拉托拉塞拉生产的新发动机系列，其中包括 20 多种不同的发动机。

1994 年，在他的职业生涯末期，他回到了汽车发展事业部，被聘为车辆工程总监；他带领团队致力于汽车底盘、电气和电子系统、风洞、安全中心和其他设备的设计和测试。

1999 年，莫雷洛博士退休并成为 Elasis（菲亚特集团的新公司）的战略规划顾问，致力于汽车应用研究。

在菲亚特研究中心期间，他参加了都灵理工大学汽车工程学院的新课程设计，并准备了相关讲义。

他是车辆系统设计和汽车变速器设计专业的签约教授，多年在都灵理工大学任教；他还出版了一本讲述汽车变速器的教科书，发表了许多关于汽车技术发展的论文。

顾　　问

应用力学	莱基（F. A. Leckie） 加利福尼亚大学，圣塔巴巴拉 D. Gross 达姆施塔特工业大学
生物力学	V. C. Mow 哥伦比亚大学
计算力学	H. T. Yang 加利福尼亚大学 Santa Barbara
动力系统与控制	D. Bryant 奥斯丁得克萨斯大学
机电一体化能量	J. R. Welty 俄勒冈大学，尤金市
材料力学	I. Finnie 加利福尼亚大学，博克雷
过程	K. K. Wang 康奈尔大学
生产系统	G. – A. Klutke 得克萨斯 A&M 大学
热力学	A. E. Bergles 伦斯勒理工学院
摩擦学	W. O. Winer 乔治亚理工学院

符 号 表

符号	表示意义	符号	表示意义
a	加速度；通用距离；重心和前桥之间的距离	P	功率；轮胎垂直刚度；力
		P_d	车轮处的功率
b	通用距离；重心与后桥中心的距离	P_m	发动机功率
c	黏性阻尼系数；比热容	P_n	需求功率
d	通用距离；直径	Q	热通量
e	自然对数的底数	R	无负载车轮半径；路径半径
f	滚动系数；摩擦系数	R_e	滚动半径
f_0	速度为零时的滚动系数	R_1	负载半径
$\boldsymbol{f}$	力向量	S	表面积
g	重力加速度	T	温度，力
h	车轮偏角	V	速度；体积
h_G	重心离地面高度	W	重量
k	刚度	α	侧滑角；道路侧倾角，角度
l	轴距；长度	α_t	道路横向倾角
m	质量	γ	外倾角
p	压力	δ	转向角（内，外）；制动效率；变形
s	静止距离，浓度	η	效率
t	温度；时间；轨道	θ	角；俯仰角
$\boldsymbol{u}$	位移矢量	μ	转矩传动比；黏附系数
v	滑动速度	μ_p	最大摩擦系数
z	齿数	μ_x	纵向摩擦系数
A	面积	μ_{xp}	最大纵向摩擦系数
C	侧偏刚度，阻尼系数	μ_{xs}	滑移纵向摩擦系数
$C\gamma$	外倾刚度	μ_y	横向摩擦系数
C_0	黏结系数	μ_{yp}	最大横向摩擦系数
E	能量；杨氏模量	μ_{ys}	滑移横向摩擦系数
F	力	ν	速度传动比；运动速度
G	剪切模量	ρ	密度
H	热对流换热系数	σ	正常压力；坡度
I	惯性矩	τ	横向压力；传动比
J	二次质量矩	φ	角；摩擦角；横摆角
K	滚动阻力系数；刚度；导热系数	ω	脉动，频率
$\boldsymbol{K}$	刚度矩阵	ϕ	直径
M	力矩	Π	轮胎的扭转刚度
M_f	制动力矩	χ	扭转刚度
M_m	发动机转矩	Ω	角速度
M_z	回正力矩		

目　　录

第二部分

第一部分

概　　述

本书第一部分主要讲述了构成底盘的较复杂的子系统（如悬架）。其主要作用是调整底盘与地面之间作用力的变化，从而获得所需的车速和路径。

车辆与地面作用的力可以分为：

- 垂向力（垂直于平面道路上的运动），在稳定条件下这些力可以被认为是恒定的，但当路面上有障碍时，则是可变的。垂向力是决定乘客舒适性的一个因素。
- 纵向力：主要来自动力传动系统（发动机和传动装置）和制动系统。它们与车速控制相关。
- 横向力：来自车轮转向角，并且与抓地力和稳定性有关。

由于轮胎的可变形结构，所有这些力都会作用于轮胎，使车辆的动态特性相较于轨道车更像是一个漂浮或飞行中的车。

虽然底盘技术被认为已发展成熟，但我们不可低估电子信息技术带来的技术革命。

事实上，汽车电子的快速发展，已经在性能和成本方面给车辆的主动安全性和舒适性带来较大影响，而且这种影响将持续存在。

同时，正是因为汽车制造商将底盘系统的开发和生产外包给零部件制造商，使得一些零部件供应商成为相关领域的专家。

很多年前，制动系统、转向系统、轮胎已经按照这种模式发展，如今悬架也正在走向这一模式。这一趋势，对那些准备将汽车或者零部件制造业作为事业的人来说非常重要。如果没有汽车的发展，这些零部件的发展也就无从谈起。

正如我们将看到的，底盘部件近年来发展迅速：今天几乎所有的汽车都配置有低扁平比的子午线轮胎（径向尺寸比横向尺寸小得多），这种轮胎需要能精确避振的悬架。麦弗逊式和双横臂式悬架占据了前桥市场，而后桥有相当一部分配置的是多连杆悬架。

在运动配置方面将不大可能出现新的发明，转向系统也是如此，在各种样式的动力系统中几乎已经标准化地使用了齿轮齿条转向机构。汽车制动系统也是类似的情况，盘式制动器已获得广泛应用，经济型轿车后桥或将继续使用鼓式制动器。新的发明可能会随着电子控制系统的进一步发展而出现，如新型传感器和执行器，其中机电执行器更新换代的可能性更大一些。

防抱死制动系统（ABS）具有一定的典型意义：在使用了新的、复杂的部件（如电子控制系统、轮速传感器、能摆脱踏板压力来调节车轮制动执行器压力的阀组）的基础上，它显著提高了性能。

随着ABS成本的不断降低，其市场占有率不断提高，现在几乎已全面占领了市场。同时人们对系统的性能进行了改进，随着各种车辆动态传感器的应用，创造了更多可能，无论是在降低成本方面（即零成本实现制动分配阀的功能），还是在功能方面。

类似的情况同样发生在动力转向系统上：电子助力转向装置（电动机提供助力）的出现，提高了车辆操控性，降低了转向盘转矩对车速的灵敏度，提高了车辆躲避障碍的性能，目前有取代液压助力系统的趋势。

随着成本持续降低和性能不断提高，将来所有的执行器都将是电动的。下一步应该是减少驾驶人控制（踏板、转向盘等）和执行器之间的所有机械联动。

该目标已经在发动机上实现，节气门和喷油量不再由机械的加速踏板控制，而是通过电控系统。我们可以很容易地预见到未来会有电控制动系统及电控转向系统。

下一步要发展的，是在许多技术大会上讨论过的话题——线控技术。该技术将采用由电驱动（包含了驱动、制动和转向）的车轮－悬架组合。这样的系统将会给车辆的性能和结构带来重大影响。

悬架领域也有着同样的发展历程。电控元器件首先应用到阻尼特性减振器和在车辆相对于地面不动时（静止）的车身上，这使得悬架－车身位置的动态控制成为可能。该成果使得悬架的动态减振要求变得简单。

我们认为，从多种实例可以看出底盘的发展趋势。在对底盘部件讲解的过程中，以下组件将被涉及：

● 车轮和轮胎：在轮胎方面，我们将不会从决定它们产品性能和工艺设计的技术入手，而是重点关注它们的静态和动态表现——这是车辆的静态和动态表现的基础。拥有良好的轮胎性能知识是车辆和轮胎专家之间有效沟通的基础。

● 悬架：在研究悬架时，将一并研究它们与轮胎工作角度、车辆倾角和俯仰角相关的运动特性；还将讲解悬架重要的部件，如主弹性部件、二级弹性部件和阻尼部件。

● 转向系统：研究转向系统的主要工作原理及其力学性能，并对主要组成部分进行描述，如转向机构和助力系统。

● 制动系统：将介绍最主要的制动器类型及其执行器和助力系统。工业车辆制动系统将单独描述，因为它们使用不同的驱动系统（气动而不是液压动力）。

● 控制系统：对于底盘控制系统而言，本卷将讲述现在应用的传感器和执行器，以及这些系统应达到的车辆动力学方面的技术指标；也将会讲述样式繁多的控制方案，而控制系统与车辆动态性能之间的关联将在下卷中阐述。

● 底盘结构：这个主题可以在专门的车身设计的书上得到更好的讲解，本书将概述底盘在整个车身结构中的功能，简单讲解在集成式车身中使用的辅助结构的主要类型，另外还简单介绍了工业车辆的架构。

1 底盘的历史演变

1.1 引言

究竟将历史沿革放在本书的前面还是后面，一直让我难以决定。

主张后者的人认为读者应该先了解设计方案的灵感。主张前者的，也是被我们所采用的，理由是读者可以感受到文中的艺术性并可以更好地欣赏前人的贡献和为之所做的努力。

这种方法不可避免的缺点是，在此部分内容中一些问题只能进行浅显介绍，在后续内容中再进行详细阐述。望读者们谅解书中概念有重复介绍的情况。我们建议那些对底盘历史感兴趣的读者在全部读完本书之后再回顾一下这部分。

本章从悬架和转向系统开始，然后讲述车轮、轮胎、制动系统和结构方面的知识。之所以这样排序，是因为悬架和转向系统对车辆结构及其演变有较大的影响；转向系统与悬架一起讲是因为这两个系统从设计师的角度来讲是密不可分的。

车辆悬架的主要作用是尽可能地使车身、簧上质量，摆脱来自道路表面凹凸不平造成的颠簸。为此，车轮与其弹簧，所谓的簧下质量，通过机械构件连接到车身，使它们能够做主要是在竖直方向上的相对运动；力沿着该方向通过弹性和阻尼部件传递到车身。

轮胎的弹性特性也影响悬架的质量。

由于车轮运动路径不是严格与车身垂直的，还可能是向该部件的其他两个方向，这就需要悬架的第二个功能：通过它的动作（悬架动挠度）引导车轮消除不需要的运动，通过：

- 车轮转向角（内旋、外旋），可以修改车辆路径。
- 车轮外倾角，会影响轮胎的侧偏刚度。
- 花纹厚度，会影响轮胎寿命。
- 轴距变化，能够在牵引力及制动力作用下变化。

这些被定义为次要的位移无法完全被消除，必须通过精确设计来确定运动连接件和（弹性运动）接触点的刚度；事实上，这些设计参数的变化可以对车辆动态性能产生积极的影响。

这个课题将在悬架章节中进行讨论。

提前透露一下后面要讲的内容，包括

● 车轮的前束角可以纠正车辆转向不足（和过度转向）的行为、并提高车辆在制动过程中的稳定性。

● 正外倾角与负外倾角产生的原理相同，但方向相反。车轮与地面的恒定夹角决定了最大轮胎刚度的利用。

● 适当的轴距的变化可以提高车轮减振的效果，对舒适方面有积极的影响；此外，悬架设计还有防俯冲和抗仰性的作用，将牵引力和制动力导致的俯仰角变化最小化。

从四轮车辆与地面的作用力方面而言，车辆是一个简单的超静态系统；因此，悬架的最后一个功能是分配与地面的作用力，使所有的车轮在路不平坦的情况下尽可能接触地面。

许多这些方面的考虑，在汽车时代的早期（相对于汽车百年的历史）并不为人所知，后面我们将详细解释，由于车辆速度和路况的提升，它近代才被关注。

本章前两节罗列了悬架和转向系统的机械机构的演变，以便于读者根据当时的文件及图样，了解那些研发工程师的灵感和想法。

1.2 刚性桥机械连杆机构

本题目讲解了悬架与转向机制中的铰接和弹性系统。

悬架功能在 16 世纪就被人们所了解。车身通过钢板弹簧组被安装在底盘框架上，轮毂之间刚性连接。弹簧的自由端通过引导带连接到车身上；图 1-1 提供了一个有趣的例子，大约在 1650 年采用该配置的马车。在此期间，钢板弹簧被应用到车辆上；起初，它们是由木材制成的，没有专门用于悬架减振的阻尼部件，钢板弹簧和皮带的内部摩擦达到了最初舒适度的要求。

因为车轮是刚性连接的，因此不存在二级运动，所以系统在前桥的作用下能够保持平衡。

埃利奥特（Elliot），一个英国车匠，被认为是单刚性桥悬架发明人，采用的是半椭圆弧钢板弹簧。在该设计中前桥可以通过轴中间的支点转向。

这种悬架系统，在 19 世纪，内燃机问世前被应用到第一代蒸汽机轿车和货车上。图 1-2 给出了一个例子。

这种车的转向系统降低了在转弯时车辆的稳定性。当施加横向离心力时，侧翻线（连接与地面接触的同一侧车轮产生的线）被偏移到靠近车辆的中心一侧。

1810 年朗根斯伯格（Langensberger）构想出一种前桥总是平行于后轴且只有前轮毂用销轴连接的转向系统。两个转向轴通过拉杆臂和一根拉杆相连，形成铰接的平行四边形。使用该装置的车辆的侧翻稳定性不受转弯的影响。

图1-1 在这辆生产于1650年左右的车上可以看到悬架的存在；簧上质量包括乘客舱通过4片
钢板弹簧和引导带连接到底盘（都灵汽车博物馆）

图1-2 生产于1854年的博定诺（Bordino）蒸汽机轿车。该悬架系统完全来源于马车。
后桥形状为曲轴状，通过两根气缸的连杆直接操控（都灵汽车博物馆）

1818年，阿克曼（Ackermann）在伦敦申请了一项专利。该专利描述了两个轮子的转向角应遵循的正确法则从而使车轮在对称的平面内有局部速度分量使车轮正确转向。这个发明没有立即得到实际应用，因为不需要车厢有一个不同于转盘转向的转向系统，且该方法也没有简单合适的实现方式。

简托德（Jeantaud），另一位车匠，1878 年提出的一种机构，是对朗根斯伯格（Langensberger）方法的完善。该机构中车的两转向臂略向中间倾斜从而使得轴相交在靠近后桥中间的位置。这种类似阿克曼（Ackermann）方法的机构目前仍在刚性转向桥中使用。同样是在 1878 年，伯来在他的曼赛勒中提出的解决方案与简托德的方法独立，与阿克曼方法差不多。我们喜欢回顾这些转向系统，因为它差点就用在第一辆小轿车上。图 1-3 显示了该前桥方案的草图。注意，这是一个有着横向钢板弹簧的独立悬架，相当于双叉臂机构。

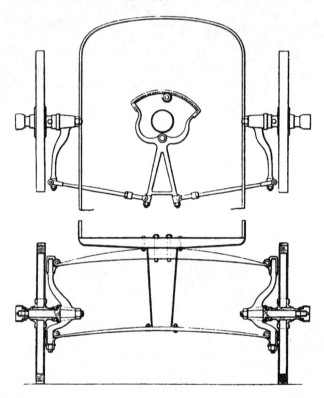

图 1-3　1878 年伯来（Bollee）的曼赛勒（Mancelle）前转向桥图纸；
注意独立的双横臂悬架带横向双钢板弹簧

我们无法断定独立车轮悬架是否是在 20 世纪 40 年代发明的，在那个时代只有刚性轴与钢板弹簧机构，独立车轮悬架早在第一辆汽车时就有。然而，我们应该认同，相较于设计的复杂程度现有的道路和速度下获得的益处可以忽略不计。

第一批带内燃机的汽车是 1886 年本茨的三轮车和 1889 年戴姆勒设计的 Stahl-radwagen（德语，意思是钢轮车）。由图 1-4 可以看出该设计没有注重悬架系统。第一个实际上是无悬架单一前转向三轮车；第二个是没有悬架的四轮车，其中前桥有一根水平轴，使得系统是平衡的。我们可以认为这两种车的天才设计师们在不容置疑地努力开发一种轻量发动机以及更小的车身及载荷重量，而没考虑乘客舒适感。

图 1-4 带内燃机的第一批汽车，本茨的三轮车和戴姆勒的钢轮车（Stahlradwagen）中没有迹象表明注重悬架系统。两辆汽车都没有前悬架且第二个根本没有悬架，只在座椅下有一个悬挂

现在考察一下带钢板弹簧的非独立悬架最重要的特点：它的轴连杆与弹性元件集成在了一起。

就悬架而言，我们应该注意到悬挂车桥的两个典型问题。

• 如果将发动机视为簧上质量（常见情况），需要设计发动机或变速器的输出轴与车轮之间的连接机构，且这两者之间的相对位置是可变化的。

• 由于转向控制端（转向盘或转向杆）必须位于驾驶人能够到的地方，必须设计一种机构能够让悬架的上下振动不影响转向角度。

第一代汽车设计师专注于解决这两个问题，特别是在转向系统方面；在第一代汽车中的各种各样的解决方案中我们可以看出，找到问题的有效解决技术方案非常艰难。

本茨车由于没有前悬架而绕过了该问题。戴姆勒的转向控制被固定在平衡轴的轴枢附近。

在传输方面，本茨车通过一个带张紧轮的皮带变速器来补偿滑轮的中心线的变化。

这种装置在那个时代的其他车上也普遍存在，它还具有集传动功能与变速器功能为一体的优点；变速器的功能通过若干组滑轮与皮带实现。

几乎就在同一年，使用链传动齿轮变速器的想法诞生了；1899 年的菲亚特 $3\frac{1}{2}$ HP 可以作为一个例子。这个概念车如图 1-5 所示，链轮车桥固定在簧上质量上，几乎位于悬架俯仰运动路径曲率中心上。这一细节允许轴在不影响链长的情况下移动。

汽车历史上的前 20 年，这种传动和悬架结构被广泛应用。

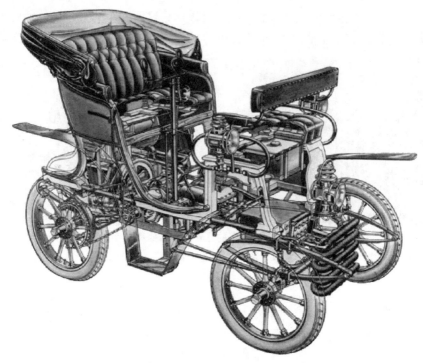

图 1-5   1899 年的菲亚特 $3\frac{1}{2}$ HP 的特点是有链条和链轮传动，其中的链轮是设置在后桥运动轨迹的曲率中心，它被称为简托德转向系统

在该车上可以看到转向轴通过一根纵向连接杆连接到了简托德机构。值得注意的是，车厢的连接点在其弹跳运动的曲率中心，以降低道路不平时的颠簸。

几乎在同时，在 1898 年，德典（De Dion）和布顿（Bouton）发明了带万向节的旋转传动轴。它被沿用至今，在今天的前置后驱汽车上，主要部件几乎没变；对于悬架运动方面的问题它给出了最佳解决方案。

正如我们所看到的，钢板弹簧早在 20 世纪就被人熟知了；在 20 世纪初，他们获得了令人满意的制造技术和应用技术水平。钢板弹簧是集弹性功能和结构功能于一身的部件；对于那个时代的汽车的需求，这个组件的弹性运动学性能完全可以满足。

钢板弹簧的钢板长度是不同的，由上到下呈阶梯状变短；该组件可以近似模拟均匀应力结构的性能，允许在给定的应力水平下的变形最大值。其实例如图 1-6 所示。

该种结构在纵向非常有弹性，同时在横向刚性十足。

主片一端通过一个卷耳固定到底盘上，另一端通过一个活动耳铰接到活动关节上或带坡度的元件上；因为该装置可以活动，所以允许弹簧改变其长度。固定的卷耳是在传动和转向系统的固定点的同一侧，通常在前桥与后桥之间。

悬架结构根据目标成本、舒适度、簧下质量能够分成许多种类。叶片式钢板弹

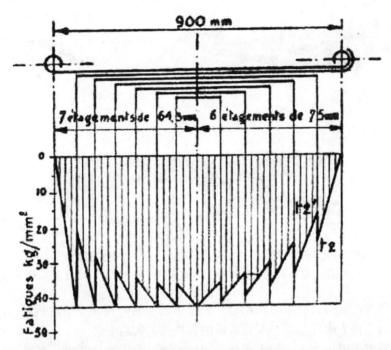

图 1-6　1900 年 Baudry de Saunier 汽车工程手册中关于钢板弹簧的厚度与
长度递降的原理图。该结构几乎相当于一个整合的减振装置

簧因它的形状得名，它参考理想的椭圆弧形状，由两个镜面状的钢板弹簧制成；如
图 1-5 中，前弹簧被称为椭圆弧形，后弹簧被称为半椭圆弧形。

　　最常用的解决方案是每个桥用两个半椭圆弧形弹簧；3/4 椭圆弧的解决方案
（图 1-7，左上）有时应用在豪华车上，该底盘结构的侧梁与 1/4 椭圆弧弹簧相匹
配。该解决方案有着更大的灵活性，但成本更高和簧下质量更大。3 片半椭圆弧弹
簧的解决方案还被应用到豪华车的后桥；该功能能与 3/4 椭圆弧形的特性相媲美
的，其中两个 1/4 椭圆弧弹簧被集成在一个部件，安装在底盘结构的中间。在这一
案例中，摆动的关节用的是一个万向节（图 1-7，底部）。

　　一个由福特开发和推广的特殊的悬臂弹簧，如图 1-7 右上角所示。其中间采用
单一的半椭圆弧弹簧安装到底盘结构的横梁上；其性能像两个 1/4 椭圆弧悬臂弹
簧，安装在轴上；在这种情况下，必须使用两个摆动的关节，通过使用两个专用拖
曳梁以避免轴在纵向方向上的不利运动。

　　一个实用的悬架不仅要有一个可变形的弹性元件，还应具有一个阻尼元件；否
则，簧上质量在外部力的作用下会永远振动下去，尽管内部摩擦力的存在不会使这
种情况发生。然而，在静止部位周围仍然可能产生许多振动。

　　由于钢板弹簧的簧片之间的摩擦力非常大，上面提到的问题在较长时间没有得
到解决，相反，为避免恼人的噪声和由于氧化造成的永久贴合而在润滑方面做了很

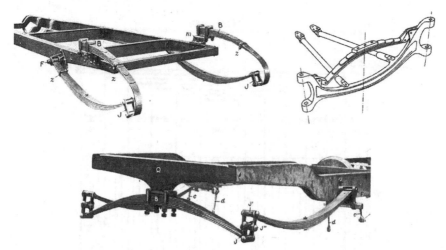

图 1-7　钢板弹簧的若干应用方案。在左上显示的是一个 3/4 椭圆弧方案；在右边的是福特
　　　设计的每个车桥用一组弹簧；在底部的是一种三钢板弹簧方案，相当于 3/4 的椭圆弧

大努力。然而，最初没有考虑到用额外的减振器。第一代减振器出现在 20 世纪 10
年代，最初是作为附件给对赛车感兴趣的客户进行售后安装。

　　对比许多的解决方案，图 1-8 所示的最有趣。前四个是摩擦减振器；第一个和
第三个只能在拉伸行程中起作用，而第二个和第四个在压缩行程中起作用。

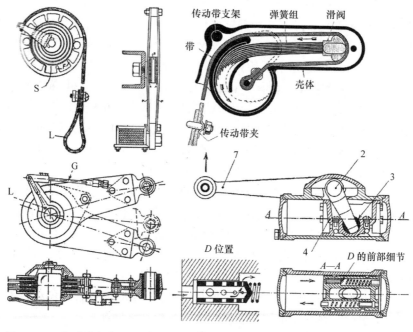

图 1-8　一些适合在市场中应用的减振器的类型。第一排前三个和第二排第一个
　　　采用的是机械摩擦；最后那个也可以调节。第五个是液压减振器的例子

许多工程师认为压缩行程的阻尼力是不利因素，因为它们会增加簧载质量的受力；有些人则认为减少危险的振荡是最重要的问题，其次重要的是有一个对悬架拉伸或压缩速度成正比的双向力的认识和判断。

摩擦减振器具有一些不利于舒适性的性质。事实上，静摩擦力使悬架只能在受力超过一定阈值时才发生运动。悬架有时候会在较平坦路面或碎石路上处于完全卡死状态。在这种情况下，轮胎成了唯一的弹性部件。因此，第四类减振器有一个能够改变摩擦盘上的压力的调校螺钉；该螺钉可由驾驶人在车内调校，在良好的道路上或低速行驶时松开以尽量减少阻尼，并在相反的条件下增加阻尼。这是可控悬架的第一个例子！

最后一组是液压减振器的例子，它被应用在底盘结构的边梁上。这种减振器能够根据悬架的拉伸速度或者压缩速度产生对应的反向力。现代伸缩减振器就是这种原理的简单应用。这些都是在 20 世纪 20 年代末推出的。

我们不应该忘记钢板弹簧的成功应用依赖于钢材制造工艺的可靠性。平面锻造可方便地提高材料的微观结构；弹簧片的破裂不再是灾难，因为簧片一次只会断裂一片，在随后的车辆检验中很容易被检测到。必要的维修工作也非常简单，有一个称职的修理工即可。钢板弹簧在独立悬架中的应用使得螺旋弹簧的到来被推迟。

随着车辆速度的提升，刚性桥的一些关键问题开始突显。最重要的问题是重量、二次变形和振动。

车桥重量非常可观，簧下质量连同轮胎竖直方向的较高灵活性可能导致车桥垂直跳上道路，令人担忧且不舒适。二次变形（S – deformation）因制动或车辆翻滚（同一轴上两个悬架拉伸力不同）导致。第一种类型的运动可能会在有碎石或者不平的道路上进行启动或制动时导致恼人的摆振。

由于车身在转弯时的离心力产生的侧倾运动使得钢板弹簧连接车桥处两个点的纵向受力不同；换句话说，就是车辆在转弯时，刚性车桥转向。由传动装置牵动的构件（在前部有固定耳板，后部有侧摆钩）使车辆过度转向或由于变形而增加路径曲率；这个情况可能导致放在今天要求不高的路径不稳或跑偏现象。

如图 1-9 顶部的方案说明了劳斯莱斯后悬架的动作，其优点是在躲避单边障碍过程中能够提供自我辅助转向。

为了避免这种不便，人们研究出了一种带两个纵向连接杆的刚性车桥，从而改善了车桥的动态性能。在图 1-10 中给出了一个例子，其中两个杆具有避免二次变形和辅助转向的双重功能。

图 1-9 上部的图对刚性车桥转向的典型摆振现象进行了解释；在一个单边的障碍物上，车桥上会产生一定的线速度。由于车轮在旋转，在老式汽车中有显著的惯性力矩，一个陀螺力矩便被施加到转向机构上；转向盘驱动链的弹性（部分弹性是为了限制由发动机引起的振动产生的转向盘振荡）能够降低晃动。众所周知，障碍主要是单边的；通过在转向刚性桥的转向杆上附加额外的减振器，该问题得到

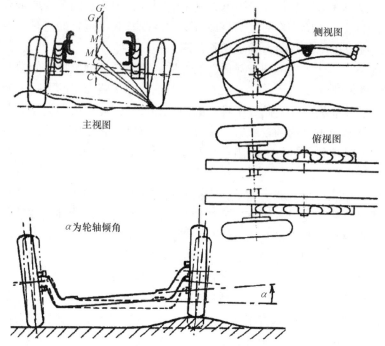

图 1-9　上面的方案展示了劳斯莱斯规避单边障碍或者
转弯情况下的悬架。下面的方案描述的是摆振现象

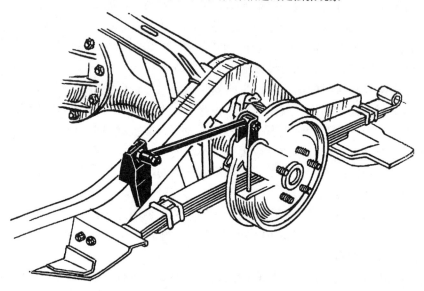

图 1-10　一个用钢板弹簧的刚性桥的例子，展示了为减少车桥转向和二次变形附加的连接件

了解决。

独立悬架得到推广后，刚性桥的一个主要优点被突显了出来；在刚性轴上，车

身的运动不影响车轮的外倾角，因为车轮总是垂直于道路的表面。

1.3　独立悬架的机械连接

用钢板弹簧的非独立悬架主导了很长一段时间的市场，在20世纪30年代它们开始被独立悬架所取代；当然在这之前已经有很多独立悬架例子，最早的是已经被熟知的曼赛勒（Mancelle）。

我们首先来考虑转向悬架。

许多悬架的例子中轮毂是被可见的竖直管所牵引的。该解决方案被蓝旗亚所完善和生产。

该类产品最早可能应用在1898年的斯蒂芬斯（Stephens）上，如图1-11所示。其前轮由一个由自行车启发的可伸缩前叉引导，它们被·个横向钢板弹簧固定于车身中部。

图1-11　大概在1898年斯蒂芬斯首先采用了竖直管独立悬架

该结构后来被 Sizaire & Naudin 和 Decauville 使用，许多作者将它们称为蓝旗亚的先行者。但在所有应用案例中，这些先行者是否对它们的优势有一个明确的认识是值得怀疑的。

有趣的是在许多第一代独立悬架广告中，车轮看上去总是在通过一个不对称的障碍，但从未行驶在弯曲的道路上。这表明，新的架构的开发是为了避免摆振现象却忽视了侧倾角引起的外倾角变化；这也解释了为什么独立悬架最初应用于转向轴。

直到 20 世纪 40 年代才开始研究并解决了外倾角变化的问题，这时实际车速已得到了显著提高。

我们不能忘掉变化的另一个源头，就是整体车辆结构的改进。刚性前桥，由于其横向桥身结构，不能设置得太靠近地面；在车桥上必须提供一定的间隙以允许悬架压缩行程，因此发动机必须放在离地面有一定高度的位置；车身的前部、前桥后面的发动机舱盖都有一定的竖直高度。

独立车轮悬架使此布局不再必要，发动机可以前置并放在悬架摆臂之间，有利于降低车辆长度和重量、重心的高度以及可以采用流线型空气动力学形状，这带来了速度的提升。

让我们回到带有垂直管的前独立悬架。图 1-12 显示了一组法凯托（Falchetto）汽车工程师的草图，在文森佐·蓝旗亚的指导下，应对了在未来 Lambda 上引入独立车轮悬架的问题。

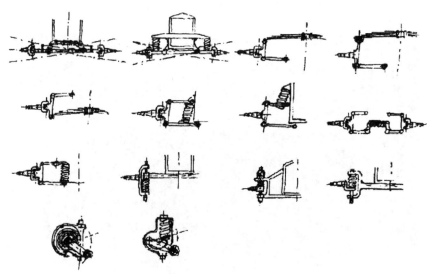

图 1-12　本图示出了法凯托在设计蓝旗亚 Lambda 车型时
的前悬架方案的依据。涉及的架构几乎全部在现代汽车中得以应用

该案例中几乎所有的解决方案在接下来的几年中都得到了发展；从上往下看，第三排的第三个的设计可能是出于摆振的考虑，但是没有决策过程的记录。

图 1-13 显示了在 1922 年推出的最终车辆的图片，这个设计最重要的特点是将引导、弹簧和液压减振器整合到了一个密封部件中，从而解决滑动管的有效润滑问题。

弹性元件现在是一个螺旋弹簧，这可能是汽车第一次应用这种弹簧，车辆的重量因此而降低。

这个悬架家族被卡丁-底伽特进行了一个有趣的改动，如图 1-14 所示。它在

图 1-13 在蓝旗亚 Lambda 前视图中显示了前悬架和前脸与车身的连接（都灵汽车博物馆）

1927 年被推出，竖管悬架被修改，但是我们不知道这样改的原因。

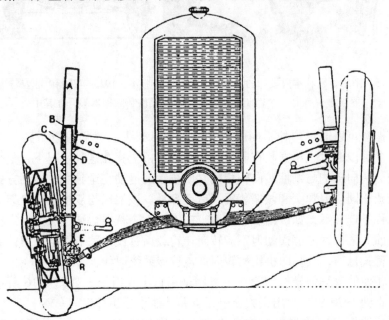

图 1-14 此前悬架于 1927 年由卡丁 – 底伽特（Cottin – Deguttes）设计，在此之前没有这种设计

竖管稍倾斜，顶部靠近车的中心，而弹性元件又是交叉的钢板弹簧，如斯蒂芬斯那样。钢板弹簧铰接在滑杆上，由于弹簧顶端的路径几乎是圆形的，且轮毂通过

球形元件连接到竖管，我们可以假定车轮可以抵消部分由车体外倾造成的外倾角的变化。

虽然这种悬架的运动特性可以归类于双叉臂独立悬架，但这种结构没有产业跟进。

一个不同的前独立悬架方案来自于杜本内（Dubonnet），他是一个重要的独立汽车设计师。他的方案被许多汽车制造商采用，其中菲亚特从 1935 年开始采用这种解决方案。

该悬架包括一个密封的轴承元件（盒），将螺旋弹簧集成在与减振器相同的油中，细节如图 1-15 中的最右侧图示，弹簧和减振器在一个与轴承盒横向的筒内工作。该筒形部件连接在双叉臂机构中的一个臂上。

图 1-15　图中是由杜本内设计的独立前悬架的两个版本，1935 年开始由菲亚特生产。
悬架装置包括一个密闭轴承盒，将弹性元件和减振器整合在其中

该减振盒可以通过两种不同的方式集成到悬架上。我们可以看到，在该图左边，减振盒可以通过主销安装在非悬挂的刚性车桥上；在这种情况下，整个悬架随车轮转向，转向机构与刚性转向轴相同，使车轮的运动完全独立。运动方式几乎与竖直管悬架相同，但弹簧和减振装置制造更容易。该架构与双拖曳臂悬架类似。

第二种备选方案，如该图右边所示，提供了一个减振盒通过法兰固定在底盘结构的横梁前。悬架臂能够摆动但不能转向；轮毂通过铰接关节固定在摆臂上。作为一个双叉臂式悬架，其转向机构的转向杆被铰接系统取代。

一个相似的双纵臂悬架的第一个案例是来自于保时捷，如图 1-16 所示，1931年开发，直到 1970 年才被用于大众甲壳虫和其他该公司开发的车辆上。

两铰接的平行四边形安装在一个双筒结构的末端，同时构成了该平台的前横梁。

上臂用法兰连接到相同的扭杆，包含在上筒内；这根杆限制了横摆角。下臂用法兰固定在两个不同的扭杆上，它们的另一端分别用法兰连接在筒状结构上；这就

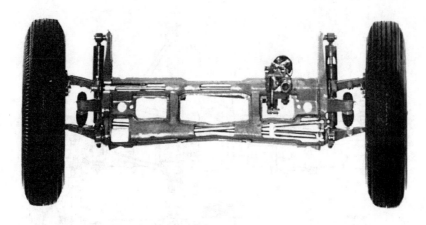

图 1-16 保时捷悬架由双纵臂构成；它诞生于 1931 年并且直到
20 世纪 70 年代大众汽车才开始生产

起到了弹性元件的作用。因此，该悬架的外形在 3 个方向上被限制了。

虽然这些悬架能够有效降低振动，但后来展现出了一些缺点：它们造成轮胎在转向时有一个与横摆角相同的外倾角。

需注意的是，横摆角是由于离心力的作用导致的车身向外倾斜的角，车轮产生外倾角从而降低轮胎的侧偏刚度。如果外倾角变化只是相反的则还好，但理想的效果是在任何条件下不变。

为了解决这个问题，在双叉臂悬架的基础上开发了不等长悬臂；短的上臂在悬架压缩时增加倾角，而当悬架拉伸时则缩小倾角。外倾角的值正好抵消部分横摆角的影响。

采用这一概念的第一个实例是 Studebaker 汽车制造商，很多制造商至今仍有效仿。这种悬架的图纸如图 1-17 所示。

我们需指出的是，该弹性元件集成在下臂上并仍然使用的是横向的钢板弹簧；事实上很多汽车制造商并不急于放弃钢板弹簧。原因有很多，最主要的是钢板弹簧的可靠性高，但是我们还可以看出这里的钢板弹簧的应用整合了两个元件的作用：悬臂和弹簧。生产过程的可靠性同样重要，大批量生产的投资也是一个问题。

关于这个问题有一个有趣的菲亚特专利，它应用于发动机后置的汽车，始于 1955 年——将钢板弹簧通过两个对称轴承点固定在车身上。由于与支撑点的距离适当，从而使得它能够对来自悬架的对称与非对称振荡产生不同的弹性特征；通过这种方式，可以用一根弹簧实现主要弹性元件和抗横摆杆的作用。

我们也可以观察到在图 1-17 简托德（Jeantaud）机制中，先前的转向系统不见了，转向杆已经不再适用，因为转向杆铰接关节之间的距离是随着悬架伸缩而产生变化的。

在 20 世纪 60 年代开始应用的齿条转向系统出现之前，一种小的四连杆机构铰

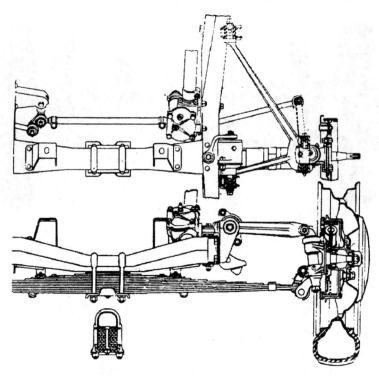

图 1-17　1939 年由 Studebaker 制造商生产的前悬架。该机制是
双横臂式并且上臂短。下臂结合了钢板弹簧的弹性功能

接于车身并由转向机转动。该系统安装在连接两个转向拉杆的合适位置。

　　这种机制也与阿克曼法则类似，但有些不同：侧滑角增加了，而且速度的增加让这个错误变得不那么严重了。

　　施加了侧向力的轮胎动作的理论模型以及侧滑角导数的概念也在这些年得到了发展。有着不同长度悬臂的双叉臂悬架在接下来的几年里迅速发展，在 20 世纪 60 年代成为最常见的前桥。

　　图 1-18 是采用了冲压薄钢臂和螺旋弹簧的双横臂悬架，是菲亚特 1400 在 1950 年采用的，并在随后几年里的小款型号上进行了小幅度修改。麦弗逊（McPherson）是一位美国福特的设计师，他在 1947 年设计了一款用他名字命名的前悬架。这款悬架也可以被看做是双横臂悬架，只是上臂的长度是不固定的（图 1-19）。

　　这种悬架不应该被认为仅仅是为了节约成本而简化的双横臂悬架；它为后来的前置发动机汽车的发展做出了贡献，因其缺失的上悬臂给横向发动机提供了必要的空间。这种悬架的迅速发展是从 20 世纪 60 年代末开始的，不仅应用在那些年生产的前轮驱动汽车上，也应用在很多纵置发动机的汽车上。

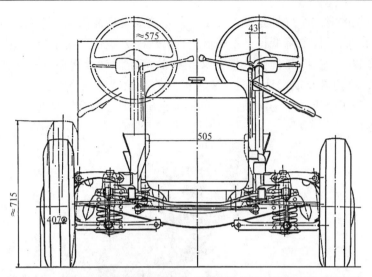

图 1-18　双横臂悬架在 1950 年被菲亚特汽车应用；这种方案在接下来
的几年里因其优秀的动力学性能几乎成了标配

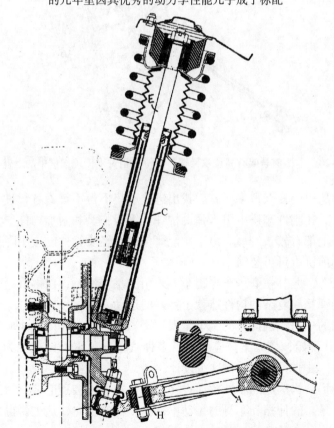

图 1-19　麦弗逊（McPherson）在 1947 年年初开始在美国福特汽车上
引入这种悬架。动力学上等效于一个双叉臂悬架，只是上臂的长度不固定

这种悬架的第二个好处是因连接点的分布更加合理而简化了车身结构，相比双横臂方案的动力学性能降低得并不明显。这种解决方案也适用于当代跑车。

本田在 20 世纪 80 年代引入前悬架架构的最新设计。它拥有一个鹅颈轮毂杆（图 1-20），这使得双横臂悬架能安装在横向的前轮驱动的汽车上。麦弗逊式和本田的悬架瓜分了今天的市场份额，在许多细节方面进行了简化改进。

图 1-20 本田前悬架有高位双叉臂；高位是相对于传统案例中的上臂位置

后悬架的历史要复杂得多，若想找出进化趋势不得不冒着解释过于简单化的风险。应当指出，在刚性车桥中引入弹性构件比钢板弹簧和附加构件更为复杂，在前驱、后驱汽车上都有较长寿命。由于功能简化以及轻质管件的应用降低了重量，使得前驱汽车的前桥重量可忽略不计。

后驱的汽车，尤其在豪华车与跑车上采用的是刚性桥，使得重量因悬挂差速器而减少，螺旋弹簧和复杂的构件造就了良好的运动表现。

刚性后轴的一个特别优秀的例子是阿尔法·罗密欧（Alfa Romeo）提供的。从 20 世纪 70 年代开始，该方案被应用到了多种汽车上。它可以被视为 De Dion Bouton 悬架的改进。图 1-21 展示了这个设计。

一个三角形结构构成的刚性桥通过一个球形关节连接到前端，从而确保轴的位置是精确的；悬架的伸缩和车身的晃动不影响车桥的转向，这主要得益于瓦特机构的启发。

人们对优美的外形和宽敞空间的需求推动了不同于刚性车桥的后悬架的发展。

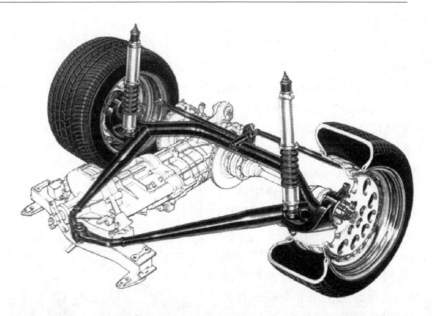

图 1-21　由 Alfa Romeo 提供的一个特别优雅的刚性后桥例子。这项方案在 20 世纪 70 年代
开始在多种汽车上采用。它可以被视为 De Dion Bouton 悬架的改进版

首个带拖曳臂的独立后悬架应用在蓝旗亚 1937 年推出的 Aprilia 上。如图 1-22
所示的悬架，用于后轮驱动且有两个纵臂，它们在车轮前方有一个铰接点；弹性部
件仍然是横向的钢板弹簧并带有横向扭力杆。

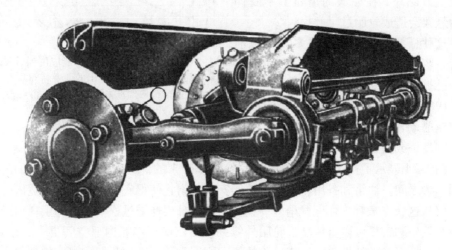

图 1-22　首个带拖曳臂的独立后悬架，于 1937 年应用在蓝旗亚的 Aprilia 上

对于一个独立悬架，差速器和主减速器安装在主体上。这种悬架搭配螺旋弹簧

后应用广泛，主要用在前轮驱动汽车上。

这类悬架的优点是减少了连接件与弹性元件的空间占用；缺点是性能一般且拖臂的重量大。

发动机后置后轮驱动的汽车在 20 世纪 40～60 年代发展迅速，现在很少能见到了，只在一些特殊的跑车上有所应用。

这种架构广泛应用的原因是由于没有传动轴，在一定的外形尺寸下，内部空间更大，且既经济又可靠的前轮驱动组件尚未开发出来。

传动系与车桥之间的距离较长，无法使用刚性桥；因为半拖曳悬臂能够比较好地与廉价的等速万向节配合，所以得到了较为广泛的应用。

在图 1-23 所示为 1955 年菲亚特 600 的方案。虚线表示悬架的旋转轴如何通过差速器；这是避免使用滑动等速万向节所必须使用的方案。

相对于地面的外倾角没有因车身的摆动而变化，但因为负载变化而发生显著变化，空载的车外观明显能见到一个向外的弧度（车轮的中心线的延长线在地面下相交）。在这种情况下，车轴线是近似值。此外，在颠簸的道路上不断伸缩的悬架会造成轮胎过早磨损。

这种悬架也被应用到许多发动机前置后轮驱动汽车上，但由于其高度有限，如今已被淘汰。

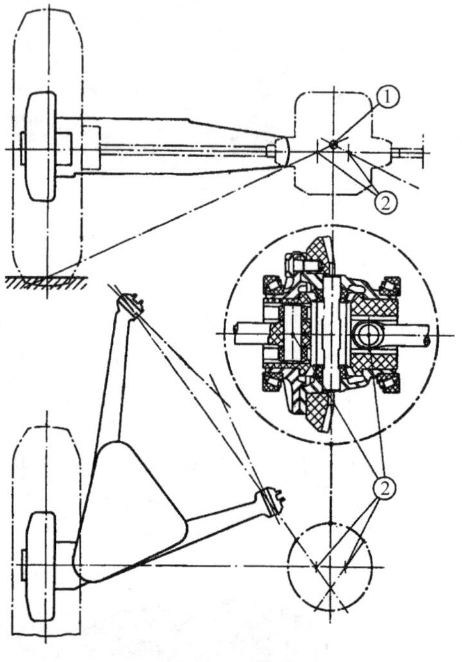

1969 年，大众构思出一个新的很适合前轮驱动汽车的后悬架装置，即所谓的半刚性桥或扭力桥。它迅速成为应用最广泛的架构。

图 1-23　刚性桥因匹配问题不能应用到后驱动传动系上。在 1955 年推出的菲亚特 600 上，半拖曳臂式悬架被采纳是因为它能匹配简单的恒速连接件

图 1-24 显示了初始的应用方案，它给汽车带来的优势显而易见，在它们的悬臂和横梁之间，油箱和备用轮胎有足够的安装空间，使得底部低、平坦且宽阔。

仅从这一点来看，拖曳臂稍好一些。因其在悬架伸缩过程中不会产生任何外倾角；车轮外廓钢板可以更加贴近轮胎外缘并使得汽车行李箱内部空间更大。但是，它们的弹性运动学特性较差，与轮胎的侧偏刚度有关，正如我们在之前的解释。

在扭力桥上承载车轮的门结构的特征在于横梁由具有开放横截面的钢条制成，像一个水平放置的 U，例如向后开口。使用此类关节能够伸缩自如（差速器悬架伸缩），但是侧向刚度大（侧向力）。车轮因此有效地被控制并在车身外倾时轮胎的

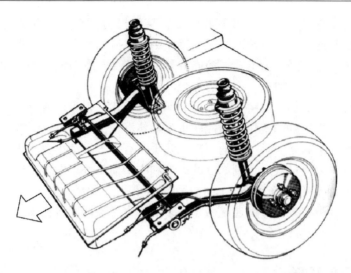

图 1-24   1969 年大众汽车构思出一个新的很适合前轮驱动汽车的后悬架装置。

所谓的半刚性桥或扭力桥，在短时间内成为了使用最广泛的架构

外倾角不变。通过对多种架构的汽车悬架的发展史的总结，我们可以认为它代表了悬架发展的顶峰。它是在 20 世纪 60 年代引入赛车和跑车中的，奔驰于 1982 年首次大规模生产，如图 1-25 所示。如果我们仅仅从几何的角度来看悬架的话，可以

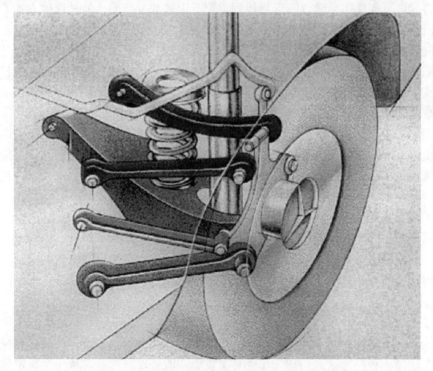

图 1-25   多连杆后悬架被奔驰在 1982 年首次大规模生产

说，若不考虑车轮沿着它的轮毂旋转的话，悬架机构只有一个自由度，即伸缩方向。如果考虑到连杆是通过球面关节连接，则可以应用最多 5 个连杆，从而将一个空间内的 6 个自由度降低为 1 个。多连杆悬架的特征是有 5 根可以活动的连杆从而实现最大数量的可调参数，从而拥有理想的性能。

通过这种方式我们可以将来自地面的颠簸最小化，也可以通过优化转向性能和纵向灵活性来减少角度的变化，因此获得了最佳舒适度而又没有牺牲转向性能。

多连杆悬架家族是非常庞大的，现在几乎所有前置发动机后轮驱动的汽车都在用，该家族的许多成员被应用到如今的大型和中型前驱汽车中。本章关于独立悬架的部分涵盖了近 60 年汽车的历史，但发展并未停止。尽管这些机构上的创新非常困难，但研发人员在控制方面还是做了很多的努力，该话题将在本书的其他章节进行讨论。

1.4 车轮和轮胎

考虑到车轮在汽车上的重要作用，我们把历史延伸到更早的时代。

数十万年来，人类没有使用任何特定的交通工具。当他不得不移动一个物体时，如果他足够强壮的话，他只是简单地举起并携带它。如果物体太重，他就采用拖拽方式。可能偶尔会放置圆形物体到重物下面来减少摩擦，但是这种方式不会一直被沿用。

随着新石器革命的到来，运输的需求大大增加，同时，驯服动物的实践开辟了新的前景。农业的发展需要运输农作物种子到地里并把庄稼运回家。由于农村生活的新需求增加，人们需要携带的物件越来越多。

事实表明，在公元前 5000 年以前的欧洲北部，雪橇已投入使用。而且我们可以推断出雪橇在其他地区的使用情况。滑板和雪橇不仅可以用于运输，还可以用在草地上（印第安人直到 19 世纪还在用狗拉雪橇），有时甚至用在沙漠和岩石上。我们无法说清在何时雪橇被安装了两个轮子或者谁激发了这个技术革命。古代的轮子主要是用木头制成的，所以几乎没有直接的考古证据。

大约在公元前 3500 年，轴对称的陶制车轮开始被生产出来。陶制车轮的使用可以从陶模子的痕迹推断出。

轮式车辆最古老的证据来自美索不达米亚的埃雷克山的伊娜娜庙的壁画。这幅壁画可以追溯到公元前 3500 年，其中包括一个四轮车连同一个雪橇的小素描，如图 1-26a 所示。

图 1-26b 所示的车辆有着 1000 年来车辆的两个典型特征：车轮是由 3 片木头构成的，并有动物绑在中间轴上。这个车轮类型和整个驱动系统，尤其是相较于繁多的车辆结构种类，让人们认为车辆是被发明或改进发展的。它从一个特定的地方开始，缓慢地扩散到整个古代世界。在许多有新式车辆的地方，雪橇被采用了标准

化的轮子和牵引绳。

车轮的首次发明地还不得而知，但可以推断，在美索不达米亚南部，约公元前3500 年就开始使用车轮了。但车轮的推广非常缓慢。

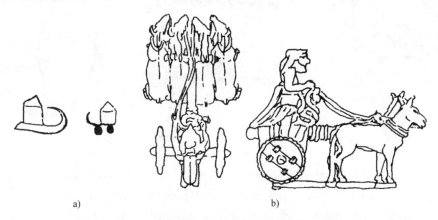

图 1-26　a）美索不达米亚的埃雷克山的伊娜娜庙的壁画。该图画可以追溯到公元前3500 年左右，包括一个四轮车的小素描，连同一个雪橇示意图　b）铜制战车模型，由四匹野驴驱动，被发现于泰尔 – 安哥拉博墓中，公元 3000 年前

从古代的图片我们无法得知车轴是否随着车轮转向。事实上车轮盘上的中心孔是圆形的，有点旋转孔的意思，但是也可被解释为便于加工。也有可能这两种解决方案都被使用了，因为今天仍然有人使用这些原始的技术。

然而车轮可能不从滚轴衍生而来：被应用的车轮的类型中可能排除了这种状态，也许在古代的车轮设计师看来，车轮和车轴几乎没有共通之处。

战车对轻质量车轮的需求催生了辐条车轮，这种车轮使用时效率更高。车轮辐条的第一次使用可能是在公元前 2000 年并于公元前 1600 年已达到完善的形式，尤其是在埃及。一个辐条车轮的中心部分（8 个辐条）如图 1-27 所示。这是战车的一部分，可以追溯到公元前 1350 年，是在底比斯附近的坟墓里发现的。辐条被安装在车辋中；外轮通常由多块部件构成，也有用一个部件变曲成圆形的例子。

图 1-27b 中的车轮，似乎是介于盘式车轮与辐条车轮之间的过渡。这个轮子使人们相信它是由一个做盘式车轮的工匠抄袭的辐条车轮；但是这种类型的车轮在古希腊的绘画中有很多。

在许多情况下，尤其是在远古时代，车轮使用一个箍或轮胎或其他装置以加强外缘。一些盘轮有一块或者多块木制的外缘。有时车轮的外缘是镶铜钉子的，用来减少磨损，或者在上面固定皮质轮胎。可以确定的是，许多埃及战车的车轮上覆盖着皮革。在一些图片中，甚至是非常古老的图画中，看起来像是有金属轮胎。近期这种说法有了更多的证据，大约可追溯到公元前 1000 年。这些金属轮胎由多片金属焊接后箍在车轮上。

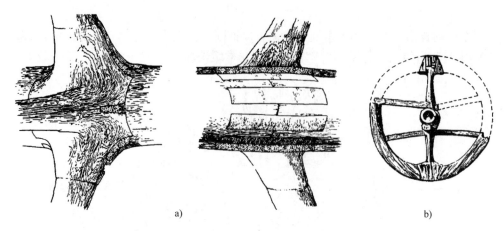

a)　　　　　　　　　　　　　　　b)

图1-27　交叉部分和车轮中心内部视图，发现于公元前1350年埃及泰伯附近的坟墓里；
发现于莫科瑞沟，在泊河平原，大概可以追溯到公元前1000年

正如前面所提到的，只有在动物被驯服后，才能找到合理的方式推进轮式车辆前进。在美索不达米亚，运输车辆和战车是由马拉着的，当然还有牛。

伴随着马拉战车的使用，辐条车轮大约出现在公元前2000年。不知道马是在何地首次被驯服并用于运输，但残缺的考古证据表明，它可能发生在波斯的东北部，马匹的使用从该地区传播到整个古代世界，从中国到埃及，再到欧洲。

公元前15世纪埃及战车的结构如图1-28所示。毫无疑问，这是跨时代的最好的作品，几个世纪以来保持不变。

图1-28　在泰伯附近的坟墓里发现的埃及的战车（公元前15世纪）图1-26b所示的
苏美尔车辆的进步是伟大的，并且考虑到两匹马与野驴相比有更大的动力，不难理解为什么
历史学家认为赫人是使用这种武器在安纳托利亚得到扩张

当骑术被推广后，战车过时了。驴被用来拉货物，驴车在公元前3000年左右成为交通工具。在欧洲，只有凯尔特部落继续使用战车，首次从伊特鲁里亚被带到阿尔卑斯山以北。凯尔特人学习了轮式车辆的制造技术并取得了重大进展。

图1-29a所示的是在德吉伯哲格（Dejbjerg）的马车遗骸，这是第一个带转向

的马车的例子，但是它也可以被认为是两个铰接在一起的战车。然而，它不大可能是用于运输的方案，它看起来更像是用来祭祀（陪葬）的。无论如何，它有着有趣的特征，比如在中心的木滚子轴承。

轮胎的制造细节能够在更加现代的车辆中见到：比如完全由木头制作的滚子轴承（在轮毂中心），如图 1-29b 所示。

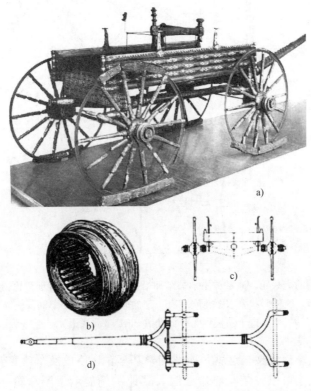

图 1-29　卡尔特马车，公元前 1 世纪，发现于 Dejbjerg 附近
a）实物图　b）轮毂中的棍子轴承　c）交叉部分　d）俯视图

19 世纪，所谓的炮轮被普遍应用于四轮马车和客车上，这个轮子的轮毂如图 1-30 的上半部分所示。轮子由木制的辐条制成，其基础的形状像轮毂的一个扇形部分。它们由两片金属法兰夹持，该金属法兰也作为轴承外圈；轮辋由压在钢圈内的木拱制成，这种钢圈迫使轮辐进入轮毂。轮辐垂直于轮毂并且具有一定的斜度。

这种设计增加了车轮横向强度，并使得它在径向的弹性能够承受来自外沿的热压力。

这个形状需要车轮转动轴与轮辐之间有一个倾角，从而使轮辐在车重下能够正常工作。这个角（下面的草图）被称为外倾角（carrossage 法语）。

在金属车轮上，这种倾斜不再是必要的，但名称仍然被保留了下来。

固体金属轮子最早出现在 20 世纪 20 年代；机械阻力明显增加。这一次车轮改

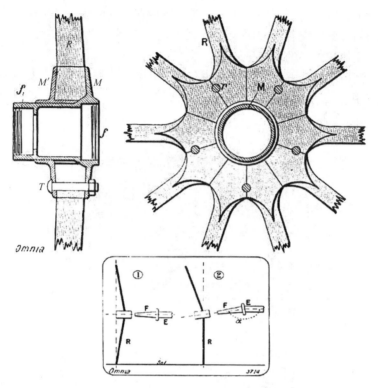

图 1-30 所谓的炮兵轮，通常适用于马车和第一代车。轮辐垂直于车轮轴并稍稍倾斜，
类似一个钟形。这种形状要求车轮安装有一定的倾斜，相对于车辆，使辐条正确工作。
这个角被称为外倾角（carrossage 法语）。

为可与轮毂通过螺栓连接，这就是所谓的桑基车轮，使更换车轮变得更加容易。

在这种车轮上可以安装实心橡胶圈。其他示例展示了圆车轮上有实心橡胶轮胎，如戴姆勒和奔驰的汽车，如图 1-4 所示。

图 1-31 所示为车轮的演变历程；稍后我们将专门讲轮胎。

第一排的第一个车轮使用到 20 世纪初。它类似于上面提到的炮兵轮，但不是金属轧制边缘，它显示了一个有环形气囊的充气轮胎。这些车轮无法轻易地从车轴上拆下；起初，被刺穿的轮胎只能通过起重车辆进行更换，非常困难。

分离式外胎，如第二个图所示，使更换轮胎更容易，允许在有轮胎的车上备一个甚至更多的备胎。

循环类型的辐条车轮直到 20 世纪 50 年代还在使用。因为它们较轻，所以主要用在运动和豪华轿车上；第一类为传统的法兰车毂，而第二类则是快速拆装的劳 - 怀特沃斯（Rouge Whitwroth）连接。它的特点是在车轮与轴之间有花键联轴器，由一个大的蝶形螺母固定；该特征成为好车的标志。

相比戴姆勒和本茨的第一辆车，我们可以在更现代的汽车上观察不同的轮辐布

图 1-31　汽车的车轮演变历程。第一排的前两个是用金属加固的木头制成的；第二个是不可拆卸的轮胎。第三是桑基车轮，钢材质且与轮毂芯分离，这种方案仍可见于现代车轮。第二排中展示了两个交织型辐条；第二个有快速拆装件。
从最后一张图所示为米其林盘车轮方案，现在仍用在汽车上

置，如图 1-32 所示，这个是两层，每层用不同的几何布置。

图 1-32　一种带"怀特沃斯"螺母的辐条车轮；辐条排成两层。内层辐条向内倾斜；这些辐条传递制动与驱动力。第二层，靠外的辐条通过与地面的倾角来传递横向力

第一层，车内侧倾斜的辐条。这些辐条传递制动和驱动力矩，它们的倾角源于辐条只能传递沿轴向的力。

第二层，靠外的辐条提供与地面的倾角。它们的定向与第一层一样，将横向力施加到车轮。

回到图 1-31 我们可以看到，米其林轮胎（作为一个最后的案例）有一个锻造钢板焊接到气胎边缘；经过一系列的改进，此解决方案仍在使用。

日常生活中没有汽车是不可想象的，就像是一辆没有轮胎的汽车。

轮胎的历史没有车轮古老，但肯定比轿车古老。

根据 1845 年一个英文专利的表述，汤姆森（Thomson）被称作轮胎的发明者。该发明旨在提高马车的乘坐舒适性和减少滚动阻力，最初的方案是用皮革缝制衬里和橡胶处理过的布带。

虽然没有被用于实践，但邓罗普（Dunlop）再次提出了这个想法，在不了解汤姆森的知识的前提下，他在 1888 年提出了类似的专利。这一次，自行车受益于这项发明，并开始得到广泛应用。由于奥托（Otto）在内燃机方面的法律纠纷，邓罗普的专利在 1890 年失效，因为汤姆森的在先。这个事实并没有对邓罗普的生意产生负面影响，而且那些想进入这一市场的商家，使得这种技术得到了快速发展。

1980 年，半管式轮胎被引入。这种有通道的外胎带有方便拆卸的钢圈。米其林兄弟从 1895 年的环巴黎比赛中为汽车提供了可卸轮胎。

这可以被认为是汽车用轮胎的诞生。这种轮胎得到了很多制造商的技术支持。

促进轮胎发展的一项发明是固特异公司在 1844 年申请的橡胶成型专利，在这可能是偶然发现的化学处理方法之前，橡胶不能保持一个稳定的形状，并会很快地磨损，其损坏速度取决于温度。

许多后续改进使得轮胎达到了如今的性能：当初用合成纤维制成在轮胎布上的应用，最初是用线和棉花，在 20 世纪 30 年代使用人造丝，从 20 世纪 70 年代以后采用凯夫拉尔聚合物。第二个主要的进步是斜交轮胎，始于 20 世纪 60 年代。

其他改进如橡胶的化学工艺以及弹性件的合成等，这方面我们不再详细讲。最后一个改进是在轮胎的几何外形方面，特征是轮胎直径 D、轮胎截面宽度 W 和所谓的扁平比，后面我们会讲。扁平比不是标准化的，一开始是 100% 左右；后来，为了提高舒适度、减少汽车高度和重量，降低轮胎直径并增加了轮胎宽度，扁平比开始降低。

图 1-33 显示了这些尺寸一系列的进化。（在质量为 1000 千克的菲亚特汽车上）；轮辋直径从 1910 年 的 25 寸降低到 1970 年的 13 寸，在接下来的几年里略有增加，部分宽度从 90 毫米的初始值翻了一番，在现代的汽车中增加到了 180 毫米，但是扁平比不是如图 1-33 所示的那样一步一步进化的；100% 的初始值在 20 世纪 40 年代变为 80%，20 世纪 70 年代再次降低至 50%。这些年来，轮胎外径不变，而轮辋直径逐渐增加。

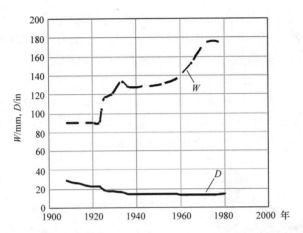

图 1-33 1000kg 质量的汽车的轮胎外形尺寸的演化趋势；
该演化用轮胎直径 D（in）和宽度（mm）表示

我们应该认识到，汽车的历史上有很多弹性车轮被申报过专利，这些弹性来自机械弹性部件而不是轮胎的弹性；我们将这些轮胎被称为非充气轮胎。轮胎的推广使得这种轮胎消失了大约一个世纪，除了阿波罗计划的 LRV 车轮（见下卷附录 C）。最近米其林提出了一个弹性非充气轮胎，被称为 Tweel（轮胎与车轮的融合），可能会引导未来的创新方向（图 1-34）。

图 1-34 胎轮：一种由米其林近期开发的非充气轮胎

1.5 制动器

制动器的发展与速度和交通的密度息息相关，这两项都要求车辆能够在有限的距离内停住；在此合理地认为，在那个时代第一代车辆的制动不是一个严重的问题。

最早的汽车制动器的特点是它在车轮外表面利用制动套工作，像马车和火车上的那些一样。这种简单装置由于具有潜在的磨损，不适合用于轮胎。

由于这个原因，外部制动套和带式制动被引入了，如图1-35所示。它们只作用于传输路径上。该方案的灵感来自于需要利用差速器均匀分配制动力，这难以通过机械联动控制来实现。这种制动器同时还对加工的误差不敏感。制动衬垫消失了，但在有些例子上有Ferodo衬垫，一种由Frood开发的合成材料已经应用在客车上；这种实践从20世纪20年代开始大规模传播。

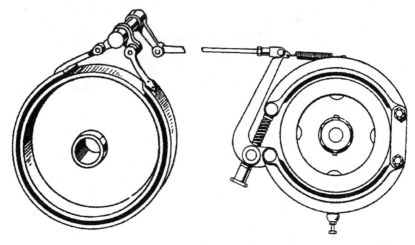

图1-35　带式制动器和外部制动器，适用于差速器和终级驱动前的传动轴上

鼓式制动器是后来被开发的，仅适用于后轮，它们更难以加工，但在长距离制动时表现出卓越的散热能力。带制动和块制动最初没有被淘汰，而是作为补充或驻车制动器继续应用于传动系统上。

捷豹在1953年将盘式制动器引入系列产品中。

鼓式制动器由踏板控制，通常是为了使车辆停止；另一方面，传动制动是由一个控制手柄控制，用于将车停在期望的位置。它通常被设计用于有下坡时的持续制动，并用作驻车制动器。

应该注意的是，驾驶人控制的位置和功能直到20世纪30年代才非正式地标准化了，且最初的解决方案可能与现在大相径庭，如今看似极不合理——将制动器和离合器结合使用，避免车辆停下时发动机停转。制动前轴的应用在1910年才开始，这归功于豪华车制造商：伊索塔·弗拉西尼。

这种类似其他后制动器的创新并没有改进制动本身，也未考虑其有用性，除了转向盘的控制系统，如图1-36所示。如图1-35所示，制动控制实际上是机械式的。它们由连杆和钢丝绳组成并由踏板提供拉力；在鼓式制动器中，制动蹄由一个凸轮展开。任何时候都应该注意，不要让转向盘影响制动；伊索塔·弗拉西尼的专利是这样设计的：其制动接触点总是在主销轴上，并能够围绕凸轮转动。

图 1-36 前轮全机械式制动；凸轮的接触点在车轮主销轴附近，调节制动块的扩张

它能够持续围绕该凸轮旋转，从而使接触点永远是在主销轴上。

因此制动控制对转向不敏感。该专利被其他机械方案所取代，在 20 世纪 20 年代四轮制动时代开始了。

我们所说的转向运动也适用于两车桥的悬架运动。

锁紧杆和铰接关节之间的距离在悬架振动时不会变；若不是这样，制动器可能会在道路颠簸时被触发动作或者锁紧杆会被过大的拉力拉断。

出于这个原因，我们可以看到在图 1-37 中，杠杆和束梁之间的连接被保持在瞬时转动的车桥中心，在悬架振动期间靠近钢板弹簧的固定孔附近。

拉紧杆的长度必须是可调的，以调整制动蹄的磨损；也应注意到，制动力的分布受杆的长度影响。

20 世纪 30 年代得到推广的液压控制解决了上述问题。这种方案由洛克希德提出，并于 1921 年在一辆叫 Duesemberg 的车上首次使用。

制动系统的另一个重要的发展是辅助动力的应用，增强了驾驶人对液压管线的控制；该设备使用发动机真空作为动力来源。它首次应用在 1954 年的一辆福特汽车上，可以令没有经验的驾驶人进行有效地制动。早在 1910 年，劳斯莱斯就在其汽车上使用了全机械动力制动，如图 1-38 所示。

控制制动所需的机械能来自于发动机，通过一个离合器传递到制动系统，该离合器被制动踏板控制。来自传动轴的动力同样有助于汽车减速。

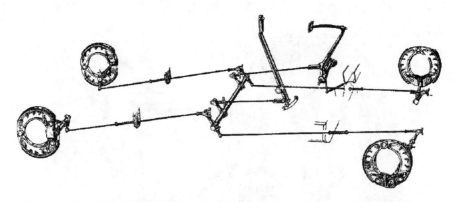

图1-37 机械控制式四车轮制动系统；当悬架颤动时，连杆和固定轴之间的接合
点不得不在瞬时转动的中心轴位置，位于固定钢板弹簧的卷耳附近

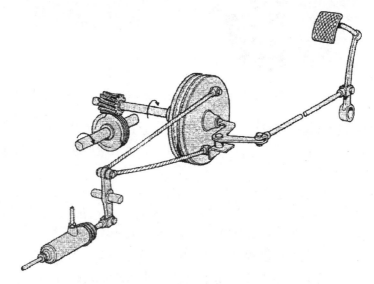

图1-38 一款劳斯莱斯汽车采用过的机械制动；所需的能量来自传动轴
并通过制动踏板和离合器传输到制动系统

1.6 车架

说到底盘结构，必须先说说汽车车身制造商。

在汽车行业兴起之际，他们将财力和人力都集中在汽车开发中最困难的问题上，特别是发动机、变速器、悬架和转向系统。它们大多成为了底盘制造商。

根据在19世纪末已知的技术规范，车身并没有被认为是一个关键技术。确实它们应该完全来自于马车和货车；许多轮胎制造商也成为车身制造商。

这一事实造成了这两种行业的初步分离。

底盘制造商主要使用的是金属材料，他们的工厂有能力铸造、压印和加工。由于联轴器的精度要求，他们根据图纸加工并生产小型产品。

车身制造商主要加工木结构并作为木匠工作。他们多使用夹具和工具来生产单件，往往没有图纸。

这一传统的形成是由于木材相较于金属来讲，更容易被弯曲成精心设计的、符合美学的形状。

就目前涂料与稀料而言，喷漆对于车身表面保护和美观至关重要，也适合木材。这些原因致使底盘和车身加工的完全分离，从而避免了在复杂的机械配件组装中的损伤。

需要记住的是，车身的完全处理需要超过400h的工时；干燥的时间还需在此时间上另加。

因此，底盘有着工业所需的重要的技术价值。这使得汽车制造商能够生产一件可以交付给车身制造商的成品，免除了汽车制造商的后续责任；底盘还可以被试驾和演示其性能给客户。

最终客户购买了底盘并发给车身制造商进行完善。在某些情况下，车身制造商自己购买底盘然后出售成品车。一些汽车制造商与车身制造商达成长久协议，以生产和销售完整的汽车。

这是欧洲在第一次世界大战开始时的情况。战后，大规模生产开始，许多制造商引入了内部车身厂。这一事实的形成是一个从木材逐步过渡到钢材的过程，有一种中间的解决方案，我们可以定义为过渡品，使用木制的骨架和由木材或部分钢板制成的外部盖板。

合成漆的出现将涂装时间缩短了一个数量级，并使车身和底盘更好地结合成为可能。

因为传统原因，生产周期的组织并没有发生很大的变化，同时也因为客户仍然要求需要在一个成品底盘上组装特殊车身。底盘与车身制造的整合主要是在美国得到发展，从20世纪20年代开始被欧洲主要制造商模仿。

车架需要承载所有的机械部件。它承载所有底盘部件，包括发动机，需要汽车制造过程具有一个合理的组织结构。

早期汽车的车架既不是木头也不是钢材。图1-39显示了一个完整的20世纪初的底盘，从图中可以很容易地分辨出车架。

框架与梯子的结构类似，显示有两根有特定形状的纵向梁。

两根梁之间的前端距离减小了，从而能够给转向轮必要的空间；后端较大，利于安装车身。在这片领域，两根梁之间的距离取决于道路和变速器的尺寸。

前端和后端往往侧曲，从而更好地匹配钢板弹簧的形状，允许悬架压缩行程。在后来的汽车上，该曲率增加了，以减少车轮之间的地板的高度。

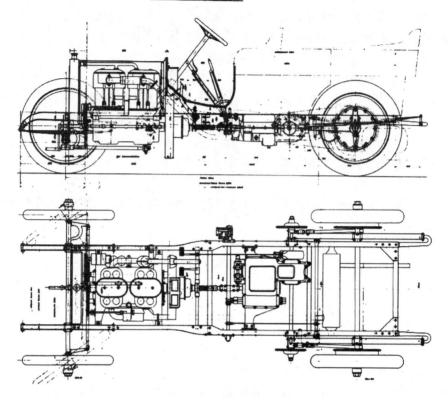

图 1-39 一辆 1905 年的菲亚特汽车的完整底盘，
该底盘结构由梯子框架构成，类似那个时代的许多汽车

边梁是由多个横梁连接而成的，形成梯形结构，这个例子中边梁和横梁是由螺栓紧固的，但在其他情况下，用热铆接然后搭接焊接。

这种结构被使用了很多年并且仍在被许多工业车辆沿用；之所以用螺栓或铆钉代替焊接，是为了优化结构尺寸，以减少焊接后不利的残余应力，这可能是由施加的热量引起的。

这种带交叉组件的开放式结构以及简单的底盘组件的抗扭刚度不是特别高，这是由边梁的截面决定的。

因为边梁的高度有限，所以抗弯刚度低。汽车车架变形成为一个重要的问题，而且它们对车身的作用使这个问题在车速增加时变得更加明显。

车身是一个木制的骨架，因为可以应用木工关节，所以加工后非常结实。然而，这些关节，却不能使整个汽车变得结实。

底盘的变形会导致车身松动或者车身框架关节断裂。这种变形造成车身部件之间发出刺耳的噪声。

灵活的金属关节代替木质车身关节后，避免了相互的干涉，因此得到了行业的青睐；在这方面，根据维曼的专利，织物覆盖结构也被开发了出来。这些来自于那个时代的航空技术，使得车身更加灵活，噪声更小。

最终的解决方案是使用钢板，至少是在车身外围。一方面更加柔韧的车身可以更好地适应底盘变形，另一方面整车的结构强度得到了提升，能够承载更多的压力。

从图 1-40 我们可以看到，一些汽车的底盘框架从 20 世纪 30 年代起发生了部分变化，设计也更加复杂。

图 1-40   1935 年的菲亚特 1500 汽车使用了中心梁框架结构；该结构是由钢板经锻压铆接而成的

在这个图中我们可以看到，框架部件是用冲压件制造的。由于形状复杂，侧面和交叉部件被冲压成形；在之前的例子中，如图 1-39 所示，同一部件从一个型钢上面切下并被开放冲压。这种技术的优势是可以更好地控制整体结构重量，因为每个部件都是依据局部应力设计的，缺点就是需要在专用设备上有更多的投资。

与上面展示的梯形架构不同的是，目前有一个交叉架构，其侧梁交叉成 X 形；交叉的部件替代了侧梁连接部件，形成了一个悬臂梁贯穿车身与地板。两根部件在中间连接，构成了管架结构，使刚度大幅增加；该框架结构允许底板能够更低，有利于降低车高。

前横梁是一个铸造件，它是通过螺栓固定在框架上的，能够容纳独立悬架，如图 1-15 所示。

大多数连接是铆接。

这种底盘是通过坚固的螺栓连接到车身上的。由锻压钢板镶嵌在木头框架上的车身，总成刚度不强但是应该能够增加总体抗扭刚度。

大众甲壳虫上出现了又一改进，几乎与之前提到的汽车处于同一时代，但是生产了更长时间，该底盘结构如图 1-41 所示。该甲壳虫底盘结构中有一个中心梁，前后横梁焊接到上面从而承载前悬架（见图 1-16）、后悬架和动力系统。底板是通过螺栓固定在与车身焊接的整块钢板上，这种结构不能被称为承载式车身，但是其组装后的性能能与之相媲美。

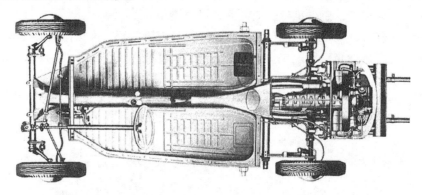

图 1-41　大众汽车在 1936 年制造出的甲壳虫的平台底盘结构。这种结构是在底盘的装配中与车身分离，但车身是一个封闭的结构，其抗扭刚度可与那些组合体相媲美

这种底盘结构被称为底盘平台，直到 20 世纪 50 年代仍在许多汽车上使用。

它表现出了能够与上述装配过程兼容的优点。这种方案明显适合在同一种底盘上生产出不同款式的汽车。承载式车身被认为具有最佳结构性能且重量轻；若这些部件被连接上有足够刚度的竖直部件（支柱）且与纵向和横向组件连接良好，则小轿车将有可观的轴距，且介于底盘侧梁和纵向顶部加强板之间，使得结构刚度很大。

这种形状的车身壁板，还可以通过限制立柱、边梁和横梁之间的角变形来提高结构刚度。

使用这种方法制造的第一辆汽车是 1922 年蓝旗亚 Lambda，其底盘如图 1-42 所示。

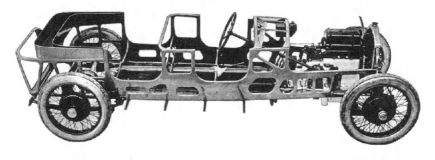

图 1-42　1922 年的车身部件完整的蓝旗亚 Lambda 底盘。本图片只是用于说明，事实上，机械部件需要在车身完成并喷漆后组装上去

该车身是由钢板铆接而成，从而构成了许多独立空间。许多部件由边梁承载，整合了座椅、防火墙和车身，显著增加了整体刚度。前悬架通过一个围绕散热器的

门型结构连接，如图 1-13 所示。

我们无法定量评价这种解决方案的结构性能，但这辆车的布局令人印象深刻，与同时代车相比，这车的外形显得既时尚又修长。

这种结构能够匹配多种车身。轿车（sedan 车型）没能采用它，而用维曼（Weymann）的半硬顶模式代替。

最关键的一步是 15 年后点焊的发展和冲压板（deep stamped steel sheets）变得可用。应该注意到，Lambda 的每一个剪切和弯曲的结构都是由开放式和通用的冲压工具完成的。

这种由美国布丁开发的技术，首次在欧洲的应用是 1950 年的菲亚特 1400，如图 1-43 所示。

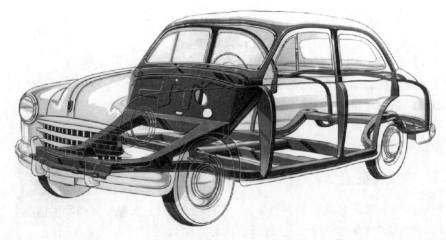

图 1-43 菲亚特 1400（1950 年）承载式车身（车身结构上的加深部分）的透视图

所有车身壁板的形状以这样一种构建箱形梁（build boxed beams）的方式连接起来；这些箱形梁创建的框架用来承载所有结构。

例如，支撑动力传动系统的空间框架由两个 U 形部件（在上面）制成，它与轮辋侧面构成封闭截面梁。

在物理上说，底盘的子装配件已经不复存在，且所有部件（动力系统、悬架系统、转向系统等）都通过螺栓连接到车身。底盘，作为确定的机械子装配部件已不复存在，它已经无法与汽车分离，其结构功能也无法被单独剥离。然而，车身的结构功能是显而易见的。

生产过程也完全不同了。车身是锻压、焊接和喷涂而成的，且底盘组件在这之后通过模块化操作来进行安装。

车身制造商的角色已经彻底改变了。

2 车轮和轮胎

2.1 描述

汽车的车轮有两个重要作用：
- 通过与地面垂直的作用力来支撑车辆重量。
- 通过与地面纵向及侧向的作用力来移动车辆并控制其行驶路径。

正如我们在前面章节中所看到的，第一个功能在古代的车轮中就已经实现，用来承载重量，但是很少用于车辆制动或承受较大的侧向力。

随着车速的提升，侧向和纵向的承受力变得越来越重要。

道路车辆的车轮由两部分组成：轮辋和轮胎。

2.1.1 轮辋特征

轮辋的唯一特征是使轮胎能够简单、快捷的更换。根据车重和使用情况，轮胎的平均寿命为30000~60000km。此外，轮胎可能被刺穿而需要直接更换。

这些因素决定了轮辋的特定形状，为了能与其他厂家的产品进行互换，其尺寸已标准化。

车轮是由一个圆盘和一个法兰组成，如图2-1右边所示。从该图中同样可以看到轮胎的未变形部分（上部）和接触面的变形部分（下部）。圆盘和法兰通常是一个整体；车轮通过螺栓固定在轮毂上。法兰有个特殊的形状能够使轮胎固定在里面。法兰的特征用直径 d 表示，其中间向内凹陷从而方便轮胎的拆装；实际上胎唇毫无弹力，在安装必须时先从一侧放入凹槽，最终穿过法兰完成安装。

法兰两侧之间的距离 j 决定了轮辋的安装宽度；尺寸 d 和 j 通常用英寸做单位且必须符合轮胎的尺寸系列。

车轮尺寸的衡量通常按以下示例计算：

$$5\frac{1}{2}J \times 15$$

表示一个轮辋宽度为5.5in（139.7mm）且直径为15in（381mm）；字母 J 代表轮缘轮廓。

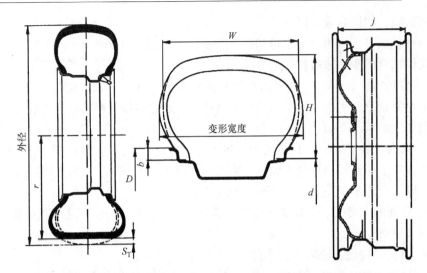

图 2-1　一个完整车轮的原理图，包括轮辋和轮胎的主要尺寸

　　代表法兰轮缘类型的字母有很多；轮缘是指与轮胎内部相配合的部分。采用了一个特殊的锥形来改善无内胎轮胎的气密性或者避免轮胎被扎后突然脱落。图中没有字母代表气胎的锥形轮辋。

　　轮辋可由冲压和焊接钢、铸铝或镁制成；选择后者的主要目的是减重和美观。

　　轮辋板的特征有用于改善制动散热的适当的间隙，以及能够在螺栓紧固前支撑车轮的中心孔；轮辋板与车轮的安装面有锥度，从而增强了轮辋板的弹性。它的作用是降低螺栓紧固后的拉应力集中。

　　轮辋板通常呈钟形，从而使轮胎安装在对称面（赤道面）上并且能够给轮毂和制动器提供必要的安装空间。

　　如今许多汽车能够根据它们的型号和客户的需求匹配不同型号的轮胎；通常性能好的轮胎在相同的滚动半径下有更大的宽度。但是通过降低高宽比来提高侧倾刚度，可能会对舒适性有影响。

　　轮辋板的外缘形状通常是为了使轮胎外部轮廓保持在相同位置。

2.1.2　轮胎的特点

　　车轮刚性结构的周围是用弹性材料制成的轮胎及其内胎，内胎的作用是保持充气压力。内胎可以不用，如无内胎轮胎，其轮胎是密闭安装到轮子上的；如今这种昂贵的方案因其有更高的安全性而受到青睐，因为无内胎轮胎损坏后会逐渐卸压的。

　　轮胎是一个复杂的组合结构，有着多层橡胶化帘布（层）和帘线；特定的造型和编织赋予了轮胎独特的力学性能。

　　轮胎帘线编织的方向相对于轮胎圆周方向的夹角通常被定义为冠角。一般情况下，低冠角的帘布层能够提高车辆的操控特性，而且有高值（最大能达到90°）冠角的帘布层，能提高乘坐舒适性。

每种轮胎都可以用一组字母和数字表示，样式如：175/65 R 14 82 T。

我们结合图 2-1 来解释它的含义。

● 前面的数字（175）代表的是轮胎的断面宽度 W，通常单位是 mm；与后面的数字用斜杠分开。由于轮胎是可变形结构，上述这些尺寸指的是在空载且正确充压下的非变形状态下的。

● 第二个数字（65）代表轮胎的扁平比，由轮胎断面高度与宽度的比 H/W 的值得来；扁平比通常用百分比表示：给出的例子中 H 是 W 的 65%。如果该数值被省略，则假定为 80%，这是长期使用的标准值。

● 后面的字母代表了轮胎帘布层的类型；R 代表的是径向（子午线结构）。该项有时被省略。

● 第三个数代表轮辋的英寸直径。

● 第四个数代表载荷系数，它决定了在指定胎压下允许的垂直载荷；该数值有标准化的系列表，其中最大允许垂直载荷是胎压的函数。因此该数值没有物理意义。

● 最后的字母表示轮胎的最大允许速度，如表 2-1 所示。其他的标准表述早已过时，存在于早先的出版物中，例如：P 225/50 SR 15。

表2-1 代表轮胎允许最大速度的字母

速度/(km/h)	80	130	150	160	170	180	190	210	240	270
字母	F	M	P	Q	R	S	T	H	V	W

在此例子中，第一个字母代表的是车辆种类（P 代表汽车），前两个数值表示轮胎的毫米高宽比，后面的字母代表允许的速度，下一个字母是指轮胎类型（R 代表径向，B 代表带束式，D 代表正交）；最后一个数值是轮辋的英寸直径。

轮胎的制造与其应用相独立，可以按照不同的基本方案；轮胎的胎体，即帘布层的布置方式，可以分为两类：斜交型/常规型和子午线型。子午线轮胎如图 2-2 所示；带束轮胎可以视为一个跨界类别。

斜交帘布层轮胎的帘线与赤道面成 35°～40°；在子午线轮胎中帘布层与轮胎圆周方向（胎体帘布层，有90°冠角）竖直被周围其他层（带束层）以更小的角度包裹，在15°范围内。在斜交轮胎中，帘布层从胎唇延伸至另一胎唇，而在子午线轮胎中带束层只在与地面接触的范围有，由胎体层来维持轮胎侧面的形状。

传统轮胎在胎侧的结构较强但是在带束区域较为柔韧；而子午线轮胎侧面有很高的强度及韧性：这种设计提升了行驶稳定性及舒适性但侧面较弱（如人行道的冲击等）。

由于其优越的特性，子午线轮胎是使用最广泛的类型；传统轮胎则被用于越野驾驶等要求更高的应用场合。

图 2-2　子午线轮胎结构：轮胎有周向的帘线（带束）和径向的帘线（两侧）并且在胎唇有两个加强胎圈用于与轮辋接触

　　轮胎的主要作用是用足够大的接触面来消除道路不平的影响，缓冲垂直载荷。很有必要将不同方向的弹性进行详细介绍：例如，在子午线轮胎中，由于其侧面变形多，垂直变形较大，而周向变形较小，因为其带束的方向几乎是笔直的。优越的舒适性和侧向力的高性能是弹性布置的直接结果。

　　轮胎性能的关键是胎体，一般由硫化橡胶制成；它是与地面接触的表面并决定了轮胎与地面接触面的摩擦力。胎面的形状因设计而异，周向和横向胎纹的重要作用是在有水的路面上行驶时能够让水快速地从接触面排走。同时增加对疏松土壤的摩擦力；较浅的横向胎纹能够增强在湿滑路面上的摩擦力。如果车辆在平坦且干燥的路面上行驶，则上述胎纹就没有必要了，这与光面轮胎无异。

2.1.3　车轮参考系

　　当研究轮胎与地面的作用力时，有必要用到如图 2-3 所示的 $X'Y'Z'$ 的参考系。该坐标系以相交的中心作为原点，以未变形的轮胎赤道面与地面接触点定义；X' 轴以该点开始，以车辆行进方向为正方向。Z' 轴垂直于地面⊖，Y' 轴平行于地面指向左边。

⊖　这里使用的术语来自 SAE（汽车工程师协会）于 1952 年颁布的《J670 车辆动力学术语》的 1976 年修订本。当然，有些地方作者并未完全照搬，如 Z 轴的正方向，在该标准中方向是向下的。

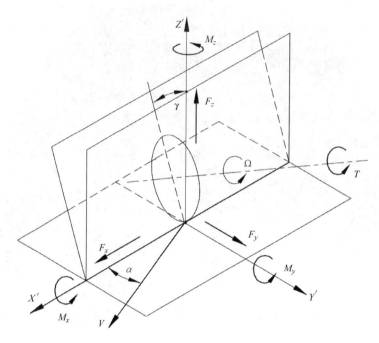

图 2-3 用于研究轮胎与地面之间的作用力的参考系。力、力矩和侧偏角的正方向的定义

总的力作用在中心的交点上。它可以分为沿着 3 个轴的 3 个分力，分别为纵向力 F_x、侧向力 F_y 和垂向力 F_z。同理，总的力矩也可以被分为 3 个分力矩：倾覆力矩 M_x、滚动阻力力矩 M_y 和自动回正力矩 M_z。车轮转矩 T 作用在车辆轮胎旋转轴上。

$X'Z'$ 平面与轮毂力矩方向之间的夹角被称为车轮侧偏角 α，而 $X'Z'$ 平面与车轮赤道平面的夹角被称为倾角或外倾角 γ。该图还标出了各角的正方向；车轮最高点向驾驶人右边偏时为侧偏角的正方向（换句话说，左车轮的顶部向车内偏转时为正方向）。采用道路作为参考时，通常以远离车辆两边的方向为正方向。

在本书中，我们将假设侧偏角与外倾角一致。[⊖]

2.2 轮胎的使用

解释轮胎的使用时，我们需要定义两种情况：

- 在公路上，轮胎与柏油路面或水泥路面接触。
- 未修整的地面上，轮胎与天然路面或者杂乱路面接触。

第一种情况是典型的公路驾驶。而第二种情况是典型的越野驾驶。这两种情况

⊖ 这是又一个与 SAE 术语不一致之处。

在物理方面的差别在于是否应该将地面的不规则情况考虑进去。在干燥公路上，地面变形可以忽略不计。

2.2.1 道路驾驶

研究道路驾驶的两个不同方面：

● 地面与橡胶之间的附着力；由于这个现象，轮胎能够与地面在接触面内进行力的相互作用。

● 轮胎结构的弹性，使轮胎能够对不平整的路面有一定的"吸纳能力"。这是车轮在接触面发生纵向和横向滑动的两个主要原因。

橡胶与地面的附着力：

附着力的定义是当放置在地面上的橡胶制品被施加了与接触面垂直的压力后能够抵消接触平面内一定的力而不发生任何相对运动的物理现象。

附着力是由两种有类似结果的不同的现象引起的：

● 物理附着。

● 局部变形。

让我们来通过将一片橡胶压在光滑坚硬地面上来研究物理附着现象。橡胶分子与地面分子之间产生特定的引力；该引力与距离的关系是 $10 \sim 10000 \text{Å}$（相当于 $0.001 \sim 0.01 \mu m$）。两个接触面之间的杂质将附着现象限制在一定数量的点上。

附着力将在这些点上产生。如果我们试图在该橡胶样品上施加侧向力，则会看到它是由附着力来平衡。

该力将一直存在直至附着点之间的距离增加到一个特定值时才变成零；当附着力被破坏时，分子层摆脱了压力并开始在材料内振荡。材料内部的阻尼将抵消一部分能量，抵消的能量会分散到橡胶与地面上，产生一个与该位移相反的力。

附着力取决于以下参数：

● 接触材料的表面能量。

● 材料的阻尼性能，这是橡胶材料最重要的作用；这些性能受到温度和相对速度的影响。

● 接触面的变形，因侧向力可能引起附着和侧滑而导致变形。

附着力可以通过将一个橡胶样品压到完全光滑的镜面上测得。附着力的大小取决于材料的阻尼特性。

局部变形则是由路面不平导致；如果不考虑附着力，当把橡胶样品放在润滑的且不平整的路面上时，橡胶就会产生变形，随后能够恢复原状。

因此，由阻尼抵消的机械功会在接触面产生力。

此外，摩擦力与阻尼是相互依存的。

局部变形力可以通过用一块橡胶样品在低阻力平面（例如有能够自由旋转的辊或球面）上滑动测得。

橡胶样品在干燥的公路路面上时，地面滚动阻力占总摩擦力的70%。

这些现象在湿路面上彻底改变了它们的机理；我们同样用3个基本情况进行辨识。

● 水层的厚度足够在轮胎与地面之间形成永久的润滑带（水滑）。在这种情况下，附着力和局部变形不会发生，且切向力可以根据润滑理论以及液体黏度计算。

● 水层厚度不够形成持久润滑，但足以消除附着力。在这种情况下，若地面不平，则局部变形还是会发生。

● 水完全从接触表面被排出。在这种情况下，橡胶的性能就与上面介绍的一致了。

最后这种情况是我们希望通过轮胎凹槽和排水路面来实现。

在实际情况下，有时可能前部分产生了水滑而后部分处于中间态或者干燥情况。

我们将侧向力与垂向力之间的比值作为摩擦系数 μ；作为力，它可以按照下面的公式分解出纵向摩擦系数：

$$\mu_x = \frac{F_x}{F_z} \tag{2-1}$$

在 Y' 轴与垂直方向 Z' 轴之间的横向摩擦系数为

$$\mu_y = \frac{F_y}{F_z} \tag{2-2}$$

摩擦系数可以被全局定义，或局部定义为切向力与垂向力的比。

弹性性能

轮胎可以被看作一个内部有阻尼的弹性变形结构。

在不充气的情况下，轮胎的刚度是不足以满足使用需求的。在不考虑帘布及帘线的作业下，轮胎可以被看作一个在垂直方向上被施加了载荷的完美的内部恒压膜。

这个膜只能通过其内部压力承受垂向的载荷；轮胎的表面应该有一个平面用于产生等量的垂向反作用力。这个表面被称为轮胎的接触面。

当胎压提高时，接触面减少。

当轮胎滚动时，之前发生变形的部分必然会恢复原状，而新接触部分又必须变平从而承受垂向力。

从中可以想象到，由于橡胶的阻尼特性而产生的能量损失。这些能量损失不仅仅是因为材料的阻尼特性，也是因为帘布、帘线以及橡胶之间发生相对运动，以允许局部弯曲变形而引起的。

如果地面不是刚性的，则地面的弹性变形对滚动阻力起着决定作用。

该膜模型轻松地解释了为什么横向力与纵向力能够降低接触面的局部变形。比较难理解的是在滚动的车轮上，当施加了横向力与纵向力时会发生什么。为了预测即将发生什么，我们采用了图2-4所示的一个简单模型。

轮胎被简化成若干个弹簧，在垂向、横向和纵向是灵活的，并在外圈套了一个橡胶制品。

为了简化，假设只有一个弹簧在接触地面的位置上；它被固定在一个刚性轮辋上，夹角是 ξ。

弹簧顶端可以自由活动，与其他弹簧之间不互连。将所有不影响我们研究结果的因素都简化不计。我们将这种极端简化模型称为"刷子"模型。

在垂向力的作用下，接触面的弹簧会产生径向变形，如轮胎一样；如果我们给该弹簧一个适当的阻尼系数，则该模型还可以模拟弹簧离开接触面时所消耗的机械功与滚动阻力成正比的情况。

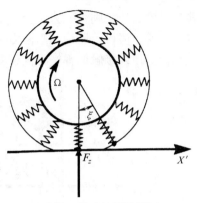

图2-4 轮胎的简化模型；轮胎被简化成若干个弹簧，在垂向、横向和纵向是灵活的，并在外圈套了一个橡胶制品

此外，由于在垂向施加的力，滚动半径会小于不承压状态下的值。

假设车辆行驶时轮胎的纵向力 F_x 沿行进方向（图2-5b 的演示）或者沿制动方向（图2-5c 的演示）运动；根据该模型，变形角 ζ 与弹簧和轮胎在接触面被施加的力成正比。

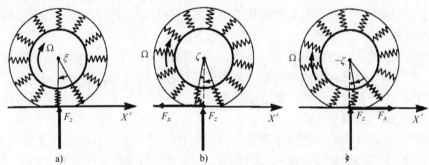

图2-5 刷子模型：模拟静态轮胎在径向和周向的变形，并施加了垂向载荷、制动力或驱动力

很容易理解，如果轮胎滚动速度为 Ω，则每个接触弹簧离开接触面时将返回直线位置，而新的弹簧会产生位移角 ζ。一个新的变形速度会被施加到轮胎的初始速度 Ω 上，与变形角 ξ 和时间 ε/Ω 之间的比例相等且会继续作用在后续接触地面的弹簧上。

在车辆驱动力的作用下，车轮速度将比自由滚动时要快；另一方面，当车轮制动时，速度将比自由滚动时要慢。

如果模型很精准，则速度的变化将会与纵向力成正比。这种速度变化被称为纵向滑移速度。

当制动力或牵引力超过了摩擦力极限时，新的附加速度只会与质量特性相关；

若超过该数值，则纵向力不会再增加。

最后，假设轮胎受到垂向力和纵向力，例如，车辆转弯时的离心力。在这种情况下，与地面接触的弹簧将假设有 Y' 方向的侧向位移。这种现象如图 2-6 所示。

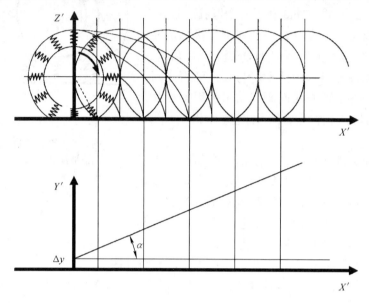

图 2-6　"刷子"模型；施加了垂向力和纵向力的滚动轮胎图示

当车轮滚动时，每根弹簧都能像图中上半部分显示的那样接触地面，这里所示为 X' 轴的某一点的侧视图。

初始接触点会有侧向位移 Δy，如图下半部分所示。这个位移与侧向力是成正比的。当下一个弹簧接触地面时会产生同样的位移，该位移将被转移到轮毂上。最终轮毂将产生一个横向运动，该运动的速度来自该位移与下一个弹簧接触地面的间隔时间的比值，也就是 ξ/Ω。

如果模型是准确的，则由于变形与力成正比，轮毂会在其路径产生偏离角 α，与侧向力成正比，这种偏差被称为侧滑角。更准确地说是轮胎侧滑角，而不要与车辆侧滑角和姿态角相混淆，稍后我们将解释。

当侧向力超过橡胶的附着力时，增加的速度将只取决于质量而侧向力将不再增加。

该刷子模型仅仅是让我们能够大致了解和预测纵向滑移和侧滑的概念。

我们将通过实际实验的结果和数据信息来更详尽地审视纵向滑移和侧滑。我们不建议使用上述模型进行任何定量预测。

2.2.2　越野驾驶

在越野驾驶中，除了我们所描述的现象（在这种情况下也保持不变），还应该考虑地形变化，在特定情况下它们占主要地位。

部分车辆被设计得不仅能够适应柏油路，还能适应自然地表、乡村道路和森林道路。限制车辆机动性能的主要因素是地面的变形和地面的形状，它会干扰底盘的机械部件。

我们将在后面的段落里讨论地面的变形。在水平路上，未经处理的地面的力学性能可能严重影响车辆运动。地面的形状对底盘的设计有直接的几何影响，涉及：

- 轴距
- 轮距
- 车轮直径
- 可用悬架行程
- 底盘离地间隙
- 接近角

我们将参考自然地面和雪地来模拟特定季节的特征。

自然地面是岩石经过风雨侵蚀后产生的，它们包含大量的尘土。

土壤的性能取决于组成它们的不连续的颗粒；这些颗粒的主要特征是它们的粒度、表面密度以及含水量或湿度。我们通过连续颗粒的间距来区分外观密度和真实密度。第一个是由地面上切块的平均重量与体积的测定比值定义的；第二个是由切块在极限压缩下消除任何粒子间距，换句话说，它是单个颗粒的平均密度。

这些可以交换给附近的颗粒并引起变形的力是凝结力，它随着颗粒大小（或称粒度）的减小而增大；实际上，如果粒度减小，则颗粒之间的接触面增加。

土壤变形最主要的原因是颗粒在其接触面上发生了侧移；凝结力越大，变形会越小。凝结力还受颗粒之间的水的影响。

另一方面，限制颗粒位移及土壤变形的一个重要因素是颗粒之间接触点处的摩擦力；该摩擦系数会受到含水量的影响。

在湿度低的土壤中，机械阻力较大；而当水分增加时，机械阻力减小。

当水分达到液体阈值，土壤颗粒之间的凝结力以及剪切阻力会完全被消除；该阈值通过水与干燥后的土壤的比值表述。

当达到土壤的塑性阈值，土壤就会失去保持形状的能力并变得非常松散。该阈值通过溶解水量与干燥后的土壤的比值表述。

两个阈值之间的差别被称为"塑性指数"，而给定土壤的实际水分与塑性阈值的数量的比值被称为土壤的"相对含水量"。

出于研究的目的，将土壤分类如下：

① 凝结土。凝结土含有不同数量的黏土，与沉积岩的细微颗粒混合，直径不超过 0.05～0.10mm。根据黏土比例的不同，可以分为轻质黏土、黏土质土壤或者黏土。这些土壤中凝结力的主要相关因素是湿度，因此区分了固体、胶体和液体。

描述凝结土力学性能的重要参数是相对湿度，这些土壤只有相对湿度在 0.4～0.65 时稳定。若超过该值，则力学性能严重恶化。这些土壤的特有性质是排水非常困难；车辆的机动性能会在雨季和冰雪融化时受到严重影响。

凝结土占据了地球表面的很大一部分。

② 砂质土壤。砂质土壤颗粒较大且基本没有黏土。这种土壤可能是通过颗粒直径和外观密度而进行分类的。砂质土壤的力学阻力最初随着水分的增加而增加，而当含量更高时急剧下降；与黏土不同，沙土的排水能力很好。它们广泛分布在海边、河床以及沙漠中。

③ 沼泽土。沼泽土的特点是泥炭含量高，大多数由动植物分解后的有机物在缺氧条件下分解而成；沼泽土可被分为固体沼泽土（泥炭层直接作为岩层存在）、腐土（泥炭浮动在某地层上）以及漂浮土（泥炭在水上或者不定型地层上漂浮）。

这些土壤广泛存在于中欧和西伯利亚地区。

④ 冰雪土壤。冰雪在北半球的冬季是非常丰富的。在雪地上的车辆机动性取决于雪层厚度、雪的密度、温度和结构。新鲜的雪的密度为 $0.075 \sim 0.20 \mathrm{g/cm^3}$，而时间长的和压实后的雪的密度为 $0.30 \sim 0.40 \mathrm{g/cm^3}$；由新鲜的雪向旧雪转换的过程是单向的。

土壤因垂向载荷而变形。

土壤上施加的垂向载荷导致了变形；我们将考虑均匀载荷下理想的无限弹性轮胎（膜模型）。请看图 2-7，其中用定性方法表示了当按压一块方板时所产生的效果，用 p 表示胎压，即方板承受的载荷与表面积的比值。

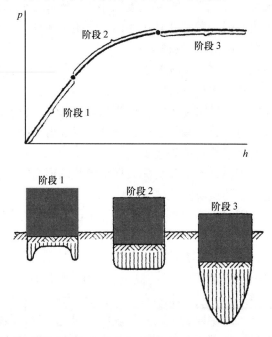

图 2-7 理想均质土壤的主要变形阶段，下沉深度用 h 表示，承受的胎压用 p 表示。
下面的图定性地展示了土壤的应力分布情况

该方板模拟了车辆轮胎接触面对土壤施加车重的结果。

这里没有对我们所分类的土壤类型进行区别描述。

当施加胎压较小时，土壤被沿着边缘切开并下沉；土壤的压力主要集中在切口边缘并随着土壤凝聚而增加。在土壤中形成一个硬核并随着载荷方向下降，对下层土壤施加载荷。在第一阶段，土壤的形变几乎与胎压成正比；土壤的受压情况定性地显示在图 2-8 中，图中还给出了对应的 $h(p)$ 图表。

当胎压增加时，更多的土壤达到其塑性极限，如中间那幅图中表示的第二阶段。当被方板按下的土壤都达到塑性极限时，它将提供下沉过程中的任意胎压值。第二阶段的位置和扩展情况取决于初始的土壤密度。

图 2-8 展示了不同类型土壤的下沉深度 h 随胎压 p 的变化情况，通过我们已提到的定性分析方法。

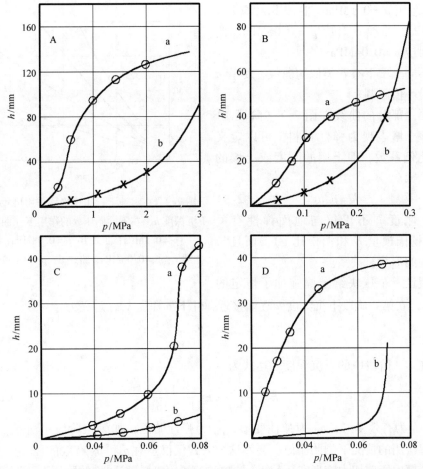

图 2-8　不同土壤在承受的胎压 p 时下沉深度 h 的图表。A 图指的是黏性土壤（a—湿润的土壤，b—塑性土壤）；B 图指的是沙质土壤（a—松散的沙子，厚度约为 200mm；b—压实层）；C 图指的是泥炭层（a—4m^2 的压块，b—0.4m^2 的压块）；D 图指的是雪地（a—新雪，密度为 0.15g/cm^2；b—压实的雪，密度 0.20g/cm^2）。

在图 2-8 中，A 图指的是黏性土壤（a—湿润的土壤，b—塑性土壤）；B 图指的是沙质土壤（a—松散的沙子，厚度约为 200mm；b—压实层）；C 图指的是泥炭层（a—4m² 的压块，b—0.4m² 的压块）；D 图指的是雪地（a—新雪，密度为 0.15g/cm²，b—压实的雪，密度为 0.20g/cm²）。

图 C 展示了在相同胎压下受力面积会影响下沉深度。特别是接触面越大，下沉越多。发生这种情况是由于较大的表面积增加了能够夯实的土壤量。

请注意黏性土壤的胎压数量级，这代表了它优越的力学性能；当轮胎接触面胎压为 0.2MPa 时，我们可以直接估算出车辆行驶在不同土壤上的情况。

在新雪的例子中，如图 2-9 所示，多条曲线代表了不同压块的平均尺寸 d（$d = A - 2$，其中 A 为压块的面积）。曲线 a 对应胎压 $p = 0.1MPa$，曲线 b 对应 $p = 0.08MPa$，曲线 c 对应 $p = 0.06MPa$，曲线 d 对应 $p = 0.04MPa$。

不同土壤下有着类似的曲线，尽管 d 值有最小值限制。

第一部分的曲线在图 2-7（阶段 1）中，该土壤表现为弹性材料，可以定义一个比例系数，即土壤的刚度或土壤的黏合系数。

$$k = p/h \qquad (2\text{-}3)$$

式中，刚度 k 不仅仅与地面弹性有关（它的杨氏模量 E 和泊松比 ν），而且与承压块的形状有关。

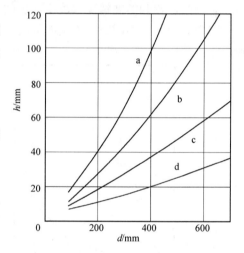

图 2-9 在雪地上，压块平均作用尺寸 d、下沉深度 h，在不同胎压 p 的作用下（曲线 a：$p = 0.1MPa$；曲线 b：$p = 0.08MPa$；曲线 c：$p = 0.06MPa$；曲线 d：$p = 0.04MPa$）

假设一个压块给土壤施加了恒定的胎压 p，在第一阶段下沉深度 h 逐渐接近弹性下沉深度 h_e，定义为

$$h_e = \frac{p}{k} \qquad (2\text{-}4)$$

在 2/3 阶段中的下沉深度表达式为

$$h = \frac{h_e p_0}{p_0 - p} = h_e \frac{1}{1 - p/p_0} \qquad (2\text{-}5)$$

式中，h 为有效变形；h_0 为弹性变形；p_0 为弹性胎压，如第三阶段中所示，是在弹性起作用的情况下的胎压值。显然这个公式仅仅是对 p 和 p_0 有效的。

土壤由于剪切力变形在压块上同时施加侧向力时，在同样的胎压下下沉深度增加。图 2-10 所示为一些实验性能。

该图中显示了在正常胎压 p 和切向压力 τ 同时作用下压块下沉深度 h 的情况。

图 A 是沙质土壤，图 B 是黏性土壤。曲线 a、b 和 c 对应胎压 p 分别为 0.02MPa、0.03MPa 和 0.04MPa。

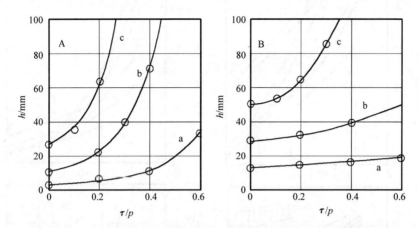

图 2-10   压块在正常胎压 p 和切向压力 τ 同时作用下压块下沉深度 h 的情况。
图 A 是沙质土壤，图 B 是黏性土壤。曲线 a、b 和 c 对应胎压 p
分别为 0.02MPa，0.03MPa 和 0.04MPa

压块能够施加给土壤的切向力受限于土壤与压块接触面的黏附力和摩擦系数。如果该压块不陷入地面，则最大切向力的表达式为

$$F_{\mathrm{tmax}} = AC_0 + F_n \tan\varPhi_0 \qquad (2\text{-}6)$$

式中，C_0 是黏附力贡献度，也叫凝聚系数；$\varPhi_0$ 是颗粒之间的摩擦角，它可以通过半孔径锥体测量，该锥体近似土壤松散状态下的堆积形状。

所研究土壤的剪切阻力 τ_0 为

$$\tau_0 = \frac{F_{\mathrm{tmax}}}{A} = C_0 + p\tan\varPhi_0 \qquad (2\text{-}7)$$

如果压块陷入地面，则会出现一个新的分力——推土力，它必须附加到引起黏附力和摩擦力的总力上。

不同土壤的力学性能

图 2-11 为天然地面的主要力学性能的主要参数

- 弹性模量 E
- 塑性压强 p_0
- 摩擦角 ϕ_0
- 凝聚系数 C_0

采用正常压力 p 和剪切压力 τ 的函数计算下沉深度 h。此外，τ_0 是地面可以承受的最大纵向力（驱动或制动）。

随着含水量的增加，这些参数明显恶化；在欧洲北部的耕地，冰雪融化后的含

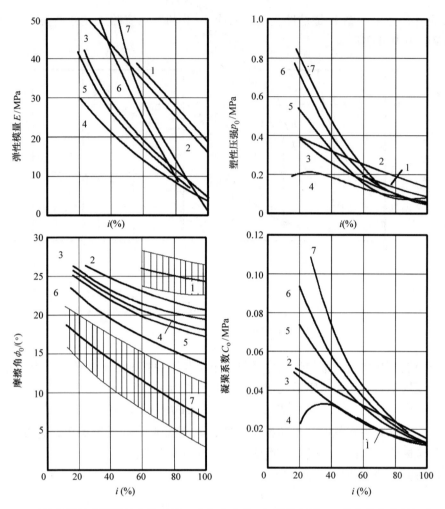

图 2-11　天然地面的主要特性参数，是一个与含水量 i 相关的函数。1 号曲线指的是松散土壤，
7 号曲线是黏土，2~6 号曲线是含沙量逐渐增加的沙质土壤

水量可以达到 100%，而在夏天则是 30%。

由表可以观察到，黏土的黏附力高，沙质土壤的摩擦角大。

表 2-2 说明了雪的主要力学性能，是其状态和外部温度的函数。

表 2-2　雪的主要力学性能，其状态和外部温度的关系

T/℃	物理参数	新鲜的	风吹实的	压实的
—	密度/（g/cm³）	0.2	0.4	0.6
−5	黏附力/MPa	0.05	0.07	0.19
−10	黏附力/MPa	0.09	0.09	0.22
−5	摩擦角/（°）	18	22	31
−10	摩擦角/（°）	19	23	26
−5	弹性模量/MPa	0.4~0.6	1.5~2.0	>7.5
−10	弹性模量/MPa	0.6~0.8	2.5~3.0	>10

上述内容可以解决以下问题：

- 确定某特定地面在无底盘干扰的情况下能否承受车轮的压力。
- 预测车辙的深度。
- 通过计算剪切阻力 τ_0 确定最大纵向和侧向力。

轮胎接触面位移的因素（垂向变形、纵向滑移和侧滑角）将在以下段落描述。这些因素在公路上需加以考虑，在天然地面上可以忽略不计。滚动阻力也必须加以考虑。在坑洼道路或者天然地面上行驶时的轮胎受力情况如下：

- 由于轮胎的弹性滞后导致的阻力，是由接触面变形损耗能量所引起的，我们将在后续段落讲解。
- 由于土壤弹性滞后产生的阻力，是由于变形产生的机械功所引起的。
- 推土阻力，是因为一定量的土壤被推到接触面前面所产生的。

轮胎的迟滞阻力与公路上行驶时稍微不同，因为轮胎接触面变小了一些；其他的影响能够通过土壤力学性能进行计算。这方面的影响可以使滚动阻力呈几何倍数增加。

表2-3中显示了常见的天然地面的滚动阻力系数 f_0 的取值情况[⊖]。请将这些数值与公路中的数值进行比较，见表2-4。

表2-3　不同天然地面的 f_0 的取值

道路类型	f_0
平坦积雪道路	$0.025 \sim 0.040$
天然平坦地面	$0.08 \sim 0.16$
平坦沙质地面	$0.15 \sim 0.30$

下面的章节将针对公路上行驶的轮胎进行研究。

2.3　滚动半径

研究一个在平坦道路上没有受制动或牵引力矩且垂直于路面的车轮。前进速度 V 与角速度 Ω 和刚性轮半径 R 的关系是

$$V = \Omega R$$

对于充气轮胎的有效滚动角，可以通过 V 与 Ω 的比来定义：

$$R_e = V/\Omega \tag{2-8}$$

有效滚动半径的定义是，与充气车轮行驶和滚动速度相同的刚性车轮的滚动半径。

车轮与地面之间的接触面远不止一个接触点。胎面带束也在圆周方向变形，因此导致 R_e 与负载半径 R_L 以及空载半径 R 都不一致。瞬间转动的中心并不与接触点 A（图2-12）重合。

⊖　滚动阻力系数 f_0 将在后面给出定义。

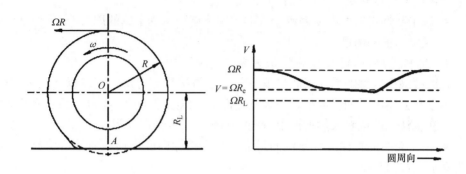

图 2-12　轮胎在平坦道路上行驶；接触面的几何分布和圆周速度

由于胎面带束的纵向变形，胎面上各个点的周向速度都是周期性变化的。当它接近接触面时变化开始放缓并受到挤压作用。在接触面上轮胎与地面之间的滑动是非常有限的。

胎面的周向速度（相对于车轮中心）在该区域与车轮中心上的车轮速度 V 一致。离开接触区后，胎面恢复其初始长度和圆周速度 ΩR。

由于这种作用，在相同行驶速度下，充气轮胎的车轮的旋转速度小于相同负载半径 R_L 的刚性车轮的旋转速度。

$$R_L < R_e < R$$

车轮旋转的中心落后于接触面一小段距离。

由于垂向刚度较低，子午线轮胎的负载半径 R_L 比斜角轮胎的相同负载下半径 R 小。但是由于其胎面周向强度大，有效滚动半径 R_e 与空载半径更加接近。

例如，在斜角轮胎中 R_e 可能是 R 的 96%，而 R_L 是它的 94%；在子午线轮胎中 R_e 与 R_L 可以分别是 $0.98R$ 和 $0.92R$。

有效滚动半径与许多因素有关，其中一些是由轮胎决定的，例如结构类型、胎面的磨损、工况（影响胎内压强）、载荷、车速等因素。

增加垂向载荷 F_z 和减少胎内压强 p 有着类似的结果：R_L 与 R_e 都会减小。当车速增加时，轮胎在离心力的作用下扩张，导致 R、R_L 与 R_e 全部增加。斜交轮胎由于其较高的胎面带束刚度，该效应会更加明显。而子午线轮胎的扩张非常有限，通常可以忽略不计。在下面几节中，我们会看到任何作用在轮胎上的驱动或制动转矩都会对有效滚动半径造成很大的影响。

155 D 15 斜交轮胎和 155 R 15 子午线轮胎的滚动半径受速度的影响如图 2-13所示。该图是将轮胎放置到 3.8m 直径的钢滚筒内获得的。后面我们将用该方法展示任一牵引或制动力对滚动半径的影响。

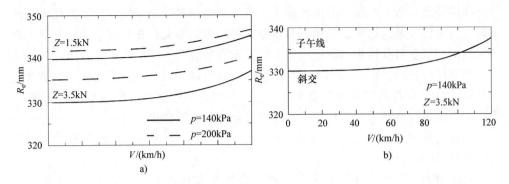

图 2-13　速度 V 与 R_e 关系图

a）斜交轮胎 155 D 15　b）子午线轮胎 155 R 15

2.4　滚动阻力

研究一个在平坦表面上自由滚动的车轮。如果车轮与路面都绝对平滑，则不会产生阻力，也就不需要驱动力。然而，实际上，绝对平滑的车轮与路面都不存在，且两者都会在它们的接触面产生变形。

随着轮胎的运动，新的材料会不断地进入该区域并被挤压变形，并在离开该区域时弹回其初始形状。这样的变形肯定会消耗掉一定的能量，因为最后接触的材料由于其内部阻尼并没有完全恢复原状。

这种能量损失引起了滚动阻力。由此可见，它随着变形量的增加而增加，随着弹性恢复量的增加而减小。在轨道上的刚性车轮比气胎车轮的滚动阻力小，而在常规路面上运动的轮胎比在刚性表面运动的轮胎的滚动阻力大很多。从这个角度来看，常规路面上的轮胎总是处于试图滚动出它自身压出来的坑中的位置（图2-14）。

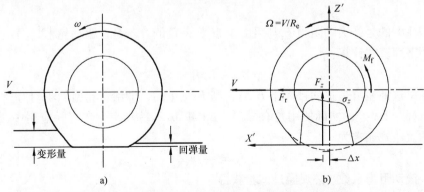

图 2-14　在变形地面上滚动的轮胎：地面变形和回弹；
滚动轮胎的受力 F_z，F_r 以及接触压力 σ_z

在柏油路或者水泥路行驶的轮胎上，变形往往只局限于车轮部分，因此轮胎是该现象的主体。其他因素，如道路与车轮之间轻微的滑动、在轮圈上的空气阻力以及轮毂部的摩擦对整体阻力的影响很小，只占百分之几。

当车轮静止时，接触面的压力在接触面中心对称分布，而当车轮滚动时则变得不对称，且合力 F_z 向前移（图 2-14b），在转动轴上产生一个力矩 $M_y = -F_z\Delta x$。滚动阻力由该转矩产生，与轮毂阻力及空气阻力的关系较小。

两种测量滚动阻力的方法是等效的，因为车轮及地面在前部的变形使得合力 F_z 从接触面中心前移。

滚动阻力的定义，根据上述 SAE 颁发的 J670 文件，该力必须是经过车轮中心且平行于 X 轴作用在车轮上的，从而让该力矩通过轮胎接地面与旋转轴平行，与轮胎接地面在该方向的力平衡。

此处对该定义进行了两处小的改动：

① 该力的符号变了，采用了真实阻力，也就是说与速度相反方向的力。

② 包含了空气阻力矩和轮毂转动阻力矩，从而在整体滚动阻力中涵盖这两个因素的影响。

保持自由车轮旋转，需要在接地面有一个力。可以使用的牵引力：对于理想的车轮，需要提供总力矩 M_y 的反转矩，且在驱动轮上，必须用驱动力抵消滚动阻力。

该驱动力矩直接通过驱动轴施加在驱动轮上来克服滚动阻力矩。

在软路面上尤为明显，通常空气阻力高但是可用的驱动力小：如果所有的车轮都是驱动轮，则滚动阻力可被驱动力克服；如果部分车轮是从动轮，则驱动轮提供的驱动力可能不足以克服从动轮上的阻力，也就无法运动了。

研究水平路面上的一个自由滚动的车轮，其平面为 $X'Z'$ 平面，即 $\alpha = 0$，$\gamma = 0$（图 2-14）。假设除了空气阻力矩和轴承摩擦力矩形成的 M_f 力矩之外没有驱动力矩或制动力矩，滚动状态下滚动阻力 F_r 形成的平衡方程如下：

$$F_r = \frac{-F_z\Delta x + M_f}{R_L} \tag{2-9}$$

需注意的是，滚动阻力 F_r 与阻力矩 M_f 都是负的。若是在驱动轮上，力矩 M_f 则必须用下面算式计算：

$$M_m - |M_f|$$

如果这种差值是正的且大于 $F_z\Delta x$，则 F_r 是正的，即给车轮施加驱动力。

方程（2-9）的实际使用是有限的，Δx 和 M_f 不易确定。在实际应用中，滚动阻力的表达式通常为：

$$F_r = -fF_z \tag{2-10}$$

其中，滚动阻力系数 f 必须通过试验获得。

在方程（2-10）中，负号是由于滚动阻力系数通常用正数表示。

系数 f 取决于许多参数，如行驶速度 V、胎压 p、法向力 F_z、轮胎的接触区面积、轮胎的结构和材料、工作温度及道路状况，还有车轮施加的力 F_x 和 F_y。

2.4.1 速度的影响

滚动阻力系数 f 一般随车辆速度 V 的增加而逐渐增加，开始时平缓，而后按比率增加（图 2-15）。

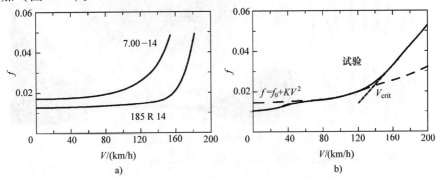

图 2-15　速度 V 与滚动阻力系数 f 的关系曲线

a) 测量的 175 14 的斜交轮胎和 185 R 14 的子午线轮胎　b) 135 R14

斜交轮胎、充压 190kPa、垂向载荷 340kN 试验曲线，与方程（2-13）对比

函数 $f(V)$ 可以用一个多项式近似描述：

$$f = \sum_{i=1}^{n} f_i V^i \qquad (2\text{-}11)$$

一般来说，需充分考虑方程（2-11）中的两个条件，至少达到 f 开始高速增长的速度（图 2-15）。接下来要用到的表达式为

$$f = f_0 = kV \qquad (2\text{-}12)$$

或者：

$$f = f_0 + KV^2 \qquad (2\text{-}13)$$

通常第二个方程是首选，本书中将始终使用。f_0 和 K 的值必须为特定轮胎的测定值；例如图 2-15b 所示的轮胎特征值，在测试环境下，取值为：$f_0 = 0.013$，$K = 6.5 \times 10^{-6} \text{ s}^2/\text{m}^2$。

最近开发出了能够降低滚动阻力的轮胎的橡胶和填充物，可以实现取值 $f_0 = 0.008$。

速度曲线 $f(V)$ 中向上弯区段通常被称为轮胎的临界速度。它的存在可以简单地解释为在高速运动下产生的振动现象，正如可以清晰地从图 2-16 中看到的高速运转中的轮胎那样。可以清晰地看到驻波发生在接触区之后的轮胎周向上。胎面带束在其平面内和轮胎的轴向都有振动。

与滚动阻力增加相关联的驻波的波长被简化地认为与接触区的波长近似（图 2-17）。在接触区后面的胎面有离开地面的趋势，至少有减少其压力的趋势。接触

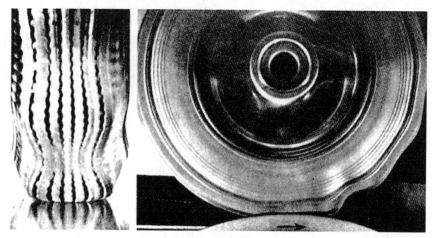

图 2-16　在临界转速下轮胎上的驻波

区的压力集中区向前移动，随着力矩 $F_z\Delta x$ 的增加。

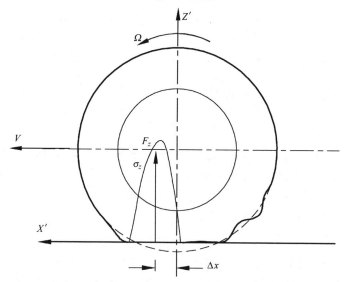

图 2-17　高速驻波（A. morelli，Costruzioni automobilistiche，

in Enciclopedia dell'ingegneria，ISEDI，Milano，1972）

　　轮胎的临界速度，即振动开始显著的速度，必须是轮胎正常停止运转的速度。因此它不应该超过或者接近车辆的正常使用范围。超过该速度会产生大量的热，由于大量滚动能量被转化为热量，温度的快速增加会加速导致轮胎的破裂。

　　临界速度受很多参数的影响，是特定车辆轮胎选型时必须考虑的因素之一。

2.4.2　材料性质和结构的影响

　　轮胎的结构和材料在其滚动阻力和临界速度方面起着重要的作用。通常来讲，

子午线轮胎的 f 值比斜交轮胎低 20%（图 2-15）并且临界速度更高。

在图 2-18 中列举了一些典型曲线，如常规汽车、跑车和赛车车速 V 与滚动阻力系数 f 的关系曲线。从中可以看出 3 种情况下的临界速度差别很大。

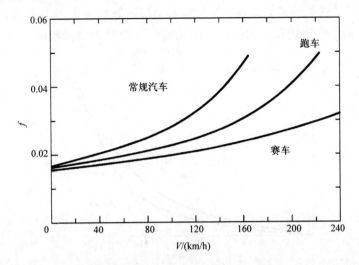

图 2-18　不同用途的轮胎的滚动阻力系数 f 和速度 V 的关系曲线。甚至在同种
类型的轮胎中，滚动阻力由于结构优化也可能存在很大差异，
（布帘数、布帘方向等）从而满足各种用途的性能需要

汽车与工业车辆之间的差异显著。后者的 f_0 值非常低，低至 $0.005 \sim 0.008$，并且随着速度增长不明显（$K \approx 0$），甚至有时会小幅下降（图 2-19）。

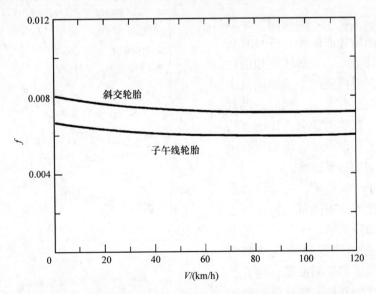

图 2-19　工业车辆 300 20 轮胎的 f 与 V 图，胎压 $p = 750\text{kPa}$

材料的特性非常重要，因为不同橡胶成分有着不同的内部阻尼和加载频率耐受力。天然橡胶的阻尼通常比合成橡胶的低，这会导致滚动阻力系数小但是临界速度也小。

橡胶中添加的化学成分的种类与数量对阻尼系数和滚动阻力系数有很大影响。在图 2-20 中两个曲线代表了同样尺寸的轮胎，一个是天然橡胶的，另一个是合成橡胶的。

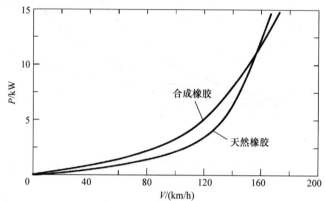

图 2-20　速度产生的滚动能量。135 14 轮胎，$p = 175\mathrm{kPa}$，$F_z = 3.7\mathrm{kN}$

2.4.3　胎面磨损的影响

图 2-21 所示为崭新的斜交轮胎和传统轮胎的 $f(V)$ 曲线。为了模拟胎面磨损部分，胎面被人为地取下并多次测试。

对于斜交轮胎，滚动阻力系数随着磨损的增加而减小，并且它在速度高时性能好。接触区周边的局部变形是迟滞损耗的主要原因且主要发生在胎面带束上。同时振动现象主要发生在胎面带束直接毗邻的部位。降低振动质量会增加固有频率并因此增加临界速度。

对于子午线轮胎，滚动阻力系数随着磨损增加而降低，但在高速下的性能却降低了。子午线轮胎中的变形会更加严重地影响整个结构，由于其胎侧的刚度低；随着胎面带束质量的降低，整体结构的离

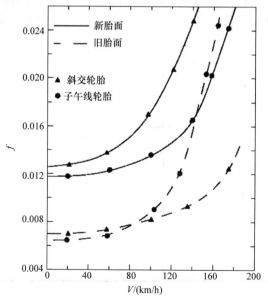

图 2-21　磨损对 f 的影响

心刚度降低，振动现象会变得更加明显。

2.4.4 工作温度的影响

橡胶的内部阻尼随着温度的增加而降低，从而导致滚动阻力系数降低，随之产生的迟滞损耗也将降低。接触区的局部变形引起的滚动阻力也会随着摩擦系数的降低而降低。

滚动阻力系数的降低旨在稳定轮胎的温度，温度越高，轮胎损耗率就越低，最终使得轮胎内的热量产生率下降。

图 2-22a 中表示的是恒定温度下的 $f(V)$ 曲线，而在图 2-22b 中显示了相同的轮胎在平衡温度下的滚动阻力系数。该曲线与低速行驶的轮胎的温度曲线进行了对比，从车辆起动时到温度达到平衡。

滚动阻力系数随着时间下降曲线和轮胎在 185km/h 速度下的温度曲线如图 2-22c所示，而图 2-22d 是平衡温度与速度的关系曲线。这两个图是尼龙 185 13 子午线轮胎在 $F_z = 4kN$ 且 $p = 150kPa$ 时在 2.5m 直径的滚筒上得出的。

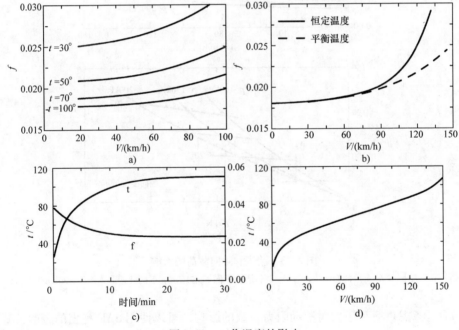

图 2-22 工作温度的影响

a）恒定温度下的滚动阻力系数 b）在恒定温度和平衡温度下
$f(V)$ 随着速度的变化 c）速度在 185km/h 的情况下
滚动阻力系数随着温度的提高而减少 d）平衡温度与速度的关系

该温度是轮胎内部的测温计上测量出的材料温度，高于它在空气中的温度。由于该测试是在滚筒上进行的，所以温度和阻力的增加在某种程度上都比在路面得到的要高一些。

2.4.5　胎压和垂向载荷的影响

通常来讲，增加胎压或者降低作用在轮胎上的法向力 F_z 会使滚动阻力降低和临界速度增加。该作用同样会使温度趋于稳定，因为增加后者会引起压力的增加从而降低能量损耗和发热量。

图 2-23a 所示为不同胎压 p 值下的 $f(V)$ 曲线 。不同垂向载荷 F_z 下的轮胎性能如图 2-23b 所示。

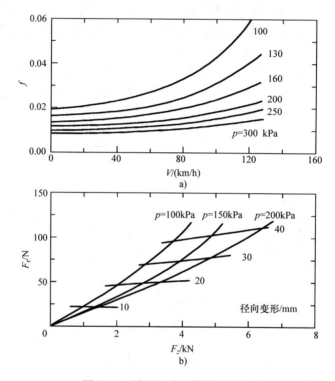

图 2-23　胎压和垂向载荷的影响

a）胎压对 $f(V)$ 的影响　b）165 13 轮胎在不同 F_z 和胎压 p 下的性能。速度 $V = 30\mathrm{km/h}$

为了考虑负荷和压力对滚动阻力系数的影响，可以使用 SAE 提出的经验公式：

$$f = \frac{K'}{1000}\left(5.1 + \frac{5.5 \times 10^5 + 90F_z}{p} + \frac{1100 + 0.0388F_z}{p}V^2\right) \tag{2-14}$$

式中，系数 K' 在常规轮胎中取值为 1，在子午线轮胎中取值为 0.8。法向力 F_z、胎压 p 和速度 V 的单位分别为 N、N/m² （Pa） 和 m/s。系数 f 与速度 V 的关系见方程（2-13）。

需注意的是，胎压 p 必须是根据设计考虑确定的 F_z 的函数，且不能通过增加压力来降低滚动阻力。

2.4.6 轮胎尺寸的影响

还有两个会影响滚动阻力的几何参数是半径和扁平比（H/W）。前者的增加和后者的降低都会使滚动阻力降低和临界速度提高。

降低高宽比受到青睐，因为其胎侧强度更高且在负载下变形更少。

同时，它也降低了迟滞损失。现代快速车辆的子午线轮胎的扁平比可以低至0.4，而过去最常见的值是 0.7 ~ 0.8。

图 2-24 所示为两种不同尺寸的轮胎的滚动阻力功率损失情况。

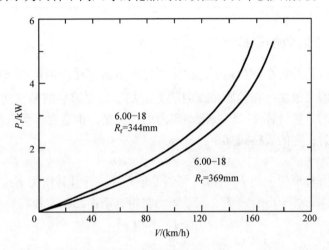

图 2-24　滚动半径对滚动阻力功率 P_r 的影响（$F_z = 4.75\text{kN}$，$p = 250\text{kPa}$）

2.4.7 道路的影响

作为第一个估算值，道路的性质和状况通过选择合适的 f_0 的值进行确定，即沿着 f 轴的方向移动 $f(V)$ 曲线。不同道路类型上的 f_0 取值见表 2-4。

表 2-4　不同道路的 f_0 值

路况类型	f_0
非常好的水泥路	0.008 ~ 0.010
非常好的沥青碎石路	0.010 ~ 0.0125
普通水泥路	0.010 ~ 0.015
非常好的柏油路	0.015
非常好的柏油碎石路	0.013 ~ 0.016
一般沥青碎石路	0.018
破旧水泥路	0.020

（续）

路况类型	f_0
好的柏油路	0.020
一般沥青碎石路	0.018 ~ 0.023
破旧柏油碎石路	0.023
破烂的沥青碎石路	0.023 ~ 0.028
好的石子路	0.033 ~ 0.055
非常好的土路	0.045
不好的石子路	0.085

2.4.8　车轮侧偏角的影响

如果轮胎行驶时有个侧偏角 α，在该情况下始终存在侧偏角引起的侧向力 F_y，则滚动阻力会增大很多。在轮胎平面内的力增加了，更重要的是横向力 F_y 有一个增加滚动阻力的分量（图 2-25）。滚动阻力的定义是，由速度 V 导致的道路与轮胎接触面处的分力；它的表达式如下：

$$F_{\rm r} = F_x \cos\alpha + F_y \sin\alpha \tag{2-15}$$

如果该分力与车轮上的 F_x 对称且与侧偏角无关，并且转向力 F_y 与它成线性关系（$F_y = -C\alpha$），对于小的 α 值，滚动阻力将符合下面二次方程：

$$|F_{\rm r}| = |F_x| + C\alpha^2 \tag{2-16}$$

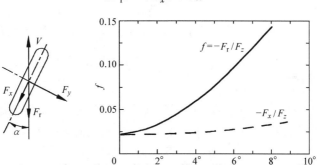

图 2-25　滚动阻力系数随着车轮侧偏角 α 变化的函数（轮胎 185 14，$F_z = 4\mathrm{kN}$，$p = 170\mathrm{kPa}$）

2.4.9　外倾角的影响

如果车轮的旋转面与地面不垂直，则回正力矩 M_z 的一个分量（参见 2.7 节）对滚动阻力有促进作用。方程（2-9）变为：

$$F_{\rm r} = \frac{-F_z \Delta x \cos\gamma - M_z \sin\gamma + M_{\rm f}}{R_{\rm T}} \tag{2-17}$$

由于 γ 值一般很小，影响通常不大。当然，这依赖于通过回正力矩 M_z 产生的侧偏角 α。

纵向力的影响

滚动阻力也可以定义为驱动力矩或制动力矩作用在车轮上。这种情况下的滚动阻力造成的功率损耗 $F_r V$，表达式如下：

$$|F_r|V = \begin{cases} |F_f|V - |M_f|\Omega & \text{（制动时）} \\ |M_t|\Omega - |F_t|V & \text{（驱动时）} \end{cases} \tag{2-18}$$

式中，F_f 为制动力；F_t 为驱动力；M_f 为制动力矩；M_t 为驱动力矩。方程（2-18）仅适用于恒速运动，因为它不包括驱动（制动）时需要给旋转部件加速（减速）的力矩。

滚动阻力系数随着纵向力 F_x 的变化如图 2-26 所示。在纵向力大时，特别是在制动的情况下，滚动阻力的增加不可忽略。这主要是因为纵向力的产生总是伴随着至少部分接触区的侧滑现象。

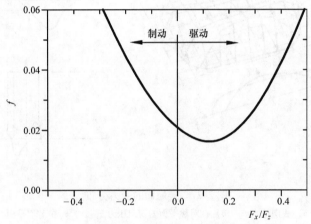

图 2-26　滚动阻力系数与制动力和驱动的关系

当车轮驱动力低[⊖]时，会产生最小的滚动阻力能低至自由滚动条件下的 75% ~ 85%。起初滚动阻力在驱动力的作用下逐步降低，当力增大时快速增加，适用于四驱车中所有车轮都有适当的驱动力的情况，而不是一些车轮从动而另一些车轮有更高的驱动负载的情况。

2.5　静态力

研究轮胎与道路接触面的那一小部分。每个单位面积上的力都可分解为一个垂

⊖　D. J. Schuring，*Energy Loss of Pneumatic Tires Under Freely Rolling*，*Braking and Driving Conditions*，Tire Science and Technology，TSTCA，Vol. 4，No. 1，Feb. 1976，pp. 3 – 15.

向分量和一个纵向分量。首先是接触压力 σ_z，而另一个可以在 X 和 Y 轴方向上进一步分解成为分力 τ_x 和 τ_y。σ_z、τ_x 和 τ_y 的分布结果就是已经定义了的法向、纵向和横向力，分别为 F_z、F_x 和 F_y。这些力不是均匀分布的并且受到如轮胎结构、负载和胎压等因素的影响。图 2-27 中所示为在 $X'Y'$ 平面上不施加作用力的固定车轮上获得的典型结果。在接触中心，接触压力 σ_z 与轮胎在接触面中心的气压接近，而在两侧更高。如果车轮没有旋转，则分布在 $Y'Z'$ 平面的对称位置上，合力经过接触面中心。切向力不会消失，即使当 $X'Y'$ 面内没有作用力，即合力为零。在这种情况下分力 τ_x 指向接触面中心且轮胎使地面紧靠接触点中心。分力 τ_y 的作用是向外延伸地面。

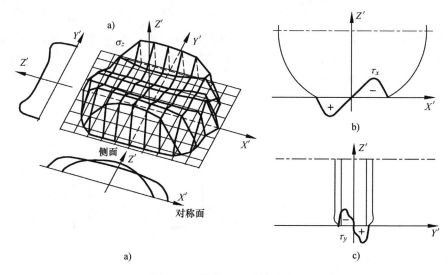

图 2-27　接触面的受力分布

a）法向压力 σ_z　b）在对称平面的切向压力 τ_x　c）τ_y 在 $Y'Z'$ 平面

轮胎的力 – 挠度特征取决于许多因素，例如行驶速度、压力和磨损。在这方面斜交轮胎与子午线轮胎有着巨大差别，后者在静止时各个方向的刚度较小。

部分轮胎在垂直于地面方向的特征（力 F_z 与挠度 Z'）如图 2-28 所示。图2-28中的曲线是无负载与带负载的情况。可以明显地看到滞后周期，表明在 Z' 轴方向上存在阻尼。该阻尼通常在静止时最大并随着滚动而减小，由此可知，在研究模拟车辆运动时忽略它是有道理的。

在图 2-28b 中比较了子午线轮胎与斜交轮胎的曲线。

静态轮胎率可以定义为在任何给定的平衡条件下的切向刚度，即给定负载、胎压和压力等。

同样的情况也存在于 X' 和 Y' 方向上的力和 Z' 上对应车轮中心位移的力矩（图2-29）。在所有的情况中都显示了一个非线性特性和滞后周期；子午线轮胎通常比

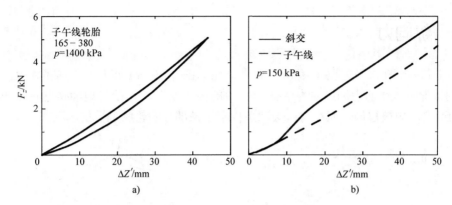

图 2-28　在静态条件下，部分轮胎的接触力 F_z
作为偏转 $\Delta Z'$ 的函数（负载的施加和去除是缓慢的）

同等尺寸的斜交轮胎的刚度小。所有的特性都受到滚动速度和受力频率的影响。

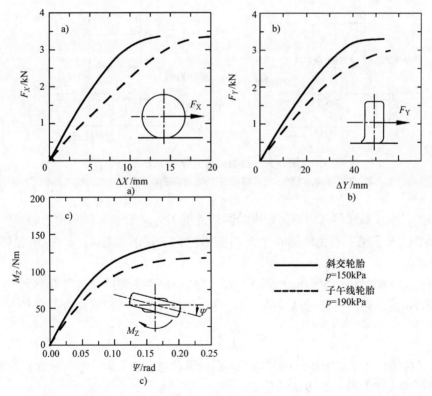

图 2-29　X' 和 Y' 方向上的力，以及对应 $\Delta X'$ 和 $\Delta Y'$ 在 Z' 轴上的力矩，
在静止状态下（加载和卸载都是缓慢的）径向和斜交轮胎在停滞（车轮不滚动）情况下

2.6 纵向力

研究一个在水平道路上滚动的充气车轮。图 2-30a 所示为当施加了制动力矩 M_b 的情况下，法向力和纵向力受该影响后的分布情况。轮胎与地面接触区前部分的胎面在周向被拉伸，而在自由滚动条件下，该部分的轮胎是受挤压状态。

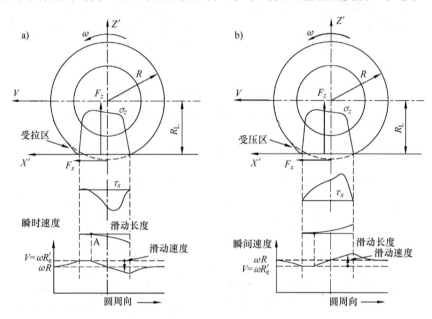

图 2-30 接触面压力分布情况

a）制动下的车轮 b）驱动力下的车轮［滚动半径 R'_e 与纯滚动半径 R_e（F_x 力在地面上）不同］

因此，在接触区前部的胎面带束的圆周速度 ΩR_e 高于未变形车轮上的 ΩR。有效滚动半径 R_e 的值在自由滚动时介于 R_L 和 R 之间，逐渐接近 R。如果 M_b 足够大，则大于 R。

因此，该瞬时转动中心位于路面下方（图 2-31）。车轮的角速度 Ω 在同一条件下低于自由滚动中的特性（$\Omega_0 = V/R_e$）。在这种情况下，可将纵向滑移定义为

$$\sigma = \frac{\Omega}{\Omega_0} - 1 = \frac{v}{V} \tag{2-19}$$

其中 v 是接触区在地面上运动的线速度。纵向滑移通常表示为一个百分比；在本书中，将严格遵守方程（2-19）的定义。

如果不是制动，而是在驱动，则接触区前部分是受挤压状态而不是拉伸状态（图 2-30b）。有效滚动半径 R'_e 小于自由滚动下的半径且通常小于 R_L；车轮的角速度大于 Ω_0。

方程（2-19）定义的滑动，对驾驶条件有益但对制动不利。

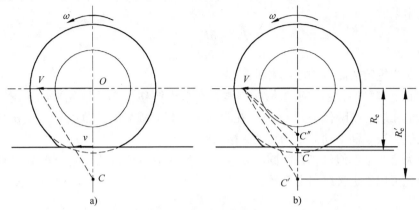

图 2-31　瞬时活动中心

a) 制动轮，瞬时转动中心和滑动速度　b) 纯旋转 C、制动 C' 和牵引 C'' 的瞬时转动中心的位置

漂移速度[⊖]V 的存在并不意味着在接触区确实有个侧滑速度。该区域前端的周向速度实际上是 $V = \Omega R'_e$。因此在该区域没有发生滑动。胎面带束的速度在制动时下降，驱动时增加，并且漂移只从图 2-30 中的 A 点开始出现。这个滑动区，即 σ 值较小的接触区部分，在漂移增加时增大，可增大至一个特定值，达到与接触区前部分相当的时候，轮胎即开始全方位漂移，如图 2-32a 所示。

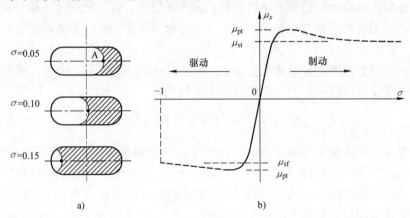

图 2-32　a) 在不同滑动 σ 值下滑动面积　b) μ_x 关于纵向滑移 σ 的函数的定性图

车轮与路面的作用力 F_x 是关于 σ 的函数。当 $\sigma = 0$（自由滚动条件）[⊖]它消失，随着 σ 值从 -0.25 到 0.25 它几乎呈线性增加：

⊖　漂移速度被 SAE 的 J670 文件定义为 $\Omega - \Omega_0$，即实际角速度与自由滚动时轮胎角速度的差值。在此一个基于线速度而不是角速度的定义被首选：$V = R_e(\Omega - \Omega_0)$。

⊖　实际上自由滚动有一个小的负滑动，对应滚动阻力的。在曲线 $F_x(\sigma)$ 中通常忽略不计。

$$F_x = C_\sigma \sigma \tag{2-20}$$

其中系数

$$C_\sigma = \left(\frac{\partial F_x}{\partial \sigma} \right)_{\sigma = 0}$$

可以定义为轮胎的侧滑刚度或者纵向刚度。

在此范围之外，还有很多影响因素，在自由漂移（车轮抱死）的情况下，它的绝对值在制动中降低至 $\sigma = -1$。在驱动力下该力减少至该范围外，但 σ 可以取任何正值，当车辆不动但车轴转动无限大时。

作为第一个近似值，在相同的 σ 值下，F_x 的取值可以认为是与载荷 F_z 成正比的。因此可用于定义纵向力系数：

$$\mu_x = \frac{F_x}{F_z} \tag{2-21}$$

对应 σ 的定性趋势如图 2-32b 所示。

在 $F_x(\sigma)$ 曲线的第一部分，滑动刚度基本上与载荷呈正比，可以定义滑动刚度系数为 $\partial C_\sigma / \partial F_z$，至少对于给定值 F_{z0} 在有限的载荷波动情况下有：

$$C_\sigma = C_{\sigma0} + \frac{\partial C_\sigma}{\partial F_z}(F_z - F_{z0}) \tag{2-22}$$

在制动和驱动的曲线中都有两个重要的 μ 值：峰值 μ_p 和纯滑动 μ_s。第一个称为车轮施加正纵向力时的驱动牵引系数；而当车轮受力方向相反时，称为制动牵引系数，通常用它的绝对值来表示。第二个对应地称为滑动牵引系数和滑动制动牵引系数。

在两个峰值范围之外的曲线 $\mu(\sigma)$，如图 2-32b 虚线所示的部分，在车辆实际应用中是不稳定的区域。制动车轮的运动方程为

$$J \frac{\mathrm{d}\Omega}{\mathrm{d}t} = |F_x| R_L - |M_f| \tag{2-23}$$

如果在恒定速度 V 下减少 σ，则会导致 μ_x 的绝对值降低，从而导致 F_x 的绝对值也降低，即保持车轮转动的力降低。若 $|F_x|$ 的降低并没有立刻伴随制动力矩 $|M_f|$ 的降低（驾驶人能够快速反应松开制动踏板的假设不现实），则车轮会进一步减速，进而导致 $|F_x|$ 的进一步降低。

实际上，当超过以 $\mu_p b$ 为特征的 σ 的最佳值时，车轮在很短时间内抱死。为了防止车轮抱死，现在广泛使用了防抱死或防滑的装置。

这些装置能够检测车轮的减速，当它达到预定值时，会降低制动力矩防止车轮被抱死。防抱死装置能够在每个车轮上单独工作，或在两个轮子的车桥上工作。同样，为了防止车轮在驱动力矩的作用下打滑，防自旋装置在驱动轮加速度超过设定值时限制发动机力矩。

这些制动和驱动条件下的曲线通常是对称的，并且制动力的最大值和驱动力最

大值经常认为是相等的。函数 $\mu_x(\sigma)$ 的值取决于多个参数，例如轮胎的类型、道路条件、速度、轮胎产生的侧向力 F_y 的大小以及许多其他因素。此外，在不同试验条件下获得的曲线也大不相同。一些不同条件下 $\mu_x(\sigma)$ 的值如图 2-33 所示。

纵向力的最大值随着速度的增大而减小，但这种减小很大程度上受操作条件的影响。一般来说，在干燥路面上不明显，但在潮湿路面上很大。此外，最大值（表 2-5）与滑动相关值（表 2-6）之间的差异在潮湿路面上更为显著（图 2-34）。当道路仅部分潮湿或泥泞时会遇到特别危险的情况：行为会因地点的不同而不同，滑动值可能与最大值差异很大。

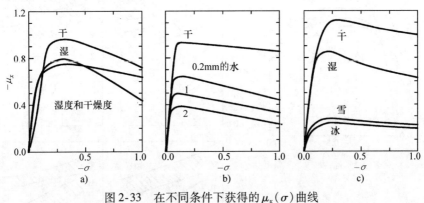

图 2-33　在不同条件下获得的 $\mu_x(\sigma)$ 曲线

表 2-5　在 30km/h 速度下不同轮胎的 μ_p 取值。轮胎 145 15；150 15 e 165 R 15；$F_z = 3kN$，$p = 160kPa$ 斜交帘布层轮胎（常规）和 220kPa 的子午线轮胎

轮胎	路况					
	水泥		柏油路			
子午线	干	湿	干	湿	雪	冰
	1.19	0.99	1.22	1.10	0.45	0.25
常规	1.13	0.84	1.02	1.07	0.27	0.24
子午线（雪）	1.04 ~ 1.12	0.62 ~ 0.83	1.00 ~ 1.09	1.00 ~ 1.10	0.36 ~ 0.47	0.24 ~ 0.44
常规（雪）	0.86 ~ 1.02	0.59 ~ 0.70	0.81 ~ 0.89	0.78 ~ 1.02	0.41 ~ 0.48	0.29 ~ 0.37
链条					0.60	0.40

表 2-6　μ_s 在上表中的对应取值

轮胎	路况					
	水泥		柏油路			
子午线	干	湿	干	湿	雪	冰
	0.95	0.73	1.03	0.90	0.43	0.16
常规	0.99	0.62	0.88	0.80	0.22	0.18
子午线（雪）	0.88 ~ 1.00	0.50 ~ 0.61	0.87 ~ 0.99	0.77 ~ 0.93	0.35 ~ 0.45	0.22 ~ 0.41
常规（雪）	0.72 ~ 0.90	0.47 ~ 0.57	0.70 ~ 0.78	0.67 ~ 0.84	0.39 ~ 0.47	0.29 ~ 0.36

表中的数值十分敏感，只能做平均值处理。注意，在良好的条件下纵向力可以几乎等于或大于作用在轮胎上的载荷；这些取值，是指乘用车使用的标准轮胎。高性能轮胎，特别是用于赛车的轮胎，μ_x峰值可高达 $1.5 \sim 1.8$，但即使是这些轮胎在滑动条件下也没有达到很高的纵向力系数值，μ_p 与 μ_s 之间的差异甚至更大。为了达到最高性能，必须使用特殊的橡胶配方。这些轮胎有着高耐磨性，因此主要限于竞赛用轮胎。注意，子午线轮胎几乎在各方面都比斜交轮胎表现出色。

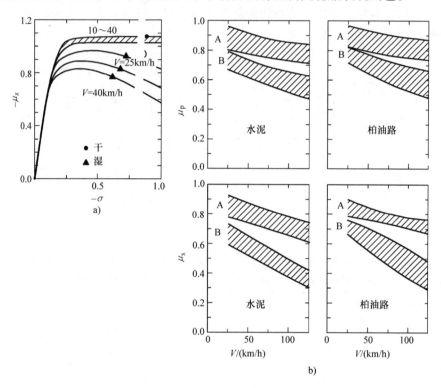

图 2-34　汽车速度对湿润路面 μ_p 和干燥路面 μ_s 的影响。

正交和斜交轮胎 165 15 与 150 R 15，$F_z = 3.75\text{kN}$

胎面磨损对纵向力影响很大，尤其是高速时。从图 2-35 中可以看出，由于磨损导致的 $\mu_p b$ 值的增加，特别是在高速时非常明显。然而，必须注意的是该图指的是干燥的道路，因为即使路面上有非常薄的水层也会彻底改变这些结果。

当道路潮湿时，尤其是水层较厚时，轮胎会因水动力升力（水滑现象）而脱离路面。水层薄的时候会在轮胎与道路之间滑动，导致接触面积降低（图 2-36）。随着速度的增加，接触面进一步减小，直至轮胎完全脱离。这种情况说明发生了真正的液体动力润滑，因此力系数（或更明确地说是摩擦系数，这种条件下往往发生滑动）降低到很低的值，约为 0.05。

为避免或至少延缓水滑现象发生，必须将水从接触区尽可能快速和有效排走。

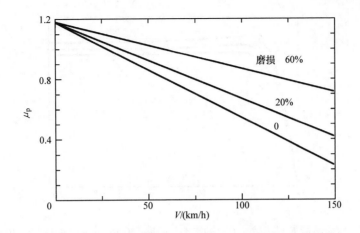

图 2-35 胎面磨损对速度作用下纵向摩擦力峰值的影响

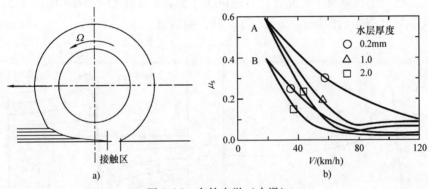

图 2-36 车轮水举（水滑）

a) 原理图 b) 在湿润路面上的 μ_s。轮胎 145 - 15

有胎面（曲线 A）和没有（曲线 B）；$F_z = 3\text{kN}$；$p = 150\text{kPa}$

这可以通过两种不同方式来实现：一是使路面具有渗透性，二是在胎面周向和横向都使用深沟槽来加强排水。

在纵向力系数中隐含的假设，即车轮纵向力与法向力成正比的假设只是粗略的近似算的。实际上纵向力系数会随着载荷的增加而降低，如图 2-37 所示。

曲线 $\mu_x(\sigma)$ 可以近似为解析表达式。可以使用 $-1 < \sigma < 1$ 范围的公式之一是：

$$\mu_x = A(1 - e^{-B\sigma}) + C\sigma^2 - D\sigma \qquad (2-24)$$

其中：

$$B = \left(\frac{K}{\alpha + d}\right)^{1/n}$$

这是一个包含纵向滑移角 σ 和侧偏角 α 的因素（参见 2.8 节）。在原点 $(\partial \mu_x / \partial \sigma)_{\sigma=0}$ 的导数是 AB - D。系数 A、C、D、K、d 和 n 必须从试验曲线获得且没有物

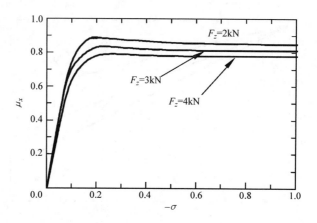

图 2-37　垂直载荷 F_z 对函数 $\mu_x(\sigma)$ 的影响。轮胎 150 15，$p=170\text{kPa}$，$V=100\text{km/h}$

理意义。它们不仅取决于道路状况，还取决于载荷。子午胎 145/80 R 13 4.5J 通过方程（2-24）得出的曲线 $\mu_x(\sigma)$ 见图 2-38，曲线 A。

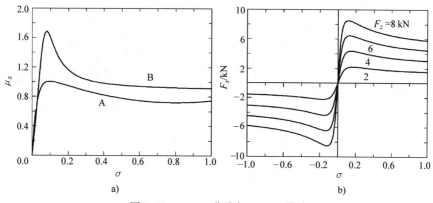

图 2-38　$\mu_x - \sigma$ 曲线与 $F_x - \sigma$ 曲线

a）145 R 13 轮胎用方程（2-24）得出的 $\mu_x(\sigma)$ 曲线和 245/65 R 22.5 轮胎用方程
（2-25）得出的（曲线 B）　b）205/60 R 15 V 轮胎的某些竖直负载下的 $F_x(\sigma)$ 曲线

　　由 Pacejka[○]引入的经验公式可以作为侧偏角 σ 函数的纵向力 F_x 的极佳近似值，并称为"魔术公式"。该数学表达式能够将力 F_x 和 F_y 以及回正力矩 M_z 表达成法向力 F_z、σ、侧偏角（α）和外倾角（γ）的函数。

　　通过侧偏角 σ 计算纵向力的方程为：

○　E. Bakker，L. Lidner，H. B. Pacejka，*Tire Modelling for Use in Vehicle Dynamics Studies*，SAE Paper 870421；E. Bakker，H. B. Pacejka，L. Lidner，*A New Tire Model with an Application in Vehicle Dynamics Studies*，SAE Paper 890087.

$$F_x = D\sin(C\arctan\{B(1-E)(\sigma + S_h) + E\arctan[B(\sigma + S_h)]\}) + S_v \quad (2\text{-}25)$$

式中，B、C、D、E、S_v 和 S_h 是 6 个系数，取决于法向力 F_z 和角 γ。这些必须从试验测试中获得，没有直接的物理意义。而且，S_v 和 S_h 的引入使得 F_x 在 $\sigma = 0$ 时不为零。

不考虑 S_v 的影响，系数 D 直接影响 F_x 的最大值。系数乘积 BCD 构成了 $\sigma + S_h = 0$ 曲线的斜率。这些系数的值表示为多个系数 b_i 的函数，可认为是任何轮胎的特性，但也取决于路况和速度：

$$C = b_0, D = \mu_p F_z$$

其中 b_0 建议取为 1.65，

$$\mu_p = b_1 F_z + b_2, BCD = (b_3 F_z^2 + b_4 F_z)e^{-b_5 F_z}$$

$$E = b_6 F_z^2 + b_7 F_z + b_8, S_h = b_9 F_z + b_{10}, \quad S_v = 0$$

其中，系数乘积 BCD 只是轮胎的侧偏刚度。

如果 F_x 的正负值对称，则该模型既能用于制动又可用于驱动。该曲线通常延伸到制动超过 $\sigma = -1$ 的点，来模拟前进过程中车轮向后旋转的情况。式(2-25)中引入的系数和其结果通常用不同单位表达：F_z 的单位是 kN，纵向滑移率用百分数（%），而力 F_x 的单位是 N。

对于子午线轮胎 205/60 VR 15 6J，垂直负载 $F_z = 2$kN、4kN、6kN、8kN 获得的一组 $F_x(\sigma)$ 曲线如图 2-38b 所示。

通过式（2-25）获得的高性能子午线轮胎 245/65 22.5 R 的 $\mu_x(\sigma)$ 曲线，如图 2-38a 曲线 B 所示。注意力系数的峰值。图 2-39 中所示的 $F_x(\sigma)$ 是通过相同的公式，在 195/65 R 15 的轮胎上获得的曲线：注意峰值后，由于合成橡胶的高性能而表现出的曲线的形状。

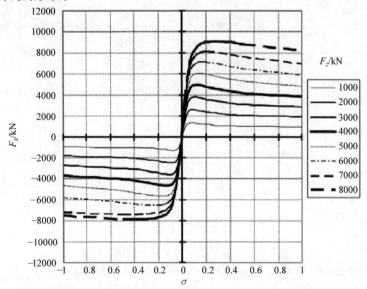

图 2-39　不同载荷 F_z 下 195/65 R 15 轮胎的 $F_x(\sigma)$ 曲线

式（2-25）所表述模型的重要性主要在于促使了制造商不断地提高轮胎的"魔术公式"系数。如果这一趋势得到巩固，"魔术公式"会成为简单而又精确的轮胎性能表达式，更重要的是，它有着完备的数据。

"魔术公式"在1996年新增了参数；新的公式中包含了纵滑与侧滑的综合影响，我们将用专门的段落讲解。

2.7 转向力

在前面章节中明确提出了充气轮胎仅当胎面有变形时才产生纵向力并且车轮没有纵向滑移。同理，转向力也仅仅存在于横向有变形的轮胎上，并且其侧偏角——在道路与车轮接触面之间的切向力与轮胎有直接关系。

事实上车轮有侧偏角，即不进行纯滚动，但并不意味着轮胎在接触区侧滑。例如纵向力方面，车轮允许轮胎相对于车轮中心与地面有相同的速度。车轮与地面之间可能存在一些局部滑移，然而，随着侧偏角的增加，这种局部滑移变得越来越大，直至整个轮胎都产生实际的、宏观的滑移。

如果车轮中心的速度不在其平均平面内，也就是说如果车轮行进中有侧偏角，则接触面的形状是十分扭曲的（图2-40）。研究一个位于平均平面的胎面上的点：在接近接触区时，它的方向平行于速度 V，相对于车轮中心，因此它会偏离平均平面。

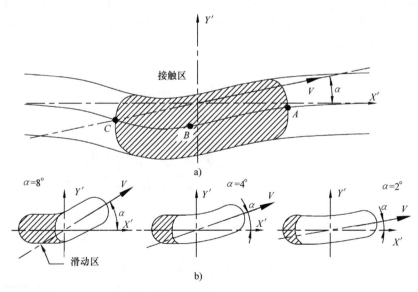

图 2-40 存在侧偏角的车轮－路面接触面

a）接触区和胎面赤道面上一点的运动路径 b）接触区和滑动区在不同 α（α 不大）下

当 A 点接触地面后，它继续保持与 V 同向（对于静止观察者，它保持静止），直到它到达 B 点。在这一点上，在平均平面内的弹性拉力已经超过路面上的摩擦阻力，导致它在路面上滑移并偏离路线。这种滑移将持续到 C 点到达接触区。接触区因此可被分为两部分：无滑移的前部区域和胎面在平均平面滑移的后部区域。第二区域随着侧偏角增长（图 2-40b），直至扩展至整个接触区使整个车轮滑移。

图 2-41 定性展示了轮胎横向变形，以及 σ_z、τ_y 和横向速度。侧向合力 F_y 的作用点并不是作用在接触区的中心上，而是作用在接触区后面距离为 t 的一点上。该距离被定义为轮胎拖矩。

力矩 $M_z = F_y t$ 是回正力矩，该力矩的作用是将车轮的平均平面拉回速度 V 的方向。侧向力 F_y 的绝对值最初随着 α 几乎呈线性增长。之后，当达到侧滑极限时，增长开始趋缓。最终当滑移条件达到时，它保持恒定或者轻微下降。

图 2-42a 所示为斜交轮胎侧力 $F_y - \alpha$ 的关系曲线。子午线轮胎比斜交轮胎的侧向力刚度更大，因为在相同侧向力下，子午线轮胎的侧偏角更小。

随着侧偏角的增加，τ_y 的分布更均匀并且轮胎拖矩减小。回正力矩是随着 α 增大的力和减少的距离的乘积；它的趋势如图 2-42b 所示。在 α 值高时，M_z 可以改变方向，如图 2-42 所示。

侧向力系数是常用的，记为

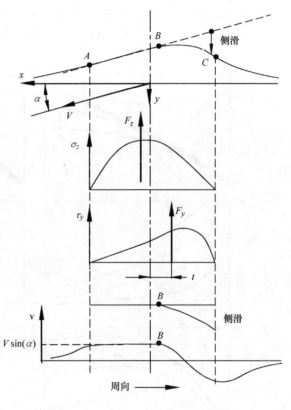

图 2-41　横向变形、压力分布 σ_z、τ_y，轮胎滑移和横向速度

$$\mu_y = \frac{F_y}{F_z}$$

它的最大值通常被定义为横向牵引系数，写作 μ_{yp}，在滑移条件下取值为 μ_{ys}。

F_y 和 M_z 都受到除 α 之外的许多因素的影响，例如法向力 F_z、速度、胎压 p、路况等。图 2-43 中用曲线图表示了转向力 F_y、回正力矩 M_z 和拖矩 t，作为侧偏角

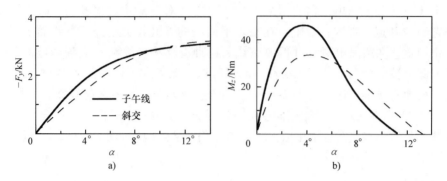

图 2-42　相同尺寸下的不同轮胎 145 D 13 和 145 R 13 的侧向力 F_y 和回正力矩

M_z；$F_z = 3$kN，$p = 170$ kPa，$V = 40$km/h

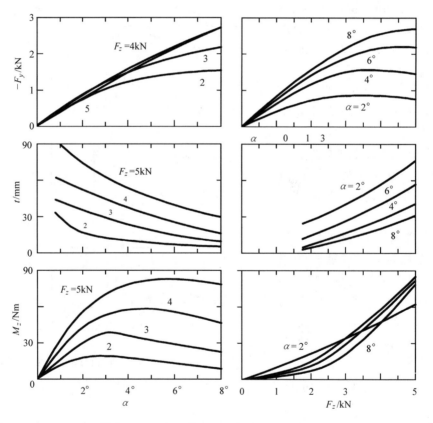

图 2-43　F_y、M_z 和 t 作为 F_z 和 α 的函数的图。轮胎 145 D 15，$p = 180$kPa，$V = 50$km/h

α 和垂向载荷 F_z 的函数。数据来自一个 145 D 15 轮胎，胎压为 180kPa，速度为 50km/h。

必须注意的是，所有的曲线仅在形状方面是正确的，在数值方面不够精确，因为所用的测试机器、测量仪器无法准确模拟车辆在道路上的性能表现。请参阅后续针对测试机器的段落。

我们即将给出的图表不能替代真实车辆上采集的试验数据，但是能提供一个趋势指标来分析试验结果。

轮胎的侧向性能可以通过一个图表总结，它称为歌夫轮胎特性图（Gough diagram），其中侧向力 F_y 与回正力矩 M_z 以 F_z、α 和 t 作为参数。两种不同轮胎的歌夫轮胎特性图如图2-44所示。

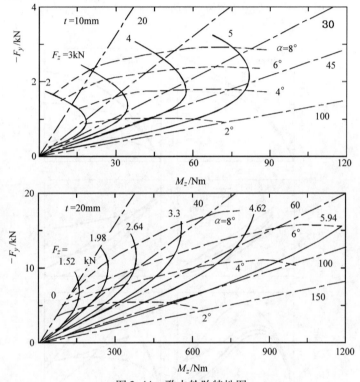

图 2-44　歌夫轮胎特性图

a）汽车子午线轮胎 145 R 16；$p=180$kPa，$V=50$km/h　b）工业车辆斜交轮胎 300 20，$p=675$kPa

此外，可以画出列线图（Carpet Plot）；其中力相对滑移角绘制，和不同 F_z 下的各种曲线简单叠加，定性地呈现出与各自的法向力 F_z 呈正比。回正力矩也可以以这种方式绘制。地毯图如图 2-59 所示。

随着速度的增加，曲线 $F_y(\alpha)$ 降低，主要是在侧偏角取值较高的对应区域。而线性部分几乎保持不变（图2-45）。同样，轮胎拖矩 t 随着速度的增加而降低，并最终使得回正力矩相较于侧向力有明显下降。

M_z 和 F_y 随着速度的增加而降低，这种情况在湿滑的路面上更加明显，如图 2-46所示，其中图 2-45 中所示曲线为干、湿两种路面不同车速下的曲线。

在发生水滑现象的情况下，施加在侧向力 F_y 上的纵向力 F_x 同样可以这样考虑。

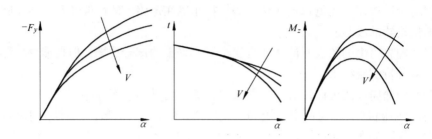

图 2-45　不同速度下的定性曲线 $F_y(\alpha)$，$M_z(\alpha)$ 和 $t(\alpha)$

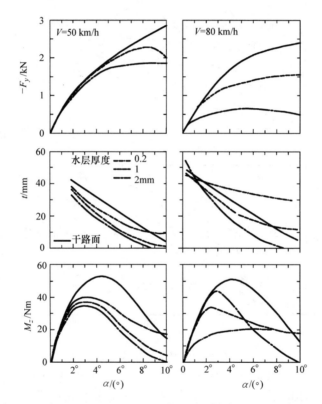

图 2-46　（50km/h 和 80km/h）速度下，干燥路面和湿润路面的曲线
$F_y(\alpha)$，$M_z(\alpha)$ 和 $t(\alpha)$。轮胎 155 R 15，$F_z = 3$kN，$p = 150$kPa

　　回正力矩的降低伴随着侧向力的降低，应该警示驾驶人即将失去牵引力。设计不良的轮胎可能在横向力降低时仍保持有较大回正力矩，从而误导驾驶人。

　　最后，图 2-47 和图 2-48 分别用列线图展示了转向力和回正力矩，数据来自同款汽车的两种轮胎 195/65 R 15 和 225/45 R 17。需要注意的是，尽管两轮胎的宽度不同，但它们的自由滚动半径是相等的，都是 317mm，两种轮胎使用相同的轮毂。

　　因宽度不同造成的不同高宽比的区别体现在侧偏刚度上；高刚度轮胎在相同的

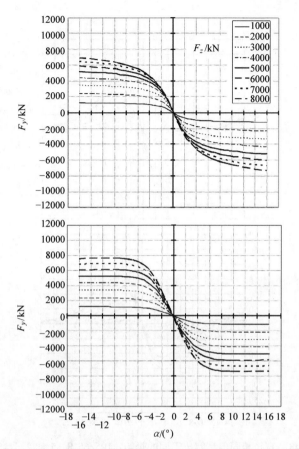

图 2-47　两个半径相同但是高宽比不同的轮胎的转向力列线图：
195/65 R 15 和 225/45 R 17。使用的参数是垂向载荷

侧偏角下有更高的转向力，像在跑车系列那样。注意自回正力矩的方向不是正的；该结果可以通过不同的主销几何结构进行校正。

外倾角的存在使得即使在没有滑移角的作用下也会产生横向力。通常称为外倾推力或弯曲力，以区别于转向力，它仅由侧偏角产生。弯曲力叠加到转向力上产生总的偏向或者横向力。弯曲力通常远远小于转向力，至少在角 α 和 γ 相等值处。它取决于载荷 F_z，它们实际上是线性的（图 2-49），并且与轮胎类型有极大关系。外倾推力通常作用在接触区中心的前面，产生一个小的力矩 $M_{z\gamma}$。由于该值非常小，通常可以忽略不计。斜交轮胎通常比子午线轮胎有更大的外倾推力和力矩。

在多数情况下侧滑与外倾是同时存在的。例如，在两种不同载荷下，外倾力对力的影响如图 2-50 所示。外倾推力在侧偏角小时比侧偏角大时更加明显，尤其是车轮载荷较小时。子午线轮胎在侧滑和外倾作用下的回正力矩如图 2-51 所示。理论上当转向力和自回正力矩都为零时，侧偏角和外倾角也应该为零。实际上并不总

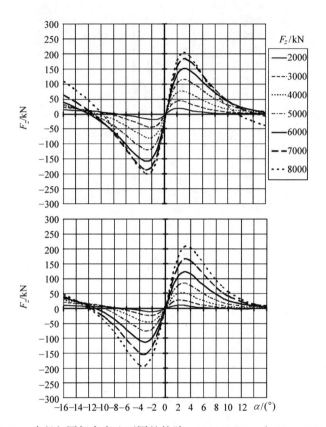

图 2-48 直径相同但高宽比不同的轮胎：195/65 R 15 和 225/45 R 17
的回正力矩的列线图。使用的参数是垂向载荷

是如此，如图 2-52 和图 2-53 用列线图所示的转向力和自回正力矩。此外，磁滞回线的中心不在夹角和力都为零的点上。由于缺乏几何对称性，轮胎在对称条件下也会产生侧向力。第一个效应由轮胎外形呈锥形引起，锥形外胎会沿着锥形的弧度走圆形路径。

锥度是由于制造过程中的精度影响，因此与质量控制有关。它的方向是随机的，且同款轮胎的数值也都不一样。如果轮胎在轮辋上转动，则锥度就会反向，就像轮胎沿直线滚动时所产生的力一样。另外一种不可避免的非对称来自于多个胎层之间的角度和叠加顺序；此方面的影响被称为层偏转。当车轮自由滚动时，如果没有侧偏角和侧向力的作用，层偏转会使它沿着对称面做直线滚动。如果轮胎在轮辋上转动，层偏转产生的力的方向就不会反转。这是由轮胎设计因素导致的，层偏转的作用不像锥度那样，在相同款式的轮胎中非常一致。锥度仅可以通过统计方式被纳入轮胎模型，而层偏转则可以作为一个轮胎特性进行精确描述。注意，这些影响通常被认为是不利的。

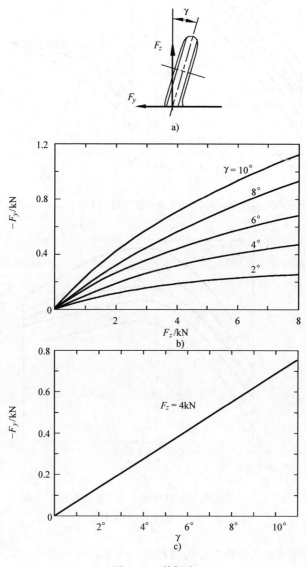

图 2-49 外倾力

a）示意图；注意 F_y 是负的，如图所示指向反方向。外倾力作
为垂向载荷的函数 b）外倾角 c）轮胎 165 13，$p = 200\text{kPa}$

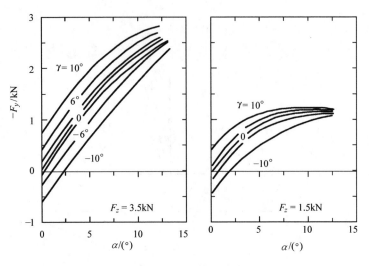

图 2-50　不同外倾角的两种垂向力的转向力函数。轮胎 135 13，$p = 160$ kPa，$V = 40$km/h

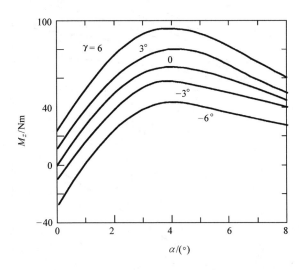

图 2-51　以侧偏角、不同外倾角为函数的自回正力矩。
子午线轮胎 185 R 14，$p = 230$ kPa，$F_z = 3.5$kN

　　一般来说，侧向力偏移被细分为两部分：当旋转方向反转时，不改变符号的部分被称为层偏向力，而改变符号的被称为锥形力。正如我们已经提到的，当侧偏角小时，转向力随 α 线性增加：

$$F_y = C_\alpha \alpha \tag{2-26}$$

系数

$$C_\alpha = \left(\frac{\partial F_x}{\partial \alpha} \right)_{\alpha = 0}$$

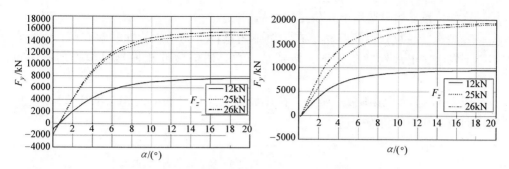

图2-52 转向力函数的列线图，因数为侧偏角，两种工业轮胎 315/80 R 22.5：
刚性强的这个转向轮（单轮）有钢丝带，其他的是驱动轮（双轮）。参数是垂向力

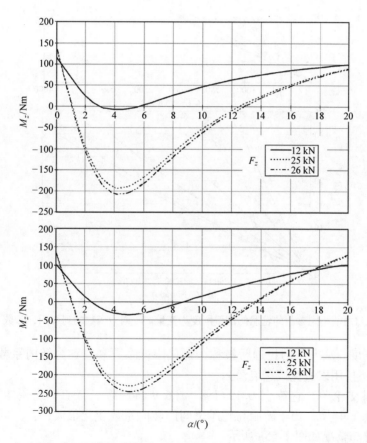

图2-53 自动回正力矩函数的列线图，变量为相同工业车轮胎 315/80 R 22.5 的侧偏角

通常为负数，因为正的侧偏角会产生负的侧向力。侧偏刚度或转向系数 C 通常为
一个正数，所以任意定义为 $\partial F_y / \partial \alpha$ 的导数，符号可变，且

$$F_y = -C\alpha \tag{2-27}$$

这种关系显然只适用于 α 值足够小的情况。

表达式（2-27）对研究车辆在小侧偏角条件下的动态特性非常有用，因为它实际上发生在正常驾驶条件下。特别是，它是研究线性化模型稳定性所必不可少的。

图 2-54 显示了该参数的函数，该函数以上述地毯图中的 315/80 R 22.5 轮胎的垂向载荷和侧偏角为变量。

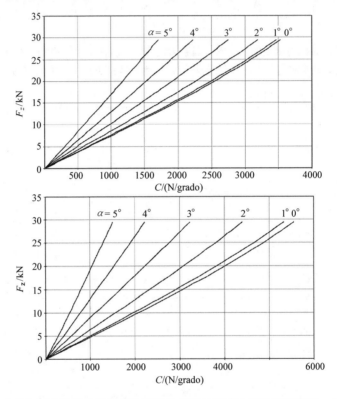

图 2-54　与之前相同参数的轮胎的侧偏刚度为变量的垂向力函数的列线图，参数是侧偏角

侧偏刚度与法向力的比通常被称为侧偏刚度系数（或称为转向系数，但 SAE 建议 J670 不使用以避免概念混淆）。

对于斜交轮胎，它符合 0.12 deg^{-1}（6.9 rad^{-1}），而子午线轮胎符合 0.15 deg^{-1}（8.6 rad^{-1}）。由于轮胎与轮胎之间的转向系数变化很大，在不同类型轮胎上的取值分布情况如图 2-55a 所示。

同样，外倾刚度可以被定义为曲线 $F_y(\gamma)$ 的斜率，当 $\gamma = 0$：

$$C_\gamma = \left(\frac{\partial F_y}{\partial \gamma} \right)_{\gamma = 0}$$

注意由正外倾角产生的外倾推力是负数，因此外倾刚度为负。外倾刚度与法向力的比通常被称为外倾刚度系数。该系数在斜交轮胎中比在子午线轮胎中更大。在前者中平均值符合 0.021 deg^{-1}（1.2 rad^{-1}）而在第二种情况下符合 0.01 deg^{-1} = 0.6 rad^{-1}。不同轮胎的外倾系数分布如图 2-55b 所示。

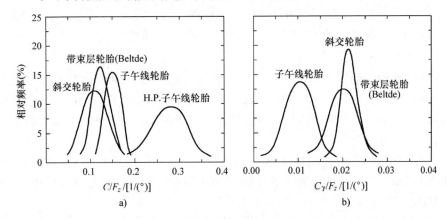

图 2-55　不同汽车轮胎的侧偏刚度

a）分布频率　b）外倾刚度

当车轮在中间平面保持垂直的横向坡度上滚动时，外倾刚度的取值很重要。在这种情况下重力有一个向坡下的分力，而外倾推力指向坡上。合力的方向根据外倾刚度系数的大小，可能在一个方向或另一个方向（图 2-56）。

重力的下坡分力为 $W\sin\alpha_t \approx W\alpha_t$，其中 α_t 是道路的横向倾斜度，而外倾推力等于重力乘以外倾刚度系数和角度。显然，如果外倾刚度系数的值大于 1（用 rad^{-1} 表示），则如斜交轮胎那样，合力为上坡方向；子午线轮胎的情况则相反。这种情况存在于当路上有车辙时。子

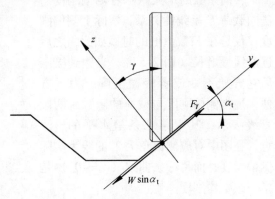

图 2-56　车轮在有坡度 α_t 的道路上：
外倾力和重力分力沿着斜坡

午线轮胎倾向于沿着车辙的底部走，而斜交轮胎倾向于从其中爬出。

为了在线性模型中包含外倾推力，式（2-27）应该修改如下：

$$F_y = -C\alpha + C_\gamma\gamma \tag{2-28}$$

该方程可以在 $\alpha < 4°$ 和 $\gamma < 10°$ 时使用。

自动回正力矩可以通过线性公式表述：

$$M_z = (M_z)_\alpha\alpha \tag{2-29}$$

其中 $(M_z)_\alpha$ 是对极小的 α 和 γ 计算的导数 $\partial M_z/\partial\alpha$，并被定义为回正刚度系数，或

简称为回正系数。

同样，为了包含外倾角，式（2-29）可以被修改为：

$$M_z = (M_z)_\alpha \alpha + (M_z)_\gamma \gamma \qquad (2\text{-}30)$$

式中，$(M_z)_\gamma$ 是对极小的 α 和 γ 计算的导数 $\partial M_z / \partial \gamma$，但第二个作用很小，通常可以忽略。

方程（2-30）提供了一个良好的回正力矩的近似值，因其 α 的取值范围比方程（2-27）中的更小。需注意的是，在研究车辆性能时，回正力矩的重要性是有限的。因此，在侧向力方面可以接受较低的精度。实际上，只有在研究转向机制时需要较高的回正力矩精度。

由侧偏角产生的回正刚度系数在斜交轮胎和子午线轮胎上分别约为 0.01m/(°)和 0.013m/(°)，而由外倾角产生的（回正外倾刚度系数）分别为 0.001m/(°)和 0.0003m/(°)。

即使在侧偏角为零时，只有当轨迹半径非常小，大约几米时，才会感觉到这种影响。因此这种影响只出现在低速行驶中。这对于上述条件下转向系统的设计具有重要意义。

转向系数的定义意味着侧偏刚度与法向载荷 F_z 呈线性关系；实际上侧偏刚度仅仅是在 F_z 数值低的时候如此，之后逐渐缓慢增长（图 2-57）。当达到极限后它开始不变或者轻微下降。为了方便，通常侧偏刚度与载荷的函数用两段直线表示，其中第二条是水平的。注意，在图中对应侧偏角为 2°的线为实际侧偏刚度，而另一条曲线（$\alpha = 10°$）是指一组平均刚度。

当需要一个更详细的数值描述轮胎的侧向性能时，至少在理论上不存在困难，通过估算实验法 F_y（α、γ、F_z、p、V、…）和回正力矩的类似关系，利用

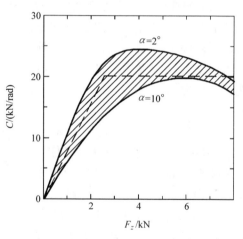

图 2-57　侧偏刚度对载荷 F_z 的函数
（曲线显示为 $\alpha = 10°$ 是一种"secant"刚度）

常见的数值分析算法。这种近似算法可以在数字模拟轮胎性能时使用，即使它需要大量的时间成本去准备数据和计算。许多这类数值方法的共同问题是需要大量的实验数据，这些数据往往很难获得，或代价昂贵。

可以使用多项式近似其中包括滑移角 α 的三次幂。

如前所述，方程（2-25）也可以表示成各个参数的转向力和回正力矩的函数。在侧向力的情况下，魔术公式是：

$$F_y = D\sin\left(C\arctan\left\{B(1-E)(\alpha + S_h) + E\arctan\left[B(\alpha + S_h)\right]\right\}\right) + S_v \qquad (2\text{-}31)$$

其中系数 B、C 和 D 的取值直接影响侧偏刚度。其他系数的取值为：

$$C = a_0 , D = \mu_{yp} F_z$$

其中 a_0 建议取值为 1.30，$\mu_{yp} = a_1 F_z + a$，

$$E = a_6 F_z + a_7 ,$$

$$BCD = a_3 \sin\left[2\arctan\left(\frac{F_z}{a_4}\right)\right]\left(1 - a_5 |\gamma|\right) ,$$

$$S_h = a_8 \gamma + a_9 F_z + a_{10}$$

$$S_v = a_{11} \gamma F_z + a_{12} F_z + a_{13}$$

系数乘积 BCD 的取值使得侧偏刚度符号发生变化。

为了更好地描述外倾力，常数 a_{11} 通常用下面线性公式代替：

$$a_{11} = a_{111} F_z + a_{112}$$

系数 S_h 和 S_v 指的是层偏转和锥度力。同理，在回正力矩情况下的公式为

$$M_z = D\sin\left(C\arctan\{B(1-E)(\alpha + S_h) + E\arctan[B(\alpha + S_h)]\}\right) + S_v \quad (2\text{-}32)$$

$$C = c_0 , D = c_1 F_z^2 + c_2 F_z$$

其中，c_0 建议取值为（2-40）：

$$E = (c_7 F_z^2 + c_8 F_z + c_9)(1 - c_{10}|\gamma|)$$

$$BCD = (c_3 F_z^2 + c_4 F_z)(1 - c_6 |\gamma|)e^{-c_5 F_z}$$

$$S_h = c_{11} \gamma + c_{12} F_z + c_{13}$$

$$S_v = (c_{14} F_z^2 + c_{15} F_z)\gamma + c_{16} F_z + c_{17}$$

魔术公式（2-31）和式（2-32）采用的单位通常不一致：载荷 F_z 单位为 kN，角 α 和 γ 单位为（°），F_y 和 M_z 的单位分别为 N 和 Nm 。

图 2-58 为子午线轮胎 205/60 VR 15 6J 在载荷等于 2kN、4kN、6kN、8kN 时的 $F_y(\alpha)$ 和 $M_z(\alpha)$ 曲线。

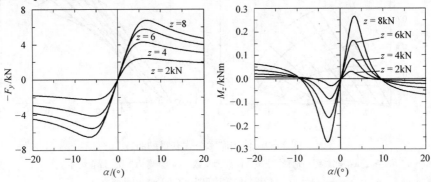

图 2-58 通过使用魔术公式（2-31）和式（2-32）获得的曲线 $F_y(\alpha)$ 和 $M_z(\alpha)$。子午线轮胎 205/60 R 15 V

魔术公式在模拟轮胎性能方面比通过描述侧滑力与带侧偏角和回正力矩与侧偏角之间的关系更加完整。例如，图 2-59 所示侧向力、侧向力系数、回正力矩、外

倾力以及外倾力矩，以及图 2-58 所示轮胎类型的歌夫图。

还可以建立轮胎的结构模型，通过检测轮胎的变形和结构所受的力来表达它所受的力。除了复杂的数值模型之外，主要是基于有限元方法，它可以计算出所需的特征，但是非常复杂，在车辆动力学计算中用处不大。可以通过简化模型，将轮胎面视为横梁或者弹性条件下的弹簧[⊖]。这些模型能够使人们获得有用的结果，尤

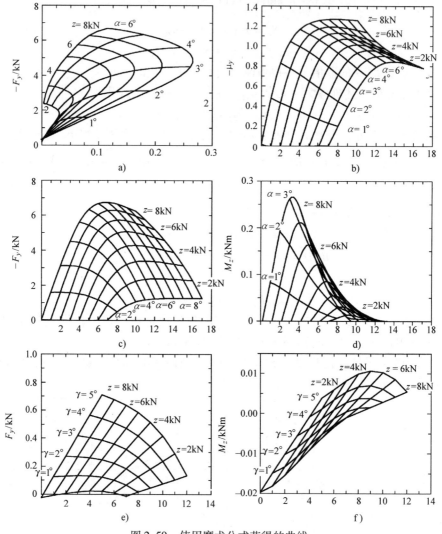

图 2-59 使用魔术公式获得的曲线

a）歌夫图和地毯图 b）侧向力系数 c）转弯力 d）回正力矩

e）外倾力 f）子午线轮胎 205/60 R 15 V 的外倾力矩

⊖ 参考：J. R. Ellis, *Vehicle Dynamics*, Business Books Ltd., London, 1969; G. Genta, *Meccanica dell'autoveicolo*, Levrotto & Bella, Torino, 1993.

其是从定性的角度把轮胎的性能与结构参数结合，但是它们的定量精度通常低于经验模型，特别是基于魔术公式的模型，它正日益成为轮胎建模的标准。

2.8 纵向力和侧向力的相互作用

前面研究的内容仅仅考虑了纵向力和侧向力单独作用的情况。如果轮胎同时在 X' 轴和 Y' 轴方向产生力，那情况就不同了，因为一个方向的牵引力限制了另一个方向的牵引力。

当在有一定侧偏角的轮胎上施加驱动或者制动力时，转向角将会降低。这同样适用于轮胎的纵向力以及侧向力。

一个示例如图 2-60 所示：通过设定轮胎在给定的侧偏角和制动转矩作用下，曲线 $\mu_x(\sigma)$ 的形状被大幅度改变了。虽然在滑移条件下 μ_s 几乎保持不变，但峰值 μ_p 发生了较大变化。

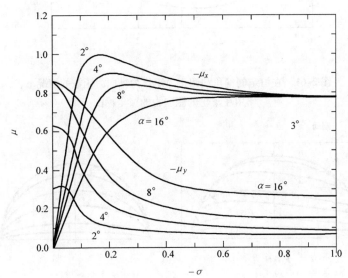

图 2-60　侧向和纵向力系数，作为纵滑和侧偏角的函数

然后可以得到图 2-61 所示的极坐标图，其中对于侧偏角 α 的任何给定值，Y' 方向上的力都与 X' 方向的力相反。曲线上的每个点都代表一个不同的纵向滑移角 σ 下的特性。用类似方式可以绘制出一个恒定 σ 下的 $F_y(F_x)$ 曲线。

严格来说，曲线并不完全与 F_y 轴对称：F_y 通常当轮胎在纵向有十分轻微的制动力时达到最大值，因为轻微制动实际上可以产生一定的侧偏角从而增加侧向力。

在图 2-61 中与 $F_y(F_x)$ 曲线一起显示的还有两条曲线 $M_z(F_x)$。施加驱动力的作用是增加了回正力矩，而当制动接近极限时，制动力会引起回正力矩降低改变符号。由于它会增加侧偏角，该作用是不稳定的。

一组在恒定 α 下的 F_y（F_x）试验曲线，如图 2-62a 所示。

若 F 是路面给车轮的作用力的合力，F_x 和 F_y 为它的分力，则合力系数可以表达为：

$$\mu = \frac{F}{F_z} = \sqrt{\mu_x^2 + \mu_y^2} \tag{2-33}$$

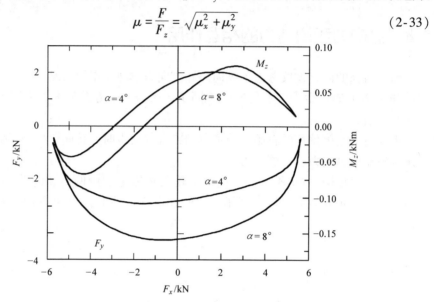

图 2-61　在恒定侧偏角和回正力矩作为纵向力函数的情况下，
作用在车轮的侧向力的极坐标图

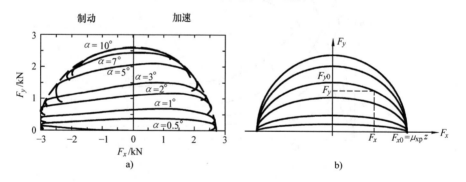

图 2-62　在恒定侧偏角下力的极坐标图

a）试验图　b）椭圆近似图

不同 α 下轮胎能够产生的力的最大值在极坐标图中可用多条曲线绘出。它呈圆弧形，构成所谓的摩擦圆，如在简化模型中设想的那样，最大力系数与方向无关。实际上，不仅是 μ_x 的值比 μ_y 大，而且如我们已经提到的，在驱动和制动条件下纵向上存在一些差异。该包络线以及整个图，是一个多参数的函数。除了已经提到的轮胎类型和路况的影响，随着速度的增加，力 F 的最大值大大减小，尤其是在湿滑的路面上。

从受驱动力 F_x 限制的三维图 2-63 中可以看出该降低现象。这种现象在车轮通过水时加剧，如图 2-64 所示。

一个在恒定 α 下可用来估算 $F_y(F_x)$ 曲线的函数简化模型对我们十分有用。这可以通过椭圆近似法得到（图 2-62b）：

$$\left(\frac{F_y}{F_{y0}}\right)^2 + \left(\frac{F_x}{F_{x_0}}\right)^2 = 1 \quad (2\text{-}34)$$

其中力 F_{y_0} 和 F_{x_0} 分别是，当没有 F_x 时在给定的侧偏角下 F_y 产生的力，和在零侧偏角时纵向力的最大值。因此该包络图是椭圆的，也称为摩擦椭圆。

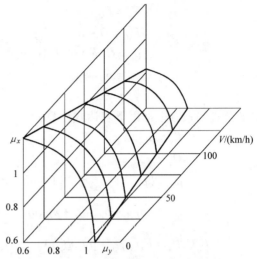

图 2-63　不同速度下轮胎与道路之间的作用力的极坐标包络图

如果用方程（2-34）表达 $F_y(F_x)$，则产生纵向力 F_x 的侧偏刚度可以通过一个侧偏刚度 函数 C_0（即不产生纵向力时的侧偏刚度）来表示：

$$\left(\frac{C\alpha}{C_0\alpha}\right)^2 + \left(\frac{F_x}{F_{x_0}}\right)^2 = 1 \quad (2\text{-}35)$$

侧偏刚度的公式为

$$C = C_0 \sqrt{1 - (F_x/\mu_\mathrm{p} F_z)^2} \quad (2\text{-}36)$$

其中 F_{x_0} 已被 $\mu_\mathrm{p} F_z$ 取代。

虽然是一个粗略的估计，尤其是在纵向力接近其最大值时（图 2-62a 与图 2-62b 中曲线之间的区别很明显），椭圆近似法非常广泛地应用于有侧偏刚度概念的情况。

Pacejka 修改了经验公式（2-25）与式（2-31），能够更好地计算纵向力与横向力的相互作用而不是单独地计算两个力再通过椭圆近似估算。首先，重新定义了无侧偏角的纵向力计算公式；它们参考纯驱动力和制动力。

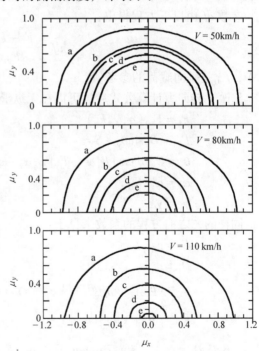

图 2-64　不同路况下的 $F_y(F_x)$ 包络曲线图

a）干燥路面　b）0.2mm 水的湿路面

c）0.5mm 水　d）1mm 水　e）2mm 水

$$F_x = F_{x0}(\sigma, F_z) \tag{2-37}$$

$$F_{x0} = D_x \sin\theta_x + S_{Vx}$$

$$\theta_x = C_x \arctan\{B_x\sigma_x - E_x[(B_x\sigma_x - \arctan(B_x\sigma_x))]\}$$

$$\sigma_x = \sigma + S_{Hx}$$

$$\gamma_x = \gamma\lambda_{\gamma x}$$

之前公式的系数根据以下表达式计算：

$$C_x = pC_{x1}\lambda_{Cx} \tag{2-38}$$

$$D_x = \mu_x F_z$$

$$\mu_x = (p_{Dx1} + p_{Dx2}df_z)\{1 - p_{Dx3}\gamma_x^2\}\lambda_{\mu x}$$

$$E_x = (p_{Ex1} + p_{Ex2}df_z + p_{Ex3}df_z^2)\left[1 - p_{Ex4}\frac{\sigma_x}{|\sigma_x|}\right]\lambda_{Ex}$$

$$B_x C_x D_x = F_z(p_{Kx1} + p_{Kx2}df_z)\lambda_{Kx} e^{p_{Kx3}df_z}$$

$$S_{Hx} = (p_{Hx1} + p_{Hx2}df_z)\lambda_{Hx}$$

$$S_{Vx} = F_z(p_{Vx1} + p_{Vx2}df_z)\lambda_{Vx}\lambda_{\mu x}$$

公式与前面的方程（2-25）类似，除了系数 p 不同和比例因子 λ（大多数情况下设为 1）的引入。

参数 df_z 由以下方程得出：

$$df_z = \frac{F_z - F_{z0}}{F_{z0}}$$

其中，F_{z0} 是垂向载荷的参考值。

修改了转向力计算公式后，可以在无纵滑时（纯侧滑）使用：

$$F_y = F_{y0}(\alpha, \gamma, F_z) \tag{2-39}$$

$$F_{y0} = D_y \sin\theta_y + S_{Vy}$$

$$\theta_y = C_y \arctan\{B_y\alpha_y - E_y[B_y\alpha_y - \arctan(B_y\alpha_y)]\},$$

$$\alpha_y = \alpha + S_{Hy}$$

$$\gamma_y = \gamma\lambda_{\gamma y}$$

同样的，之前方程的系数来自于：

$$C_y = p_{Cy1}\lambda_{Cy}$$

$$D_y = \mu_y F_z \tag{2-40}$$

$$\mu_y = (p_{Dy1} + p_{Dy2}df_z)\{1 - p_{Dy3}\gamma_y^2\}\lambda_{\mu y}$$

$$E_y = (p_{Ey1} + p_{Ey2}df_z)\left[1 - (p_{y3} + p_{Ey4}\gamma_y)\frac{\alpha_y}{|\alpha_y|}\right]\lambda_{Ey}$$

$$B_y C_y D_y = p_{Ky1}F_{z0}\sin\{2\arctan[F_z/(p_{Ky2}F_{z0}\lambda_{F_z0})]\} \cdot (1 - p_{Ky3}|\gamma_y|)\lambda_{F_z0}\lambda_{Ky}$$

$$S_{Hy} = (p_{Hy1} + p_{Hy2}df_z)\lambda_{Hy} + p_{Hy3}\gamma_y$$

$$S_{Vy} = F_z[(p_{Vy1} + p_{Vy2}df_z)\lambda_{Vy}] + F_z[(p_{Vy3} + p_{Vy4}df_z)\gamma_y\lambda_{\mu y}]$$

此处的公式与上述的（2-31）类似，除了系数 p 和比例因子 λ（同样，大多情况下为1）。参数 dF_z 参照上述内容。

在两种力同时存在时，纵向力必须通过将式（2-37）和式(2-39)的结果乘以修正系数来修正：

$$F_x = F_{x0} G_{x\alpha}(\alpha, \sigma, F_z)$$

修正系数为：

$$B_{x\alpha} = r_{Bx1} \cos\left[\arctan(r_{Bx2}\sigma)\right]\lambda_{x\alpha} \tag{2-41}$$

$$C_{x\alpha} = r_{Cx1}$$

$$D_{x\alpha} = \frac{F_{x0}}{\cos\Phi_x}$$

$$E_{x\alpha} = r_{Ex1} + r_{Ex2}df_z$$

$$S_{Hx\alpha} = r_{Hx1}$$

$$G_{x\alpha} = \frac{\cos\Psi_x}{\cos\Phi_x}$$

$$\Phi_x = C_{x\alpha}\arctan\{B_{x\alpha}S_{Hx\alpha} - E_{x\alpha}[B_{x\alpha}S_{Hx\alpha}\arctan(B_{x\alpha}S_{Hx\alpha})]\}$$

$$\Psi_x = C_{x\alpha}\arctan\{B_{x\alpha}\alpha_s - E_{x\alpha}[B_{x\alpha}\alpha_s - \arctan(B_{x\alpha}\alpha_s)]\}$$

在这种情况下，同样有系数 r 和比例因子 λ。

同理可得：

$$F_y = F_{y0} G_{y\sigma}(\alpha, \sigma, \gamma, F_z) + S_{Vy\sigma}$$

修正系数：

$$B_{y\sigma} = r_{By1} \cos\{\arctan[r_{By2}(\alpha - r_{By3})]\}\lambda_{x\alpha} \tag{2-42}$$

$$C_{y\sigma} = r_{Cy1}$$

$$D_{y\sigma} = \frac{F_{y0}}{\cos\Phi_y}$$

$$E_{y\sigma} = r_{Ey1} + r_{Ey2}df_z$$

$$S_{Hy\sigma} = r_{Hy1} + r_{Hy2}df_z$$

$$S_{Vy\sigma} = D_{Vy\sigma}\sin[r_{Vy5}\arctan(r_{Vy6}\sigma)]\lambda_{Vy\sigma}$$

$$D_{Vy\sigma} = \mu_y F_z(r_{Vy1} + r_{Vy2}df_z + r_{Vy3}\gamma)\cos[\arctan(r_{Vy4}\alpha)]$$

$$G_{x\alpha} = \frac{\cos\Psi_y}{\cos\Phi_y}$$

$$\Phi_y = C_{y\sigma}\arctan\{B_{y\sigma}S_{Hy\sigma} - E_{y\sigma}[B_{y\sigma}S_{Hy\sigma}\arctan(B_{y\sigma}S_{Hy\sigma})]\}$$

$$\Psi_y = C_{y\sigma}\arctan\{B_{y\sigma}\sigma_s - E_{y\sigma}[B_{y\sigma}\sigma_s - \arctan(B_{y\sigma}\sigma_s)]\}$$

模拟 F_x 与 F_y 相互作用的模型非常复杂并且理论上没有充分证明。

结果是合理的，比仅用椭圆近似法计算得出的结果要好。然而在有些情况下，曲线 $F_y(F_x)$ 具有与现实不符的形状，上述公式必须仔细应用。

在这一领域的研究活动还在进行，目标是获得更简单的和更真实的一组公式。图 2-65 中的曲线是通过与图 2-62 中类似的理论计算得来的。

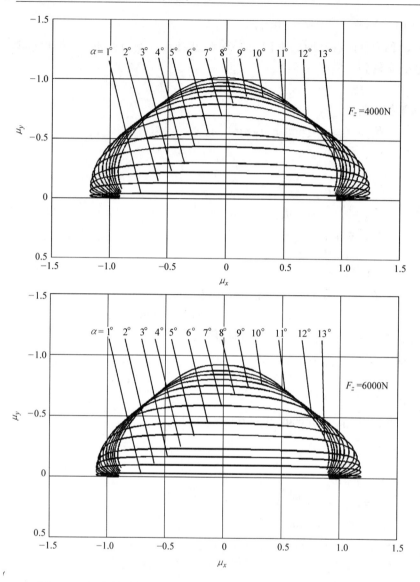

图 2-65　与之前列线图中所用过的轮胎一样，均为 195/65 R 15，
通过修改后的 Pacejka 公式计算出的近似椭圆图

2.9　外形对动态性能的影响

2.9.1　振动模式

　　轮胎的动态性能对于车辆的舒适性与稳定性都十分重要。尽管轮胎、悬架以及

簧上质量的振动性能之间有着非常强的联系，使得相关动态研究应该从车辆整体上进行，但为了获取后面即将介绍的更复杂模型里的数据，还是有必要对轮胎进行单独研究。

由于轮胎比悬架的刚度大，在低频率运动（1~3Hz）中前者的反应比后者的明显，在这种情况下，轮胎可以被当成一个刚性体。

在中等频率（10~20Hz）下轮胎可以被视为一个无质量可变形的元件引入系统。在垂向和横向两个方向上都可以定义一个动态刚度。可以表明轮胎应该有较低的垂向刚度从而减小簧上质量在颠簸路面上的位移和较高水平刚度，来减少车辆在侧向力下产生的位移。

很明显，由于悬架的弹性动态性能，轮胎垂向动态性能和车辆其他部分之间有显著的关联，在横向刚度和侧偏刚度，以及垂向与横向刚度之间。图 2-66 所示为两个 155 15 轮胎以速度为函数的垂向与横向动态刚度。从中可以看出，子午线轮胎的动态刚度比斜交轮胎的低。

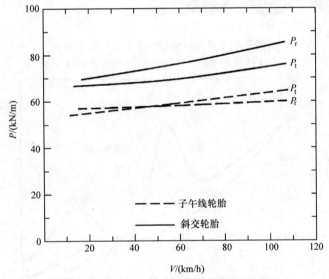

图 2-66   155 15 子午线轮胎与斜交轮胎的垂向动态刚度 P_r 和横向 P_t 与速度的函数

在高频率（超过 50Hz）时轮胎根据其固有频率振动。图 2-67 中显示的轮廓变形是子午线轮胎和斜交轮胎 155 15 型轮胎的强迫振动导致的。图片所示角度 ϕ_r 为轮胎与振动平面之间的夹角。子午线轮胎的峰值出现在 60~90Hz 之间，取决于轮胎尺寸，而其他不太相关的峰值出现在较高频率处，同时放大系数降低。

传递率是激励振幅与响应振幅之间的比值，子午线和斜交轮胎的传递率如图 2-68 所示。

图中通过接触点的垂向运动来反映垂向响应，同理，横向方向的传递率也可以测量。

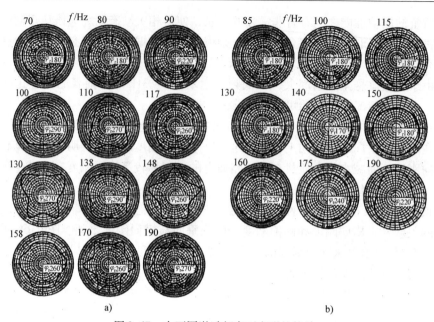

a)   b)

图 2-67   在不同激励频率下变形的轮胎

a）155 15 子午线轮胎   b）相同大小的斜交帘布层轮胎

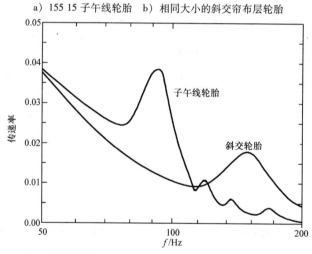

图 2-68   155 R 15 子午线轮胎 和 155 15 斜交轮胎以频率为变量的传递率函数。

频率介于 50～200Hz；非簧载质量在较低频率因轮胎弹性产生的共振

由轮胎垂向弹性引起的非簧载质量的共振发生在更低的频率；图中子午线轮胎的第一个共振峰值是在胎面侧面假定为刚性体下获得的。在更高频率模式下，取决于叶片形状的胎面振动受到抑制。

2.9.2　转弯中的动态力

在运动过程中，如果这些几何参数（滑移和外倾角）在 X' 轴和 Z' 轴方向的力是变化的，则任何时刻侧向力和回正力矩都与静态同等参数条件下的数值不同。

例如，若轮胎在静止时沿纵轴倾斜，则侧向力只有经过一定时间才会达到稳定值，期间滚动的距离（图 2-69）通常被称为松弛长度。

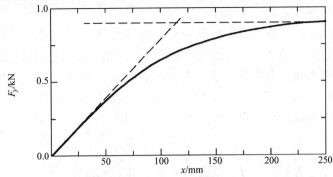

图 2-69 施加在轮胎上的侧向力，然后旋转不同的时间或距离。
轮胎 140 12，$F_z = 3.5\mathrm{kN}$，$p = 138\mathrm{kPa}$

由于延迟时间很短，这种效应在正常驾驶时并不明显，但在动态条件下，侧偏角的设置与力的产生之间的时间延迟是非常重要的。

如果侧偏角是随时间呈谐波变化的，则侧向力和回正力矩随侧偏角有一定的延迟，即为频率的函数，且它们的值比准静态条件下获得的低，即频率非常低。

如果频率不高，在正常驾驶的速度下，其平均值并不明显低于静止条件下的值，但是在侧偏角与力 F_y 之间有一定的相位差（图 2-70）。

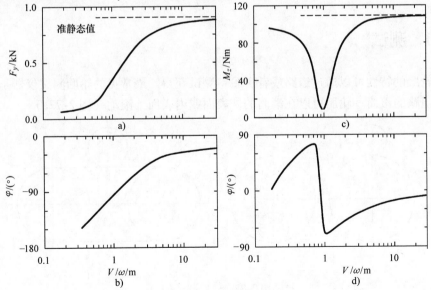

图 2-70 在侧偏角按照谐波变化，从 $-4° \sim 4°$，以速度与较低波长 $\alpha(t)$ 时频率的比率 V/ω
为变量的侧向力及回正力矩的函数
a)、c) 力和力矩的峰值　b)、d) 相位差
轮胎 190 14，$F_z = 4.8\mathrm{kN}$，$p = 165\mathrm{kPa}$

上面曲线是通过给定的轮胎获得的，通常不易产生，尤其是在高频率下。当轮胎发生共振时（参考回正力矩所示曲线），响应不再取决于 V/ω，而是取决于频率，并且在较小程度上取决于速度。

在实际应用方面，更重要的是车轮对地面施加的载荷 F_z 是可变的，如滚动在凹凸不平的道路上（图 2-71）。如果速度足够高，那么该频率可以很高，并且由于动态响应引起的侧向力会降低很多。图中轮毂纵向位移的规律 $z(t)$ 是谐波状，频率约为 7Hz，其中响应 $F_y(t)$ 更加复杂。在每个周期甚至可以改变符号的正负。侧向力的平均值随频率的增大而减小，如图 2-71b 所示。

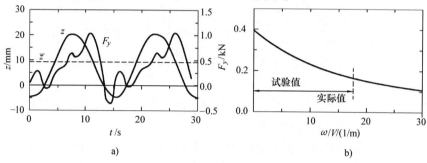

图 2-71 轮胎对地面的力

a) 轮胎的侧向力与侧偏角不变，但轮毂根据谐波 $z(t)$ 竖直移动

b) 力 F_y 的平均值以 ω〔即 $z(t)$〕和 V 的比为变量的函数

2.10 测试

轮胎的特性可以通过道路或者实验室测试获得。最常见的轮胎测试仪器是基于模拟道路的滚筒，轮胎可以在滚筒的外表面或内表面上滚动（图 2-72a）。

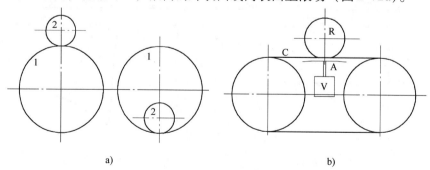

图 2-72 轮胎测试机

a) 正反双向滚筒机器 b) 带式机

1—滚筒 2—被测试的轮胎 A—钢带支撑 C—钢带 R—被测试的轮胎 V—激励器

实际情况介于两种类型的测试之间。为了避免滚筒式仪器中出现的接触状况与

实际使用之间的差异，更先进的仪器中采用钢带。该钢带由静压轴承保持平直，该轴承可以连接一个振动器来模拟道路的颠簸。滚筒式仪器比带式仪器的路面模拟更加简单，因其表面通常是纯金属的。其他机器中有使用平圆盘的，它的接触面是平的，但是轮胎在上面做圆周运动，即使没有侧滑时也会产生侧向力。

对于低速和短时间的测试，车轮也可在运动的平台上滚动。该仪器平台可以简单模拟不同的路面（图2-73）。

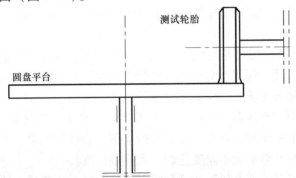

测试轮胎

圆盘平台

图2-73　模拟试验机，路面是一个圆盘平台

在所有的测试仪器中，固定轮胎的轮毂能够测量3个方向的力和力矩。可以使用两个不同的电机分别驱动车轮和平台从而模拟不同驱动与制动条件。车轮可以保持给定的外倾角和侧偏角。

实验室测试，特别是那些带滚轮机的测试，必须与专用测试车辆在路上进行的测试进行比较。

为了在路上测试轮胎，将轮胎安装在牵引车或者拖车的测力轮毂上，并安装独立的电机。图2-74所示为Delft大学所做的试验。

图2-74　图中为代尔夫特大学（Delft）的实验室使用的轮胎道路测试车，测试轮在拖车的中部

这样的设备可以使轮胎在各种条件下测试力和力矩。安装一个相同的但侧偏角相反的车轮，以确保车辆沿直线行驶。合适的装置可以根据确定的水层厚度对路面进行湿化。

滚动阻力只能通过简单的仪器测量。

在滚筒式测试机上，车辆可以加速到给定速度，然后通过自身阻力减速。车轮与滚筒总成的运动方程为：

$$\frac{d\Omega_R}{dt}\frac{J_R + J_S}{R_e} = -fF_z - \frac{|M_S|}{R_S} \tag{2-43}$$

式中，R_S、J_S和M_S分别是滚筒的半径、滚筒折算到车轴上的转动惯量和车轮的阻力矩；M_S可以看作车轮的减速度，通过简单的垂向载荷产生的垂向力F_z作用产生。

$\Omega_R(t)$的规律可以很容易地记录下来，滚筒阻力f可通过方程（2-43）计算。这个方法有一些不便，使用微分法比较理想。因为一个函数的导数对测量函数的误差是敏感的，这种方法需要特殊的注意事项。

在滚筒上的测试有许多与实际情况不符之处，尤其是在表面（通常是钢表面）以及接触面形状上的差异。此外，在所有的向下抛物线测试中，测试是在短时间内进行的，其中很多参数的大小是变化的，尤其是温度。

如果加速阶段长，那么轮胎达到稳定温度的速度会比测试中的低。如果温度高于适当温度，则滚动阻力略降低。如果加速度较高，轮胎温度非常低，则会导致滚动阻力增加。

路试可以通过牵引车在道路上进行，封闭在合适的拖车中来消除内部的空气阻力（图2-75）。一个测力计连接在拖车与被测试车之间，用来测量滚动阻力。

这种方法的局限性在于对道路坡度的敏感程度：0.1%的斜坡可能导致滚动阻力系数f误差达到10%。测量会被系统可能的纵向振动弄得更加复杂。

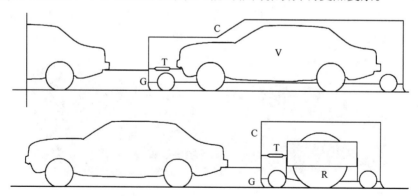

图2-75　测量车辆或在路试车轮的滚动阻力的夹具

C—拖车　G—拖车裙板　R—被测试车轮　T—测力计　V—被测试车辆

3 悬 架

3.1 引言

悬架指的是将车轮与车身直接连接或者通过车架连接的机构。

由于 3 个以上车轮的刚性车辆是一个超静定系统，车的结构需要有足够的灵活度来使车轮同时与地面接触，或者车轮能通过一个可变形的系统，即悬架，连接到刚性车身上。第二种方案被应用在绝大多数的车辆上，而第一种，在过去的马车中被广泛使用过，现在只在应用少数的低速车辆上。

在许多情况下，悬架变形必须附加到结构变形上，它对于车辆的操控性和舒适性有非常重要的作用。

悬架需要具有以下功能：
- 能够在各种负载条件下对车轮与地面的相互作用力按照设计进行分配。
- 确定车辆静态和准静态力量时的载荷点。

不要忘了，实际上，当车辆上被引入可变形连接后，车身位置的几何变化是有效载荷及有效载荷位置的函数；这些变化通过重力的 3 个分力以及车身参考系的 3 个角度（转向角、侧翻角、俯仰角）来描述。这些包含在车辆静态工作点的术语中。

车身的完整定义在下卷的第四部分。

除此功能外，悬架另外一个同样重要的主要由弹性元件起作用的功能是：
- 吸收和消减来自车轮的因道路不平产生并传递给车身的振荡。

需要记住的是，这项任务需要应用合适的减振系统；这个功能非常重要以致非超静定系统的二轮车或三轮车也使用悬架。

理论上，轮胎本身可以使车辆与道路上的力隔离，但是它们的弹性和减振性能不足以实现合适的操控性和舒适性，除非在平坦的道路上低速行驶。

因此悬架在实现足够的道路操控性和舒适性方面是必不可少的。它们决定了不同车辆的特点。

车轮必须能够在垂直地面方向自由移动，除了旋转和转向之外。

该垂直运动必须受控于悬架的连接从而保证轮胎处于相对于地面正确的位置。轮胎反馈合适的力的能力，实际上，取决于车轮赤道面（equator plane）与地面之间的角度以及轮毂速度。

如果将悬架比作道路与车身之间的过滤器，用于过滤一部分因道路不平度产生的力，则该过滤器在各种驾驶条件下应尽可能不损害车辆操纵性能。抓地力不仅仅取决于车辆的质量特性（质量和转动惯量）、几何特性（牵引类型、重心位置、轴距、轮距）、轮胎性能，还取决于悬架。

悬架通常被分为三类：独立悬架、非独立悬架和半独立悬架。

独立悬架是同一车桥上两个轮毂之间没有机械连接的悬架，作用在一个车轮上的力不影响另一个力。该情况未考虑转向连杆、防侧翻杆以及辅助框架的作用。

非独立悬架是在同一车桥的两个车轮之间刚性连接的悬架。每个车轮受到的地面干扰都会同时影响两个车轮。

半刚性悬架的特性介于这两者之间。这类悬架的轮毂不是独立的，因为它们与铰接结构无关。事实上这种结构机械保证了不容忽视的灵活性。在实际情况中，扭杆也属于这种悬架。

另一种分类方法是将悬架分为转向悬架和非转向悬架。独立悬架原则上是可以设计成转向悬架的，而除了工业车辆和越野车，非独立悬架不再用于转向桥。半刚性悬架都适用。

大多数悬架可以应用在驱动桥和从动桥上，在不考虑连接强度时，悬架设计不受影响。

单纯考虑弹性和减振系统的话，悬架可分为被动悬架和主动悬架。第一类悬架的弹性性能只由它的变形决定且减振系统只能消耗产生能量的一部分。第二类的悬架系统可以接收其他能量源的能量（发动机能量或一些间接存储在发动机里的能量）来影响车身运动，从而达到将该运动限制到接近静平衡条件的目的。

这种悬架的目的是为了将车身的位移降至最低从而使驾驶人更加稳定操纵车辆。我们将在底盘控制系统章节中评价这类悬架以及不同设计方案的效果，依据外部能量来确定该悬架是仅仅修正静态工作点，还是也修正动态工作点。绝大多数悬架是被动悬架。

最后须两个定义。

将由于悬架的作用能相对地面作自由运动的那部分汽车质量定义为簧上质量，将位置不变的质量称为簧下质量。悬架的部分部件属于簧上质量，另一部分则属于簧下质量。为了得到这两种质量的比值，这些元件的质量须分为两类，并理想化地集中在悬架连接处，通过这种方式来确定转动惯量和重心位置。

3.1.1 悬架元件

为了实现上述功能，悬架应由多类元件构成。

1. 轴承件或连杆

轴承件或连杆是连接车轮与车身并确保车轮的自由度以及相对地面正确位置的机构。它们确定了车轮对车身的相对运动，还将来自轮胎与地面接触区的部分载荷传递给车身。

2. 主要弹性元件

包括弹簧（螺旋式、杆式和钢板式）、防滚杆和截止弹簧。这些元件将车轮与车身弹性连接，并储存因道路不平产生的能量。它们不仅可以储存能量，还决定了在负载作用时的车身位置。

3. 次要弹性元件

包括连杆上的弹性接头，它具有一定的弹性柔度。

起初这种特性被认为会对弹性接头的润滑带来麻烦。然而，最近人们发现这种特性可以用于改善悬架的弹性动力学特性和舒适性的设计上。

这些接头的变形在车辆操纵过程中起到重要作用。

4. 阻尼元件

阻尼元件是最简单的、最基本的减振器。与此同时主要和次要弹性元件也会不可避免地消耗能量。而减振器可以消耗弹性部件存储的能量，并给车身提供振动阻尼，避免静止振动或共振。

3.1.2 悬架对车身运动的影响

在理想情况下，悬架应该使车轮相对车身做与地面垂直方向上的运动，保持车轮平面与其自身平行并限制 x' 和 y' 方向的所有运动[一]。单个车轮的悬架应该是自由度为 1 的系统，只有 z' 方向的位移或者悬架的伸缩运动。

如果车轮只能沿着 Z' 轴移动，那么连杆不会将车身的滚动传递给轮毂，尤其是滚动倾斜角。

然而，若不考虑这些连杆，则完全能够满足上述条件并且每种汽车都有自己的特点。这种理想化的近似也是汽车特点的一部分。

车轮位置也受到连接件刚度的影响，甚至球节及柱型衬套都会产生变形，有时连杆也被视为活动部件。

车轮位置不仅受到车身运动影响，也受到外部力的影响。

下面我们将通过悬架定义角度和线性尺寸来描述悬架的性能。这些特征将通过一个前转向轴进行描述。

在转向悬架中，转向轴或者主销轴是支撑轮毂或滑柱旁边的那根轴，可使车轮能够旋转或转向（图 3-1）。非转向悬架中的连杆能够使车轮的自由度限制为绕主销轴旋转的运动，取决于车身滚动倾斜角或者施加的力。这种附加的转向角将在后面讨论。

[一] 通常悬架使用的参考系与汽车参考系相同；这是车辆参考系，在下卷中介绍的，但是该参考系的原点设置在车身对称面里，即静载荷下前轮的中心位置。

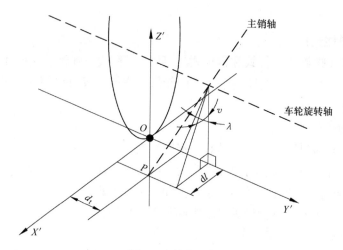

图 3-1　转向几何

投射在 $X'Z'$ 平面上的主销轴与 Z' 轴之间的夹角被称为主销后倾角（图中的 v）。在后面会讲解，该角决定着转向轮回位的能力。

投射在 $X'Z'$ 平面上的轮胎接触面中心 O 与转向轴和地面的交点 P 之间的距离，是纵向偏移距（图中的 dl）。

车轮赤道面与 $X'Z'$ 面之间的夹角是倾斜角或称为外倾角，而主销轴与 $Y'Z'$ 面的夹角为主销内倾角（图中的 λ）。

悬架保持车轮平行于车身的方式是（例如，纵向拖曳臂）给车轮一个相对地面的倾斜角与车身侧倾角相等。这种方式是极为不利的，因为侧倾角会导致轮胎侧偏刚度降低。然而，在二轮车中反而是有利的，同样在工作点可变的车辆上也是有利的，这些将在下卷中详述。

O 与 P 之间的距离在 $Y'Z'$ 平面上的投影是主销偏移距（图中的 d_t）。

理想悬架的车轮相对地面的倾角不变化，将悬架相对地面的实际外倾角与车身侧倾角之差定义为外倾角恢复角。理想悬架的外倾角恢复角应等于车身侧倾角。

关于车身，我们定义车轮赤道面与地面及车 X' 轴的夹角为前束角。它既可以通过角度来衡量，又可通过轮辋上两个点之间的横向距离之差来衡量。车轮赤道面交线在车前方被称为前束，反之则称为后束。

其他要考虑的尺寸有轴距（同一侧的轮胎接地中心距离在 XZ 平面上的投影）以及轮距（同一车桥上两个车轮的轮胎接地中心区之间的距离在 YZ 平面的投影）。根据悬架的几何性质，半轴距和半轮距指的分别是从 XZ 的接触面中心和 YZ 平面的接触面中心到车辆质心的距离。

当车身在垂直方向移动（位移 Z）或绕其 X 轴旋转（侧倾角 ϕ）时，车身的车轮位置发生变化。绘制车轮外倾角 γ、轮距 t、转向系统的特征角以及转向角度 δ 等关于 Z 和 ϕ 的函数图像。这些函数通常具有较强的非线性，但是它们可以在任何平衡位置线性化并衍生出 $\partial t/\partial Z$、$\partial t/\partial \phi$、$\partial \gamma/\partial Z$、$\partial \gamma/\partial \phi$、$\partial \delta/\partial Z$、$\partial \delta/\partial \phi$ 等。在平衡位置的小幅运动条件下，这些参数可以看作是常数并用来评估悬架的性能。

建立合适的数学模型是设计一个新悬架的基础。

如图 3-2 所示，一个简单的方法是从悬架图样开始建立一个悬架方案，其中使用有活动件（球形关节、衬套等）的刚性连杆来模拟悬架伸缩和车轮转向的运动情况，只考虑了连杆和主要弹性构件的作用。

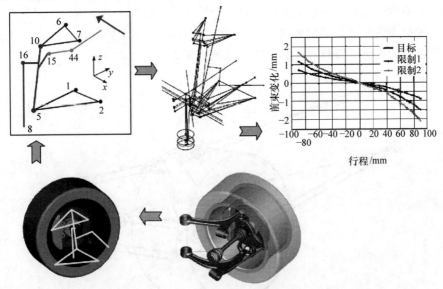

图 3-2 根据悬架图样建立一悬架方案，其中用有活动件（球形关节、衬套等）的刚性连杆作为连接件来模拟悬架伸缩和车轮转向的运动性能

在第二种方法中，模型中所用的运动耦合件可替换为弹性元件，此时便可以计算在力的作用下悬架参数的变化。第二种研究悬架的方法包含了弹性运动特性的分析方法。这种应用在指定的悬架设计中的简单的迭代仿真方法有非常重要的地位。在下面的章节中我们将分析当前使用最广泛的汽车悬架及其组件的方案。

3.2 独立悬架

如果车轮采用独立悬架，则连杆必须限制车轮（或者说是限制轮毂，因为车轮需要绕车轴旋转）6 个自由度中的 5 个，那个不受限制的自由度应该是垂直于地面方向上的运动。目前使用的许多悬架装置都没有完全满足这一要求。

由于悬架必须约束 5 个自由度，它们可以当作是带有 5 条球形铰链的系统（图 3-3）。这种布置通常被称为多连杆悬架，通过松紧连接件或者改变杆的长度，以获得较大的自由度。但由于该布置方法较为复杂，它在豪华汽车领域应用很少，但简单的多连杆悬架已较为普遍。多连杆悬架的所有参数几乎都可以从 5 个连杆的不同组合中获得。

一般的车轮运动不是平面运动，因此无法轻易得出其运动规律。然而，我们可以通过计算机生成的轨迹来轻易获得任何悬架的精确运动性能。

如果点 1 和点 2 重合，点 3 和点 4 重合，那么相应的杆将变成三角形元件，此时悬架在横截面上表现为四边形，通常被称为 SLA（长短横摆臂式）或横臂式悬架（图3-4）。如果线 1′2′ 和线 3′4′ 平行，那么车轮的运动被限制在一个垂直于 1′2′连线的平面内。它在该平面上的投影是一个铰接的四边形，其中侧边 1′3′ 与车身相连。这种类型的前悬架结构如图 3-77 所示，其中还标明了发动机，用于表明该方案允许车辆的机械部件具有比基于刚性轴的方案更多的自由度。

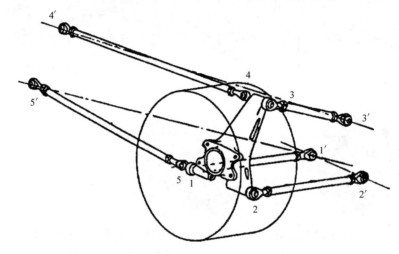

图 3-3　限制轮子 6 个自由度中的 5 个，基于五连杆机构悬架

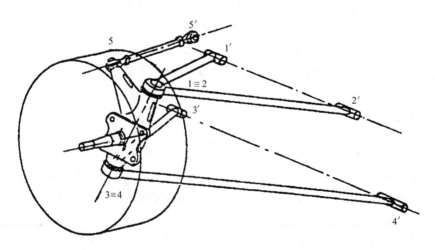

图 3-4　低横向四边形悬架

3.2.1　麦弗逊悬架

如果上例中的三角形结构被一个棱柱形的导轨替代，那么就成了一个麦弗逊悬架（图3-5）。由于它结构简单，而且为发动机布置留下很大空间，因此成为许多汽车尤其是小型汽车前桥的常用结构。

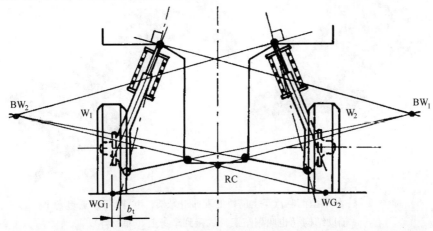

图3-5　麦弗逊悬架图中显示的几何结构用来确定侧倾中心RC，不考虑轮胎变形

这种悬架应用广泛，其参数可分为3部分来定义：第一部分是定义悬架几何和其动力特性；第二部分是这种悬架相对于其他形式的悬架的优缺点分析。第三部分注重悬架及其重要零部件的设计细节。此外，在其他类型悬架介绍中对这些简化元件也做了描述。因此之后有些内容不再重复，除非与麦弗逊悬架描述不同。

1. 描述

麦弗逊悬架是在前桥中应用最广泛的悬架，几乎应用于所有中小型汽车上。一些制造商有时也在大型轿车和跑车上使用这个方案，同时有时也应用于后桥。

首先介绍车轮连杆。车轮在垂直运动时会受到下悬臂和滑杆以及减振器的引导。该装置也在安装弹簧时应用，上部的支点将它连接到车身上。

麦弗逊悬架应用在中型汽车前轴上的案例如图3-6所示，下面对相关的细节进行介绍。

如图3-6和图3-7所示，下臂（2）通过副车架（1）经弹性衬套（3）通过两个不同的点连接到车身。下臂也通过一个球形接头（5）连接到支柱（4）上。支柱带有与车轮轴承外圈相配合的基座。其内圈与轮毂（通过法兰连接制动盘和车轮）相配合。在驱动桥中，轮毂通过花键固定到驱动轴上从而将转矩通过差速器传递到车轮上。支柱上有两个法兰用于固定制动钳。

车身底部的减振器（6，图3-8）和两个支架（7）焊接在一起，通过螺栓与支柱刚性连接。弹簧安装在两个基座之间，下面的基座（8）被固定在减振器上而上部的基座被固定在推力轴承上。该轴承的上部推瓦通过弹性连接安装到车身的轮

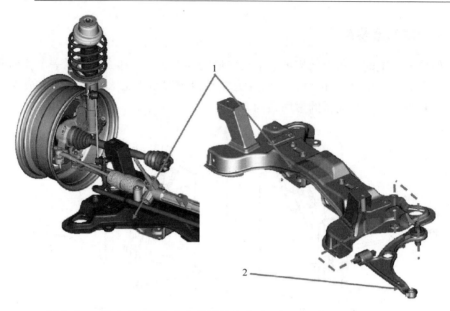

图 3-6　一种中型前驱汽车上前桥的麦弗逊悬架；下臂（2）通过一个
辅助结构（也叫副车架）铰接到车身上（菲亚特）

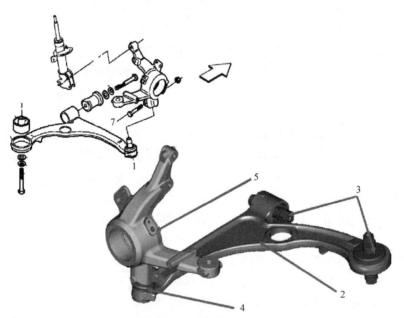

图 3-7　下臂（2）通过副车架（1）经弹性衬套（3）在两个不同的点连接到车身；
一球形连接件（4）把悬臂连接到支柱（5）

箱内。

该弹性连接是由减振器活塞以及弹簧与车身之间的接触引起的。限位弹簧
（13）安装在减振器活塞上，当减振器管接触到它的顶端时，限位弹簧会在伸缩量

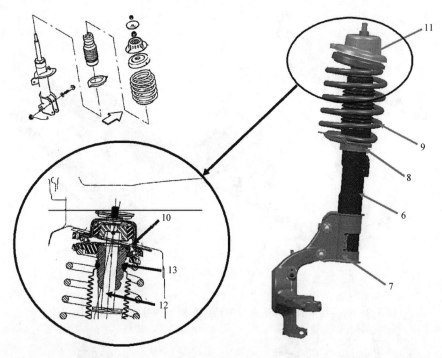

图 3-8 在减振器（6）的下部有两个焊接的支架（7）用来通过刚性方式固定支柱；
弹簧被限制在两个基座之间，其中一个被连接在减振器上，另一个连接在
推力轴承（10）上，上轴承瓦安在弹性元件（11）上，固定在车身上

较大时减少金属与金属相碰，使弹簧具有更好的弹性。

齿条齿轮转向器（图 3-9 中 14）通过螺栓固定在副车架上，并由两根转向横拉杆（15）通过两个球形连接件（16）铰接到齿条上。

防侧倾稳定杆（17）固定在副车架上，能够自由转动，通过两根杆（18）连接到减振器上（图 3-10）。麦弗逊悬架使用减振器活塞来引导车轮沿着悬架行程方向运动。

这个细节保证了车轮在与地面的接触面的外部力的作用下，通过其悬架的几何条件，可以产生作用在活塞上的侧向力 F_L 和力矩 M。

反作用力 R_A 和 R_B 及活塞杆弯曲对减振器的特性有很大的影响。如上文所示，减振器产生的力与悬架的伸缩速度成正比，作用力及弯曲会产生一个近似为常数的阻力（与速度无关）。该阻力和其他各种摩擦效应均会引起悬架迟滞，因此要使悬架运动，需要一定的力。

迟滞效应会引起悬架受力低于最小值而导致锁死。因此，这也是麦弗逊悬架的一个缺点⊖。

⊖ 在现实中，由此带来的不便不仅存在于麦弗逊悬架，还存在于所有承载部分车轮载荷的减振器上。

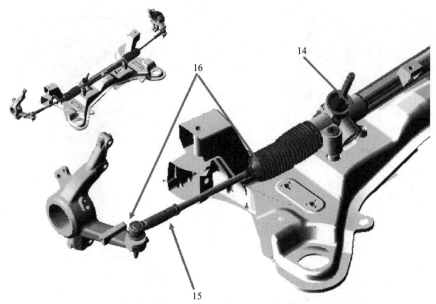

图 3-9　安装在带有麦弗逊悬架的前副车架上的齿条和齿轮转向机构

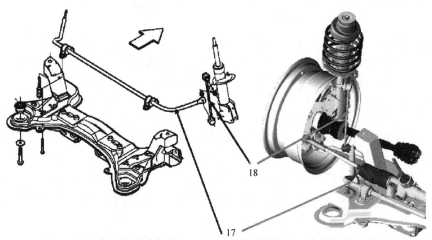

图 3-10　车身角位移防倾杆（17）固定在副车架上，但能够自由转动，
它通过两根杆（18）连接到减振器上

　　如图 3-11 所示，反作用力 R_A、R_B 和减振器的活塞杆挠度 ϑ_A 和 ϑ_B 可以用以下公式计算。

　　虚构的反作用力 R_T 是活塞杆及其衬套之间的反作用力 R_A 与活塞及缸筒之间的反作用力 R_B 的绝对值之和。这个力乘以摩擦系数（考虑到两部分摩擦系数是相同的）即为相对杆运动的摩擦力，忽略杆变形的影响（即迟滞现象），可以得出：

$$R_A = \frac{1}{b}\left[F_L(a+b) - M \right]$$

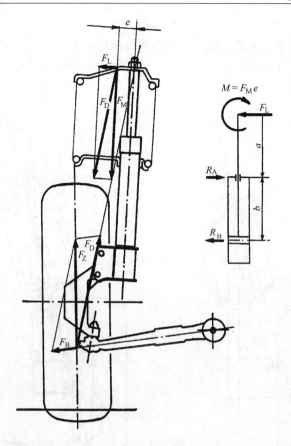

图 3-11　用于计算麦弗逊悬架中减振器滑动衬套上的受力情况的简化图形

$$R_B = \frac{1}{b}(F_L a - M)$$

$$R_T = |R_A| + |R_B| \tag{3-1}$$

$$\vartheta_A = \frac{b}{3EI}(F_L a - M)$$

$$\vartheta_B = \frac{b}{6EI}(F_L a - M) \tag{3-2}$$

式中，E 为活塞杆弹性模量；I 为杆截面的惯性矩。

如图 3-11 所示，引入杆和弹簧对称轴之间的偏移 e，该偏移会产生一个力矩 M，通过弹簧作用在杆上，该力矩会将减少作用在衬套上的反作用力。如果：

$$M = F_L a \tag{3-3}$$

此时 R_T 达到最小值需满足的条件为

$$R_A = R_T = F_L$$

$$R_B = 0 \tag{3-4}$$

$$\vartheta_A = \vartheta_B = 0 \tag{3-5}$$

M 和 F_L 的大小随着推力轴承结构和弹簧轴倾角变化。

图 3-12 所示为麦弗逊悬架的两种不同形式：整体式推力轴承（图 3-12a）和双推力轴承（图 3-12b）。

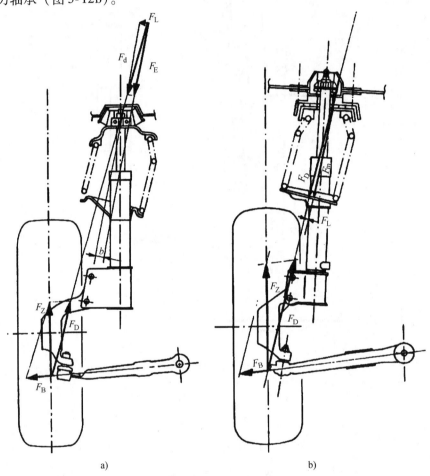

图 3-12　麦弗逊悬架整体式推力轴承方案和双推力轴承方案

在整体推力轴承方案中，弹簧和减振器的载荷通过一个橡胶件施加到车身上，施加在杆上的反作用力通过上文中的公式来计算。

在双推力轴承方案中，弹簧负载和减振器负荷通过两个不同的橡胶件传递给车身，作用在杆上的力只有 F_L。

这两种方案都可以通过添加合适的弹簧偏移来降低迟滞力。

迟滞为零的条件取决于我们所选择的垂直载荷，当施加其他载荷时（例如转向力），该条件会发生变化。弹簧偏移可以仅针对单一的负载情况设计，具有一定的统计学意义。

2. 优点和缺点

下面比较前桥悬架的优点和缺点。

（1）优点

- 设计简单，成本低。
- 由于相关的车身连接件的分离，施加到车身上的力相对较小（如相较于使用下双叉臂式悬架）。
- 相较于其他悬架具有更大的行程（如上双叉臂式就会受到上臂长度的限制）。
- 因为没有上臂，所以横向空间较为充足；这对横置发动机的安装非常有益。
- 在纵向上的设计更加灵活，对主销后倾角没有太大的影响。
- 弹性运动特性方面设计自由，外倾恢复仅仅受到上支点及下臂固定连接的位置的限制。
- 悬架和减振器的行程比值近似等于1，因此减振器有着有限的载荷、较低的油温和阀门磨损，工作条件更好。

（2）缺点

- 外倾恢复的性能差。例如，一个麦弗逊悬架和一个双横臂悬架车轮外倾角变化情况的比较，如图3-13所示。

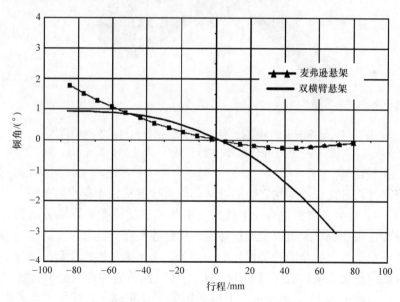

图3-13 麦弗逊悬架和双横臂悬架在悬架伸缩作用下的外倾角变化比较；
双横臂式悬架具有更好的外倾恢复特性

- 悬架的几何特性导致其上支点与车身的接触位置（通常被称为圆顶）与车身的刚性结构及侧梁位置通常较远，参见图3-14。这会严重影响来自路面的振动及噪声的抑制作用。

● 减振器活塞杆变形会增加摩擦和迟滞。

● 显著提升上支点的高度，此时弹簧及减振器安装在车轮之上，从而会使车辆气动外形及运动型车身款式更加难以设计。

3. 细节

麦弗逊悬架相关元件的设计细节各有不同。

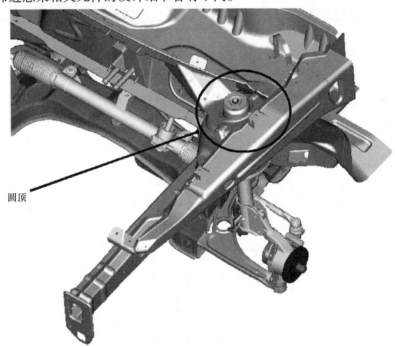

圆顶

图 3-14 通常麦弗逊悬架的圆顶位置距离刚性最强的车身结构较远，
处于较低位置，接近边梁（菲亚特）

（1）下控制臂

下控制臂通过支柱及车轮之类的可动部件直接连接到车身或副车架上。

如图 3-15 所示，下摇臂有一个特殊的形状能够支持车轮悬架运动和转向，通过弹性衬套连接在副车架上以及通过球形连接件连接在支柱上。

选择下控制臂形状是前悬架设计的一部分，必须满足操纵性和舒适性要求。

一旦确定悬架方案，就可以利用 CAE 工具依据转向移位及悬架行程设计轮胎的外部形状，如图 3-15 右图所示。下臂必须宽于外轮廓，且必须考虑装配和拆卸情况（有时候需要预留螺钉旋具及扳手的操作孔）以及汽车其他部分的限制，例如传动系或车身的影响。

下臂在制动或转弯时吸收一定的来自车轮的力。由于该部件是通过连接件连接到车身的，反作用力必在经过它们中心的平面内。下臂绕着两个衬套的中心轴转动

（如图 3-15 的点 E 和 F，该图表明了该轴与车身的相对位置）。

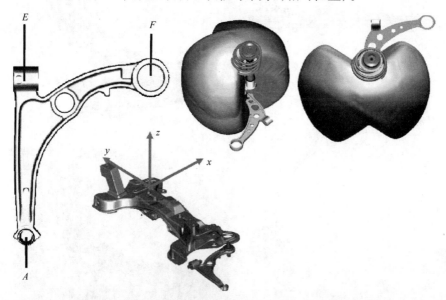

图 3-15　下臂必须能够支撑车轮的伸缩和转向运动，如右图所示的包络形状；
依据其功能，铰接关节可由球节或者弹性衬套制成

从动态特性来看，A 的轨迹并不受绕 E 和 F 轴转动的影响，但衬套在轴向的位置和 E 和 F 上的反作用力的大小相关。衬套是非刚性的球节，由弹性材料制成并根据受力情况改变形状。

衬套的形状决定了它的灵活性。如上所述，悬架在负载下的形变，关系到车辆的操纵性与舒适性。

综上，汽车制造商设计了香蕉形状的下臂，如图 3-16 所示。这种形状（图 3-17a）使 A 处的横向力主要部分施加到衬套 E 上。该衬套应具有较高硬度从而限制外倾角变化（与外倾恢复相反）。同理，E 的纵向力主要传递给 F。衬套 F 须有较高的弹性，下臂才能绕着刚性衬套 E 旋转。因此，当车轮遇到障碍时会产生屈服位移，提高舒适度。

同时，点 A 还确定了主销轴及上臂的位置。为了限制车轮纵向运动产生束角变化，转向臂（7）应该定位合理，从而形成一个平行四边形，如图 3-17b所示。

在一些汽车中，下臂的形状是以点 A 为顶点的等腰三角形。在该方案中，衬套 E 和 F 的尺寸及刚度几乎相等。这种方案是为了在不影响束角变化的情况下获得更好的纵向灵活性。该方案中必须采用另一个不同的副车架，将其安装在比香蕉式下臂更顶层的地方。

下臂可以由铸铁制成，但是不能用锻造或者冲压板形成。如果主要考虑轻量化问题，则可以使用锻造铝材。

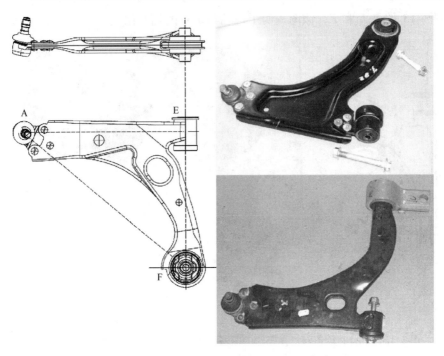

图 3-16　麦弗逊悬架中香蕉形状的下臂是综合操纵性与舒适性的结果

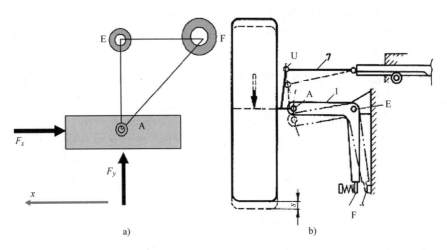

a)　　　　　　　　　　　　b)

图 3-17　大部分横向力通过点 A 作用在点 E；该衬套硬度较高从而限制了因外部
载荷变化而引起的外倾角变化。衬套 F 具有一定弹性，从而在车轮
遇到障碍时允许悬臂有一个屈服位移

图 3-18 给出了两个例子：一个是铸铁的；一个是锻钢的。铸铁工艺的成本最低，但是零件的力学性能会因可能出现的断裂问题而降低。

下臂是由锻压成形的两片钢板相对焊接在一起制成的。在该方案中，球形连接

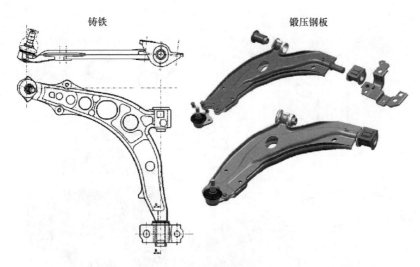

铸铁　　　　　　　　　　　　　　　锻压钢板

图 3-18　采用铸铁或锻钢制造的下臂，由两部分焊接而成

件的壳体是铆接的，而衬套壳体的局部需提高刚度。这种方案的特点是重量轻、断裂后伸长率好，但成本稍微高一些。

图 3-15 所示为冲压铝制悬臂。钢制悬臂的形状与之类似，除了弯角角度明显减小。通过该方法可以在稍高的成本下获得更加优良的力学性能，尤其是使用铝材时，可以大幅降低重量。

所有的方案都必须对与球节与衬套相关的安装接口和必要的尺寸公差进行加工制定。

悬架可能会受到额外的冲击，从而使得考虑使得断裂伸长率变得重要。假设沿人行道行驶的车轮因曲线速度过快而造成突然的侧向冲击。

在这种情况下，下臂可以通过它的断裂特性（包括受力、变形和吸收能量作用），来承受意外冲击。

在某些情况下，防倾杆会直接与下臂连接。因此，悬臂必须为此提供一个合适的接口。

在非对称悬架伸缩期间，下臂同样受到由防倾杆以及衬套和球节产生的弯曲力矩。

（2）弹性衬套

弹性衬套的可变形特性使得悬臂能够沿着相对于车身或者副车架的方向运动。

它由外部（3）和内部（1）部分组成，分别被固定在悬架臂及车身或副车架上，在两部分之间有一层硫化的橡胶（2）。

图 3-19 给出了两种不同的安装方式。在方案 A 中，其外部通过法兰连接在副车架上，其内部被压装在悬臂上。在方案 B 中，外部压装在悬臂上，而内部由法兰连接到副车架延伸架上。

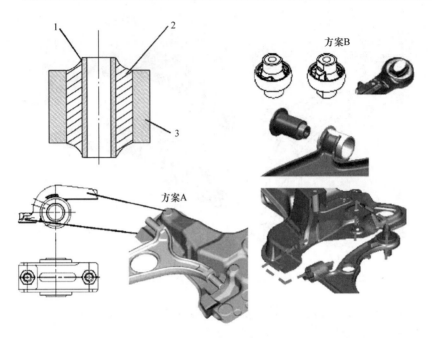

图 3-19 弹性衬套由外部（3）和内部（1）组成，分别被固定在悬架臂及车身或副车架上；在两部分之间衬套有一层硫化的橡胶（2）。两种安装方案不同

橡胶的厚度以及混合成分在负载方向上有很高的硬度，同时这里使用的硫化橡胶必须有很高的疲劳极限。我们在之前的章节中提到过衬套的设计必须能够适应悬架特定的弹性运动特性，包括束角变化及轴距（纵向位移）变化。

高刚度衬套将使汽车具有很好的方向稳定性或操纵特性。在这种情况下两个钢体之间的橡胶层只有几毫米厚，衬套外径为 35 ~ 45mm。

衬套的高弹性需求可以通过加厚橡胶从而产生更好的舒适性，因此衬套的外径可能达到 60mm。图 3-20 所示为采用了更加灵活的弹性衬套的麦弗逊悬架。在 X' 方向的刚度 Y' 方向的刚度完全不同，因此该橡胶件不是一个固体环，而是作为悬架内部与外部的连接。近似于一个梁，在 y 方向上弯曲但在 x 方向上压缩。两根橡胶制成的止动弹簧限制了弯曲形变。衬套刚度的取值由以下关系确定：

- 当衬套内径轴指向 Z' 轴时，沿着车身参考系的 x 和 y 两方向的径向刚度。
- 沿 z 轴的轴向刚度。
- 通过对衬套轴施加倾角与零负荷状态下的对比测量得到的锥形刚度（Conical stiffness）。
- 通过在悬架上施加绕轴的一定的旋转角度测得的扭转刚度。

这些径向刚度的值应与结构和材料信息记录在图样上，用于控制减振情况；为此需要标示出这些弹性特性允许的公差范围。

锥形刚度和扭转刚度的控制并不重要，因为它们对弹性动态性能的影响是有限

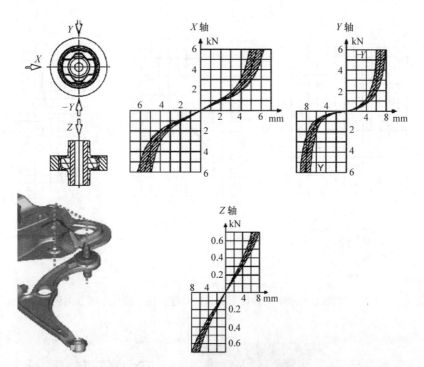

图 3-20　灵活度高的衬套在 X' 和 Y' 方向上的刚度有很大的不同，为此橡胶件被设计成一个梁，
在一个方向弯曲但在另一个方向压缩，从而产生非对称刚度

的，但这些值必须很小，从而使悬臂能自由移动。相反，因悬架伸缩造成的悬臂运动对衬套在较大变形角的情况下的疲劳寿命或弹性性能的影响很大，需要进一步检验。

图 3-21 所示为与汽车方向稳定性和操纵性相关的刚性衬套的弹性特征。

许多汽车配备了液压式衬套。它可以通过阻尼孔挤压出去一些油，从而在所描述的弹性特性条件下增加阻尼特性。该阻尼特性有益于提高车辆的驾驶平顺性。

（3）球形连接件

悬架滑柱与下臂的连接是通过一种球形连接件也被称为转向节实现的。其他用到球形连接件的有导向杆、带转向齿条的转向操纵杆。

这种连接件除了径向，其他各个方向均为刚性的，并能承受连接件的大旋转角。

图 3-22 给出了球形关节球头和一个定位销。方案 A 使用了螺栓来压紧支柱上圆柱销周围的孔，而方案 B 使用了锥形销子并通过一个牵引螺母压入支柱孔。两种方案的选择没有特殊的规则，只需考虑传统或者现有的加工及装配工具。

这两种方案中球形空腔的滑动表面的元件都是通过塑性变形直接固定到悬臂里面的。在球形头部与安装腔之间设置一层预润滑特氟隆（Teflon），以降低旋转时

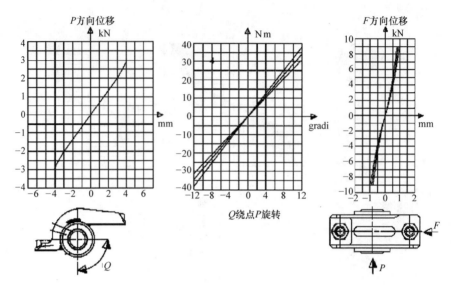

图 3-21　本图表展示了刚性衬套的弹性特征，用于设计车辆方向稳定性

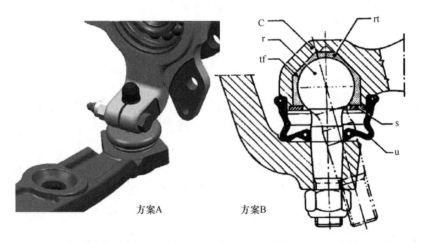

图 3-22　球面接头上有一个固定销。方案 A 使用了螺栓来压紧支柱上圆柱销
周围的孔，而方案 B 使用了锥形销子并通过一个牵引螺母压入支柱孔

的摩擦阻力。

　　在图上提前进行设计是一个好的方法，除了设计几何外形和材质，还需要设定最大工作角和最小径向刚度。

　　（4）滑柱

　　滑柱与大多数的悬架元件连接并向它们传递所有来自车轮的力，其工作特性决定了其几何结构。滑柱由于需要承受较强的外加负载，因此需要较大的横截面外形尺寸。滑柱应具有以下功能（参考图 3-9）：

- 保持车轮轴承在径向和轴向的运动。
- 与悬架臂通过球形连接件连接。
- 为制动钳提供固定法兰盘。
- 固定制动器外壳。
- 固定弹簧下端和减振器元件。
- 与转向臂通过球形连接件连接。

如果车辆配备 ABS 和车辆动态控制系统，支柱也用于固定车轮速度传感器。

用于该部件的材料包括热冲压的钢和铸铁，有时在豪华轿车中使用热冲压铝。

（5）轮毂和轴承

为了允许轮毂旋转以及将车轮受到的力传递给支柱，轮毂上安装有一对滚子轴承或一对圆锥滚子轴承，圆锥滚子轴承锥面相反。

图 3-23 所示为一个有滚子轴承或锥形滚子轴承的前轮驱动车辆的轮毂总成。具体到汽车上，这种轴承的特征在于有一个单一的外圈和双内圈轴承。

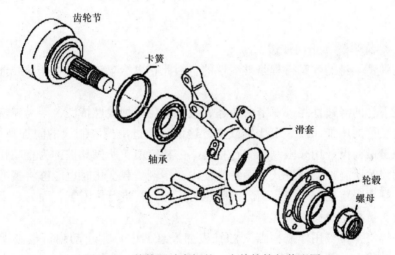

图 3-23 前轮驱动车辆的一个前轮轮毂装配图

这种方式通常称为 O 配置，两个轴承的预负载是由两个内圈之间的作用力决定的，在安装完毕后调整为零。

这种装有双行程滚子轴承的方案被应用在大多数小型及中型汽车中。轮毂通过在紧固螺钉上施加一定的力矩来实现预负载。这种轴承通常称作第一代轴承。

第二代轴承（图 3-24）保留了两个内圈，但是外圈直接安在了一个法兰盘上与支柱固定。这种方案简化了轴承基座的机加工过程，降低了装配成本，但这种轴承本身的成本较高。

第三代轴承的特征是有一个内圈，在外部连接法兰上集成了轮毂；这种方案的优点是最大限度地减轻重量及减小尺寸并且使轴承密封；与此同时，其成本也大幅

图 3-24　第一代、第二代和第三代轮轴轴承

增加了。

（6）螺旋弹簧和止动弹簧

螺旋弹簧本身的弹簧行程是准线性的，因此它也给车轮提供一个准线性的弹性特性。

如在下卷的舒适性相关章节中所述，应该避免这种线性特性，因为弹簧的形变应该随着载荷的增加而按一定比例减少，这可以通过由橡胶制成的附加弹簧实现。由于该弹簧最初设计用来限制悬架行程至某一特定值，所以其被称为止动弹簧。

止动弹簧所施加的渐进式弹簧特性使得在车辆负载变化时也能够将簧上质量的首个固有频率限定在一个恒定值，同时也对压缩行程进行了限制，而另一个止动弹簧限制伸长行程，从而影响弹簧比。

如果螺旋弹簧被用作减振器（如在麦弗逊悬架中）则止动弹簧也必须被安装到减振器总成里。图 3-25 所示为一个后麦弗逊悬架的例子。

除了下支架，前悬架的差异微乎其微。该压缩行程止动弹簧与减振器活塞杆在液压缸外的同一轴线上；拉伸行程止动弹簧小很多且同样也和活塞杆同轴，但是在液压缸内部。

在该图中有详细的止动弹簧的零件图。这些弹簧通常由聚氨酯制成，图 3-25b 表示其弹性特性。由于弹簧顶端被制成球形，因此它呈现出强烈的非线性。环槽也有助于这个特性。

在悬架中螺旋弹簧和减振器不是成套的，止动弹簧可以分离，但设计标准保持不变。

拉伸行程止动弹簧大多安装在减振器的内部。

主弹簧通常是螺旋式，弹簧固定器由冲压薄钢板制成并且能够为螺旋弹簧提供

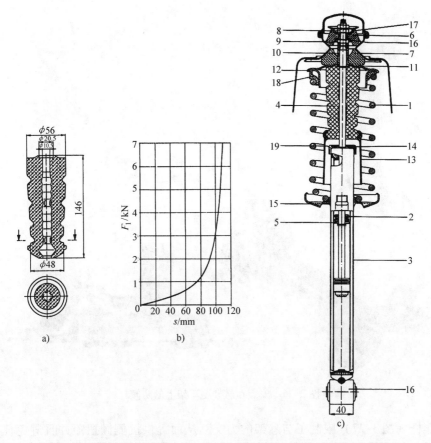

图 3-25 压缩行程止动弹簧（4）与减振器活塞杆在液压缸外同一轴线上；
拉伸行程止动弹簧（2）小很多且在液压缸内部

较宽的支撑面，自由螺旋弹簧的螺距可以是常数，也可以是可变的。螺旋线接触过程中逐渐增加其整体刚度。螺旋弹簧可以独自实现所需的渐进式弹性特征。

（7）防倾杆

由于法向弹簧会给悬架产生过度的弹性特性，侧倾角会引起弯曲。在这种情况下，需另外采用防倾杆。

它可看作是一个附加弹簧，它仅通过反对称伸缩来增加悬架刚度，如在弯曲情况下，悬架的一端是压缩的而另一端是拉伸的。如果两个悬架在同一方向移动相同的距离，则该附加弹簧没有作用。

在我们的例子中，防倾杆（图 3-26）是由两端连接到副车架的弯管构成的。管的两端扁平且打有孔，通过一个摆杆连接到减振器的另一端。

当车身外倾时，该结构曲线被压缩，而当车轮内倾时，则被拉伸。车身运动力矩施加在防侧倾杆的线性部分，从而限制行程的差异和侧倾角。

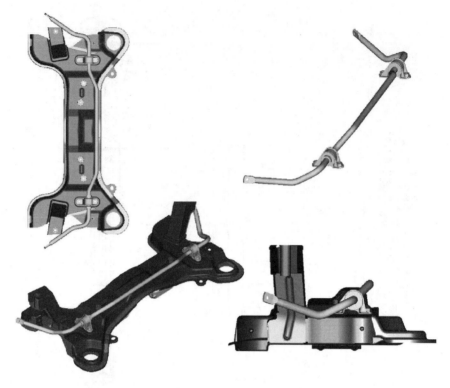

图 3-26　安装在悬架副车架上的防倾杆

摆杆（图 3-27）限制了与悬架的力交互从而提供抗侧倾扭矩并且避免杆在对称行程中产生应力；这种情况发生在法兰盘直接连接在悬架摆杆上的情况，如在一些小型汽车上出现。

如图 3-28 所示，在这种情况下实际上摆杆和悬臂之间的接触面应近似于悬臂的圆形轨迹，因此在防倾杆上引入了附加的弯曲应力。这种设计有一个缺点——相较于使用摆杆，其会产生对结构不利杆的扭转角和悬架行程之比，因此无法充分体现该杆的作用。

长度较短的摆杆也可以与悬架臂相连，在这种情况下摆臂不会在防倾杆上施加附加变形，仅仅只有扭矩，从而不会影响对称行程的舒适性能。

图 3-28 中 A—A 剖视图中给出了防倾杆的弹性衬套固定件，将它扣紧在副车架上，这些固定件在任意型号的杆上是通用的。如今车辆的减振器全是液压的，其阻尼力是通过活塞将一定量的油从受阀门控制的小孔中挤压出去而获得的。

（8）减振器

当油通过孔流动时，在给定的横截面积条件下，压降几乎与流速呈正比。

减振器按照它们对垂直于活塞杆的载荷的承受能力，可以分为结构型或普通的非结构型。第一类减振器常应用在麦弗逊悬架中。

图 3-27 防倾杆通过摆杆连接到减振器上

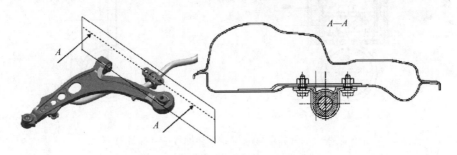

图 3-28 防倾杆直接固定在悬架臂上

　　减振器安装在悬架滑柱上并且承担部分来自轮胎接触点的载荷；这些载荷在活塞杆上产生切应力和弯曲力矩，如图 3-11 所示。这对活塞杆直径和滑动衬套有影响。

　　第二类减振器几乎存在于所有其他类型的悬架中，其只吸收来自活塞杆的力。

　　最后，减振器可以与螺旋弹簧连接或者分离。在麦弗逊悬架中，两者是分开的；而在其他类型的悬架中它们是一体的，其有着安装间距大和易于装配的优点。

　　对于常规的减振器，唯一的负载来自其内圈压力，确切地说，来自活塞杆。然而，横向力也可能存在，这会导致迟滞增加并且活塞杆会受到额外压力；这种情况可能存在于悬架伸缩过程中发生倾斜的减振器上。在这种情况下，连接减振器至悬架和车身的弹性衬套及滑动衬套会产生横向力，因为它们内部会产生摩擦力。

　　图 3-29a 可用来了解液压减振器的工作原理。减振器的上部与簧上质量固定，下部分与簧下质量固定，如果减振器在结构上不起作用，则该连接件应等同于一个球形连接件。

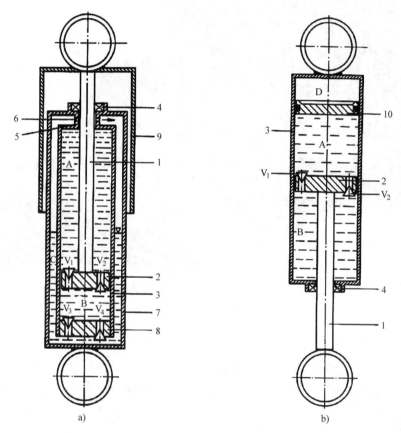

图 3-29　双管和单管减振器工作原理的液压原理图
a）双管　b）单管

　　在悬架伸缩期间，活塞杆（1）和活塞（2）在缸筒（3）内部移动。虚线 A、B 和 C 标注的是油面位置；由于油液不可压缩，活塞被推动，使油从 A 室通过阀门 V_1 和 V_2，以一定的流速流到 B 室。

　　该流动过程会生成一个阻尼力。此时，阀 V_1 和阀 V_2 是单向阀。以这种方式可以在压缩行程（阀 V_1）和拉伸行程（阀 V_2）中获得不同的阻尼系数。

　　阀摩擦损失会引起油压变化，因此必须通过密封（4）封闭从而避免油溢出，这种密封会引起一定的摩擦和悬架迟滞。

为了改善密封效果，附加了迷宫密封（5）结构，减少作用在密封的压力至接近孔（6）的周围的压力。

活塞杆的伸入/抽出必然伴随着与活塞杆占用/释放的空间等体积的油量变化。在示意图中，带有一定空间的缸筒（7）容积（C）通过单向阀 V_3 和 V_4 来与油腔 A 和 B 进行交互，保护管（9）免受水或灰尘污染。这种保护可以用橡胶波纹管改善，其未在该图显示。这种具有双外缸的减振器也被称为双管减振器。两个腔室（内部和外部）都有油，一个阀门总成的活塞嵌入在内腔，另一个阀门总成将内腔与外腔隔开。

外腔的下部有一定的压缩气体用于补偿因活塞运动引起的油量变化。压缩气体产生的内部压力避免了阀门附近压力下降而产生气蚀。

根据流量的方向，阀门总成具有不同的功能。在悬架伸长过程中活塞阀门控制阻尼力，而下部的阀门控制内外腔之间的流量补偿。在悬架压缩期间下阀门起到阻尼作用，那些在活塞上部的油几乎允许自由流动。

一些孔因预加载阀作用而关闭，在压降超过某一确定界限时打开。通过这种方法，压缩或伸长速度快时的阻尼力可以受到限制。

第二种减振器被称为单筒，如图 3-29b 所示。这种减振器较长，但与双筒式相比直径较小。

该方案中只有两个油室 A 和 B。活塞（2）上与杆（1）相连，其上的阀门装置控制着双向阻尼力。特别的，阀 V_1 控制压缩力，而阀 V_2 控制拉伸力。大量的压缩气体 D 通过浮动活塞（10）与油分离开。因活塞杆位移形成的油位变化形成了气体容量补偿。其优点是设计简单，缺点则是密封（4）上的压力增加，有潜在泄油风险，同时增加了迟滞现象。D 室会施加给悬架一个大小不可忽略的力，方向平行于螺旋弹簧轴线。

车辆减振器的力 – 速度特性如图 3-30a 所示；图 3-30b 给出了两种不同速度下的力 – 位移图。（由减振器测试机测出）减振器测试机一端通过曲柄连接到减振器上等速旋转，另一端与一个拉力计固定。

该测试机的位移是恒定的（通常为 100mm），并且速度可以设置为不同的值；因此，减振器的拉伸和压缩速度不是恒定的。图 3-30a 所示的循环的上部的作用力代表的是拉伸力，下部代表的是压缩力。

图 3-30b 根据图 3-30a 得出，计算每一个点的实际压缩或延伸速度，通过这种方式在获得的点云中插值得到该曲线。这种在作用力方向上扩展的点云是因吸收由冲击引起的摩擦力决定的，在密封作用下得以体现。这种测试机不能正确地表示出杆上的侧向力的影响。图中的不对称特性可以通过调整阀控制。

内部气体给减振器一定的预载荷，其可通过内部压力乘以杆截面面积得到；气体的多变性会导致位移过程中力的变化。

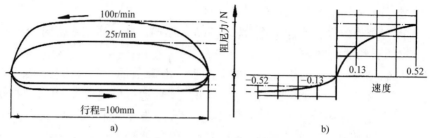

图 3-30　一个减振器的力－行程图表和转化后的力－转速图
a）力－行程图　b）力－速度图

关于减振器的其他细节如下所述。

图 3-31a 表示在双管减振器上的密封件的细节。

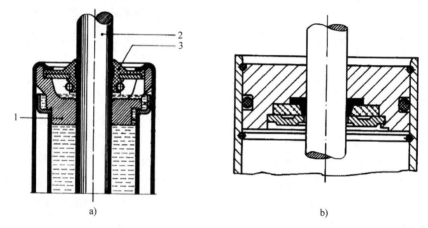

图 3-31　双筒减振器和单筒减振器的密封
a）双筒减振器　b）单筒减振器

该密封由两部分组成：活塞（1）和由其引导的杆（2），与一对唇密封（3）。活塞身（1）在压力和补偿室之间有一个迷宫密封。

油从迷宫密封传送到活塞（1）腔室中并且由于弹性唇环的存在而不向外泄漏。该密封的预紧力不高且唇部的弹性可以降低，从而会减小摩擦力。

腔室中的转向油罐须在几天内清空一次，因为阀 V_3 和阀 V_4 的渗漏是不可避免的。同时，如果气孔在较长时间不工作，则首次伸缩时会产生敲击声。

图 3-31b 所示为单筒减振器的密封。

在这种方案中，密封是单一的并且由一个特定形状的弹性圆环制成。这种密封对杆紧密包裹，效果显著，但是显著增加迟滞特性。

图 3-32 所示为双管减振器两个不同的阀件：一个在底部（图 3-32a），一个在活塞处（图 3-32b）。而在单筒减振器上该差异不显著。

底部的阀在压缩行程中工作。止回阀上有一个斜盘弹簧，其底部有孔（2）。

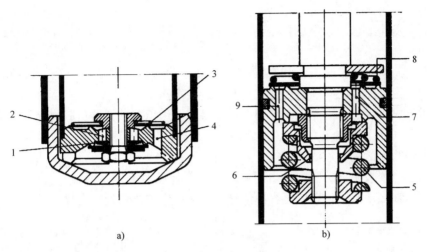

a)   b)

图 3-32 双筒减振器的阀组

弹簧刚度和孔直径影响低速和高速时的阻尼系数。

底部靠上位置的阀（3）有一个弹簧且孔（4）十分大，因此所需的回油压力应足够低。该阀在拉伸行程起作用，使回到 A 室的油足够补偿活塞杆的体积。

螺旋弹簧（5）在拉伸行程中控制活塞上的阀（图 3-32b），从而控制推盘（6）的提升，使活塞上的孔（7）打开。弹簧控制着低速时的作用力，而孔径控制着高速时的作用力。

阀的上部因弹簧（8）的作用而关闭，只在油通过孔（9）时工作，用于补偿活塞杆排出的油。

弹簧和阀体之间具有互换性，使得在同一条生产线上对不同应用情况提供不同减振器；在新车开发的最后阶段，阀组件尺寸通常是从数学模型得到的近似值开始，根据试验和误差过程凭经验得出。

阻尼力与速度的特性曲线依据其图形可以分为几类，如：

● 恒定的，产生的力相对于伸缩速度几乎是恒定的，但通常在压缩和拉伸过程中会具有不同的值。

● 递增的，随着速度的增加而增加。

● 递减的，与上相反，随着速度的增加而减小。

产生的力与速度被称为阻尼系数。根据布尔西耶·德·卡本（Boursier De Carbon）理论，恒定的阻尼系数只存在于理想情况中，这将在下卷中提到，递增的特性适用于改善跑车的操纵性能，但会减弱舒适性；递减的特性可以改善在不平道路上的舒适度，其悬架的伸缩速度较快。

减振器和汽车车身之间的橡胶衬套用于过滤超过 30 ~ 40Hz 频率的动态力（减振器在该频段会显著失效），因为这些振动产生的噪声会通过车身结构传递到车内。

对于麦弗逊悬架，集成在上枢轴的衬套可按两种方式设计：简单装配或成对装配。

对于简单装配，减振器和螺旋弹簧以及止动弹簧一起承载车身，如果负载加大，此时橡胶的厚度必须适中并且具有一定硬度。

对于成对装配，会产生有专用的橡胶衬套用于承载减振器负载。静态负载可以忽略不计（除了气体压力会产生的影响），在这种情况下橡胶可以做得轻一些，其有着更好的灵活性和过滤能力。

非结构型减振器的固定件由简单的圆柱形橡胶衬套制造而成（图 3-33a）；衬套的对称轴必须定向，以便更容易使悬架伸缩产生的倾角发生变化。

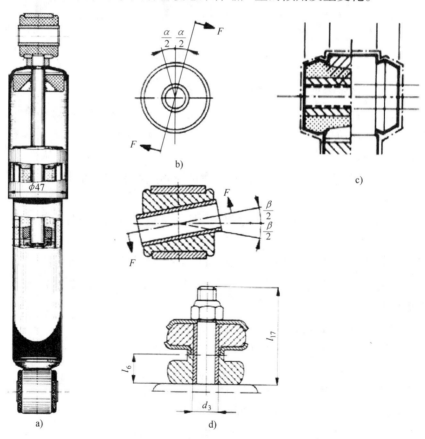

图 3-33　一些车身和悬架的非结构型减振器的固定件；
这些固定件的锥形刚度通常会影响减振器阻尼力

如果倾角在一定范围内（<10°）变化，此时橡胶衬套的内部和外部的圆柱面会被压在孔和销之间，其优点是无须润滑。在这种情况下，该衬套的剪切力会压紧

减振器的活塞和活塞杆。

如果倾角角度变换较大，更好的做法是采用一个自动润滑的附加滑动衬套，以减小迟滞。

如果存在其他的旋转角度，最好采用图3-33c所示形状的橡胶衬套。

对于旋转角度非常小的情况（<5°），可以采用图3-33d所示的简单结构。

3.2.2 后桥麦弗逊悬架

如上文所述，麦弗逊悬架也可以应用到后桥。在一般情况下，后桥悬架必须有以下功能：

- 必须与许多较重的部件相配，例如燃油箱、备胎、消声器和排气管。
- 后轮驱动条件下，必须为差速器、主减速器和传动轴提供空间。
- 必须尽可能让车身有大的行李箱。
- 由于后桥负荷变化较大，必须使悬架行程比前桥更长。

不过，因转向角度被较小的束角变化所限制，所以车轮处的轮廓较小。

这种麦弗逊悬架方案相较于我们后面即将讲到的另一个典型的后桥方案有着更好的弹性运动性能，但相应牺牲了货舱宽度以及成本优势。

图3-34所示为一个中型轿车后悬架。

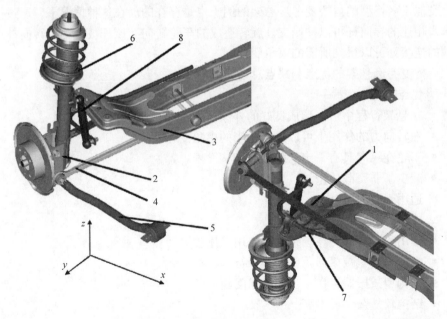

图3-34 用于前轮驱动的中型轿车的后桥麦弗逊悬架，可以由与前桥相同的悬架类型衍生而来，并由拉杆（4）替换转向杆（阿尔法·罗密欧）

该悬架的运动方案可以通过前桥悬架改进，通过用支柱（2）和副车架（3）

之间的连杆（1）替换转向杆。横梁（4）用于提供转向力，而拉杆（5）用于提供纵向力，它们可类似于前桥悬架的下臂。

副车架的应用不影响悬架的弹性运动学的初步近似。

弹簧－减振器单元（6）铰接在车身轮舱的圆顶上。防倾杆（7）由副车架支撑并通过摆杆（8）与减振器连接。

在外观方面，尽管其与前轮悬架具有相似的运动方案和相同数量的连接，但二者本质上不同

3个连杆（1、4和5）在同一平面上，连杆（4和5）都是拥有瞬时中心的功能相同的悬臂，而连杆（1）类似导向杆。

由于与车轮之间的位置变化或者由于其衬套的刚度较高，此时连杆（4）将吸收大部分的转弯力。

由于连杆（5）的定位作用，它将吸收大多数制动力和其余纵向载荷；其与车身连接处的衬套应有足够的弹性从而在不影响束角的情况下过滤掉因道路不平引起的颠簸，因为其转向机构也是铰接的平行四边形。

最后，拉杆（1）与车身铰接处的衬套较为灵活，其可以用于纠正汽车在转弯力下的转向不足特性。总之，每个弹性衬套可以单独设计，且不会对其余的衬套造成负面后果。

类似于前桥型的后桥麦弗逊悬架的例子也是存在的。在这种情况下，通过内部与车身相连的导向杆可以抑制支柱旋转造成的车轮转向。该杆被称为假转向杆；固定端的连接处可以得到所需的束角变化。

后桥麦弗逊悬架的优点和缺点总结如下。

1. 优点

- 在悬架行程中可以形成良好的外倾恢复特性。
- 在转向力的作用下可以进行适当的束角变化。
- 车轮在纵向具有一定的弹性。
- 减少了非簧载质量。
- 适用于驱动桥。

2. 缺点

- 作用于车身的力在圆顶上的作用点比较灵活。
- 螺旋弹簧－减振器元件减小了行李箱宽度。
- 结构型减振器存在一定的迟滞问题。
- 结构较复杂，成本高。

由于这些特点，后桥麦弗逊悬架多被用于中型豪华轿车或跑车。

3.2.3　双横臂悬架

双横臂悬架多应用于豪华轿车和跑车，因为其弹性运动参数能够在操控性和舒

适性之间提供最佳折中的设计。

由于存在外倾恢复，通常上臂比下臂长一些，该悬架也被称为长短臂式悬架，简称 SLA 悬架。

1. 介绍

图 3-35 为两种双横臂悬架：图 3-35a 适用于前轮驱动的横向动力汽车；图 3-35b适用于纵向动力汽车。

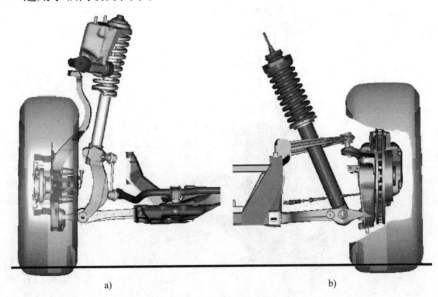

a)   b)

图 3-35 前轮双横臂悬架，只有高双横臂悬架可用于横向传动系
a) 高型 b) 低型

与麦弗逊悬架相比，上臂起到减振器滑动轴承的功能。减振器在结构上不起作用是由于阻尼力作为负载，其不是静态力，而是动态力。

迟滞及其对舒适度的不利影响是有限的。由上臂相对于车轮的位置，该悬架分为高（图 3-35a）或低（图 3-35b）两种。

两种悬架的差异是由汽车所需的发动机横向体积及轮距所决定的。事实上，高双横臂悬架是唯一可以应用在横向前驱发动机汽车的悬架。当然其也可以应用于其他汽车，因为它能够很好地适应整体式车身结构。低双横臂悬架具有优异的弹性运动性能，可放入发动机舱内，多用于豪华房车。

图 3-36 所示为高双横臂悬架结构图，可参考前文所述的麦弗逊悬架中详细的结构，例如导向杆、副车架、转向机构、防倾杆和弹性衬套。

上臂和下臂与该车身通过弹性衬套连接，它可以通过协助支柱完成转向功能的球形连接件（4 和 5）连接到支柱（3）上。两球形连接件与主销轴在同一直线上。

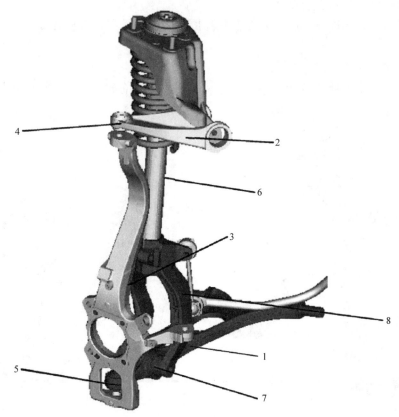

图 3-36　下臂（1）和上臂（2）与汽车车身通过橡胶衬套连接。这些悬臂在另一端是相连的，通过球形关节（4 和 5）连接到支柱（3）。横臂（8）连接下臂与减振器（阿尔法·罗密欧）

同麦弗逊悬架一样，减振器和螺旋弹簧也是成套的，该元件通过弹性衬套（7）与下臂连接并且形状像一个叉子，从而省略了一根半轴。

减振器活塞杆通过弹性轴承与车身连接。该悬架没有支承轴承，因为转向运动只与轮毂有关。其余部分包括上臂衬套和减振器轴承，通过螺栓固定在车身上。

对于其他情况，这部分结构可以采用不同的形式甚至可以去掉，可以利用衬套和轴承直接连接车身。该方案可以进行标准化。车身可以在装配麦弗逊悬架车身的工厂内进行生产。

下臂连接到副车架上，扭杆通过摆杆连接到减振器上。与以前的悬架类似，副车架也用于转向齿条安装情况。

2. 优点和缺点

（1）优点

- 可以进行弹性运动参数的优化设计，特别是对于外倾恢复。
- 减振器没有构成结构，因此减少了迟滞效应，舒适性可以得到改善。
- 为降低轮框高度提供了可能，尤其是低位型。

（2）缺点

● 由于零件数量增加，生产成本相应增加。与麦弗逊悬架相比，其增加了悬臂和衬套。

● 上悬架会额外增加一些部件。

● 上臂所占据空间较大。横向发动机需要使用高位型，该类悬架较短的上臂限制了它达到最大弹性运动性能的能力。

● 增加的连接件和轴承在橡胶衬套出现永久变形后会对轮胎产生不利磨损，从而影响车轮偏转角。

● 较高的制动载荷不利用纵向灵活性。

3. 设计细节

在高位横臂方案中，在 xy 平面观察支柱外形呈鹅颈形，其形状是由轮胎及上部关节相对于发动机的位置所决定的。这种较薄的具有较大应力的元件通常是由热冲压钢板制成。图 3-36 所示为 xy 悬臂倾斜视图（xy 面）；这种结构是横向传动系所需的。图 3-37 所示为一个低双横臂悬架，可用于参考弹簧和减振器位置。

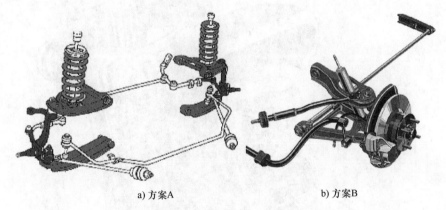

a) 方案A

b) 方案B

图 3-37　低双横臂式悬架中用于螺旋弹簧和减振器的不同可选位置

方案 A 的特点是减振器和弹簧安装在上臂。方案 B 中有一个扭杆弹簧，与减振器安装在下臂。该方案机盖高度不高并且车身上部施加的应力有限。在这种情况下，仅考虑高度问题，假设有足够的空间，可以通过使用一个成套的螺旋减振器实现。

这里还用到了一种弹簧元件，即具有悬臂的功能的横向的钢板弹簧；板簧轴承之间的距离可以满足所需的对称和不对称的灵活性要求，不需要用防倾杆。由于板簧会产生迟滞，这个方案如今应用很少。

3.2.4　虚拟中心悬架

在悬架中我们已经讲到，支柱被连接到两个球形连接件上，从而连接主销轴。在许多情况下，当没有不被人期望的车轮外倾角时，主销轴线不能设置在主销偏移距期望（有限或负）位置。

一些制造商通过使用（特别是在高级车辆中）安装在悬架支柱上的单个或双重虚拟中心连杆来解决这个问题；这里的一个或两个臂由双倍的连杆代替，每个连杆都有球形接头。主销轴线不再由接头的物理位置所确定，而是由连接连杆铰接点的两条线的交点给出的虚线确定。

该方案可以应用于两臂或下臂，这对于获得负主轴偏移是至关重要的。在第二种情况下，麦弗逊悬架的下臂也可以得到一个虚拟中心。

在只考虑下臂虚拟中心的情况下，下臂将由两个臂替代，而上臂不变如图 3-38 所示。主销轴线可以通过已经建立的几何图形确定，利用两个平面穿过连接臂的 4 个铰接点并且与上部物理中心的线相交，如图 3-38 所示。

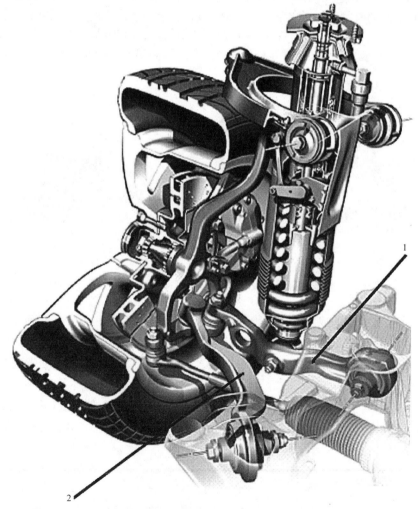

图 3-38 高双横臂悬架具有较低的虚拟中心接头；主销轴线通过臂 1 和
臂 2 铰接的两条线确定交叉点（奔驰）

麦弗逊悬架的上部分物理中心在上枢轴上。

确定虚拟中心可以得到大型轮胎和大体积制动盘的负主销偏移距。当制动回路中的一个发生故障或者当前桥的两个车轮摩擦系数不同时，负主销偏移距可以改善车辆制动期间的稳定性。这种方案的缺点是需要额外安装球形接头。悬臂必须采用特殊的形状以避免车轮舱的空间限制。

利用这种设计特点，主销轴线随着转向角度而改变，因此必须对每个转向角来得出主销偏移。

如上所述，该方案也可以应用到双横臂悬架的上臂，如图 3-39 所示。正如在前面的例子中解释的那样，我们可以通过利用两个平面穿过两个后臂和两个前臂的 4 个铰接点的相交线而获得主销轴线。

对于大型盘式制动器，也可以减小主销偏移距的值。主销偏移距的降低还对转向轮回正有益，它与牵引力大小有关。

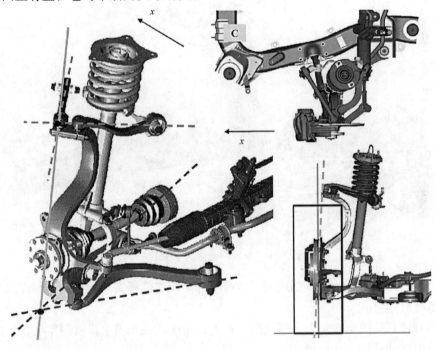

图 3-39　具有两个虚拟中心的高双横臂悬架；该图给出了获得主销位置的几何方法（蓝旗亚）

3.2.5　纵臂悬架

这种悬架被广泛应用于中小型汽车的后桥上。两个车轮由相对于主体自由旋转的纵臂所固定：两个臂的旋转轴通常共线并且平行于汽车坐标系 y 轴。

在悬架伸缩过程中轴距受到影响但是束角不变。地面所给的前轮外倾角与车身侧倾角相等，此时没有外倾恢复能力。

1. 描述

图 3-40 是前轮驱动中型汽车的纵臂悬架的两个透视图。

驱动桥通过横向旋转轴连接到副车架的两个摆臂上，副车架通过 4 个弹性轴承与车身连接。该副车架是由两片冲压钢板焊接到管状横梁上制成的。若不使用副车架，则悬臂轴承可以直接固定在车身上。每片壳体都有上弹簧座，同时有一个支架作为上减振器的固定架。

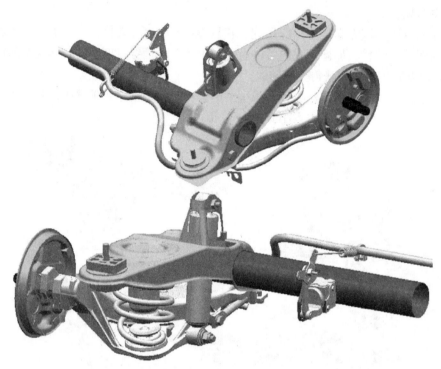

图 3-40　纵臂后悬架（菲亚特）

此处的悬架臂是由铸铁制成的，装有底部活动螺旋弹簧座、减振器衬套以及车轮轴承套或销子。

防倾杆直接固定在每个悬臂的两个点上，由于其在车身上没有固定点，因此它也被称为浮动拉杆。

图 3-41 为上述悬架的悬臂，其中有一个用于连接悬臂与副车架的具有相反锥度的滚轮轴承。因为这种轴承刚度较大，所以不会有束角或外倾角变化，以及不会有因车轮作用力引起的悬臂变形从而造成的其他位移变化。

对于外倾角，我们还必须考虑由垂向力和侧向力引起的悬臂扭转变形。

选择滚子轴承代替传统的橡胶衬套是因为轴承之间的距离 a 减少后反作用力会增大的要求，此时可以使用橡胶衬套，但与此同时会减少可用的油箱和备胎的空间。

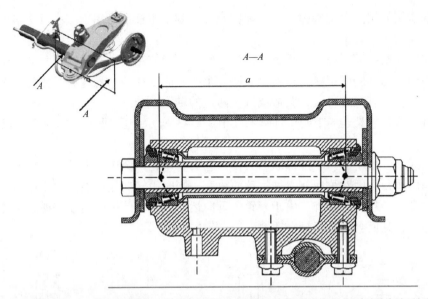

图 3-41 纵臂悬架的悬臂的圆锥滚子轴承断面图，同时可以看到其中一个浮动防侧杆的固定点

图 3-42 所示为车轮的横截面。车轮轴承内圈与销压紧，销再与悬架臂压紧。该轴承为第二代轴承，其中悬臂可以用于固定鼓式制动器的凸缘或盘式制动器的卡钳。该制动力矩会对悬臂施加反作用力矩，该反作用力矩可以减小由于惯性力引起的车身后部上翘。

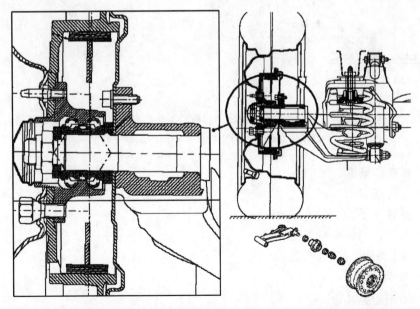

图 3-42 装有第二代轴承的后拖曳臂悬架的轮毂及其固定轮销的局部放大图

143

本示例使用两个螺旋弹簧作为弹性元件，其中扭杆也可用于减小行李箱底板的高度。

在这种情况下，通常使用 3 个扭杆：每个悬架使用一个对称弹簧并且固定在悬臂上一侧，另一侧固定在副车架上。第三个拉杆固定在两个悬臂之间作为不对称运动的防倾杆。有时这种设计会造成汽车两边的轴距不同。

过去这种悬架也应用于转向轴，如图 3-43 所示，但现如今这种方案已不再使用。

实际上，由于加入了外部纵向力臂，它会对车轮内侧施加力的，该悬架将会导致主销后倾角会因对称或非对称运动而改变，同时由转向轮回馈的力矩也会加剧车辆的过度转向趋势。此外，由于车轮的垂向运动，车轮的纵向运动与遇到障碍物的方向相反，从而会降低车辆舒适性。

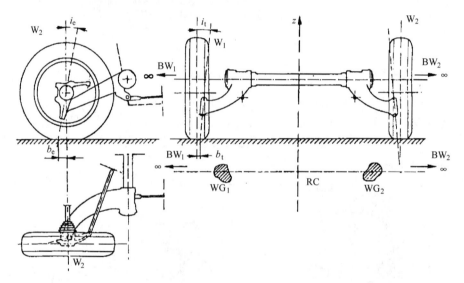

图 3-43 带有纵向拖臂的前桥图中没有给出通过拉杆工作的弹簧。在考虑轮胎形变之后计算，侧倾中心位置同时也给出了不同的旋转中心

2. 优点和缺点

（1）优点
- 圆柱滚子轴承的迟滞效应较小。
- 悬架占用最小行李箱空间。
- 结构简单，造价低廉。
- 易于装配。
- 适用于驱动桥。
- 非簧载质量降低。

（2）缺点

- 由转向力引起的拖臂的横向变形会增加过度转向特性。
- 没有外倾恢复能力。
- 高承载轴承的刚度导致纵向灵活性低。
- 无法调整单一参数用于改善弹性运动学性能。
- 因轴承刚度以及负荷而引起的较大的车轮振动频率。

该解决方案主要用于低级汽车。

3.2.6 斜纵臂悬架

与具有围绕同一横轴旋转的臂的斜臂悬架不同，斜臂或三角形臂围绕两个不同的对称轴相对于汽车 zx 对称平面作旋转运动。

该轴在 zy 平面或 xy 平面上会投影出倾斜角，横臂悬架是这类悬架的特定情况，其中臂围绕纵向轴线旋转。这种悬架只用于后桥。

图 3-44 比较了纵臂方案和斜纵臂方案之间的区别。

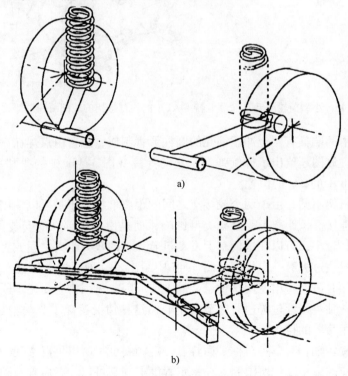

a)

b)

图 3-44 纵臂悬架和斜臂悬架
a）纵臂悬架 b）斜臂悬架

悬臂倾斜角可以适度恢复外倾角，并且在转向不足情况下，一定的前束角变化会略微改善弹性运动特性。

1. 描述

图 3-45 是一个前轮驱动小汽车的斜纵臂后悬架。车桥由两个摆动的三角形臂（图 3-45b 中的 1）铰接到子框架上（图 3-45a 中的 1），并在点 A 和点 B 处与车身固定。

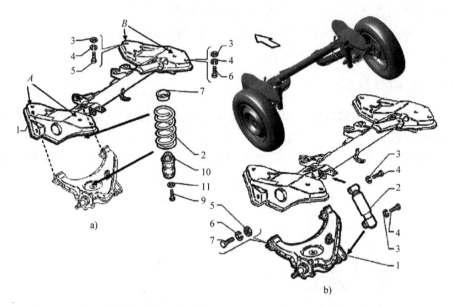

图 3-45　小型前轮驱动车（菲亚特 FIAT）的斜臂悬架的装配图和局部放大图

副车架由两端具有两个冲压钢壳的圆柱形管制成，悬臂由点焊在一起的两个冲压半壳制成。该图还给出了螺旋弹簧、止动弹簧（图 3-45a 中的 2 和 10）和减振器（图 3-45b 中的 2）的位置。

与纵臂悬架不同，由于两个铰接点之间的距离增加，于是可以使用弹性衬套将纵臂与车身连接。该距离不受悬架类型影响，而是由底盘部件的安装尺寸决定的；由于车轮直径较小，可以在这辆车上发动机舱盖下的较大距离之间放置备胎。

该应用只在过去有一定价值，图 3-46 中给出了一种适用于后置发动机汽车的斜臂悬架，同时可以得出使用这种悬架的主要原因——因为它简化了驱动轴设计。

悬臂旋转轴可以穿过等速万向节的中心，这种情况避免了驱动轴长度的变化，同时可以使用简单的接头。

因为该旋转轴相对车身对称平面具有一定倾斜度，所以可以实现一定的外倾恢复，这由相应的束角变化所限制。在一定程度上，它可以改善后置发动机汽车的转向过度特性，但超过一定值后会失效。

2. 优点和缺点

（1）优点

● 垂直高度较低。

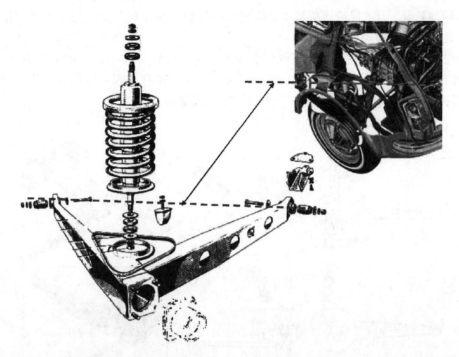

图 3-46 一种小型后驱后置汽车的斜臂悬架；悬臂旋转轴穿过等速万向节的中心（菲亚特）

- 非簧载质量较小。
- 弹性运动特性方面设计更加合理。
- 结构简单。
- 适用于后轮驱动。

（2）缺点

- 横向尺寸会限制车身底座元件布置。
- 因为悬架行程产生的过度的轮距变化会磨损轮胎，所以该悬架方案目前只在小型汽车或四轮车上使用。

3.2.7 引导式纵臂悬架

引导式纵悬架是对纵臂悬架的改进，相对于后者装有更多的连杆，从而增加了自由度，在保持了该种悬架的原有优点的情况下也对行李箱的占用减少。

目前这种悬架没有被底盘设计师们所普遍地接受，主要原因是相对于简单的旋转轴承，它在纵臂与车身之间的连接更加复杂。

许多汽车制造商把它误称为多连杆悬架；而本文认为该称谓出于商业考虑，仅适用于五连杆悬架。

1. 描述

在引导式纵臂悬架中，为了提高悬架的弹性运动性能，在纵臂上增加了 2 个或

3 个附加悬臂。为了保持该机构中正确的自由度数，纵臂和车身或副车架之间通过 1 个较为灵活的橡胶衬套连接。

图 3-47 所示为一个引导式纵臂悬架的示例。在该方案中，拖臂 1 是引导臂，同时有两个额外的横臂 2 和 3。横臂通过两弹性衬套 4 和 5 固定转向轴。该轴的目的是提供一个在转向不足特性作用下的转向力或制动力。

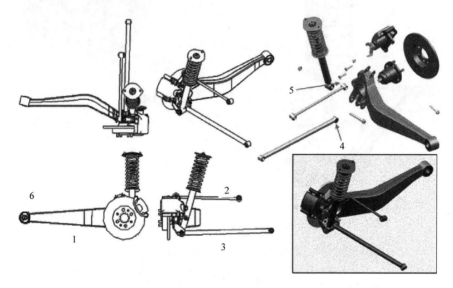

图 3-47　一个引导式纵臂悬架布置方案；关节点 6 必须允许两个转动自由度，
从而获得所需的车轮外倾角恢复

纵臂的弹性衬套 6 可提供很好的纵向柔性，从而提高舒适性。

该衬套的位置允许纵向运动且不会产生对车轮不利的转向。

图 3-48 所示为另一种情况。该悬架中应用了 3 个横臂。引入第 3 个横臂可以进一步提高弹性运动特性。

如图 3-48b 所示，臂 1 和臂 2 为成横向铰接的平行四边形，可以达到外倾恢复的目的。连杆 2 做成由冲压钢板制成的壳结构，由于弹簧负载施加在其上，因此具有一定的刚度；由于只有横向力的施加，连杆 1 较轻。为适应四周的车身侧梁，这个连杆设计成弯曲的。连杆 3 可以对变形的纵向载荷作出反应，在转向不足时起稳定作用。悬臂 4 也由薄钢板制成并且灵活度较高；如果它是刚性的，则会减少自由度并导致悬架锁死。悬臂仅会对纵向的铰接点作用力及对由制动力提供的弯矩作出反应。由于产生了扭转变形，可能会产生外倾。通过合适的弹性衬套，车轮可以在障碍上纵向移动，这有利于提高舒适性，且没有束角变化。

横臂与副车架 5，通过弹性橡胶轴承安装在车身下。

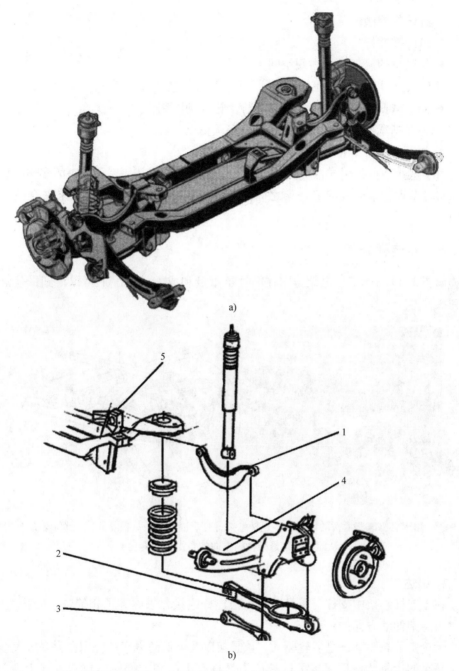

图 3-48　某引导式纵臂悬架，为了解析其运动，必须考虑悬臂 4 的扭转变形（福特）

2. 优点和缺点

（1）优点

● 对转弯中束角变化和纵向力有一定稳定效果。

- 合适的外倾恢复。
- 纵向弹性好。
- 与简单的悬架一样占用空间小。

（2）缺点

- 如果减振器在拖臂上安装，则行李箱受到限制。
- 为在副车架上正确安装，需要较多调整点。
- 与以前的方案相比较为复杂，成本更高。

由于这些特点，引导性拖曳臂悬架多用于中型车，其代表了先进的多连杆悬架技术与轻型纵悬架或麦弗逊悬架之间的较好的折中。该结构预计在未来会被广泛采用。

3.2.8 多连杆悬架

如图 3-49 所示，该悬架方案在牺牲了重量和成本的情况下可以得到最佳舒适度和操控性。

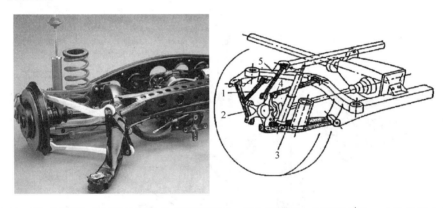

图 3-49 用于后驱汽车后桥的经典的多连杆悬架，有 5 根连杆，每根降低会一个车轮的自由度，从而只剩下悬架伸缩方向的自由度（奔驰）

1. 描述

在多连杆悬架中支柱与车身通过 5 根连杆连接，去除掉了相等数量的自由度，仅剩下悬架伸缩方向的位移。

无论是前轮驱动还是后轮驱动，该悬架以及类似的方案被应用在大多数大型和豪华轿车的后桥。该悬架也可以被认为是具有下部和上部转向虚拟点（上臂为 4 和 5，下臂为 2 和 3）的双横臂悬架。第五根连杆（或者可称作虚拟转向传动机构）用来控制车轮转向运动。

它虽与前轮双横臂悬架的差异有限的，然而，因为两个轴发挥的作用不同，弹性运动特性需要区分对待。

根据前文所述的预装件的优点，每个铰接固定点都安装在副车架上。

当采用后驱动桥时，除了转向力和制动力，束角变化还取决于牵引力。因此在设计橡胶衬套时必须考虑这一点。

设计时需考虑以下功能：

● 有束角变化，转向和制动稳定化。

● 有纵向弹性，无不良束角变化。

● 可通过侧倾角外倾恢复。

此外，对于后轮驱动的汽车，车轮在牵引力作用下可以增加其前束角，从而减轻转向角度随着牵引力的增加而变小的现象。这种现象称为扭矩转向，如果对于给定的转向力，纵向力的施加增加了后轮的侧偏角，则这种现象是合理的。为了避免汽车路径变化，前轮转向角必须减小。

总之，这种悬架可使设计更为自由，尤其是在驱动桥上。

类似的，该悬架也可适用于大型前轮驱动轿车的多连杆悬架（图3-50）。

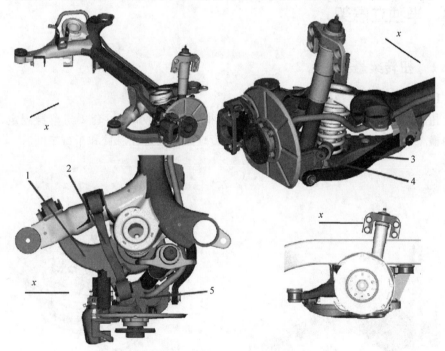

图3-50 前轮驱动汽车的多连杆悬架；连杆4用于在压缩行程增加轴距变化，
有利于提高舒适性（阿尔法·罗密欧）

该方案的特点是有三角臂1、横梁2、虚拟转向传动机构3。另外，连杆4与悬架滑柱连接成三角形。

该方案需要应用一个带有臂1和2的双横臂悬架。连杆4没有固定连接，增加了车轮行程产生的轴距的变化，有利于提高舒适性。在这种情况下不考虑扭矩转向。

2. 优点和缺点

（1）优点

- 使转弯和制动时的束角变化更稳定。
- 具有外倾恢复特性。
- 增加了压缩行程的轴距。
- 避免了扭矩转向对后驱车辆的影响。

（2）缺点

- 机械结构复杂性高。
- 开发时间长。
- 生产成本高。
- 体积和重量大。
- 对衬套的弹性特性敏感程度高。

3.3 半独立悬架

3.3.1 扭转梁悬架

1. 描述

扭转梁悬架（图 3-51）可以看作是两拖臂 4 通过弹性衬套 2 与车身固定，同时由横梁 3 修正结构的内在不稳定性。弹簧减振器固定在悬臂和车身之间。

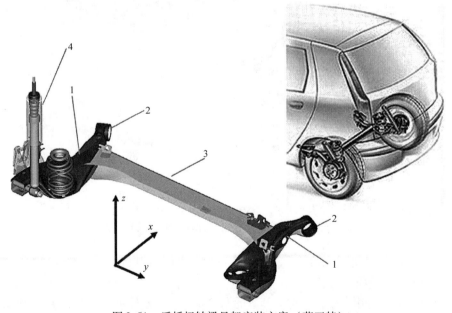

图 3-51 后桥扭转梁悬架安装方案（菲亚特）

　　图 3-52 给定更多的细节。悬臂由冲压焊接而成的钢壳制成。支柱被固定在法兰盘 1 上并焊接到悬臂上。弹簧座 6 在其中一个冲压壳上成形，组成悬臂结构；下减振器固定件 7 安装到管上，同时焊接到壳体 5 上。

　　横梁 3 截面为 U 形并焊接到悬臂末尾，防倾杆也被焊在悬臂上。

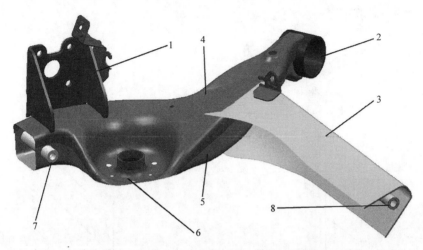

图 3-52　该扭转梁悬架的纵向臂 4 与轮毂相接。扭转横梁 3 截面为 U 形，
并焊接到纵向臂上。该防倾杆也是焊接上去的

　　一些扭转梁轴的设计方案如图 3-53 所示。图 3-53a 所示为管状轴，其中横梁和臂由钢板切割制成，彼此冲压焊接制成；扭绞横梁由压制成 V 形的管制成，以便获得较好的弹性性能。

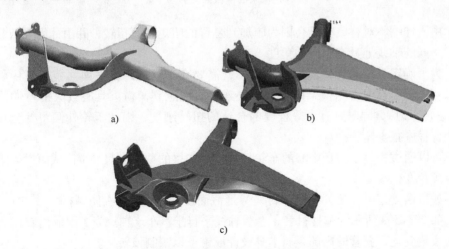

图 3-53　扭转梁轴的设计方案
a）管状　b）混合型　c）只由冲压件制造的类型

图3-53b 所示为混合型，其中悬臂由钢管制成而扭梁由冲压钢板制成。该方案的悬臂也可以由铸铁制成。该优化过程是由现有生产工具的过程优化所促成的。

在对称的悬架行程中，臂围绕通过连接悬臂弹性衬套的两个中心得出的轴 *AB* 旋转（图3-54）；除了由外力引起的结构变形之外，该结构没有由于悬架伸缩产生的束角和外倾角的变化。

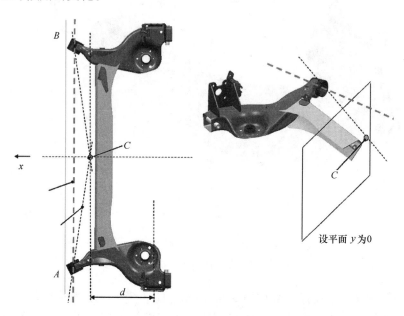

图3-54　确定不对称悬架行程中扭转梁轴的臂的旋转轴线的方案；
点 *C* 是横梁的横截面的剪切中心

由于伸缩不对称，横梁会因为施加到悬臂的扭矩差而扭转，并由此而导致悬臂会在不同的轴线上具有不同的角度。

为了确定悬臂的旋转轴线 *BC* 和 *AC*，需要在车辆的对称平面（点 *C*）中将每个悬臂的轴对衬中心与横梁的剪切中心连接。注意到，横梁具有较大的弯曲刚度（考虑转弯力），同时具有中等程度的合适的扭转刚度，因此车轮外倾角变化在对称的行程中很少体现。

可以通过相对于剪切中心的车轮偏移设计横梁的截面和尺寸 *d*，从而设计束角和外倾角变化。

如果横梁是由冲压管制成，则其 V 形截面设计时可以省去防倾杆。

如图 3-55a 所示为弹性衬套，套管轴线平行于汽车 *y* 轴。为了限制由转向力引起的束角变化，套管的内部金属本身设计成锥形以限制该转向。

在汽车中为得到不足转向特性可以通过使衬套轴线在 *xy* 平面上倾斜来达到，如图 3-55b 所示。

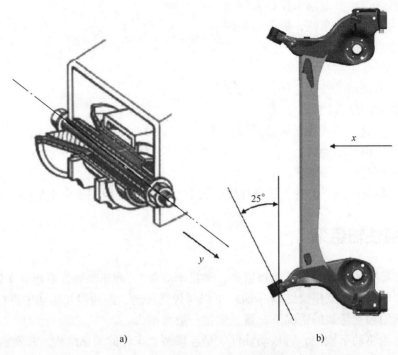

a)   b)

图 3-55 扭转梁轴由于转弯力的应用而具有转向的自然趋势，这种趋势可能会受到
特定橡胶衬套或衬套轴线的阻碍
a）橡胶衬套 b）衬套轴线

我们可以选用不同的螺旋弹簧和减振器。对这两者之间进行抉择可以达到车辆舒适性和行李箱宽度之间较好的折中效果。

事实上，减振器的最佳位置是位于垂直于悬臂的位置，同时尽可能远离车身的铰接点。在这种情况下，减振器和车轮位移比最大。

另一方面，我们在同一位置将减振器的尖端放置到了轮舱内，减小了行李箱宽度，特别是在螺旋弹簧与减振器同轴安装的情况下。

用转向力限制臂的侧向变形的另一种方法是采用横向稳定（Panhard）拉杆；该方案适用于重型车，例如高端 MPV，而在其他方案中可能会对舒适性造成负面影响。

2. 优点和缺点

（1）优点

● 设计简单。

● 装配简单。

● 垂直方向尺寸降低。

● 通过不对称行程可恢复几乎所有外倾角。

- 可通过车身滚动来控制束角。
- 相对于刚性车桥，簧下质量较小。
- 适当的纵向弹性。

（2）缺点

- 因为预期的外倾变化，轮箱宽度大。
- 侧倾刚度低。
- 零件应力高（扭转梁及其焊接件）。
- 不适用于驱动桥。
- 束角对负荷很敏感。
- 空载与满载下的特性区别显著，因此扭梁桥广泛应用于中小型轿车上。

3.4 刚性轴悬架

本方案在轿车上已经基本被遗弃，常见于商业/工业车辆和许多越野车辆上。应用驱动桥悬架横梁结构（轴）可以与最终传动、差速器和驱动轴进行集成。在使用独立悬架的情况下，簧下质量一般都很大。

在前轮驱动车辆中，后从动轴仅仅是连接两个车轮的简单结构。非簧载质量与使用独立悬架情况下的质量范围区别不大。

从运动学的角度看，该方案没有因为滚动和平行弹簧运动引起的轨道变化。相对于地面的车轮，外倾角不会因为车身侧倾而改变。

下面将考虑两种不同的设计方案：具有板簧的刚性轴，同样由弹簧产生运动；引导式刚性轴，由专用联动件产生运动，如独立悬架。在这种情况下弹性元件可以多样化，如采用钢板弹簧。

3.4.1 带有钢板弹簧的刚性车桥

1. 描述

图 3-56 为适用于前轮驱动车辆的简单解决方案。该方案常用于一种小型商用车辆。

两车轮通过轴 1 连接，其形状根据其他下部车身元件（在这种情况下为备胎）而确定。

车桥连接到两个带法兰盘和螺钉的钢板弹簧上。弹簧与车身连接，可以随着悬架行程改变其长度；前端连接到固定孔 3，其后端通过两个摆动钩环连接，即一种小型摆杆连接。止动弹簧 5 通过减振器 6 直接作用于车桥。

板簧在 zx 平面上弯曲，当曲率中心在轴上方时曲率为正。该曲率对于因车身侧倾而自动转向的车桥是特有的，易于达成悬架行程的期望值。

如果曲率为正，那么车桥的转向角将引起车辆过度转向特性；如果为负，那么它将提供不足转向特性。平弹簧是中性的。因为曲率随着负载增加而减小，所以随着负载增加，转向不足特性将显著提升。

但此时要考虑会产生板簧侧向变形的情况，因为这通常造成过度转向特性。在例子中钢板弹簧为单片的，弹簧悬架迟滞。

该简化模型会因为车辆的重量不同而变得不可行。

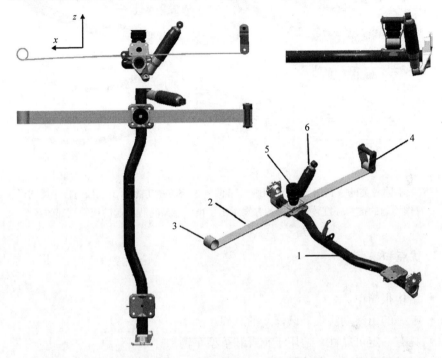

图 3-56　用于小型商用车辆的带有单片板簧的简单刚性车桥悬架（菲亚特）

板簧具有不同的长度，它能够自由地相对滑动，具有均匀抗弯特性。板簧组实际上是由弓形板簧按照一定曲率堆叠构成的，所得到的结构可看作是一种菱形的梁，在端部处被支撑并且受力在中部，如图3-57下图所示。

在一些情况下，使用单个板簧，如示例或图3-57右图所示；在这种情况下，板簧制成抛物线形，以再次获得均匀弯曲强度。在其他情况下，锥形板弹簧可以连接在右上角图形的一对元件中。如果可以生产具有可变厚度的板弹簧，则弹簧片组可以仅在板弹簧端部接触，会引起迟滞。

弹簧片组中央部分利用U形支架固定到车桥上（参见后续部分的图3-61）；其他支架起固定板簧位置的作用。

最长的板弹簧上面有两个孔，有时第二片板弹簧上也有，用于与车身的固定。在半椭圆钢板弹簧中，板簧之间嵌入了自润滑塑料片，其能够减少摩擦，并避免板簧因长时间的静止和腐蚀而黏附在一起。

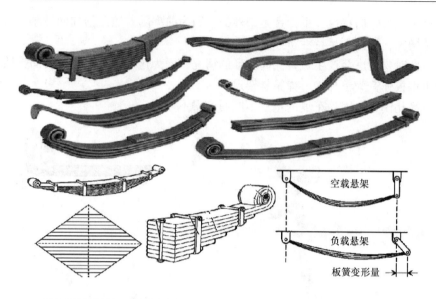

图 3-57　不同种类的板簧用于刚性车桥（上部）；左下方的方案示出了如何将半椭圆形板簧
看作均匀的抗弯强度体；右边的方案示出了由于悬架行程引起的板簧端部的运动

2. 优点和缺点

（1）优点

- 结构很简单。
- 唯一的由滚动实现外倾恢复的悬架。
- 具有一定可靠性，适用于越野和重型车辆。
- 通过滚动运动，车轮行程大于弹簧行程；该属性在越野车辆中用于跨越横向沟槽是有用的。

（2）缺点

- 行李箱的车身底板较高。
- 轮箱过大限制了行李箱宽度。
- 非悬挂质量大。
- 车轮工作角度不能调整。
- 弹性运动特性差。
- 纵向弹性低。
- 侧倾刚度低。
- 板弹簧 S 形变形会造成振动。

3.4.2　刚性导向轴

为了改善车桥的横向和纵向运动性能并且为了获得更好的弹性运动学性能，可以通过添加合适的连杆提高车桥的复杂程度。

如果诸如螺旋弹簧和空气弹簧之类的弹簧仅能够吸收垂直负载，则此时这些附加连杆是必要的。

图 3-58a 给出了一种方案，其中转向力的反作用力分配在连接到车体的一端（点 2）处并且另一端（点 1）与车桥的横向稳定杆连接。如果采用螺旋弹簧，则需要应用其他连杆以建立必要的纵向引导，例如形成纵向平行四边形结构（在该图中不可见）。

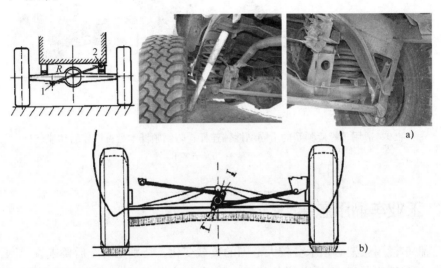

图 3-58　车桥导向系统；顶部为一根横向稳定杆；底部为第迪安（De Dion）机构
a) 方案 A　b) 方案 B

横向稳定杆也能降低刚性车桥钢板弹簧的固有的过度转向特性，可以对弹簧侧面的弹性进行限制。

图 3-58b 给出了通过瓦特四连杆来完成车桥的垂直引导的方案。这里的轴通常安装为刚性三角形，其中底部连接轮毂，顶点设置在车轮前车身的对称平面上，通过球形接头连接。这个方案被命名为第迪安式独立悬架后桥。

瓦特四连杆因为其几何形状迫使轴的中部在主体的对称平面中移动。前端球形接头可以接收一定的柔性，以获得给定的转向不足特性。图 3-59 给出了与螺旋弹簧应用相关的刚性轴连杆。图 3-59a 中有 2 个纵臂和 1 个抗侧倾杆。悬臂对纵向载荷起作用，而它在倾斜时也会吸收侧向力；抗侧倾杆可以通过对施加到轴的扭矩作出反应而承受纵向载荷。

图 3-59b 中有 4 个纵向臂和 1 个横向稳定杆。纵向杆对纵向力以及驱动和制动力矩作出反应，横向稳定杆吸收转向力。对于本方案，可以适当倾斜纵梁以避免使用横向稳定杆。在这两种情况下，弹性衬套刚度设计时具有特定的弹性运动特性。

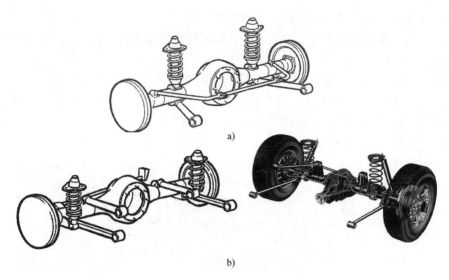

图 3-59　适用于螺旋弹簧的不同刚性轴连杆；防侧倾杆本身可以作为功能连杆
a）方案 A　b）方案 B

3.5　工业车辆用悬架

工业车辆用悬架必须承受较大范围的负载变化，特别是对于后桥来说，因此要牢记工业车辆重量和负载之间的比例。这个比率相较于普通汽车降低了一个数量级。

工业车辆的结构包括由侧梁和横梁制成的底盘架、轴承底盘部件、货舱和承载件。

与前文中介绍的悬架类似，载货车上的前后悬架通常是刚性轴。而公交车和商用车常采用独立悬架。

许多车辆采用气动弹簧代替钢板弹簧，其优点是可以根据实际负载控制车辆纵倾和弹簧特性。因为缺少板簧的引导功能，这意味着成本的增加和更复杂的轴机构，同时要满足制动系统的需求，因此必须要有压缩机和存储压力瓶。

而在轻型工业车辆中，仍普遍使用钢板弹簧。

有时，为了在负载较大时逐渐增加悬架刚度，因此要安装更多片钢板板簧，如图 3-56 左边第二图所示。当有效载荷超过一定限度时，弹簧组并联工作，这减少了车辆纵倾变化并更有效地接近恒定的固有频率条件。

3.5.1　空气弹簧

空气弹簧可以控制并改变车辆工作点，它减少了对悬架几何形状的负载偏移效应，有助于提高舒适性，载货车上的运输货物也不容易洒落。

稍后将解释到，最小化簧载质量加速度意味着产生了与簧载质量（恒定固有频率）成比例的弹簧刚度。

由于工业车辆有效载荷变化，弹簧刚度应该是渐进式的。但是弹簧设计时要考虑最大有效载荷，并且对于具有部分有效载荷或空载车辆会有滞后。

然而，空气弹簧可通过改变其充气压力克服这一局限性。

图 3-60 所示为所用的空气弹簧及它们在车上安装的简化方案。类似于轮胎，弹簧由纺织纤维增强的橡胶波纹管制成，内含加压空气。

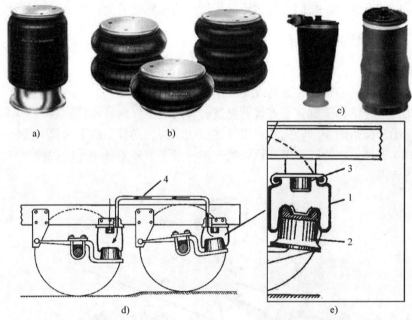

图 3-60　用于悬架主弹簧的不同种类的空气弹簧；如果双联轴的弹性元件是气动连接的，这两个轴容易形成一个等静压系统，止动弹簧通常包含在橡胶元件内

a）b）c）三种类型的空气弹簧　d）等静压系统　e）细节图

图 3-60a、c 给出了类似管 1（下部细节）的波纹管形状，它可以在金属表面 2 上卷起以适应不同的长度；该结构适用于弹簧直径相对于行程减小的轻型车辆；在相同的充气压力下，波纹管直径必须与簧载质量的平方根成正比。

如图 3-60b 所示，波纹管可用金属环加强，这种弹簧适用于重型车辆，其中直径与有效行程相同（注意，该图与其他图不成比例）。

空气可看作是悬架的弹性元件，因为可通过改变压力从而改变体积。利用压缩机和可控阀，可以调节压力以在任何负载下保持相同的车辆纵倾特性。

空气压力变化也可以在需要时调节车辆高度（例如在拖拽半拖车时降低拖车的车座）。

空气的物理形变在某工作点变化较慢时可以认为是线性变化，它必须在弹性运动期间成为一种多元的或者绝热应变体，其中允许热交换的时间很少。

对于后一种情况，弹簧无恒定的柔性以及有效直径变化。

该细节也说明了橡胶止动弹簧可以集成到压力波纹管中。

下面的方案给出了如何可以在串联轴上获得互连悬架。串联车桥用于限制重型车辆的道路负载，其中作用互连消除了系统内在的超静定。

而对于越野车辆，车辆工作点必须可调节，如可以使离地间隙增加以用于越野驾驶，类似的弹簧元件也可以用在轻型车辆和汽车中。

在专门的章节中，我们还将讨论应用于这些系统的控制技术。

3.5.2 前悬架

1. 刚性车桥

欧洲工业车辆的转向轮通常设置在前桥或者前悬架上。

因此，这种结构关键在于连接转向器和转向节的纵向转向杆，如图3-61所示。具有滚珠循环齿条的扇形转向器可以使连接到纵向转向杆2的下摇臂1旋转。后者与转向臂3连接，成为转向节或短轴的一部分。十字转向杆4连接右转向节，以获得正确的转向。

图3-61 用于工业车辆的刚性前桥转向机构（依维柯）

为了限制悬架行程结束后的转向角，下臂和纵向转向杆之间的铰接中心必须设置在车桥或板簧相对于车身且靠近弹簧的前孔位置的瞬时旋转中心处。

图 3-62 所示为一个刚性转向轴及其主要部件。板簧具有两个相等长度的锥形板簧片，并以特定的方式固定到底盘架上。板簧片仅在两端和中间相互接触。以这种方式获得应力均匀的悬架，具有有限的阻力和迟滞。

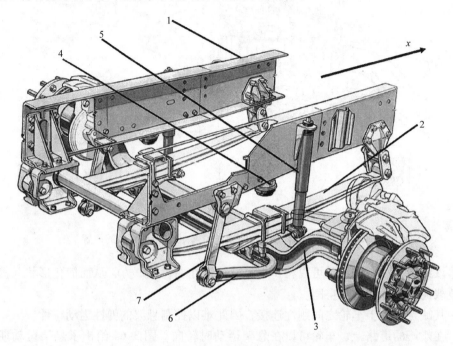

图 3-62　用于工业车辆的前刚性车桥悬架的设计细节（依维柯）

第三片短板簧片可以增加用于高负载的弹簧组件的弯曲刚度并且减小制动期间的 S 变形。(轴上仅有扭矩作用时板簧产生弹性变形这种变形被称为 S 变形)。

我们不希望产生这种变形，因为围绕 y 轴的轴惯性矩可能引起周期性变形，此时轴在短时间内会受到高于摩擦极限的扭矩的作用，当惯性力消失时会发生滑动，其结果是造成振动、制动器效率降低或牵引力损失。

叶片通过 U 形螺栓固定在车桥 3 上。防侧倾杆 6 与车桥一起移动（因此须被视为非簧载质量的一部分），而其端部通过摆杆 7 与底盘车架连接，橡胶止动弹簧 4 直接在轴上工作。

图 3-63 给出了通过前轮轴的横截面断面图。主销轴和主销偏置由转向节的转动轴确定。轮盘形状为钟形，考虑到大型盘式制动器所需的空间，其需要容纳主销偏移。这种轮盘形状对所有车轮来说都是标准化元件，同时必须考虑到通过后部两个轮胎不应该接触或嵌进碎石。

正如上文所说，这种车轴总能保持车轮垂直于地面，因此这样大的轮胎外倾角无法满足要求。

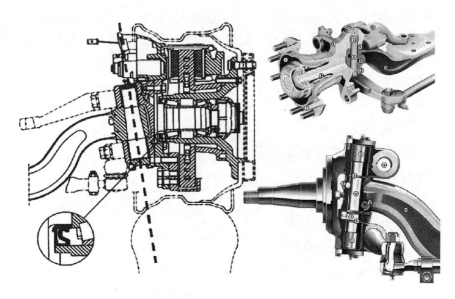

图 3-63　刚性转向轴的短轴，图中给出了中心销轴的位置

该结构另一个优点是可以将每个悬架放置在底盘架下方，从而简化形状并提高有效载荷或为舱室增加空间。

其缺点是由于车轮之间刚性连接，因此难以控制悬架的弹性运动特性。

在颠簸的道路上，车轮可以在悬架运动时转向。图 3-64 给出了悬架运动期间

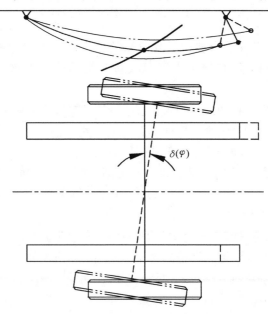

图 3-64　某刚性车桥的侧倾转向

板簧与车桥连接点的路径，该点在悬架伸长期间向前移动并在悬架压缩期间向后移动。因为钢板弹簧，如果纵向转向杆铰接点设置在该路径的曲率中心处，则车桥不会转向，此时不对称的跳动特性（车身俯仰）将产生一定的转向角。

2. 引导式刚性车桥

图 3-65 所示为一个刚性轴悬架，类似于小型车辆，轴由两个纵向平行四边形引导。

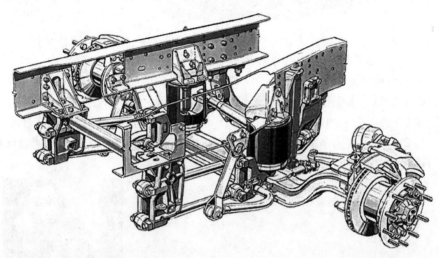

图 3-65　工业车辆的刚性轴悬架，使用了空气弹簧及纵向和横向引导连杆（依维柯）

这种结构有两对专用于对纵向力和扭矩作出反应的纵向杆，而横向稳定杆则用于转向力。弹动是通过充气轮胎波纹管获得的。

这种布置的优点是更好地控制滚动期间轴的转向以及可以使用空气弹簧。这种机构也可以应用于在两端纵向自由移动的板簧，且这种方式完全避免了 S 变形。

3. 双横臂悬架

因为速度上升，此时需要更好的乘坐舒适性和更好的操纵性，所以工业车辆设计者也会将类似于普通汽车上的前轮双横臂悬架应用于工业车辆。

应用这种悬架的进一步需求是保持乘客舱地板尽可能低，使上下车变得更容易。因为有乘客频繁上下车，于是对于城市公共汽车来说，这种需求显得尤为重要。而刚性轴会导致底盘框架位置过高，此时双横臂悬架就具有了优势。

图 3-66 所示为该悬架的两种方案。空气弹簧安装在两个悬架上，且悬架结构方案与普通汽车中使用的相同。

3.5.3　后悬架

一般来说，对于两个轮胎总是垂直于地面的这种需求，除了刚性轴任何悬架结构都无法满足。

图 3-66　用于公共汽车的有空气弹簧的前双横臂悬架。空气弹簧允许城市
公共汽车在通过停靠站倾斜车身，从而进一步降低车门高度

实际上，重型车辆上的高负荷可以使空气弹簧的应用情况标准化。对于牵引式车辆，如果必须连接半挂车，此时车辆高度可以下降。

图 3-67 所示为一种广泛应用于重型工业车辆的刚性轴悬架结构。车桥由两个下纵向杆 2 引导，这两个纵向杆可以承受纵向载荷的作用；上三角形臂通过球形接头 1 与轴连接，并且对转向力和转矩作出反应。

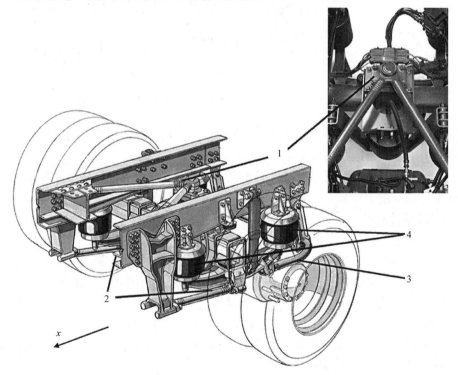

图 3-67　用于重型工业车辆的后悬架，装有空气弹簧；轴由上
三角形臂和两个下纵向臂引导（依维柯）

每侧安装有两个空气弹簧波纹管 4，从而达到前面所述的标准化目的。

在高负载车辆上，为了满足单一轴上的法向载荷极限值，有时必须应用串联轴。串联或多轴情况下，其负载必须以均匀的方式分布到地面上，从而适应道路不平或颠簸的情况。当负载分布不均匀时，需要利用均衡设计从而将反作用力更好地分配给有效负载。空气弹簧通过压力空气管的适当连接可以满足这种均衡条件。同时，可以使用板簧的串联轴在其中间部分自由旋转的两个悬臂弹簧获得这种状态，如图 3-68 所示。

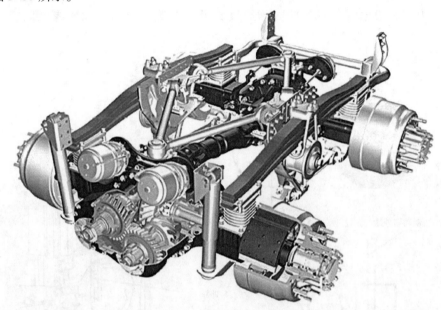

图 3-68　悬臂板弹簧可以实现均衡悬架串联条件。板簧通过其中间的销与框架连接，
轴由纵向杆和三角形臂引导（依维柯）

如图 3-68 所示，车桥通过对称的纵向三角形臂和拉杆连接。该方案可使两个车桥承受同样的垂直载荷。

由于板簧不能对俯仰角起反应，此时前减振器必须通过合适的止动橡胶弹簧来限制由在颠簸道路上行驶引起的任何过多的板簧旋转。

3.6　设计和测试

3.6.1　初步设计流程

设计悬架方案时，初步应确定铰接点的几何坐标和主轴的位置，例如中心销轴线、减振器轴线等，以达到弹性运动性能的设计目标。

我们之前已经通过底盘的机械部件的体积、地面的最小间隙、车身结构以及由成本和可用的生产技术确定的其他条件来确定悬架方案。悬架结构也逐渐成为汽车的卖点之一。

下面，我们按照逻辑逐步介绍麦弗逊悬架的设计流程（其他悬架的设计思路留给读者）。我们主要参考通过横向动力系的前转向轴的情况。

第一步是确认主销轴位置。该位置应该与定好的主销偏置、与转向盘转动和回正有关的主销轴轨迹以及制动器稳定性相匹配。

在麦弗逊悬架中主销轴通过球形关节和上枢轴的中心 B 确定（图3-69）。点 A 确定为中心销轴线位置，此时球形接头可以在等速万向节和轮缘之间找到其位置。

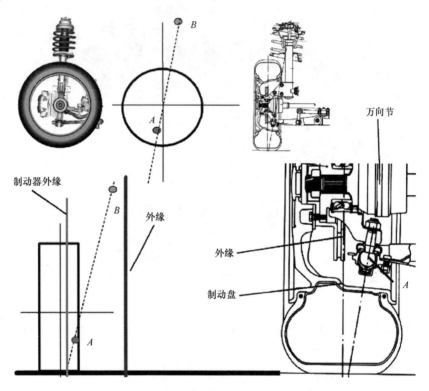

图3-69　主销轴线的 A 点和 B 点位置由一侧的动力系统体积、
另一侧的制动盘体积和等速万向节位置共同决定

为了尽可能地减小对下臂上的侧向力的反作用力，将点 A 设置得尽可能低，其下限由轮辋和制动器盘位置共同决定。

点 B 位置须使得给定的悬架行程和螺旋弹簧以及止动弹簧的运动正确无误。

点 B 的高度必须尽可能低以符合较低的发动机舱盖轮廓的要求；发动机舱盖轮廓对整车风格和空气动力学性能有影响。发动机舱盖和悬架轴承之间的间隙取决于与行人发生碰撞时的被动安全性的要求。

当已确定主销轴位置后，可确定减振器轴。连接点 B 和减振器的活塞杆上的点 C，如图3-70所示。为了避免在设计该轴时机械复杂程度太高，从 y 方向上看，点 C 应该确定在主销轴线上。

确定下臂旋转轴线的点 D 的位置是由悬架行程中期望的外倾恢复和轨迹变化所确定的（参见图 3-70）。

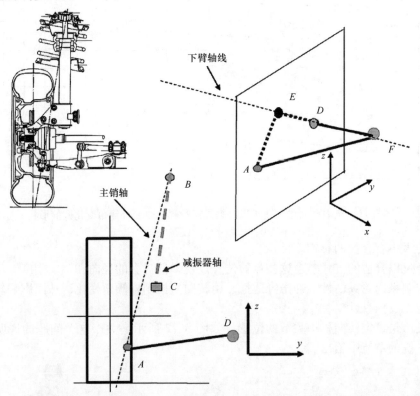

图 3-70 一旦点 A 和点 B 是确定的，悬臂旋转轴 EF 可以通过所期望的外倾矫正来决定

点 D 是悬臂旋转轴与由点 A 位置确定的 xy 平面的交点。

由于该机构的运动学特性，为了增加外倾恢复特性，点 B 必须更靠近车内侧或者必须增加减振器的倾斜度。点 B 位置必须重点关注，注意主销轴的位置引起机械干涉的情况，这会在实际情况下限制外倾矫正。

作为替代，也可以通过提高点 D 来改善外倾恢复。正如后文所提到的，这种修改方式意味着悬架滚动中心高度的改变，对车辆其他性能可能产生影响（图 3-71）。

同时，我们可以通过确定点 E、点 F 和弹性衬套的中心来确定臂的旋转轴。

大多数解决方案为这两个点提供相同的 y 坐标，为了简单起见，我们采用该方案个假设。

确定这些点的 z 坐标可以在加速或制动期间限制俯仰角。我们将在后面解释它们的定位抗俯冲性能。

这些点的 x 坐标可以确定悬臂的形状，并由连接点的间距以及采用什么样的副车架确定。

当障碍物对车辆产生纵向冲击且形成转向力时，其位置还对施加到点 E 和点 F

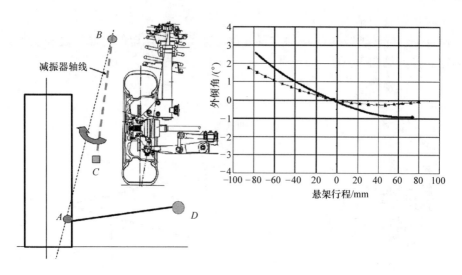

图 3-71　点 D 位置的校正可以根据悬架行程来改变外倾角变化图的形状

的力的大小有直接的影响。

通过以合适的方式整合这些点的位置以及弹性衬套的径向和轴向刚度，可以更好地控制纵向轮灵活性、冲击舒适性、用转向力控制外倾角变化，从而影响轮胎转向刚度以及操纵性。

最后是设定转向机构关节的位置，如图 3-72 所示。关于这个问题的说明将在转向系统的章节中给出。

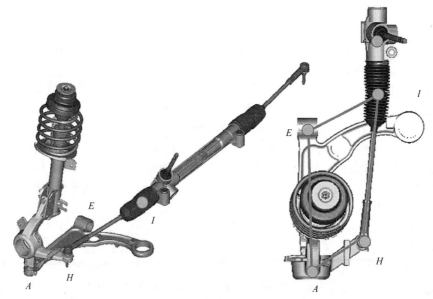

图 3-72　点 E 的位置应允许车轮靠近障碍物时向后移动，
从而不会产生可察觉的束角和外倾角的变化

根据阿克曼定理（Ackermann）正确的转向条件，通过转向盘上允许的力矩和转向齿条作用位置，来确定 H 点位置（支柱和转向杆之间的球形接头）。

确定点 I（转向杆和齿条之间的球形接头）的位置可以限制由于悬架行程引起的束角变化。从 z 轴看的视图中，点 A、E、I、H 须形成平行四边形，以限制由车轮的纵向运动引起的束角变化。

在悬架的初步轮廓设计出来之后，便可以根据底盘的结构要求详细设计悬架元件。这项工作可以从两个不同的角度来考虑：

- 机械结构完整性，由悬架元件的疲劳和抗冲击特性界定。
- 载荷变形或弹性运动特性。

下文将简要分析这两种方法。

3.6.2 结构完整性

1. 疲劳特性

疲劳特性可以通过计算或测试方法来评估。对于后一种情况，可使用例如试验台和测置系统这一类专用设施来进行评估。在这两种情况下，我们可以参考以综合的方式模拟被测元件的整个使用寿命期间的负载规范条件。

选择负载时，要综合运用科学的方法对实际的原始数据进行分析，依据制造商的制造经验和车辆的作用进行选择。

对结构的优化分析可以在完成悬架或单一零件的设计后进行。对于第一种情况，测试时最好能装上悬架所连接的部分车身或副车架结构。

被测悬架通常安装在包括部分实际车身的台架上，这个实体模型不需要用到太贵的安装夹具。轮毂连接到三轴驱动器上，在汽车参考系统的 3 个方向上施加载荷。

施加的载荷和位移从适用于车辆平均寿命的道路测量值中提取。在规定的时间内，需检查悬架的完整性（裂纹、衬套或轴承劣化等）。

如上所述，可通过记录力 F_x、F_y 和 F_z 以及在指定的道路上施加到轮毂上的力矩 M_x、M_y 和 M_z 完成负载定义工作，其中也配备有类似车辆的测量和记录装置。

显然，重要的是对给定的道路定义关于行驶里程所需的最小寿命，可以按顺序分别进行。

若在测试时悬架达到其目标寿命，则对下列指标进行评估：

- 螺栓和螺钉推力衰变特性。
- 可拆卸部件的主要特性，与试验开始时的特性进行对比，特别是衬套、轴承、弹簧、止动弹簧、球形接头和减振器。

通常悬架需进行再次组装，并且继续测试，直到出现至少 3 个故障或寿命增加 1 倍为止。

悬架的目标寿命必须至少与整车寿命相同。普通汽车寿命一般是 200 000km，工业车辆是 300 000 ~ 800 000km。车辆类型不同，寿命不同。

损坏的元件或未达到设计要求的元件将被分析和修改，直到达到所需的寿命。

当测试单个元件时，力和力矩施加到其安装接口处。施加在车轮上的力和力矩为数学模型提供初始值。当仅在悬架上修改单个元件数据或者必须重复测试以收集足够的置信水平时，该测试程序是非常节省成本的。

在这种情况下，简化测试程序的过程通常要求更严格。经验证明，这种方法等同于基础测试步骤。

对于这种方法，我们可以用来检查悬臂。通过测试或计算，组件与测试块连接并加载了车轮作用力。

测试过程中需要测试的数据可以包括：

- 制动力带来的纵向载荷（至少 3000 个载荷块代表具有最高摩擦系数的制动器）

- 曲线行驶带来的转向力（至少 300 000 个负载块，每次模拟一个具有最高摩擦系数的转弯）

该种情况不考虑由于道路不平度形成的负载，因为其与悬臂不相关。

如果悬架应用于驱动桥上，则还必须考虑最大摩擦系数下的牵引载荷。

如果被测零件受垂直载荷的影响，则还要考虑止动弹簧施加的最大载荷。通常假定它们相当于施加了 35m/s^2 的垂直加速度。

为了更准确地评估元件寿命，通过分析数据计算最高负载元件的应力，并用疲劳损伤标准解释其结果。

该方法步骤如下。一般认为，该元件曾施加过 n 个不同的载荷 $[P_k(t), k=1, \cdots, n]$。P_k 是指结构上的一般载荷。

按照应力分析标准，首先计算施加到同一点上的力 $[\sigma_{ij,k}(x), k=1, \cdots, n]$。

根据疲劳效应相关数据可以计算出应力随着时间增长的叠加效应，如：

$$\sigma_{ij}(x,t) = \sum \sigma_{ij,k}(x) P_k(t)$$

应用合适的算法可使得我们在相同应力下归纳出单个轴上任何 3 个轴上的应力情况；对于金属元件通常应用屈服极限标准。

之后，可以参考材料特性来评估结构的每个点的疲劳寿命。

设计时经常使用麦呐尔（Miner）假设，认为车身在经历了不同水平的应力达到其寿命极限（破裂）时，每一层次的部分损伤总值达到 1。根据定义，部分损伤是实际的循环数与在给定应力下达到破裂所需的循环数之间的比值。

同时，须考虑材料的缺陷和外形特殊情况。

评估这些情况的简单方法是测试相同元件或由相同过程产生的类似元件的样品来评估材料疲劳度。

这样可以得到许多瓦勒曲线（Wohler curves），用来评估这些主要因素对材料疲劳寿命的影响。

2. 滥用程度

通常的做法是考虑合理的滥用。滥用元件是不正确的行为,但这种情况依然有可能发生。滥用过后,驾驶人意识到自己的失误,也明白不应让这种情况再次发生,但仅仅因为这个失误而中断任务也是不合理的。

因此,必须允许不会造成太大损坏的滥用。在悬架上滥用的情况通常指的是施加了冲击。

不引起损坏或永久变形的故障是必然的。典型的测试工况包括在 100mm 高和 100mm 长的障碍物上以 50km/h 行驶。

另一种滥用测试是车轮与人行道发生碰撞,这可能在以较高的速度曲线驾驶时发生。

在这种情况下,则不能保证悬架的结构完整性,特别是对于下臂。此时,乘客安全必须在可接受的严重程度范围内受到严格保护。

在这种测试后,须得到以下结果:

- 悬臂不能断裂从而保持对车轮的控制能力直到汽车停住。
- 臂上的永久变形必须可见,并且不能继续再出现任何损伤。

3. 碰撞试验

在汽车工程中,对外部障碍物或其他车辆的碰撞试验根据标准确定。

悬架在设计时不能在标准碰撞试验中进入乘客舱。

该结构必须在不影响驾乘的条件下失效,同时副车架、车轮和其他元件在整个汽车的结构崩溃过程中发挥重要作用。在碰撞测试结束后,应保证乘员舱的空间完整性。

3.6.3 弹性运动特性

在说明不同种类的悬架和分析它们的优点和缺点之后,显然可以在某种技术层次上建立,悬架类型的等级,可以通过增加功能但同时增加成本来界定。

例如,前悬架可以按照从麦弗逊开始到具有虚拟中心的双横臂式排序,而后悬架可以按照从拖臂和扭力梁到多连杆式排列。

设计师在价格没有限制的高性能车上做决定是容易的,在小的经济型轿车也不难,因为消费者可以为较低的价格而选用简单的悬架,而在大多数中型车设计情况下是较难的。

如果设计足够精简,那么便宜的悬架也能达到好的效果,特别是在综合考虑轮胎及弹性衬套的选型的情况下。

1. 设计规则

我们可通过确定一些设计规则,以便在悬架设计中获得良好的操纵和舒适性。

(1) 轮胎工作角度

让我们从轮胎工作角度及其对操作的影响开始。

假设车身侧倾会引起工作角变化，可以通过使车辆或多或少地产生转向不足特性而显著地校正操纵性，假设与操纵开始时的状态相比，这种校正出现了延迟也是正常的。因此，可得出最佳设计规则是悬架机构在悬架行程中没有束角和外倾角的任何变化时的设计条件。

转向不足所需的程度可以通过选配轮胎并优化由于惯性力而导致的重量分布转移实现。

对于束角，该条件相对容易实现。就外倾角而言，排除不存在问题的刚性轴，只有当外倾角恢复到可以滚动时才能达到状态。

在不考虑所选轮胎的外倾刚度的情况下该假设不成立。

在设计时，必须减少因外倾角上升而产生的额外转向力。如果在给定的轮胎上，外倾刚度是转向刚度的约1/10［这意味着侧偏角为1°时（没有外倾角）产生的转向力与10°的外倾角（没有侧偏角）产生的转向力相同，无侧偏角］，则可以制造具有较低外倾刚度的轮胎，使得结构简单的麦弗逊悬架运动起来时与结构复杂的双横臂悬架类似。

在这种使用条件下束角和车轮外倾角必须为零，以减少磨损及减小滚动阻力。

出于同样的原因，最好尽量减少因悬架运动而产生的轮距变化。

（2）舒适性

对于舒适性，首先可以建立一条原则：由螺旋弹簧和止动弹簧确定总悬架的弹性。对于簧上质量的第一固有频率的最佳值应该设置为大约1Hz，这对于坐着的乘客最为舒适。

这个条件意味着挠度应该与垂直悬架质量成比例，或者悬架在有效载荷增加时必须提高刚度。

对于实际情况，悬架总运动总会受到限制：车轮限制及在用千斤顶提升汽车的情况下以便更换轮胎；它应该至少能适应道路的不规则性。这导致该条件造成的结果是，车辆在最小负载条件下起动时的两个方向（伸展和压缩）上的最大行程约70mm。

在压缩时，必须增加一段位移，以达到最大的有效负载要求。在较大的负载变化条件下（公交车、小型货车、大型轿车等），需要具有微调控制功能的悬架。

垂直障碍只是对实际情况的粗略近似。由于车辆运动，各种障碍物也会沿水平方向撞击车轮。因此，确保每个车轮还装有水平方向的悬架是必要的，且纵向刚度应不超过垂直方向刚度的10倍。

这可以通过设计与悬架行程适应的轴距变化而获得的结构对于前轮，轴距必须在压缩行程内减小，而后轮须与之相反。此外，弹性衬套必须保证合适的额外纵向弹性。

在第一种情况下，悬架再次成为具有一个自由度的机构，但是轮胎补丁中心的路径会合理地在垂直 xz 平面中倾斜。在第二种情况下，增加了附加的自由度：纵向运动。

悬架在水平方向的运动不能与束角变化趋势一致，而是通过减小运动行程来稳定制动。

（3）转向

我们可以进一步对转向机制进行研究。

不同于常理的是，如果实际角度和理论角度之间的差（所谓的转向误差）在最大转向角小于约4°从而达到阿克曼（Ackermann）条件时是不重要的。实际上，侧滑角会使转向角的准确性有所降低。

主销偏置可以影响制动期间的转向盘力矩。通常采用负的主销轴偏移距，因为它在制动期间使车辆更稳定地行驶（如果制动力在 个车轮上增加，则由驾驶人的反应滞后提供的额外转向动作能够平衡由不平衡制动力引起的偏转力矩）。

纵向轮距通过转向力可以向转向盘施加额外的回正力矩。这种效应是特别重要的，因为这样可以补偿在大侧偏角条件下轮胎的回正力矩减小的情况，同时仍然提供较好的转向力。

因为牵引力也会产生的回正力矩，所以最好不必在前轮驱动的汽车上广泛应用。

因为主销倾斜会在车轮上产生额外的外倾角，后倾角与纵向轮距相关。适当的后倾角可以对转弯半径产生积极影响。

2. 弹性运动计算

（1）独立悬架

预测弹性运动特性时，可以通过对包括所有的球形/圆柱形关节的铰接系统的机制进行模拟研究。如果这些耦合件刚度较高，则其动力特性是可以预测的；如果它们与作用力相关，则弹性运动特性将是可预测的。

悬架安装过程中的运动学作用力很容易计算，因此可以加入到对弹性位移的影响条件下。这个过程是一种近似过程，因为它不考虑位置变化时对力大小的影响，但在实际情况下仍然是可以接受的。

传统意义上，在这种类型的计算中，车轮的所有位移和旋转均放在车辆参考系中研究，而不是单纯放在车轮本身上。换句话说，假设车身固定在测试台座上，此时需通过在轮毂上施加沿着 z 轴的给定位移来计算车轮的实际位置。在该位置处，需要一定的力 F_z 以保持弹性悬架系统处于平衡。当需要时，可在位移过后的新的位置施加力 F_x 和 F_y，以检查它们的附加效果。

必须记住的是，在没有校正车身和车轮旋转（例如侧倾角、车辆侧偏角和车轮转向角）的影响的情况下，这样估算出的束角和外倾角不能用于计算轮胎力。

通常，由悬架运动引起的位移和旋转的研究与对所施加的力的影响的研究分开来做。

在第一种情况下，参考静态结构，在不同的转向角条件下计算垂直载荷（在车轮中心或在接地面中心处）、束角、外倾角、轮距和轴距变化（相对车身）作为悬架运动的函数。这种特性在对称运动（同一轴的车轮具有相同的行程）或不对称运动（当位移相反时，具有相同的绝对值）的情况下可能会不同。

在弹性运动学计算过程中，由于施加载荷，悬架元件与车身的铰接处会产生进一步的移位。

计算除了垂向力之外的附加力的影响时，其流程是相同的。切记，力的施加点的中心路径不是完全沿着 z 轴的。因此，施加力 F_x 和 F_y 会产生附加的悬架运动。

在这个新位置，可以计算轴承和套管变形带来的影响。图 3-73 给出了通过这种分析方式获得的一些典型图像。图 3-73a 为垂向力 – 位移关系曲线。已知负载情况为装满油的油箱 + 两个人 + 行李，此时测量行程 Δz（Δz 在压缩时为正，在伸长时为负）。

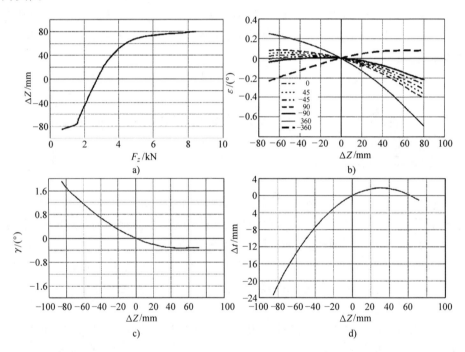

图 3-73　悬架几何参数的典型图

a）悬架垂向力 – 位移的关系图　b）束角 – 位移关系图　c）外倾角 – 位移关系图　d）半轮距 – 位移关系图

当只有螺旋弹簧工作时（此时弹性衬套的贡献非常小），部分图线几乎是线性的，而在增加负载时，止动弹簧开始工作，曲线的曲率增加直到达到最大值。悬架挠度定义为偏导数 $\partial z / \partial F_z$，包括 $\Delta z = 0$ 的情况。总悬架位移用最大压缩和最大伸长量之间的差值来确定。

图 3-73b 所示为在不同的转向角下，悬架位移和束角的关系，图 3-73c 所示为

悬架位移 – 外倾角的关系。

图 3-73d 所示为半轮距 – 悬架位移的关系。

这些图还可以通过读取对称值来计算侧倾角的大小。应注意到，关于侧倾角的函数在这些图中给出的每一个值仅对于我们已经确定的关于侧倾起点的对称位移有效。

图 3-74 表示作用力对同一特征参数的影响。

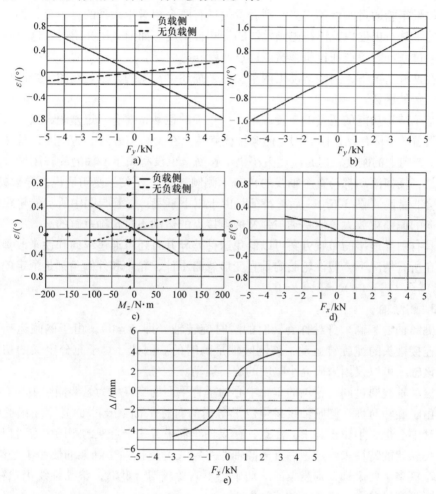

图 3-74　描述悬架的弹性运动特性的典型图形。注意转向齿条连接同一车轴的两个车轮的方法

在图 3-74a 给出了转向力 F_y – 束角关系图。在该图中，力仅施加到一侧悬架（称为负载侧），同时也在同一轴的另一悬架上（称为未加载侧）测量该力的影响（注意无负载侧车轮由于转向架的机械连接如何反应）。图 3-74b 所示为转向力 F_y – 外倾角关系图。束角变化的回正力矩 M_z 如图 3-74c 所示。在这种情况下，也可以看出它对车轮的影响。

图 3-74d、e 分别为制动力或驱动力 F_x – 束角关系图和 F_x – 轴距关系图。

图3-74e可用于评价悬架对纵向冲击的吸收能力。

这些图通常通过用过原点的切线替换曲线来进行线性化，从而能够更好地被输入到简单的数学模型中。因此需求出相关参数的导数，通常为$(t)_{,z}$、$(t)_{,\varphi}$、$(\gamma)_{,z}$、$(\gamma)_{\phi}$和$(\varepsilon)_z$、$(\varepsilon)_\phi$。

（2）刚性车桥

如果车轮通过刚性轴连接，则后者须具有两个相对于车身的自由度，即在z方向上的平移自由度以及围绕侧倾轴线的旋转自由度。如前文所介绍的，这个刚性轴可以通过联动装置或通过板弹簧或通过两者同时引导。

在这种情况下，弹性运动由两个坐标来描述，常见的方法是在图中绘制悬架位移侧倾角的函数。

基于结构功能的板簧的布置方案，与正确的运动特性有一定差距，其中，轴可以仅沿着z坐标移动，同时围绕侧倾轴线旋转。在x和y方向上的刚度，虽然远高于在z方向上的刚度，但是刚度大小仍不够高，也没有关于y轴的旋转刚度。最重要的是，任何滚动都与整个轴线的转向（侧倾效应）相关。换句话说，导数$\partial\delta/\partial\varphi$值将会非常高（图3-63）。后一特征是由于以下事实：尽管与图中所示的轮距的垂直方向的偏差被放大，但是轴与弹簧的连接点的运动不是精确垂直的。

具有引导连接的布置方案可以避免这种差异并且还可通过纵向弹性来改善。

在所有情况下，假设轮胎的垂直变形忽略不计，轮距和外倾角都是恒定的。因此$(t)_z=(t)_\varphi=(\gamma)_z=(\gamma)_\varphi=0$。

3. 侧倾轴

侧倾轴是车辆车身对称旋转时的瞬时旋转轴（即$\phi=0$）。由于侧倾运动不是围绕连接接头的纯旋转运动，该侧倾轴是瞬时的。因此，对于充分定义的初始条件，该轴线可以仅用来研究小幅度的旋转运动。

滚动轴线通过同一轮轴的车轮中心的垂直平面的交点称为悬架侧倾中心CR。

由于旋转对称，侧倾轴线必须位于车辆的对称平面（xz平面）上，因此悬架的滚动中心也必须位于其中。注意，在双轴车辆中，每个悬架的侧倾中心可以仅根据相关悬架的特性来确定，并且侧倾轴线可定义为连接两个悬架的侧倾中心的线。如果车辆多于两个轴，则悬架的滚动中心不需要校对。此时，滚动轴线仍然存在，但是它不穿过单个独立悬架的滚动中心。

每个悬架的滚动中心也可以确定在垂直于地面的平面上以及对于对称平面的点，在该对称平面中，对车体施加横向力F_y不会引起任何滚动。这两种定义方式显然是一致的。

其他需注意的点是：

- 车身关于车轮的旋转中心CW。
- 车轮关于地面的旋转中心RS。

（1）刚性车桥

在刚性轴中，两个轮刚性连接，两个点位于对称平面中。此时，如果轮胎的柔度被忽略，则车轮不能相对于地面旋转。点 CW 位于地面和平行于通过车轮中心的 yz 平面的平面之间无穷远处的交点。两个点 BW 与侧倾中心 RC 重合。

如果考虑轮胎的柔度，则点 RS 位于稍微低于地面的车桥对称平面上，但是它们的位置没有被确定，因为其位置取决于轮胎的偏转并且因此取决于其上的作用力；然而，我们可以限定它们所在的区域。此时，定点 CW 与点 CR 重合，并且位于侧倾中心 CR 下方的对称平面中。

在某些情况下，点 CW 可确定为在车桥及车身之间材料的铰接点处（图 3-75a ~ d）。如果车桥是由板簧横向引导的，则 CW 在弹簧与车身的附接水平面的对称平面上（图 3-75e）。弹簧的横向偏转导致 CW 高度较低，并且轮胎的偏转导致侧倾中心 CR 位于 CW 以下。

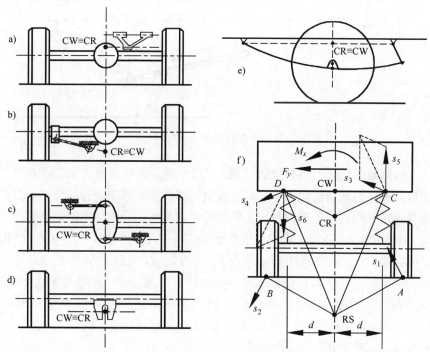

图 3-75　从 a) 到 e)：点 CW 在各个刚性轴悬架上的位置（轮胎是刚性的）
f) 示出了考虑轮胎变形之后的 RS、CR 和 CW 的位置

随着轮胎的横向变形作用，侧倾中心将在因作用力 M_x 和 F_y 引起的位移矢量的垂线的交点处，如图 3-75f 所示。

四连杆悬架如图 3-76 所示。为了获得侧倾中心的位置，必须首先找到连杆 1 – 1' 和 2 – 2' 的轴线的交点 A 和 B，它们位于车辆的对称平面上。此时，侧倾中心是线 AB 与垂直于包含车轮中心的地面的平面的交点。如果两个连杆是平行的（例如连杆 1 和 1'），则交点处于无穷远处，并且线 AB 平行于相应连杆在对称平面上的投影。

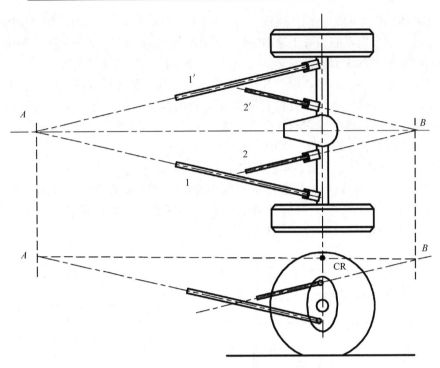

图 3-76　四连杆悬架，点 CR 的位置

三连杆悬架的情况也是类似的（图 3-77）。唯一的区别是，第二点 B 是与对称平面的横向连杆的轴线的交点。在具有板簧的刚性轴的情况下，侧倾中心位于过弹簧与车身连接点的连线的对称平面上的投影与过车轮中心的与地面垂直的线之间的交点处（图 3-75e）。如果轮胎的一致性不被忽略，为了找到 CW、CR 和 RS 的近似位置，可以如图 3-75f 中那样进行：力 F_y 和力矩 M_x 施加到车身上，点 A、B、C 和 D 的位移 s_1、s_2、s_3 和 s_4 由轮胎的弹性运动所引起，而弹簧的柔度也会产生点 C 和点 D 的位移 s_5 和 s_6。此时，垂直于 s_1 和 s_2 的线的交点为 RS，是垂直于 s_5 和 s_6 的线的交点为 CW，垂直于 s_3 和 s_5 以及 s_4 和 s_6 的垂线的交点为 CR。

导数 $(\gamma)_\phi$ 可以由下式近似计算：

$$\frac{\partial \gamma}{\partial \phi} = \frac{\chi}{\chi + \Pi} \tag{3-6}$$

其中，

$$\chi = 2kd^2 + \chi_t$$

式中，k 为弹簧的刚度；χ_t 为抗侧倾杆的刚度；Π 为悬架和轮胎的滚动刚度。

（2）独立悬架

通常车轮的运动不是平面运动，因此对其动力特性的研究并不简单。然而，我们很容易通过使用计算机生成的轨迹来获得任何悬架的精确运动学特性。

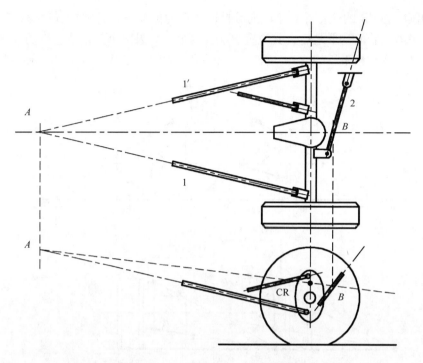

图 3-77　三连杆悬架。点 CR 的位置

在双横臂悬架中，两个车轮的点 CW_1 和 CW_2 位于上臂轴线和下臂轴线的交叉点处，它们可以位于车辆外部（图 3-79a）或内部（图 3-78）。若 CW_1 和 CW_2 与地面重合（图 3-79b），可以得到 $\partial t/\partial z = 0$，但是这个条件只能在负载的某个值处获得。如果 $\partial\gamma/\partial\varphi$ 必须等于零，则点 CW_1、CW_2 及 CR 必须在对称平面上确定（图 3-79c）。

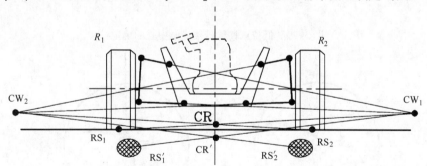

图 3-78　确定具有平行于 x 轴的 1′2′ 和 3′4′ 臂的低双横臂悬架的侧倾中心 CR 的位置。
CR 为刚性轮胎的中心；CR′ 为变形轮胎的中心

如果车轮是薄的刚性盘，则点 RS_1 和 RS_2 将与接触区域的中心重合。如果考虑到轮胎的柔度，它们的大致位置可以在地面下，同时稍微靠近接触中心的内侧。通过连接点 CW_1 和 RS_1 以及点 CW_2 和 RS_2 使这些线相交，可以确定位于对称平面中的侧倾中心 CR 的位置。对于横向铰接四边形的情况，它通常接近地面，甚至于如果在考虑轮胎的变形之后，其位置可能会更低。如果两个三角形连杆的铰接轴线不是水平的或互相平行的（图 3-80），此时确定侧倾中心及其运动要复杂得多。

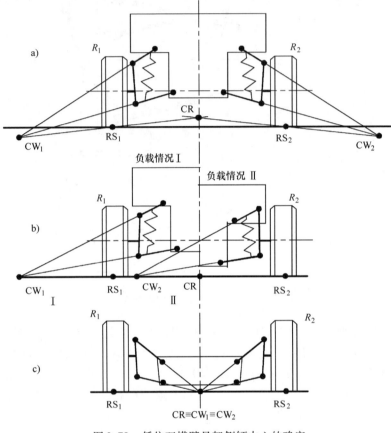

图 3-79　低位双横臂悬架侧倾中心的确定

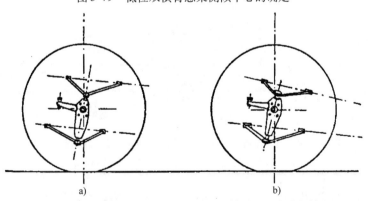

图 3-80　低双横臂悬架具有非水平关节轴 a）和非平行轴 b），
这些轴的倾角决定了俯仰角中心位置

为获得麦弗逊悬架的不同中心的建模方法如图3-5所示。

另一种方法是使用拖臂（图3-44）。拖臂可以变为垂直于车辆的对称平面的轴，但是并不总是成立。在第一种情况下，轮距不变，有

$$\partial t/\partial z = \partial t/\partial \phi = 0$$

外倾角在垂直运动中没有变化并且等于侧倾角，即

$$\partial \gamma/\partial z = 0, \partial \gamma/\partial \phi = 1$$

如果忽视轮胎的柔量，则该侧倾中心位于地面上（图3-44a）或略低于地面（图3-44b）。

另一个解决方法是利用摆臂。摆臂的连接点可以位于不同点上（图3-81a）或是同一点上（图3-81b）。侧倾中心在道路上可能会很高，并且$\partial t/\partial z$和$\partial t/\partial \phi$的值不会低。摆臂可以与动力传动系统连接，而不是与车身铰接，常见于发动机后置的小型汽车。

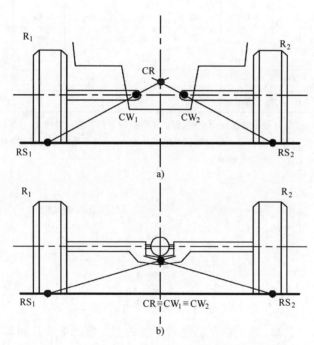

图3-81　拥有不同连接点或者同一连接点的摆臂悬架
a）不同连接点　b）同一连接点

事实上，发动机使用橡胶支架可以降低对悬架的精度要求。

（3）结论

各种类型悬架的主要运动学特性见表3-1。该总结不包含所有解决方案，例如，在豪华车上常见的多连杆布置方案，这种布置类似于具有横向四边形的悬架，但是不同元件的数量更多因此可以进行更细致的调整。

4. 俯仰轴：抗俯仰

当车辆加速或制动时，前轮和后轮之间进行载荷传递，这会导致车身俯仰角上升（升高或下蹲）或者降低（点头）。

因此我们可以定义一个俯仰轴。俯仰轴是俯仰运动的瞬时旋转轴。由于俯仰运动不是围绕确定的轴的纯旋转运动，该俯仰轴是瞬时旋转。该轴可以仅对某一特定位置的小旋转进行分析，例如车轮 x 轴平行于惯性参考系的 X 轴的情况。各种悬架的主要特性见表3-1。

表3-1　各种悬架的主要特性

	刚性桥	独立悬架						
		TA	SAL	SA	DWP	DWL	DW	MP
$\partial t/\partial z$	0	0	#0	#0	#0①	0	#0②	#0
$\partial t/\partial \phi$	0	0	0	#0	#0	#0	#0	#0
$\partial \gamma/\partial z$	0	0	#0	#0	#0	#0	#0	#0
$\partial \gamma/\partial \phi$	0	1	0	#0	1	#0	>0，<1	<0，>1
CR Pos,	A	B	C	D	B	E	B	B
CR Var,	0（≈0）	0	0	#0	0	0	#0	#0
$\partial i/\partial z③$	0	#0	#0	#0	0	0	#0	#0

TA—拖臂；SAL—摆臂（极限情况）；SA—摆臂；DWP—带平行臂的双横臂式；DWL—双横臂式（极限情况）；DW—双横臂式；MP—麦弗逊。A—CR 位于地面上方；B—位于地面上或者其下方；C—大约位于车轮中心；D—车轮中心上方；E—位于地面上。

①：在一侧安装；

②：在两侧安装；

③：主销内倾。

力 F_{z1} 和 F_{z2} 可以近似为

$$\begin{cases} F_{z1} = F_{z1}^{*} - m\dfrac{h_{\mathrm{G}}}{l}\dot{V} \\[2mm] F_{z2} = F_{z2}^{*} + m\dfrac{h_{\mathrm{G}}}{l}\dot{V} \end{cases} \tag{3-7}$$

式中，力 F_{zi}^{*}（$i=1$，2）是车辆不加速时产生的力，前部被抬升而车身后部相反：

$$\begin{cases} \Delta z_1 = m\dfrac{h_{\mathrm{G}}}{lK_{\mathrm{a}}}\dot{V} \\[2mm] \Delta z_2 = -m\dfrac{h_{\mathrm{G}}}{lK_{\mathrm{r}}}\dot{V} \end{cases} \tag{3-8}$$

式中，K_{a} 及 K_{r} 分别为前、后悬架的垂直刚度。加速度的俯仰角为

$$\theta = \frac{1}{l}(-\Delta z_1 + \Delta z_2) = -m\frac{h_{\mathrm{G}}}{l^2}\dot{V}\left(\frac{1}{K_{\mathrm{a}}} + \frac{1}{K_{\mathrm{r}}}\right) \tag{3-9}$$

当车辆下俯时 θ 为正值，如果加速度为负，则式中 θ 取负号。

然而，这种表达过于简化，原因有两个：首先，由于驱动轮或制动轮引起的纵向力本身可能会由于悬架的连接方式而产生俯仰力矩。其次，施加驱动和制动反作用力矩，会有一部分到达悬架而不是车身上，从而引起进一步的俯仰运动。尽管是在等速驾驶条件下，这两种效应也会产生俯仰。

如果悬架允许车轮在 x 方向上移动，即如果导数 $\partial x/\partial z$ 不是非常小，则作用在道路和车轮之间的力 F_x 的分量 $F_x \partial x/\partial z$ 会作用在悬架上，从而引起俯仰。方程（3-7）转化为

$$\begin{cases} F_{z1} = F_{z1}^* - m\dfrac{h_G}{l}\dot{V} - \left(\dfrac{\partial x}{\partial z}\right)_1 F_{x1} \\[2mm] F_{z2} = F_{z2}^* + m\dfrac{h_G}{l}\dot{V} - \left(\dfrac{\partial x}{\partial z}\right)_2 F_{x2} \end{cases} \tag{3-10}$$

且方程（3-9）转化为

$$\theta = -m\frac{h_G}{l^2}\dot{V}\left(\frac{1}{K_a}+\frac{1}{K_r}\right) - \left(\frac{\partial x}{\partial z}\right)_1\frac{F_{x1}}{lK_a} + \left(\frac{\partial x}{\partial z}\right)_2\frac{F_{x2}}{lK_r} \tag{3-11}$$

如果仅考虑加速或制动时车辆所需的纵向力并且分配给前轴的纵向力的比例为 k_1，则可以得出：

$$F_{x1} = k_1 m\dot{V}, F_{x2} = (1-k_1)m\dot{V}$$

方程（3-9）变为：

$$\theta = -m\frac{\dot{V}}{l}\left[\frac{h_G}{lK_a}+\frac{h_G}{lK_r}+\frac{k_1}{K_a}\left(\frac{\partial x}{\partial z}\right)_1 - \frac{(1-k_1)}{K_r}\left(\frac{\partial x}{\partial z}\right)_2\right] \tag{3-12}$$

显然方程（3-9）成立的前提是在加速和制动的情况下，$\dot{V}$ 的符号正确并且使用合适的 k_1 值。

下面分析图 3-82a 拖曳臂悬架的情况，通过简单的几何推理，容易得出

$$\left(\frac{\partial x}{\partial z}\right) = \frac{e}{d} \tag{3-13}$$

类似的方程也适用于图 3-82b 所示的悬架。如果力矩 M_y 作用于簧载质量，则其作用在弹簧上的力等于 M_y/d 的增量。由于驱动力或制动力产生的力矩等于 $-F_x R_1$，此时可以通过代入下式来计算施加到悬架的制动力矩：

$$\left(\frac{\partial x}{\partial z}\right)_i + \left(\frac{R_1}{d}\right)_i \rightarrow \left(\frac{\partial x}{\partial z}\right)_i$$

注意到 d 为正值时，点 D 在车轮前方，否则为负值。

对于驱动轴，驱动转矩作用于簧载质量，而对于第迪安式独立悬架后桥及其他独立悬架，则直接作用于车身，此时这种校正方法并不适用。相反，制动力矩通常作用于非簧载质量，因此必须始终考虑 R_1/d 中的项。然而，如果簧载质量和非簧载质量之间的转矩传递可由防止绕 y 轴的任意旋转运动的联动装置提供，则这种效

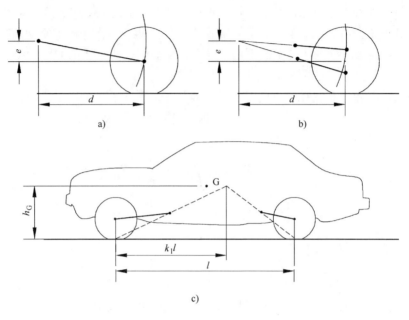

图 3-82　拖曳臂和双横臂式悬架的 $\partial x/\partial z$ 与悬架几何关系。

如果臂是平行的，则 $d\rightarrow\infty$

a）拖曳臂　b）双横臂式　c）实现防下俯效果的方法

应程度最小，此时 d 趋于无穷大。

因此，可以设计一种悬架补偿特性，通常设计为部分下俯或上仰的状态。此时，当方程（3-11）$\theta=0$ 时，处于完全补偿状态，即

$$\frac{h_G}{lK_a}+\frac{k_1}{K_a}\left(\frac{\partial x}{\partial z}\right)_1=0 \tag{3-14}$$

若汽车前部在加速中没有抬升或者在制动中没有下俯，则有

$$\frac{h_G}{lK_r}-\frac{(1-k_1)}{K_r}\left(\frac{\partial x}{\partial z}\right)_2=0 \tag{3-15}$$

此时，后部在加速中也没有下俯或在制动中抬升。

注意，对于单个驱动轴，$k_1=0$ 或 $k_1=1$，此时不能同时对前部和后部进行补偿。为了得到完全补偿，方程式（3-11）中方括号中的项必须消去，并且汽车前部必须下俯以补偿前驱动车辆后桥的"下蹲"状态。同理后部在后驱车辆中必须抬升。

对于制动情况，前轴的总补偿满足以下条件

$$\frac{k_1}{K_a}\left[\left(\frac{\partial x}{\partial z}\right)_1+\left(\frac{R_1}{d}\right)_1\right]=-\frac{h_G}{lK_a} \tag{3-16}$$

即

$$\frac{k_1}{K_a}\left(\frac{e + R_1}{d}\right)_1 = -\frac{h_G}{lK_a} \tag{3-17}$$

后桥：

$$\frac{(1 - k_1)}{K_r}\left[\left(\frac{\partial x}{\partial z}\right)_2 + \left(\frac{R_1}{d}\right)_2\right] = \frac{h_G}{lK_r} \tag{3-18}$$

即

$$\frac{(1 - k_1)}{K_r}\left(\frac{e + R_1}{d}\right)_2 = \frac{h_G}{lK_r} \tag{3-19}$$

一个简单的几何结构如图 3-82c 所示；如果枢轴在虚线上，则获得完全的制动补偿，而如果它们位于虚线下方，则下俯补偿仅是部分补偿。如果它们在虚线之上，则制动时前部将提升，后部将下降。

牵引条件可以采用类似的方案；在这种情况下，虚线应该从车轮中心开始，而不是在接触点上。

通常由于许多原因没有获得完全的下俯补偿，其中一些是主观的（如平坦制动是不期望的），一些是客观的（完全的下俯补偿可导致加速度下降的过度补偿以及使舒适性变差的结构）。

3.6.4 台架试验方法

测试悬架最相关的问题是其余车辆零部件的开发所共有的问题。它们是：

- 缩短重要原型的交付周期。
- 提高性能测试的速度。
- 控制测试费用。

由于这些原因，优先使用专用的室内测试平台，尽可能避免路试来测试悬架；显然，最后核准只能在整车的道路测试之后给出。

这种方法的优点是简化了对系统的分析。

- 通过将原型限制为真正新的部件并且通过利用从生产车间的货架获取的剩余部件来简化测试对象。这种方法可以用于要进行台架测试的悬架和可以用新的悬架在道路上行驶的车辆。这种车辆通常称为骡子车（mule cars）。
- 测试结果可以以客观的方式容易地获得，因为原型简单性和测试不是在道路上进行；这些输出可以通过数学模型来预测新车的性能。
- 台架测试可以轻松自动化，具有成本优势和测试结果的置信度。

如果测试结果符合预期的计算，那么这种做法显然是有利的；在这种情况下只对最相关的问题进行了研究，而那些不相关的则可以忽略。

1. 弹性运动工作台

台架试验确定弹性运动特性的测量项目为：

- 检验项目特性的完备性。

● 确定车辆动力学仿真模型的输入数据，用于分析和验证原型车的性能或解释竞争汽车的性能（逆向工程）。

一般来说，弹性运动工作台是能够对固定在工作台上的真实车辆或测试夹具的悬架上的指定位移或一组力的系统。

该工作台包括：

● 执行机构（可以是液压的或电动的）。

● 执行机构的控制系统。

● 测量记录系统。

● 适用于数据采集、加工和硬件控制的软件包。

例如，液压执行机构和拟人臂测量系统组成了一个简单的弹性运动工作台。

执行机构由一对移动平台组成，如图 3-83 所示，能够将指定的位移和力施加到轮胎的接地面或轮毂的中心。

位移可以沿三个轴线同向或相反，也可以围绕 z 轴施加旋转；在期望的测量范围内以非常低的频率（$\approx 0.005\,Hz$）根据正弦定律进行平移和旋转。

施加载荷循环的可行性对于评估摩擦力和滞后是必不可少的。

也可以施加垂向力/转向力和自回正力矩。

图 3-84 所示的拟人臂系统，通过施加所需的位移和力，能够测量同一轴的轮毂的空间运动——监测三个位移和三个角度。

车身通过结构 1 固定并作为参考

图 3-83　有液压执行机构的弹性运动工作台

系统；测量可设置不同的转向角进行测量。

测量车身位移也必须评估。仅评估悬架时，这些效应可以忽略；而当研究整车的特性时，需要考虑它们。

我们通过报告此工作台的一些技术规格来结束本示例：

垂向行程：　±150mm。

纵向位移：　±75mm。

横向位移：　±75mm。

旋转角度 Z'：　±90°。

转向角度：±180°。

垂向力：±20 000N。

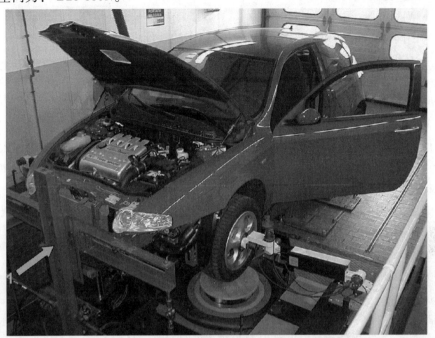

图 3-84 具有液压执行机构和拟人臂测量系统的弹性运动工作台
拟人臂检测因施力或悬架行程而产生的空间上的车轮运动

纵向力：±20 000N。

侧向力：±10 000N 。

绕 Z' 转矩：±1 000N·m。

转向盘力矩：±50N·m。

2. 振动特性工作台

因可用的独立振动器的数量，该工作台也被称为四立柱工作台；它可以测量整个车辆及其悬架的振动特性，它是由在车轮上施加周期性力引起的，它在受控环境中模拟道路表面。

每个车轮都放置在一个独立的垂直振动器上。该振动器的特征具有限制：

- 输入力只能是垂向的，汽车运动的水平分量被忽视。

- 车轮不转动，因此忽视了轮胎滚动产生的动态影响。

台架具有控制悬架的过滤能力，用于比较不同的悬架，再现和解决在道路上检测到的振动、噪声和异响声等问题并且可以向车辆舒适度的数学模型提供有用的相关试验。

该工作台包括：

- 4 个垂直振动器。
- 驱动控制系统。
- 测量系统。
- 用于数据采集和控制不同类型垂直输入的软件包。
- 在恒定频率下的正弦输入。
- 增加频率的正弦输入（频率扫描）。
- 4 个车轮上的随机的非 – 关联输入。
- 模拟指定道路外形。

前三种输入类型允许计算轮胎 – 悬架车身系统的可传递性，作为车轮输入点与测量点之间的比值。通过改变激励幅值可以得到非线性结果。正弦输入和频率扫描便于检测。

非相关随机输入对于快速表征非常有用。通过单个测试，可以研究预定义的频率场。通过数据分析，可以区分开平行弹起、滚动和俯仰运动的传递率效果。

道路外形的再现是悬架舒适性的直接评估。

为了表征悬架舒适性，在轮毂、车身弹簧座和减振器主体连接处测量三个轴向加速度。

脚踏板、座椅轨道和转向盘上的车身加速度的比较是舒适性能的常见指标。

如果工作台没有噪声，也可以对噪声进行评估。

这种工作台的技术规格可能是：

悬架行程： ±100mm。

最大驱动速度： 2.8m/s。

最大加速度： 270m/s²。

传输频带： 最高 200Hz。

3. 疲劳工作台

疲劳测试可以应用于整个悬架或与系统分离的悬架部件（如悬架臂或弹簧等）。

使用的工作台取决于要测试的系统的复杂性。根据系统的复杂性，使用可以与其他脉动器组合的液压脉动器来测试部件；单个液压振动器应具有以下规格：

- 三轴向能力（可同时沿 x、y、z 轴施加力）。
- 载荷程序装置。
- 完整的车身或通用的固定结构。
- 信号记录仪。

将待测试的悬架安装在车身或车身实体模型上，用组合的振动器设置在工作台上；同样的工作台也可以试验整个车身疲劳。

图 3-85 所示为这种类型的工作台。悬架安装在车身上，通过结构 1 固定在工

作台上。悬架由一组可施加垂向、纵向和转向力的振动器加载。

纵向力和转向力驱动器通过杆 3 和杆 4 工作。振动器必须设计成使用寿命无限的。

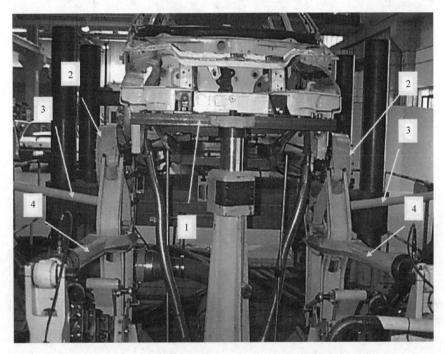

图 3-85　三轴向工作台：该悬架是在车身上安装好的，通过结构 1 固定在工作台上。
悬架由可以传递给车轮纵向力、垂向力和转向力的振动器测试

这些振动器的应用基于在真实道路上收集的负载数据的负载块；为了缩短测试时间，如果这些数据的某些部分不会造成结构损坏，则会被消除。

当测试单个部件时，工作台要小得多，可用于不同的测试，包括用于组装测试部件和振动器以及一些液压振动器的通用夹具。

这些工作台可以很容易地重新配置，从而为不同的部件进行测试。

图 3-86 表示用于测试导臂悬架的纵向臂的工作台设置。点 1 为车身关节，点 2 和点 3 为其他臂关节；点 4 为轮毂凸缘。

该臂安装在具有细杆 5 的试验台上，该试验台仅实施轴向力并且设定以便再现在工作台上缺少的整体机构。具体来说，点 1 由 3 个杆固定，以消除任何线性位移，点 2 具有垂向位移限制功能，而点 3 具有横向和纵向位移限制功能。

对应于轮毂凸缘的点 4，由两个液压振动器加载；垂直振动器 A_1 模拟垂直静载荷，而第二振动器 A_2 以给定倾斜度在 yz 平面上施加周期性载荷，以便再现转向力和由此产生的载荷转移。

图3-86　一个悬架臂的疲劳试验

通过不同的设置，可以模拟牵引力和制动力。

4 转向系统

4.1 引言

车辆根据其路径控制形式可分为两类：
- 引导车，或者更高级的动态引导车，其行迹是受一系列运动参数约束的。
- 驾驶车辆，其行进轨迹是三维或者平面曲线，由驾驶人或者机电设备进行导向控制。引导系统通过在车辆上施加能够改变其轨迹的力而起作用。

在第一种情况下，运动学约束能够通过施加所需的力来修改轨迹而没有任何变形，即，假定它是无限刚度和无限坚固的。因此理想的运动学的引导是虚拟的，尽管在许多实际案例中已经无限接近。

在第二种情况下，力是由引导装置产生的，力和力矩根据车辆姿态的变化而变化。这些车辆可以说是动态引导的。

除了改变轨迹所需的力直接由推进器施加的情况之外，还有两种情况：
- 姿态变化较大，大到足以让飞行员或者驾驶人直接感受到。
- 姿态变化幅度小到无法察觉。

第一种情况是空气动力学或流体动力学控制的车辆，其中驾驶人控制一个操控台，引起产生改变轨迹的力所需的姿态变化。在力的变化和姿态的改变之间通常有一定的延迟。因此，驾驶人可以清晰地感受到动态控制，也就是说通过施加力而产生的控制。

在道路车辆中，情况类似，但驾驶人具有完全不同的感受。驾驶人通过操作转向盘，使得一些车轮具有侧滑角从而产生横向力。这些力引起车辆姿态的改变（角度 β 的改变），然后导致所有车轮的侧滑，从而使产生的力改变轨迹。

然而，轮胎的线性特性和大的转弯刚度的高数值给驾驶人运动学而不是动力学的感觉。车轮似乎可以无阻碍地滚动，并且轨迹似乎由车轮中间平面的方向确定。

这种感觉已经对汽车操控性的研究产生了长时间的影响，所研究的运动学转向的概念在某种意义上与真实的现象不符。

驾驶人的感觉与这种运动学研究至少在轮胎特性线性方面是一致的。当侧滑角达到较高的数值时，一般驾驶人会有车辆失控的感受，尤其是发生比较突然的时候。这种感觉主要是受以下事实影响的：在正常道路条件下，特别是如果使用子午线轮胎，则仅在接近侧向力极限时侧滑角才会变大。

这些考虑比较典型，因为还有诸如带有可变形约束的动态引导或者磁悬浮车辆等跨界形式的存在。两者之间的区别主要是在定量方面而不是定性方面，且很大程度上取决于车辆在引导装置下响应姿态变化时的刚度的大小。

我们还应该注意到，从概念上来讲，除了我们已经解释的方法之外，改变车辆姿态角的力矩还可以通过在相同轴的车轮上施加不相等的牵引力或制动力，或者在车辆对称平面外施加空气动力，而不是转动转向盘或者向转向轮施加侧滑角。

这两种情况下，该力矩都是在车辆上产生侧滑角从而改变车辆路径。我们可以设想一下没有转向桥的车，即直接通过车轮制动器控制的车辆，以类似于履带式车辆的方式控制，但是由于轮胎和履带之间的固有差异，它们的动力学是十分不同的。

正如我们将在后面看到的，在一些控制系统中采用了差速器制动，以改善车辆的动态特性或操控性。路径由控制转向盘的驾驶人控置，而自动控制系统通过差速器制动或有时通过额外的转向角度进行校正。

在下面的段落中，我们将对转向系统的主要部件进行讲解，包括：

• 转向机构，以特定方式围绕主销轴转动前轮的连杆系统，连接到转向器的随悬架行程移动的转向臂。

• 转向器，将转向盘转角转化为转向横拉杆的位移。

• 转向柱，连接转向盘和转向器。

4.2 转向机构

在解释转向机构配置之前，我们先研究一下驾驶型公路车辆。

低速或运动学转向被定义为由车轮的纯滚动确定的轮式车辆的运动。所有车轮的中心速度位于它们的中间平面中，即侧滑角 α 非常小。在这些情况下，车轮可以不施加侧向力来平衡由于轨迹的弯曲引起的离心力。运动学转向仅在速度非常小的时候才可能发生。

以一辆具有两个转向轮的四轮车辆（图4-1）为例。确定存在的允许运动学转向的关系很容易，通过假设前轮的中间平面的垂线与后轮的垂线相交的条件：

$$\tan\delta_1 = \frac{l}{R_1 - \dfrac{t}{2}}, \tan\delta_2 = \frac{l}{R_1 + \dfrac{t}{2}} \tag{4-1}$$

方程（4-1）中的 t 应该包含车轮主销轴之间的距离，更确切地说，是两个与地面的接触点之间的距离，而不是轮距。

通过约掉两个方程中的 R_1，得到如下关系。

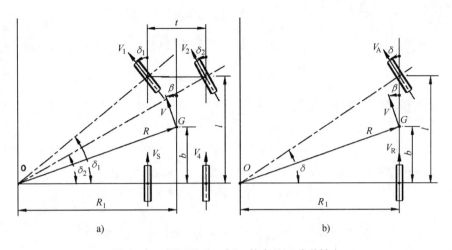

图 4-1　一辆四轮和一辆二轮车的运动学转向

δ_1 及 δ_2 的关系是：

$$\cot\delta_1 - \cot\delta_2 = \frac{t}{l} \tag{4-2}$$

允许车轮完全按照方程（4-2）转向的装置被称为阿克曼转向或者阿克曼几何。

实际上没有转向机构可以精确地符合该公式，因此定义了一个转向误差 $\Delta\delta_2$，其含义为实际值与式（4-2）之间的差异，可以通过关于 δ_1 的函数得出。

图 4-2 所示的基于铰接四边形的装置，可用于带有螺杆和扇齿转向器的刚性车桥悬架。

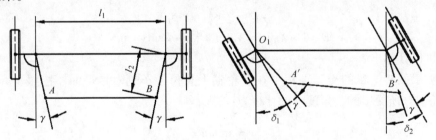

图 4-2　由铰接的四边形制成的转向机构的方案

通过这个简单机构，转向横拉杆 AB 可以协调车轮转向。

δ_1 和 δ_2 之间的关系可以通过几何研究计算。转向横拉杆 AB 的长度为

$$(\overline{A - B}) = l_1 - 2l_2\sin\gamma \tag{4-3}$$

当转向轮转动时，A 和 B 的新位置，写作 A′ 和 B′，在以 O_1 为原点横向为 x 轴的参考系中，有：

$$\overline{A' - O_1} = \begin{cases} l_2 \sin(\gamma + \delta_1) \\ -l_2 \cos(\gamma + \delta_1) \end{cases} \tag{4-4}$$

$$\overline{B' - O_1} = \begin{cases} l_1 - l_2 \sin(\gamma - \delta_2) \\ -l_2 \cos(\gamma - \delta_2) \end{cases} \tag{4-5}$$

"A" 和 "B" 之间的距离的平方:

$$(\overline{A' - B'})^2 = [l_2 \sin(\gamma + \delta_1) + l_2 \sin(\gamma - \delta_2) - l_1]^2 +$$
$$[l_2 \cos(\gamma + \delta_1) - l_2 \cos(\gamma - \delta_2)]^2 \tag{4-6}$$

这个距离等于 ($\overline{A—B}$) 的平方, 可以获得 δ_1 和 δ_2 之间的关系:

$$\sin(\gamma - \delta_2) + \sin(\gamma + \delta_1)$$

$$= \frac{l_1}{l_2} - \sqrt{\left[\frac{l_1}{l_2} - 2\sin\gamma\right]^2 - [\cos(\gamma - \delta_2) - \cos(\gamma + \delta_1)]^2} \tag{4-7}$$

即

$$1 + \sin(\gamma - \delta_2)\sin(\gamma + \delta_1) - \lambda\sin(\gamma - \delta_2) - \lambda\sin(\gamma + \delta_1) +$$
$$[\lambda - 2\sin\gamma]\sin\gamma - \cos(\gamma - \delta_2)\cos(\gamma + \delta_1) = 0 \tag{4-8}$$

其中 $\lambda = l_1 / l_2$。

方程 (4-7) 可以得出 δ_2 以 δ_1 为自变量的方程。通过复杂的计算, 可以获得以下关系:

$$A\sin^2(\gamma - \delta_2) + B\sin(\gamma - \delta_2) + C = 0$$

其中:

$$A = 1 + \lambda^2 - 2\sin(\gamma + \delta_1)$$
$$B = 2D[\sin(\gamma + \delta_1) - \alpha]$$
$$C = D^2 - \cos^2(\gamma - \delta_1)$$
$$D = 1 - \lambda\sin(\gamma + \delta_1) + [\alpha - 2\sin\gamma]\sin\gamma$$

由此可以计算出 δ_2。

如果两转向臂的交叉点集中在后轮轴上且位于车辆对称平面, 按照 Jeantaud (简托德) 所提出的, 角度 γ 的计算为:

$$\gamma = \arctan\frac{l_1}{2l}$$

通过简托德四边形获得的 δ_2 (δ_1) 与图 4-3a 中使用正确的运动学的关系和 3 个不同数值的 γ 的比较, 可以计算出任意 δ_1 下的转向误差 $\Delta\delta_2 = \delta_2 - \delta_{2c}$, 如图 4-3b 所示。

在简托德条件下, 得到 $\gamma = 13.3°$ 并且转向误差相当地大。其他曲线分别为 $\gamma = 16°$、$\gamma = 18°$ 和 $\gamma = 20°$ (3 个例子中所有的转向臂都相交在后桥的后面); 在转向角度低时, 误差随着 γ 的减小而降低。然而, 在低转向角时的低误差伴随着高转向角时的高误差。一个必要的妥协是: 在我们的例子中 $\gamma = 18°$ 的值可以是一个合理

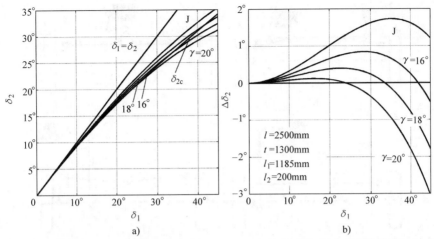

图4-3 a）通过简托德四边形获得的关系 δ_2（δ_1）与使用正确的运动学关系和3个不同
数值的 γ 的比较，b）转向误差，$\Delta\delta_2 = \delta_2 - \delta_{2c}$ 是 δ_1 在同一转向系中的函数
的选择。

为了完成转向误差的计算，我们忽略了齿条和转向器，请参考图4-4。

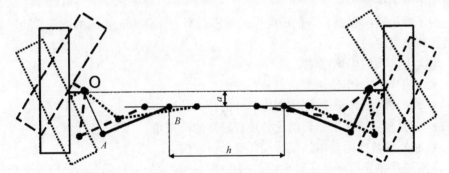

图4-4 通过齿轮齿条式转向器计算转向误差的运动方案

如果假设齿条和拉杆 OA 位于同一平面上（这不总是正确的），或者三角形 OAB 总是在水平面上，则可以直观地理解转向误差取决于 a 和 h 的尺寸，这受限于发动机舱中允许的空间。

让我们最后考虑蜗轮蜗杆式转向器在独立车轮悬架中的情况；在这种情况下，不能应用转向横拉杆，因为它可能由于悬架的不对称伸缩而产生我们所不希望的束角变化。

可以采用不同的转向机构；部分如图4-5所示。

图4-5a、b示出了轻型车辆（如越野车）常用的转向结构。通过转向器驱使的操纵杆，是铰接四边形的一部分，其中通过拉杆连接或者直接双操纵杆。两种机制之间的选择由可用空间和悬架的弹性运动特性决定。

图4-5d示出了公共汽车常用的转向结构，或者更一般地说，转向盘和转向轴

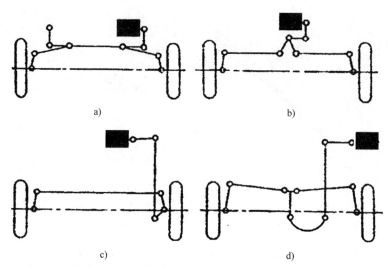

图 4-5 用于蜗轮蜗杆式转向器的转向机构，应用于独立车轮悬架；在图的上侧，是汽车的情况；
　　　　在下侧，具有刚性轴（左）的公共汽车的情况可以与独立悬架（右）的情况相比较

之间距离是有相关性的车辆；在这种情况下，类似于刚性轴（在左侧）的纵向拉
杆驱动附加的摆臂。

为了减小转向误差，人们已经做过很多的努力；然而，正确的运动学转向的重
要性往往被过度关注了。

事实上，我们应该记住：

- 由于转向，车轮侧滑角总是存在的。
- 大多数悬架会通过侧倾产生额外的转向角度。
- 在大多数情况下，转向轮必须有轻微的前束角。
- 额外的转向角是由悬架行程和变形引起的。

所有这些事实都降低了转向误差的重要性，建议研究该问题时，应该从更加宽
泛的角度去入手。

当然，转向误差对前轮的轮胎磨损以及转向盘的自回正有着显著的影响，影响
着驾驶人对于方向盘的感觉。

重要的是，通过合适的几何结构可以获得转向轮的反作用力矩随着转向角的增
加而显著增大的特性。

车辆重心的轨迹半径为：

$$R = \sqrt{b^2 + R_1^2} = \sqrt{b^2 + l^2 \cot^2 \delta} \tag{4-9}$$

式中，δ 为对应双轮车的转向角度（图 4-1b），也被称为单轨模型（Monotrace）。
尽管它应该通过两个车轮的余切的平均值计算。

$$\cot \delta = \frac{R_1}{l} = \frac{\cot \delta_1 + \cot \delta_2}{2} \tag{4-10}$$

该值与角度的直接平均值非常接近。

例如，如图4-2所示，质心在轴距中间并且半径 $R = 10\text{m}$。正确的转向角是 $\delta_1 = 15.090°$，$\delta_2 = 13.305°$ 和 $\delta = 14.142°$。直接平均车轮转向角度，可以得出 $\delta = 14.197°$，误差只有 0.36%。

因此，传统的单轨模型转向角 δ 是同一轴车轮转向角的平均值。

相比于车辆轴距，如果轨迹半径大，则式（4-9）变为

$$R \approx l\cos\delta = \frac{l}{\delta} \tag{4-11}$$

式（4-11）又可写为

$$\frac{1}{R\delta} \approx \frac{1}{l} \tag{4-12}$$

表达式 $1/R\delta$ 具有重要的物理意义：它是车辆的响应（以轨迹的曲率 $1/R$ 表示）和导致该响应的输入的比。因此，它是用于方向控制的一种传递函数，也被称为轨迹曲率增益。在运动学转向条件下，它等于轴距的倒数。

对于具有独立悬架和齿轮齿条式转向器的车辆，转向机构是不同的，如图4-4所示。

只有当横拉杆和齿条对齐且转向臂在后桥中心线的中间交叉时，才可以认定符合简托德条件。

转向误差的精确计算是个体力活儿。

通过使用一个数学模型，我们可以得出图4-6，其中误差较之前案例的较大。

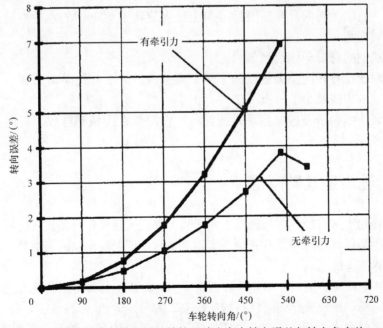

图4-6 带齿轮齿条转向器的前轮驱动汽车中转向误差与转向角有关。示出了带牵引力和不带牵引力的两个图

尽管如此，我们可以认为5°的最大误差仍然是可以接受的。

在图4-6中，在该前轮驱动车辆的最大牵引力下计算转向误差；这种变化是主销轴线通过牵引力作用的纵向位移产生的。

作为转向盘转角的函数，车轮转向角也是必须计算的；计算结果如图4-7所示。该结果来自于一个简单的铰接转向机构模型。

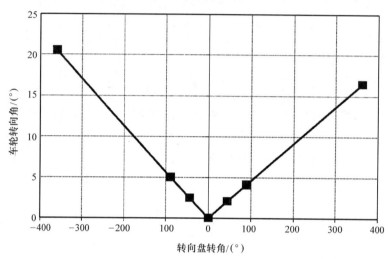

图4-7 车轮转向角作为转向盘角度的函数的图；右边的为左轮转向角，左边的为右轮转向角

图4-7右侧为转向盘在逆时针方向上最大旋转大约360°的左轮右转向角；左侧为右轮转向角。

转向机制的总传动比约为20:1。

该值对于没有转向动力辅助的车辆是典型的；对于有转向动力辅助系统的车辆，更快速的响应减小了该值。

这两条曲线在研究区域几乎是线性的；它们会在齿条满行程、转向盘旋转约400°时失去这个特性。

4.3 齿轮齿条式转向器

如今在几乎所有的汽车和轻型工业车辆上都可见到齿轮齿条式转向器；其替代方案，蜗轮蜗杆式转向器及其变型，实际上是为重型工业车辆或仍然具有刚性前桥的越野车辆准备的。

如图4-8所示，通过小齿轮3和齿条1的齿轮传动装置将由驾驶人施加的转向盘的旋转运动转换成操作转向机构的球形头2的线性运动。

齿条同时完成了转向盘和横拉杆的任务。由于机构简单和齿之间的摩擦力小，机械效率通常很高；这个事实是有益处的，因为它减小了转向盘上的反作用力矩并且给予驾驶人对现有侧向轮胎－道路摩擦的真实和准确的感觉。

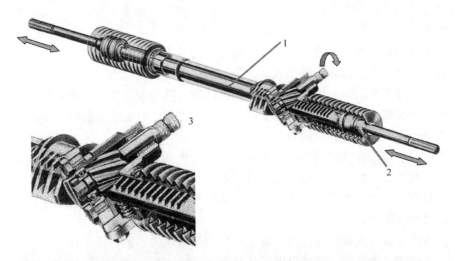

图 4-8　齿轮齿条式转向器；下视图是齿轮齿条和小齿轮之间的角度的放大

　　缺点是转向传动比由于轮齿大小的限制不能超过限定值。后者由材料的抗疲劳性和可以无干涉地啮合的最小齿数产生。

　　因此转向盘总是能立即响应；这一事实通常是有益的，除了应用于重型车辆。正如动力转向曾经仅适用于豪华车一样，齿条和小齿轮仅限于小型车。

　　图 4-9 所示为这个转向器通过小齿轮轴的截面。这个版本不是电动辅助的，小

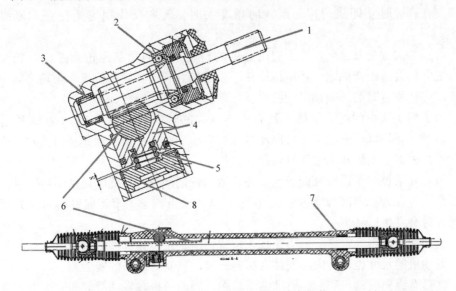

图 4-9　齿轮齿条式转向器的放大细节

齿轮 1 由球轴承 2 和滚针轴承 3 支撑；球轴承对径向和轴向载荷作出反应，而滚针轴承仅对径向载荷产生作用。该齿条通过滑块 4 支撑，弹簧 5 控制着小齿轮 1 与齿条 6 之间的压力。

应注意的是，为得到更大的横向接触比，齿轮是螺旋形的。

滑动衬套 7 由聚四氟乙烯制成，在另一端作为第二支撑点。

预加载弹簧 5 消除小齿轮和齿条之间的间隙，并控制部件之间的内部摩擦。由于滑块 4 上安装有确定的间隙，弹簧还可以在齿条停止时吸收动载荷；螺纹环 8 在装配线进行调整，决定着该间隙值。

齿条和小齿轮在管状盒内进行飞溅润滑，将齿条与拉杆连接的球形头放在相同的油中。两个柔性橡胶波纹管避免润滑剂溢出和灰尘污染。

转向器通过图 4-9 所示的两个孔固定到车身或副车架上；这些安装件采用橡胶衬套，以滤除噪声和振动。

传动比部分地由机械几何形状确定，其中小齿轮的原始半径 d 起主要作用。

一旦构建了小齿轮，或者设置了其基圆 d_b 的特定值，则该简单关系适用：

$$d = d_b/\cos\theta \tag{4-13}$$

式中，θ 为产生齿轮的切割齿条工具的压力角。通过校正齿廓，可以通过不同的角度产生与齿条的正确接触角度。

该特性在齿条上得以利用：从车轮转向角为零时齿条上与小齿轮 1 啮合的齿开始，到车轮转向角最大时齿条上与小齿轮 1 啮合的齿结束，这些齿的压力角逐渐减小。以这种方式，节圆半径随着转向角的增加而增加；结果是当转向角变小时，转向控制在高速时立即执行，而当转向角变大时，转向反作用力矩在停车操纵中减小。

齿条的关键是其横向尺寸，它由必要的行程（转向角从停止到停止）和其支承点之间的合适距离确定；还应该记住，小齿轮和转向柱必须位于驱动轮之间。

横向体积有时会影响预期的结果。

为了解决这个问题，设计了具有中心球头的转向器（图 4-10）。在这种情况下，盒子具有切口，两个头部可以通过该切口出现在外部，以操作转向机构；波纹管设置在内部，而齿条两端保持封闭。

当需要增加两个横拉杆的长度以在悬架行程期间获得正确的运动学特性时，可以使用这种配置；当因为安装原因（图 4-10）或当汽车太窄转向臂指向前方而不是后方时会发生这种情况。

运动学特性很大程度上取决于齿条位置，但是定位该部件的自由度是有限的。

发动机的尺寸也对转向器安装有影响，其位置制约齿条的安装。

在具有纵向发动机和后轮驱动的车辆中，当前桥也在发动机前面时，齿条可以安装在发动机前面，同时将转向臂指向前方。它也可以安装在车轮中心的后面，同样转向臂指向前方。在这两种情况下的齿条必须安装在油底壳下方。在装有横向发

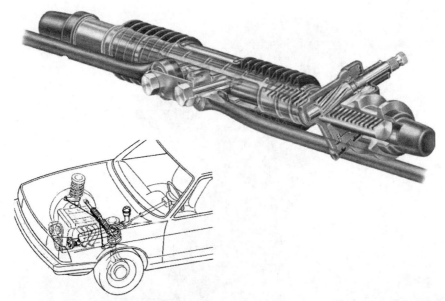

图 4-10　带中心球头的齿条转向器，特别适用于解决安装问题；还要注意转向机构的不同配置
动机的前轮驱动车中，齿条必须安装在发动机后面，并且转向臂通常指向后方。

　　齿条安装的另一个限制是需获得转向盘的正确位置。

4.4　蜗轮蜗杆式转向器

　　正如我们已经讲过的，主要在具有刚性或独立悬架（公共汽车）的工业车辆
上安装蜗轮蜗杆式转向器。

　　对于将齿轮齿条式转向器应用到刚性车桥上没有概念上的限制，但是我们应该
考虑到齿条需要安装在车桥上。在可用空间中，在小齿轮和转向盘之间提供恒定速
度传递是非常困难的。

　　前文中图 3-60 显示了一种用于工业车辆上的转向器。连接转向盘和转向臂的
机械传动装置具有图 4-11 所示的配置。

　　该机构包括简单的螺杆和移动转向臂的蜗轮部分，就像在过去经常安装的那
样；这种解决方案会产生较高的内部摩擦。

　　回想一下，这种传动是不可逆的，这意味着转矩可以从蜗杆传递到蜗轮，反之
则不行。这个事实将意味着转向盘无法自我回正，对轮胎和地面之间存在的摩擦也
没有感觉。

　　可以生产根据相同原理工作并采用多螺纹螺杆的可逆运动副，但传动比要低得
多。但是在这种情况下，减轻转向盘力矩的优点几乎不存在了。

　　为了抵消不可逆性，一种解决方案是，由转向柱 1 操作的螺杆 5 是弧面形的，
蜗轮部分有螺纹滚子 4。

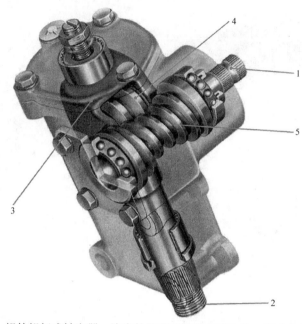

图 4-11　蜗轮蜗杆式转向器。该齿轮的截面被做成滚轮状，以减少机械摩擦。
蜗轮的外形与蜗杆相啮合，从而增加了工作齿的数量

该弧面蜗杆在中心部位较薄，以增加工作螺纹的数量。螺纹滚子的外形与蜗杆吻合，作为齿条，能够根据螺杆旋转运动，从而持续地降低机械摩擦。

蜗轮的圆周运动通过齿 3 传递到花键轴 2；所述轴连接到所述转向臂。

图 4-12 所示为另一种降低阻力的循环球螺杆。

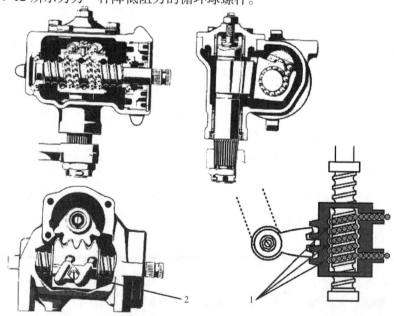

图 4-12　拥有滚子轴承的循环球式转向器；这种螺杆将阻力降到了最低

在这种情况下，第一螺杆被限制在与扇形齿轮相匹配的小部分（它不旋转）。这个螺杆在内部也有孔，与固定在转向管柱的第二螺杆相配合。螺纹的形状很特别，形成螺旋通道1（在右下方示出），其中多个滚珠可以滚动和移动。管2被用来在钢球填满后闭合通道，使得它们能够再循环。

滑动运动再次变为滚动运动，摩擦减小；因为球和通道壁之间的接触受到限制，所以摩擦力被减小到最小。

4.5 转向柱

图4-13所示为中型汽车转向柱的装配图；从左侧的缩放图可以看出转向柱在车内的位置。

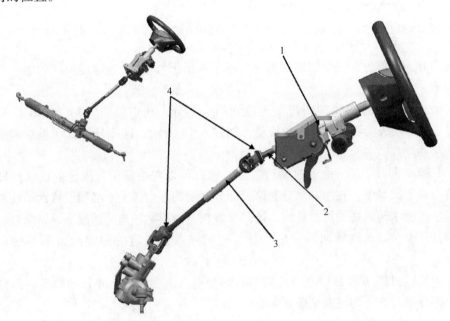

图4-13 转向柱组件，能够适应 zx 垂直平面上的转向盘位置。微型支架的中间部分的倾斜位置，适合允许结构坍塌，避免了车辆碰撞时转向盘侵入客舱

该部件的功能是将由驾驶人施加到转向盘的力矩传递到转向器。在现代汽车转向器和转向盘的位置，很少允许有一个直转向管柱。因此该柱由3节组成，第一个和最后一个分别连接到转向盘及转向器。

第一节与第三节之间采用万向节连接；3根轴的设置必须保证传动速度恒定。因此，轴必须位于同一个平面上，工作的角度必须是相等的。

这种布局也有转向盘位置调整和被动安全方面的优点。

柱的第一部分2通过结构1固定到车辆主体上，结构1包含一对滚针轴承或衬套。它通过一个万向节转动中段 3。可以调整结构 1 的垂直位置是，使转向盘调整到适合驾驶人的位置。

图 4-14 所示为一个结构 1 的截面。

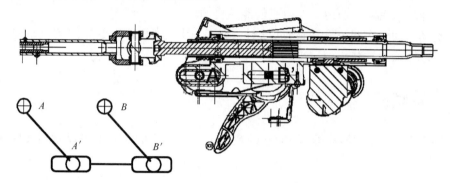

图 4-14　承载转向柱和转向盘第一部分的可调节结构的横截面：铰接四边形 $AA'BB'$ 允许此调整

它分为两部分：一个固定到车身（图中未示出），一个支撑转向柱的第一部分的轴承。

第二部分通过铰接的四边形连接到第一部分，其中曲柄（AA' 和 BB'）和杆 $A'B'$ 之间的接头能够旋转和线性移动，如图 4-14 所示。这部分可以在垂直和水平方向移动。

A' 和 B' 关节中的一个通过螺钉紧固，螺钉可以在给定位置固定曲柄或使转向盘自由调节。显然，在第一部分和第二部分之间的万向接头上必须设置滑动花键。

法规要求转向柱是可折叠的，这意味着在与障碍物碰撞的情况下，转向柱可以减小其长度，以允许转向器发生位移，而转向盘在一定的固定约束下不侵入驾驶室。

如果转向柱（图 4-13 中 3）的中心部分可以改变长度，并且如果第一部分和第三部分不对齐，则可满足该要求。

4.6　动力转向

尽管尽可能应用了轻质材料和设计，但被动安全要求、舒适便捷装置和室内空间的不断增加，导致所有汽车的质量普遍增加。质量的增加影响了轮胎和地面之间的负载，并且因此影响了施加到转向器以使前轮转向的力矩。

通过对现有机械系统提供动力辅助，可将转向盘转矩降低到人体工程学可接受的水平；动力转向从重型豪华轿车和工业车辆应用扩展到几乎所有的汽车。

最广泛使用的动力辅助是液压助力，有时通过具有电子控制的电动液压装置集成，以调整对车辆速度的影响；如果将这些液压系统应用于齿轮齿条式转向器或蜗轮蜗杆式转向器，则这些液压系统会显示出轻微的差异。

小型和中型汽车上已经开始使用电动助力。

4.6.1 液压助力齿轮齿条式转向器

图 4-15 所示为齿轮齿条式转向器的液压动力转向系统的总体布局。

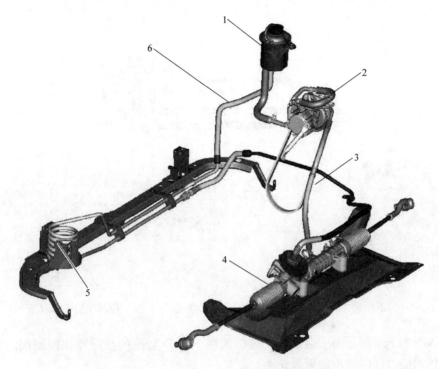

图 4-15　用于齿轮齿条式转向器的小型前轮驱动车辆的液压动力转向系统
1—转向油罐　2—泵，通常叶片式，由发动机传动带驱动　3—高压管线　4—转向器
5—冷却管　6—低压回流管

该系统将由发动机驱动的泵产生的一定流量的液压油的压力作为动力源。

这个方案也适合蜗轮蜗杆式转向器。

需要冷却蛇形管来耗散由压力控制节流阀产生的热量。此外，油泵产生的流量仅取决于发动机转速；那些动力辅助所不需要的压力降低时会产生额外的热浪费。

冷却不足会使油接近沸点，有着效率降低或者汽蚀的风险。

由于节流阀和其他回路损失，该系统产生一定的阻尼特性，有利于方向盘回位和减振。也就是我们所说的颤动。

该系统的相对简单性似乎对燃料消耗产生了负面影响；事实上，在平均驾驶循环中，燃料消耗量增加 2% ~ 3%。为了限制该不利影响，已经开发了一些系统，其中油泵由电动机驱动并供给蓄压罐。在这种情况下，电动泵仅在蓄压罐中的油压力下降到某个阈值时工作，减少潜在的液压损失。

　　该系统还具有允许在有空间限制的小型汽车的发动机舱中更灵活地安装液压泵的优点。

　　如图 4-16 上半部方案所示，转向器上集成了两个液压缸，能够移动齿条。M 和 R 分别是油流的输入和输出接头以及动力缸上的腔 S 和 D 辅助左右转向。

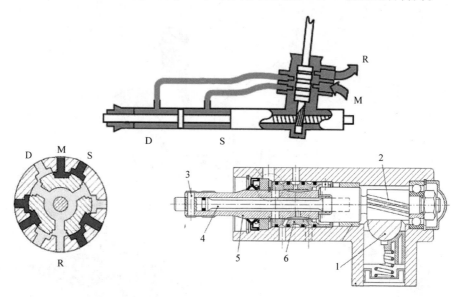

图 4-16　液压助力齿轮齿条式转向器的示意图（上部）；液压控制阀的细节（下部）

　　该图的下半部示出了对动力气缸的腔室 S 和 D 加压的分配器和控制阀的放大图；压力通过转向盘施加到齿条上。

　　根据分配器和控制阀的角位置，双效动力活塞可以有处于高压油输入口下或者处于低压油输出口下的两个接口中的一个。该阀由具有相对旋转运动的两个同轴气缸构成，它有多个口，可以使 S 室和 D 室与端口 M 和 R 连通，如在左侧的横截面中所示。

　　在图中所示的位置，高压油被送到 S 室，而 R 口用于排出低压油。压力越高，阀的内部气缸的顺时针旋转角越大，直到达到窗口的最大开度；逆时针旋转，压力将减小，直到窗口关闭。

　　如果继续逆时针旋转气缸，则对活塞的另一面产生相同的作用。

　　如在右横截面中可以看到的，内缸 5 通过销 3 连接到扭力弹簧 4 的一端，扭力弹簧 4 由通过转向柱施加到小齿轮 1 的力矩加载。以同样的方式，外缸 6 连接到扭力弹簧另一端。

　　弹簧 4 的扭转力必须以这样的方式确定：在最大可接受的转向盘转矩下，通道开口完全打开。在较低的转矩下，弹簧变形将成比例地减小；转向盘转矩即使减小，也将使对准转矩变化，从而对汽车的动态行为产生正确的感觉。

当转向盘转矩为零时，从动机构就会将辅助力矩减小到零。应当注意，当转向盘控制转动车轮、当车轮回正对转向盘作用力矩或在非对称障碍物上驾驶时，操作是相同的。

我们应该注意，压力脉冲或变化可能产生振动和噪声；因此，在压力下将橡胶衬套应用于转向器安装件和将阻尼接头应用于管道是一种很好的做法。

4.6.2 液压循环球式转向器

图 4-17 所示为适用于工业车辆的液压动力辅助循环球式转向器的方案，钢球可再循环。

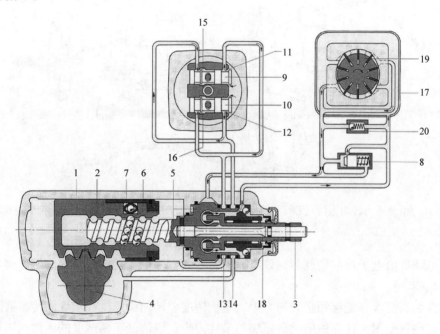

图 4-17 循环球式转向器的横截面，带有液压助力（下图）和
控制阀的细节图（上图）

可以看出，通过将该图与前面的图进行比较，该阀方案（其中具有两个滑阀 9 和 10，由连接到扭转弹簧 18 的销 3 移动）基本上根据相同的工作原理操作。在该转向器中，短的齿条 2 也是气缸 1 内的双效活塞。

我们所示的两种阀门类型不一定局限于它们所呈现的转向器，而是可以同时应用于这两种类型的转向器。

4.6.3 电动助力转向

在中小型车辆中，电动助力转向（EPS）系统已经很普遍。它们被应用于齿轮齿条转向器，并且基本上通过由电动机向转向柱或直接向小齿轮增加力矩来实现。

图4-18所示为包括改进的转向柱和带减速器的电动机的组件。

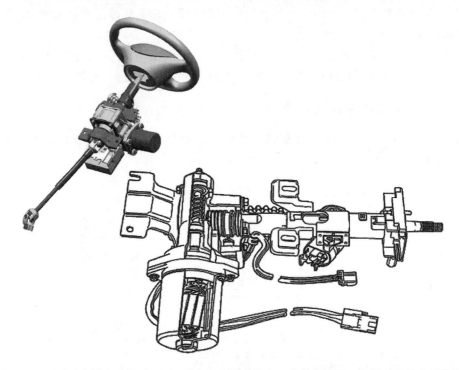

图4-18　电动助力转向系统（EPS）示出了在转向柱上工作的电动机。上图是组件的透视图，下图是具有减速器的电动机的部件

电动机由电子控制器调节，该电子控制器具有产生与转向力矩成比例的辅助力矩的功能。

控制系统含有能够测量转向力矩、车辆速度、转向盘速度和角度的传感器。

这些数据用于计算由电动机施加的最佳力矩；该值是车辆速度的函数，以提高驾驶人对较小转向力矩值的感知。在大的转向角、典型的停车操纵和响应速度比灵敏度更重要的狭窄转弯处，助力增加。

该最佳力矩沿通过转向角给出的正确方向施加。

根据驾驶环境所要求的，仪表板上的开关可以向驾驶人提供更大或更小的辅助。

电动机是一个简单的具有永磁体的直流单元，驱动螺杆螺母装置。

与常规液压单元相比，该系统具有许多优点：

- 淘汰了油循环，从而简化了发动机舱的布局。
- 燃料消耗减少，因为力矩控制不是基于浪费的功率。
- 增加了主动安全性，因为在发动机熄火时助力仍然可以用。

- 为更复杂的力矩控制提供了可能，如在液压系统中所见到的。
- 对机械构件设计的影响小。

作为一种可能是暂时的缺点，由于出于汽车标准化要求的工作电压的原因，可用转矩是有限的。这一事实限制了这种系统应用于总质量约为1500kg的车辆；可能采用42V的新标准电压会更适用于大型车辆。

随着产量的增加，新的专用配置也被开发出来，其中电动机直接在小齿轮或齿条上工作。

这最后的应用对于电动机设计更为关键，工作转矩更大；电动机通过循环球驱动器在齿条上工作。

4.7 设计和测试

4.7.1 草案设计

在以下步骤中概述了根据齿轮齿条式转向器的情况确定转向机构的可能过程；可以容易地推断螺杆和扇形齿轮的设置。

图4-19所示为一种定位齿条和转向臂的有效方案。

图4-19 一种定位齿条和转向臂的有效方案

① 齿条的最合适位置要根据发动机和齿轮箱的体积和转向柱布局进行设置。

211

② 从生产的角度来看，制图可以从主销轨迹转向臂开始，试图满足简托德条件以涵盖转向误差。转向臂可以向后或向前指向，但必须符合车轮的体积。以这种方式，确定点 A 的 x 和 y 坐标，而根据齿条位置确定点 B 的 x 和 y 坐标。

③ 参考图 4-19 所示的 yz 平面，在没有束角变化时，点 A 的轨迹可以作为悬架行程的函数而被绘制或计算出来。点 A 的路径可以由圆近似。

④ 该圆的中心应与转向臂的 B 关节重合，以避免束角随悬架行程变化；如果该条件未被验证，则可以改变点 A 的 z 坐标，直到点 B 满足齿条安装要求。

• 通过草图或计算，必须评估转向臂和转向杆之间的角度，以便验证该机构不会卡住（该角度必须谨慎地设置在 $20° \sim 160°$）。

• 齿条长度必须足以满足所需的行程；两个 B 点（汽车的右侧和左侧）经常太近。在这种情况下必须采用带有中心球头的齿条并重复该过程。

• 如果要改变汽车不足转向，则可以改变点 A 的高度 z，直到获得所需的束角变化。

4.7.2 任务

转向系统的任务包括满足材料疲劳、耐碰撞性和弹性运动特性方面的要求。

1. 疲劳

转向系统的疲劳设计包括对所有组件和整个系统的实验验证。该设计的目标是预测该系统在特定条件下的寿命。该任务可以从为悬架和整体引入的任务中衍生出来。

在这种情况下，不仅需要确定作用在车轮上的力，还需要确定适当的转向角。考虑到该系统的重要性，建议对所有部件进行无限寿命验证。

2. 碰撞

通常参考欧洲新车安全评鉴协会（Euro NCAP）建议的针对障碍物的标准测试，严重程度逐渐增加以评估对乘客舱的侵入和对驾驶人的潜在危险。

其他安全目标是必要的，因为转向柱还包括驾驶人安全气囊系统；驾驶人的头部必须以预先设定的方式撞击充气气囊，以便在碰撞后的行程过程中受到保护；换句话说，转向柱和车轮变形不能显著影响气囊的展开。

第一个近似标准包括评估驾驶人假人和转向盘之间的碰撞是否可能发生。在可靠的案例下，使用损伤标准，限制冲击后的仿真头加速度。例如，最佳性能对应于 $72g$ 的加速度，性能差的达到 $88g$。

3. 弹性运动特性

转向系统的弹性运动学研究包括根据悬架行程评估在不同转向角下的以下参数：

• 主销后倾角。

• 主销角。

- 纵向轨迹。
- 主销偏置。

一辆前轮驱动的中型车的参数如图4-20所示，作为悬架可接受的性能的参考。

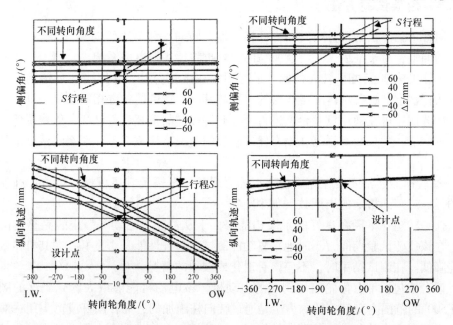

图4-20 作为悬架行程和转向角函数的转向系统主要几何特性曲线。I. W.（内车轮）和
O. W.（外车轮）指车轮在弯曲路径上的位置；设外车轮行程为正

主销角度变化可能很小，与主销偏置一样；另一方面，纵向轨迹主要受车轮转向角的影响。

后倾角的设计值将决定纵向轨迹的设计值，而悬架行程的变化将不仅影响纵向轨迹特性，而且还会由于簧上质量的动态响应影响颠簸路面的舒适性和制动能力。

对于小的横向加速度，主销角度的设计值影响主销定位和转向盘回位（由于转向轴上的垂直载荷）。主销角度变化将影响主销偏移量的变化和制动过程中转向盘上感受到的力矩。

对转向角非常敏感的纵向轨迹影响直线道路上的车辆稳定性，并决定曲线中的转向盘力矩以及影响轮胎的自回正力矩；因此，当轮胎侧偏角过大时，它可以"隐藏"自回正力矩减小，从而（通过转向盘力矩）给出轮胎和地面之间的摩擦的不同感觉。

当轮胎侧偏角增大时，如果转向力继续增加，则转向盘转矩应过低或为负。应该记住，转向盘力矩由作用在两个车轮上的力矩之和确定；在路径内车轮上的损失可以通过外车轮上的增加来补偿。

在同一车轴两个车轮上具有不同摩擦系数的道路上，主销偏移量的变化会影响转向盘力矩和制动时车辆的稳定性。事实上，在这种情况下，在转向盘上产生的力矩不同于在两个车轮上产生的力矩，例如直接转向以抵消所施加的横摆力矩。

4.7.3 台架试验方法

通常单独评估的部件有转向杆、转向器、转向柱和动力转向泵（液压泵）；经过小的调整，对于最后一个主题所写的内容也将适用于电力系统。

① 转向杆是装配到转向器的，最好固定在试验台上，并连接到车轮侧的一个液压执行器上。这三项落在工作台的位置与其在车辆中的位置相同。

疲劳试验可在通用试验台上进行。应对许多样品重复进行试验，以获得足够的统计置信度。如果所有样品在没有任何破裂的情况下完成任务，那么测试结果是肯定的。

② 转向器通常安装在专用台架上，再现其在车辆及其机械接口位置；施加最大的任务转矩到指定的周期数（如100 000）。

任务转矩：车辆在良好的干燥柏油路面上从静止—运动—静止的完整转向循环。在该疲劳试验期间，不时地重复功能测试以验证性能是否良好；尤其机械效率不能降低。在测试结束时，不应该有退化或破裂的情况。

该台架包括带有齿轮箱和倒档的电动机，该电动机能够以大约 0.2 Hz 的频率在 ±500° 的范围内交替旋转。力矩是通过转向柱施加的，而转向杆或球头用一对施加恒定反作用力的气动执行器直接加载；这些被用来模拟路面上轮胎的自旋摩擦。

③ 转向柱在一个适用于脉动力矩的疲劳试验台上测试。万向节应再现实际车辆的工作角度。

测试步骤与转向器相同，如果方便，这两个测试可以一起执行。

④ 液压泵在虚拟液压回路上进行测试，该液压回路再现真实的驾驶循环，仅包括城市和弯道行驶；这种情况可以应用约 50 000 km。在测试结束时，不应该有破裂或性能的损失。

⑤ 可以为其余组件设计类似的测试。我们将描述一些用于验证设计质量的筛选测试，并获得用于数学模型的输入数据。

描述转向系统性能的主要综合参数有：

- 转向盘和主销轴之间的传动比。
- 干摩擦和黏性摩擦或者迟滞。
- 转向力导致的转向盘上的力矩。

适合于执行这种功能评估的测试系统可以包括以下部分：

- 旋转液压执行机构，角位移至少为 90°，径向负载能力至少为 30 N，有专用液压发电机和控制系统。
- 无角度间隙的万向节，用于向转向盘施加力，补偿执行器和转向盘的不对中；高扭转刚度和减小的惯性也是重要的特征。

● 角位移传感器（测量范围 -180° ~180°），用于获取转向盘角度。

● 4 个线性位移传感器（测量范围 -20 ~20mm），以在转向过程中获得左右轮的位移。

● 车轮上的两个反作用弹簧能够模拟约 60N·m/(°) 的反作用力矩。

● 两个力传感器（测量范围 0 ~ 1 000N），用于获得接触面上的实际转向力矩。

● 静态扭力计（测量范围 0 ~50N·m），用于获取转向盘力矩。

● 信号采集系统和专用数据处理软件。

在该测试期间，前轮搁置在用于减小摩擦的浮动板（浮在空气轴承上）上。执行施加转向角并测量剩余量值的筛选测试。

图 4-21 所示为配备这种测量系统的汽车的驾驶室。注意液压执行机构 1、万向节 2、角位移传感器 3 和静态扭力计 4。

图 4-21　配备有测量系统以获取转向盘力矩的汽车的驾驶人座椅

图 4-22 显示了轮侧：注意反作用弹簧 1，其有效载荷由力传感器 2 测量。

在以下测试模式中，转向盘动作由指定频率和幅度的正弦和三角波执行：

● 车轮在浮动板上自由移动。

● 一个自由的车轮和一个被加载的车轮。

● 一个自由的车轮和一个堵转了的车轮。

测量以下大小：

● 转向盘转角。

图 4-22　与前一张图片相同的测量系统的一部分专用于车轮旋转和
扭矩采集。车轮放在浮动板上

- 车轮转向角。
- 转向轮的转向力矩。
- 转向盘力矩。

通过数据处理可以计算以下相关数据：

- 转向系统传动比，为转向轮角度函数。
- 转向盘力矩，为角度的函数。
- 车轮转向力矩关于转向盘力矩的函数。

最后一种参数参见图 4-23。我们注意到由机械摩擦和黏性摩擦引起的滞后循环，主要是由动力辅助系统引起的。

干式机械摩擦是由相对运动产生的，产生在球头、带滑块的齿条以及小齿轮和转向柱轴承和接头上。这种摩擦通常与转向角无关，但是取决于力。

摩擦的另一个主要来源是轮胎和地面之间的接触。

黏性摩擦是由于油的阻塞和流动引起的，集中在液压助力转向器。电动助力转向的磁损耗也表现出类似的效果。

这种摩擦力的总量决定了滞后循环；该循环的大小显示了驾驶人在转向过程中所做的工作，并且应当尽可能小。

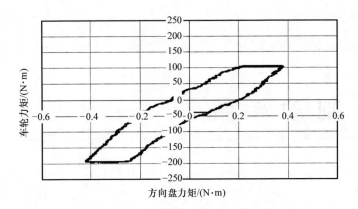

图 4-23 关于转向盘的转向滞后循环

5 制 动 系 统

5.1 引言

制动系统必须完成 3 个任务：

- 用于彻底地停止车辆，该功能需要在车轮上施加尽可能大的制动力矩。
- 用于控制速度，当车辆由于机械摩擦和运动阻力的自然减速度不足时；该功能需要适度的但较长时间的车轮制动力矩。
- 用于保持车辆在斜坡上停住。

制动系是车辆安全系统的一个组成部分。因此，国家权威机构，以及后来的欧盟制定了描述该系统的设计条件和最低操作要求的法规。

因此，车辆制造商及其零部件供应商应负责其产品符合法规要求，包括在合理时间内正确的制造和系统的可靠性。用户也必须发挥其作用，因为该系统的许多部件都会磨损，如果没有必要的维护和更换部件，安全功能将无法保证。周期性的强制检测被用于评估该系统的正确运行。

如果法规确定了该系统的最低性能，每个制造商仅将其视为一个基本要求，因为市场要求更严格，并且可以作为突出的卖点。

因此，制动系统在实际应用中已经实现了高性能和高可靠性。

应当指出，制动可靠性和事故概率之间的关系不是很明显；道路交通意外的统计数据表明，事实上，只有不到2%的交通事故是由制动系统运行不畅造成的。

在这个总数中，90%的事故大概是由于维护不足，10%是由于与横向加速度不兼容的制动事件引起的动力不稳所造成的。

防抱死系统（ABS）的广泛应用代表着对制动安全性的改进，即使事故统计数据不足以证明这一事实。

德国的事故研究表明，在 1976 年引入 ABS 后，配备该系统的车辆发生事故的数量降低；最近的数据显示，ABS 的存在导致用户高估了制动的作用并因此将自己置于危险中，尤其是在结冰的道路上或者安全距离减小的驾驶情况下。

另一项关于德国出租车的研究显示，在有和没有 ABS 的车辆之间没有太大的差异。

在开始描述制动系统部件之前，我们倾向于介绍一些关于制动系统设计的初步考虑。这些将在下卷中更好地解释，该卷专门用于系统设计。

我们在轮胎章节中已经看到，与地面交换的最大纵向力取决于许多因素，其中最重要的是车轮上的垂直载荷。这种力受地面性质、车辆速度和转向力共同影响。

因此，该系统的最大性能受制于系统本身之外的许多因素；而后者的识别是驾驶人的工作，他们负责限制车辆速度和控制近距离车辆之间的距离，但是不能容易地理解垂直负载。

这些因素由不同的因素决定，例如：

- 有效载荷及其在车辆中的分布。
- 道路坡度。
- 纵向加速度，尤其是制动加速度。

为了突出这一事实，让我们设想一个质量 m 的车辆，在倾斜角为 α 的平坦路面上行驶。

我们假设车辆相对于其中间平面是对称的，而其重心 G 距前桥的距离为 a，距后桥的距离为 b；重心 G 距地面高为 h_G（图 5-1）；

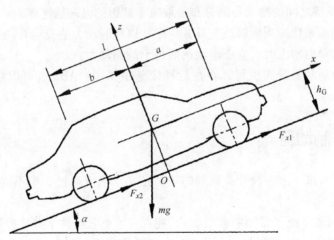

图 5-1　在倾斜角度为 α 的道路上的车辆的力的分布

车辆轴距 l 为。

$$l = a + b$$

我们现在假定所有的作用力都可以忽略不计，除了制动力 F_{x1} 及 F_{x2}，分别作用在前桥及后桥。这些力表示作用在同一车桥的车轮上的那些力的总和，与我们的假设一致。

如果我们用 F_{z1} 和 F_{z2} 表示每个轴上的总垂直力，并且用 a_x 表示制动加速度（应该标记为负，因为它是制动的），我们得到：

$$\begin{cases} F_{x1} + F_{x2} - mg\sin\alpha = ma_x \\ F_{z1} + F_{z2} - mg\cos\alpha = 0 \\ F_{z1}a - F_{z2}b + mgh_G\sin\alpha = mh_Ga_x \end{cases} \tag{5-1}$$

从这个系统中，我们得到：

$$\begin{cases} F_{z1} = \dfrac{m}{l}(gb\cos\alpha - gh_G\sin\alpha - h_Ga_x) \\ F_{z2} = \dfrac{m}{l}(ga\cos\alpha + gh_G\sin\alpha + h_Ga_x) \end{cases} \tag{5-2}$$

这些方程明确地表示了垂直反作用力不仅仅取决于车辆中心的位置，还与车辆制动减速度有关。

在轮胎章节中，我们已经看到，最大可获得的纵向力通过摩擦系数 μ_{xp} 和曲线 $\mu_x(\sigma)$ 的峰值与车轮上的垂直载荷成比例。

因此，可以得出以下结论：

- 最大制动力由 m、b、a、h_G（负载条件）决定。
- 这些力也取决于制动减速度 a_x。
- 两个车桥之间的制动力的分布也取决于获得的纵向加速度。

因此，制动系统应当能够改变其几何形状以使制动力适应现有的垂直载荷。特别是，当总制动力增大时，应逐渐限制后桥上的制动力。

该功能由制动分配阀执行，将在后续段落中描述；ABS 也可以精确地管理其动作。

5.2 汽车制动器

根据法规要求，上一段开头提到的功能是在车辆中通过 3 个不同系统完成的，这些是：

- 行车制动系统（常用制动系统），能在正常驾驶条件下减速或停车。
- 应急或辅助制动系统，适用于上述相同的功能，但用于行车制动器故障的情况下。
- 驻车制动系统，仅仅适用于停车和斜坡驻车。

所有这些系统都必须对车辆施加一个可调节的车辆制动力，前两个制动系统的许多部件是通用的，但其中有一些是特殊的；冗余部分保证制动功能的可靠性和可用性。

5.2.1 辅助系统

图 5-2 所示为液压制动系统的方案；它包括辅助系统。

前后制动器由两个完全独立的液压线路 A 和 B 驱动；该分离也存在于主泵 C

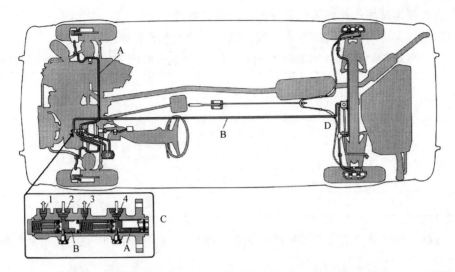

图 5-2　汽车制动系统的图示；前制动器和后制动器由两个独立的液压线路 A 和 B 操作。
C 和 D 分别显示了主泵和分配器的放大图

中，由踏板控制，左下图为其放大图。

　　这一特性实际上是由法规要求的，当这两个线路在正常条件下一起工作时被定义为伺服线路，当它们单独工作时，（当其中一个故障时）可将其视为应急回路。

　　在这种方法中考虑的故障种类是连接制动器执行器的一个柔性管的断裂，随着车轮移动，回路的其余部分固定到车辆底盘结构；例如，如果连接左前轮的管子失效，则在第一次制动时，一定量的油可能被挤出，但后部线路仍然能够工作。

　　汽车的相应规则要求在铺设良好的道路上必须满足这个停车距离：

$$s \leqslant 0.1V + \frac{V^2}{150} \tag{5-3}$$

式中，s 为测量的停止距离（m）；V 为在制动开始时的汽车速度（km/h）。

　　汽车伺服系统必须满足该条件；增加的距离为

$$s \leqslant 0.1V + \frac{2V^2}{150} \tag{5-4}$$

当一个线路坏了，这时只有应急系统是可用的。

　　因此，对于一个伺服线路，平均减速度为

$$a \geqslant 2.9 \mathrm{m/s^2}$$

是可接受的，而应急线路中它可增加到：

$$a \geqslant 5.8 \mathrm{m/s^2}$$

这些规定适用于认证表格允许的任何负载条件。

制动线路可以以不同的方式组织；表 5-1 中描述的方案是可接受的。

表 5-1　欧盟法规允许的制动线路；线路 1 和 2 描述了当一根软管破损时仍然工作的制动器

代号	线路 1	线路 2
TT	前桥	后桥
K	前右和后左车轮	前左和后右车轮
HT	所有的车轮	前桥
LL	前桥和后右车轮	前桥和后左车轮
HH	所有的车轮	所有的车轮

线路 1 和线路 2 表示当车轮的一根制动液压管线损坏时，应急线路可能的配置情况。

这些方案中的选择必须考虑车辆载荷在车轴上的分布。

例如，方案 TT 适用于其重心大致位于轴距的中间的汽车，如在前置后驱两座车辆中可能发生的那样。

相反，方案 K 适用于仅装载有驾驶人的前轮驱动车，需要至少一个前轮能够制动，以满足所要求的性能。

后续方案，例如 HH，其优点是以略微增加的成本提供了完整的应急制动系统或几乎完整的制动线路；这个事实使得由制动力导致的对转向盘的不平衡的力矩保持到最小。

这种选择必须考虑老化的情况下的安全余量，将在后面讨论老化。这里我们定义为由制动液的部分蒸发造成的制动效率的损失，以及高温的影响。

当制动液蒸发时，其弹性急剧增加并且丧失了通过压缩传输压力的能力。这种现象发生在热源附近，也就是车轮附近。由于这个原因，线路 HT、LL、HH 的制动液在前轮附近蒸发后相对薄弱。

再次参照图 5-2，我们可以看到阀 D，包括压力分配器，稍后会作说明。

除了规定的制动距离和制动加速度之外，另一个条件适用于实现这种停止距离所需的控制力。由驾驶人脚施加给踏板的力必须：

$$F_\text{p} \leqslant 500\text{N}$$

这种情况通常需要应用动力辅助装置，我们稍后将对其进行阐述。

5.2.2　驻车制动系统

所谓驻车制动系统，是当车停在斜坡或者驾驶人不在车中时需要通过手柄或者另外的踏板来将车辆保持停止的系统。

法规规定了该系统的驱动器控制和制动器之间的是机械式、非液压的连接；允许使用连杆和线缆$\ominus$。

该规定的基本原理是建立一个附加的应急系统，能够在常用制动系统和紧急制动系统同时故障的罕见情况下增加一个备用系统，提高系统的可靠性。

驻车制动系统必须设计为能够停在以下斜坡上：

$$i \geqslant 18\%$$

或者在平坦道路上减速的加速度：

$$a \geqslant 1.5 \text{m/s}^2,$$

在施加控制力之后：

$$F_p \leqslant 500\text{N}; \quad F_m \leqslant 400\text{N}$$

第一个数值适用于制动踏板，第二个适用于驻车制动手柄。

制动系统必须能够产生可由驾驶人控制机构维持的可调节力；它工作在单轴的车轮上。制动器可与被用到伺服系统的制动器相同。

图 5-3 所示为手柄驻车系统：控制杆 1 移动拉杆 17，并且可以通过接合在棘轮扇区 23 中的弹簧加载棘爪 27 保持在任何位置；分离按钮 26 用于解锁棘爪 27。

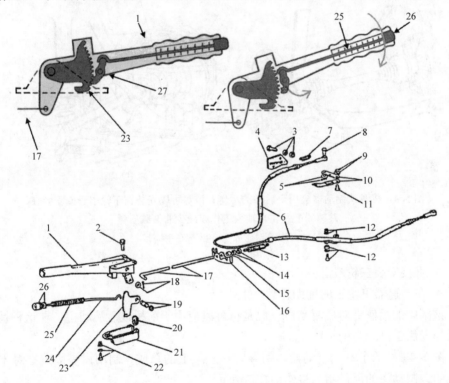

图 5-3　一个带有手动杆控制的停车系统的方案；在图的上部，我们可以看到
用于保持制动而不需要外力的机构

$\ominus$　最近，还允许通过双稳态独立液压或者电传动装置操控制动器。在这种情况下制动力必须在没有能量时仍能维持。

拉杆 15 拉动钢索 6 通过滑动平衡器 16，将两个制动器上的力分成两个相等的部分。该钢索通过销钉 8 连接到后制动器，后制动器与两个制动蹄相连。

带有踏板的类型是相似的；可以通过推动踏板或仪表板上的按钮来解锁棘爪。

鼓式制动器和盘式制动器的连接将在后续段落中解释。

5.2.3 盘式制动器

该制动器包括一个随车轮一起旋转的制动盘。在该盘的两个面上可以按压下由高摩擦材料制成的两个制动片。

在这些衬料（也称为衬垫）上，有安装在合适的制动钳上的一个或多个液压缸。

盘式制动器，与鼓式制动器一样，可以以两种不同的方式安排制动盘的位置，如图 5-4 所示。

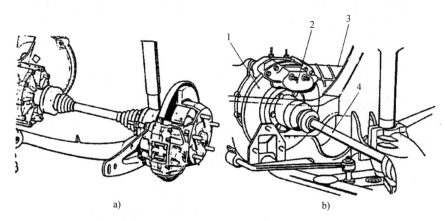

a) b)

图 5-4 将盘式制动器应用于后桥的示例；该盘可以安装在车轮本身或安装在
差速器上，在半轴上工作以减少非簧载质量
a）安装在车轮上 b）安装在半轴上

- 直接安装在轮毂上。
- 在差速器里半轴的辅助轮毂之上。

该图中的示例针对后驱动桥，但是也可以应用于前桥或后从动桥，在这种情况下增加专用于制动力的轴。

图 5-4a 显示了盘式制动器在引导臂后悬架上的总成。制动钳是固定在悬架滑柱上的，制动力的反作用力将作用在该处。

图 5-4b 中，制动钳 2 被固定到差速器或变速器上，如果差速器和变速器被集成在前轮上驱动车辆，则该制动力的反作用力直接或者通过悬架间接地作用在车身。圆盘 1 固定在传导驱动和制动力矩的轴 4 上。

这种昂贵的配置降低了簧上质量，并且有利于悬架舒适度。

有两种结构的盘式制动器：

- 定钳盘式制动器。
- 浮钳盘式制动器。

定钳盘式制动器的结构如图5-5所示，衬垫通过在制动钳内部的两对独立液压缸压靠在盘上，并行连接到相同的压力源；双气缸装置可以用于将伺服线路与应急线路分离。

图5-5　定钳盘式制动器；2个衬垫通过4个液压缸压靠在盘上

在盘内部有适当形状的径向通道；这些表现为径向通风口，其推动用于制动器冷却的空气。盘上的横向钻孔也改善了盘工作表面的直接冷却情况。

在具有较低性能且因此有较小制动盘的轻型汽车中，单对气缸是足够的。那样就不需要通风通道和钻孔了。

圆盘由铁合金制成；在高性能汽车中，昂贵的碳陶瓷盘如今也有了，因为它们在高工作温度下的性能优异。

浮钳盘式制动器如图5-6所示。单缸4工作在内侧制动片5上，而外侧制动片6被制动钳体1压在制动盘上，在其固定件7上可以沿垂直于该盘表面的方向滑动。该解决方案具有降低成本和减小体积的优点，允许将主销偏置减小为负值。

液压缸通过主缸施加的流体压力操作；一旦踏板被释放，主缸的活塞通过复位弹簧返回到初始位置，并且液压压力被设置为零。

制动活塞通过由密封环的侧向变形确定的弹力从盘上拉开，该弹性力以一定的径向载荷施加在每个活塞上；槽的形状（见在静止位置的密封环的放大细节）允许活塞运动而不在密封件上滑动。类似的设计特征也适用于定钳盘式制动器。

定钳盘式制动器的不足是，泥浆沉积物或腐蚀会损坏或阻塞横向滑动。因此，

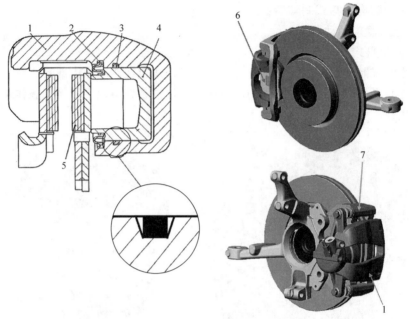

图 5-6 浮钳盘式制动器；制动钳组装成能够在垂直于所述盘表面的方向上移动；
液压缸可以是单一的。此图示出了活塞和气缸的放大横截面以及密封的细节

在滑销上加装保护波纹管和涂抹特殊涂层。

制动钳的滑动可能导致内侧制动片和外侧制动片不同程度的磨损；在某些情况下，制动钳会被不对称制动阻塞，影响车辆的行驶路径。

在盘式制动器中，驻车制动功能通过附加的同轴鼓式制动器获得；如果施加到盘垫的力太大，则这种解决方案是必要的。

第一个解决方案如图 5-7a 所示；在制动盘 1 内安装两个附加的制动蹄，如鼓式制动器，所施加的控制力将在下面段落中解释。

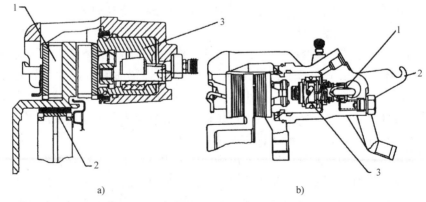

a)   b)

图 5-7 对盘式制动器停车功能的不同控制
a) 该功能通过附加的同轴鼓式制动器获得 b) 杠杆 2 和凸轮 1 直接作用在制动缸上

第二个解决方案如图 5-7b 所示，将常用制动和停车功能结合在一个单元中；制动片由通过线缆操作的曲柄连杆机构 1（曲柄由到控制杆 2 的凸轮形成）推动。通常这种控制包括一个自动间隙调节器。

在停车制动器中，同一轴的两个车轮之间的制动力的差异对于安全性没有显著影响。

5.2.4　鼓式制动器

图 5-8 所示为一个鼓式制动器和一些设计细节的横截面。

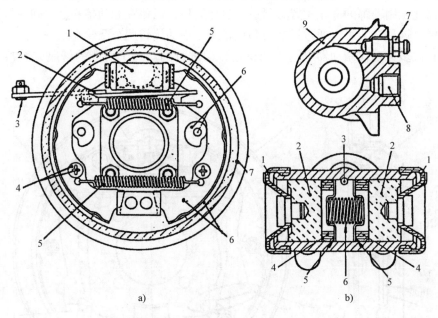

图 5-8　鼓式制动器及其驱动缸

这个制动器由一个旋转的中空圆柱 7 连接到轮毂；在其内表面上有两个对称的制动蹄 6 在工作，在其上铆接或粘结制动片。双活塞气缸 1 将制动蹄推到制动鼓上。

制动蹄的一端由一个活塞推动，而另一端与铰链相连或者靠在合适的表面上。两个制动蹄通过弹簧 5 与制动鼓保持距离。

由于鼓表面和可能的热变形，必然有机械加工误差，制动片和制动鼓之间的间隙必须远远高于盘式制动器中的制动片和制动盘之间的间隙。因为盘式制动器结构简单，可以以更高的精度加工并且在制动片的运动方向上没有热变形。

图 5-8b 所示为驱动缸的横截面：可以看到两个活塞 2，供油孔 3 和复位弹簧 6；两个活塞被组装到气缸 9 中并且示出其密封件 4。波纹管 1 防止气缸滑动面被水或灰尘污染。驱动缸通过螺纹接头 8 连接到油路；排放阀 7 用于排出可能进入该

油路的空气。

在现代汽车中，鼓式制动器仅应用于后轮，即提供机械驻车制动控制。这由通过钢索移动的推杆 3 和曲柄 3 执行。

制动片和制动鼓之间的摩擦导致其磨损。这一事实在盘式制动器中也是显而易见的，但是密封件的特殊形状（再次参见图 5-6 中的细节）消除了由磨损引起的额外间隙。

在鼓式制动器中，通过弹簧使制动蹄返回到支座上，这种磨损可能导致衬垫和鼓之间的距离增加，并且随之增加制动踏板行程，这可能让人不能接受。

因此，制动蹄的静止位置必须适应实际磨损，以便在制动蹄和鼓之间保持恒定的间隙。这种调节可以通过用螺母和锁紧螺母手动旋转两个凸轮 6 来进行。

在大多数现代制动器中这种调整是自动进行的。一个可能的解决方案参见图5-9。

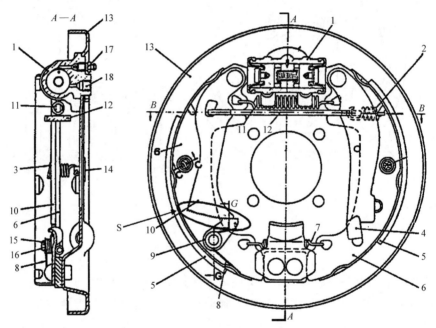

图 5-9 带有自动间隙调整的鼓式制动器的剖视图和主视图。该功能通过两个杠杆 9 和 10 来
实现，杠杆 9 和 10 通过由椭圆形线 S 勾勒的齿区段进行齿轮传动

根据邦迪克斯系统（Bendix 系统），两个制动蹄中的一个由部件 9、10 组成，其中齿部扇形连接在一起，详见该图中椭圆形线 S 中所示的细节。左制动蹄的其余部分由推杆 12 组成；推杆和制动蹄之间的间隙决定了制动片和制动鼓之间的间隙。直到该最后一个间隙大于制动蹄行程，两个部件 9 和 10 作为刚性系统工作；一旦行程大于间隙，则上部由推杆保持。这使得两个扇形部分旋转到不同的位置，从而减小了衬垫和鼓之间的距离。

推杆 12 可用于驻车制动器的控制。

5.2.5　控制系统的零件

1. 泵

踏板通过图 5-10 右侧的推杆作用在泵活塞上。

正如在下一段中解释的，在这个推杆和泵之间设置了动力制动器。

主泵或串联泵由在同一气缸中串联的两个活塞制成；在该气缸壁中，开口 T
连接到油箱，开口 A 和 B 连接到两个制动线路。根据表 5-1 中的方案，该泵驱动
两个完全独立的回路（工作回路和应急回路），每个回路都可连接到制动器。

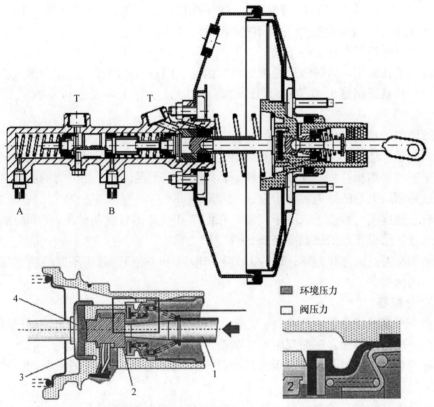

图 5-10　主泵和真空动力装置的断面图。下面示出了真空室和环境空气
之间的阀的放大细节，用于调节动力辅助

在静止状态下，两个活塞由图中所示的螺旋弹簧保持在右侧；所述两个活塞室
在大气压下连接到储液罐；以这种方式，可以提供适应由于衬片磨损而产生的间隙
增加所需的附加流体。

一旦踏板被压下，两个孔 T 关闭，并且线路内的压力与踏板力成比例地增加；
该压力将作用于在制动片或制动蹄上工作的活塞。

这种泵的布置保证一个回路在另一个线路发生故障（由于管道破裂而溢出）时还能运行；事实上，如果一个回路溢出，则两个独立的活塞将彼此接触，并且使仍然工作的回路的压力增加。踏板行程的增加提示驾驶人发生故障。

2. 制动液

正如我们已经看到的，踏板力传递到制动表面是通过液压方式进行的。

用于此目的的工作流体必须具有特定的特征并且满足以下要求：

- 在正常工作压力条件下该液体是不可压缩的。
- 其沸点必须超过某一最小值，以保持其在长时间制动后的性能。
- 该液体必须在非常低的温度（−40℃下）保持低黏度。
- 它必须有合适的润滑特性用于零件的相对运动（活塞、密封和气缸）。
- 它必须有化学稳定性并且不腐蚀金属及弹性部件。

一些有机油类满足这些条件。

这些油在使用一段时间后必须更换，因为它们具有吸湿性；水作为湿气存在于空气中，并且当储罐的液位由于磨损而降低时，水分子可能会污染大气储罐中的油。

溶液中的水会降低油的沸点。

当制动产热时，溶液中的水变成蒸气；蒸气泡降低油的压缩性，并在相同的压力水平下增加踏板行程。在临界条件下，踏板行程不足以满足制动力的需要。

这种制动效率的缺失被称为衰退或气阻。

吸水速度很大程度上取决于气候；在潮湿和炎热的气候条件下，3%的油可以吸收水分，结果导致沸腾温度降低80%。

美国交通运输部将流体认证为DOT3、DOT4和DOT5，并将不同的沸点定义为含水量的函数。

3. 分配器

由于车辆减速引起的垂直载荷传递，施加到前轮的制动力与静态值相比必定增加；由于相同的原因，施加到后轮的制动力必定减小。

静态载荷条件也会影响轴间的制动力分布，因为车辆上的有效载荷的位置相对于车轴的位置不同。

调节轴之间共享的制动力的功能是由制动分配器执行的。

制动器线路设计为给后轮提供必要的最大制动力，通常在全静态负载下；分配器的设计是为了将该压力减小到对应于实际静态载荷和载荷传递的合适值。

这个目标是根据以下规则来实现的：

- 当线路压力低于阈值时，压力不降低。
- 当超过该阈值时，根据小于1的预设值，前部压力和后部压力增加。

这个功能是通过图5-11所示的阀实现的。

螺纹接头7与泵和前回路连接，而螺纹接头6与后回路连接。在该阀中，移动阀芯 1 通过阀尖 2 对后悬架行程做出响应。

图 5-11b 所示的方案显示出了在车辆上的安装；当悬架被压缩（沿方向 a 移动）时，适当的杠杆作用力推动阀尖 2；反之亦然（沿方向 b 移动）。车辆悬架用作测力计，通过悬架行程测量轴载荷。

当向上压缩阀芯 1 时，阀 4 升起，打开油道 3；当阀芯下降时，在给定位置，阀门 4 关闭，切断泵回路和后制动器回路之间的连接。在这种情况下，根据阀芯 1 上的区域之间的比率，螺纹接头 6 处的压力将根据螺纹接头 7 处的压力降低。

弹簧 5 的刚度决定了制动压力减小时的悬架负载，而表面之间的比决定了该值的降低程度。

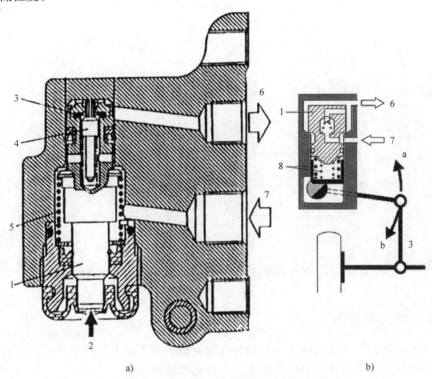

a)　　　　　　　　　　　　　　　　b)

图 5-11　制动器分配器和后轴安装断面图

图 5-12 所示为比较理想的制动压力分布的曲线和由图 5-11 所示类型阀门实际分配的示例。通过理想的分配，每个车轮可以在摩擦系数的最大值处制动。这个比较的参数是前后回路中的压力。

这种阀的缺点是，实际分配曲线比理想曲线低，会阻止后轮达到其最大制动能力；另一方面，完全避免了打滑。

另一个缺点是对于前轴和后轴的任何可能的负载组合都很难获得这种结果。

为了减小负载变化（如在两座上），可以使用简单的减压器。

第三类阀门响应车辆减速。在这种情况下，分配器曲线的斜率的变化由制动减速度确定。这种阀也考虑了重量分布的变化。但可能发生的故障也许是由于阀门机械加速计的内摩擦的影响。

ABS 系统还根据实际的垂直载荷对后桥起到限制后桥制动压力的作用；在这种情况下，分配阀不再是必需的。

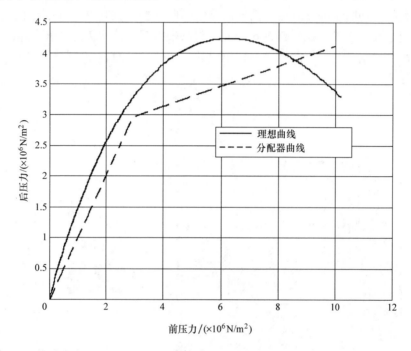

图 5-12 制动压力的理想分配曲线与实际分配器曲线之间的对比

5.2.6 动力制动器

动力制动器可以使驾驶人在制动时减少对踏板的作用力，减少行程，使其控制在可接受的限度内。其优点包括制动安全性和驾驶舒适性。

设计动力制动时必须满足以下规定：

● 动力制动器必须有足够的响应能力，以允许驾驶人在低踏板压力下调节制动力，因此必须限制内摩擦。动力系统的较低干预点应为 15 ~20N。

● 施加在踏板上的力是制动系统对驾驶人的反馈；必须与车辆减速相关。在任何情况下踏板上的力要与制动减速度成正比。

● 动力系统响应时间应低于 0.1s；响应时间是在紧急制动期间达到最大辅助值所需的时间，其中踏板以大约 1m/s 的速度踩下。

● 在饱和点处，从辅助模式到非辅助模式（见后面对这种情况的定义）的过渡必须是渐进的，以便在紧急情况下允许驾驶人进一步加力。

- 该系统必须绝对可靠；电力系统故障可能会让驾驶人惊慌失措。
- 必须限制重量和体积，以适合安装到发动机舱内。

动力制动器的触发负载（tip-in load）是在制动事件期间触发系统辅助所需踏板上的最小负载。

饱和载荷是踏板力与制动压力的关系图改变斜率时的负载值，因为动力制动器的辅助已达到其最大值。

在实际条件下不应达到这种负荷；因此它必须超过在最大摩擦系数和最大车辆载荷下停止车辆所需的制动力。

1. 真空助力制动

动力制动器位于制动泵和踏板之间，并放大由驾驶人施加在踏板上的力，利用节气门汽油机两个室之间的压力差，一个与坏境空气连通，一个与进气歧管连通。当真空歧管不足时（如在柴油发动机中）真空泵由发动机驱动。

参考图5-10（已用于解释制动泵），我们可以注意到执行器的尺寸，该尺寸与歧管和周围空气之间的压力差的适度值有关。

该执行器包括具有合适的膜密封的钢制气缸和活塞；在执行器中存在前（左）室和后室。

前室总是与进气歧管、节流门下游或与真空泵连通。

可以确定3种不同的情况或者阶段：

- 休息位置，踏板完全松开（第1阶段）。
- 踩下踏板（第2阶段）。
- 松开踏板（第3阶段）。

（1）阶段1

当松开踏板或踏板行程为零时（图5-10），两室设置在同一压力 p_s。这种压力等于真空源的压力。

因为在动力制动膜的两个面之间没有压力差，所以将没有辅助。

图5-10的下侧示出了执行器活塞的轴的细节。在该轴上具有使动力制动器的两个腔室连通的阀；在这个图中，当在零力踩下踏板时，或者当任何游隙设置为零时，阀门将被拉起。

（2）阶段2

现在假定踏板被施加一定压力。经过短暂的时间，阀将关闭两气室之间的通道。在图5-10左侧的细节中，推杆1通过橡胶表面封闭两个腔室之间的连通。

一段时间后，由制动力压缩的橡胶元件4将产生既定变形，从而在后腔室和环境压力之间打开通道2。

两个腔室之间的压力差决定辅助力的大小。

通道的开口是橡胶元件4的变形的函数，它对踏板施加的负载很敏感。一旦达到了驾驶人所期望的踏板上的负载，通道将关闭；因此后室中的压力将与橡胶元件变形和施加的负载成比例。通过橡胶元件4测量所需的负载。

（3）阶段3

当制动结束时，松开踏板，将关闭与外部的连通，重新打开两个腔室之间连通。两个室将处在相同的压力下，不向制动泵施加力。

总之，动力制动器的可能状态见表5-2，作为施加到踏板上的负载及其随时间变化的导数的函数。

表5-2 真空动力制动器的状态的描述，作为踏板力 F 及其随时间 $\dfrac{\mathrm{d}F}{\mathrm{d}t}$ 的导数的函数

F	$\mathrm{d}F/\mathrm{d}t$	外侧导管	内侧导管	后部压力	助力
$=0$	$=0$	开	关	p_s	否
>0	>0	关	开	$p_s<p\leqslant p_0$	是
>0	$=0$	关	关	$p_s<p\leqslant p_0$	是
>0	>0	开	关	$p_s<p<p_0$	否

图5-13显示了动力制动器的特性示例。该曲线示出了制动压力与踏板负载的函数变化。压力的计算公式如下：

$$p = \frac{F_s + F_p \tau}{A_p}$$

（5-5）

式中，F_s 为助力制动提供的协助；F_p 是踩在踏板上的力；τ 为踏板和推杆之间的杠杆比；p 为制动压力；A_p 为主泵的有效面积。

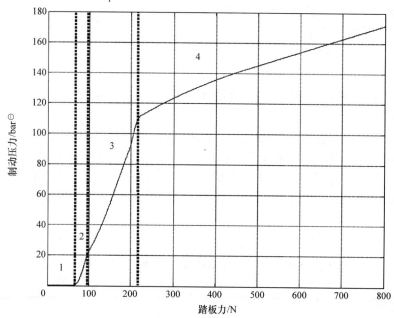

图5-13 动力制动器的特性曲线示例；制动压力作为施加在踏板上的负载的函数

⊖ $1\,\mathrm{bar} = 10^5\,\mathrm{Pa}$。

该特性曲线可以在台架测试中测量，在台架测试中，真空值保持恒定，而制动力设置为不同的值。

下面对这个图中四个区域进行介绍。

● 区域1：制动力不足以超过将制动器保持在静止位置的弹簧的阻力。制动压力因而是零。助力制动开始起作用的踏板力，被称为始动力（tip – in load）。

● 区域2：在达到始动力之后，助力突然增加，这个阶段被称为跳跃阶段（jump – in）。该阶段末尾的压力值是跳跃值。

● 区域3：在这个阶段，由踏板施加的力被恒定放大。压力和外加负载之间的比率 G 被称为助力制动增益。

● 区域4：动力制动器已经达到环境压力 p_0 和真空源 p_s 之间的压力差的最大值。在该区域中的压力增量仅由驾驶人施加的踏板力的增加而产生。这个值被称为最大助力值。

2. 液压动力制动

液压动力制动的能量来自加压后的流体。通常，压力源与动力转向系统相同，并且两条线路共用相同的流体。除了执行器之外，制动伺服装置与我们所看到的相同。

较高的工作压力可以降低系统外形尺寸，并且使得该系统可用于真空压力不足的重型车辆和中型工业车辆。

辅助系统由与主缸串联的简单液压缸组成。它由转向油泵通过合适的阀实施供给。

电磁阀使动力转向泵与制动回路连通。当制动器处于休止状态时，压力可用于动力转向系统。在制动期间，优先供给该系统。第二阀门根据踏板力调整辅助压力。

在压力源或发动机失速的情况下，蓄压器蓄有可支持2或3制动的一定量的液压油。

对于较重的车辆，需要更大的能量存储，则需要使用一个额外的电动泵；当来自转向泵的正常液压油被中断时使用此电动泵。

动力系统流体和制动流体不同，不应混用；专用密封件应避免污染。

5.3 工业车辆用制动器

欧洲认证法规规定的商业或工业车辆的最长停车距离为：

$$s \leqslant 0.15V + \frac{V^2}{1035} \tag{5-6}$$

式中，s 为停车距离（m）；V 为初始车速（km/h）。这个公式必须应用于行车制动器，并且我们可以看到，该规定不如汽车那么严格。

使用应急制动器时，停车距离可以上升到：

$$s \leqslant 0.15V + \frac{2V^2}{c} \qquad (5\text{-}7)$$

式中，c 为 115，用于工业和商业车辆的货物运输，公共汽车为 130。

因此，带有该应急回路的减速度为

$$a \geqslant 2.2 \sim 2.5 \text{m/s}^2$$

而常用回路为

$$a \geqslant 4.0 \text{m/s}^2$$

这些公式适用于认证表允许的所有负载条件。

对于工业车辆，法规也考虑了所谓的附加减速装置（缓速器）；该系统在长下坡过程中保持减速。

相关测试程序要求满载车辆在坡度 6% 的下坡以 30km/h 的恒定速度行驶 6km；在此试验后，平均制动减速度必须为

$$a \geqslant 3.3 \sim 3.75 \text{m/s}^2$$

其中，第一个值适用于运输物品的车辆，第二个值适用于公共汽车。

减速器不是液压或气动制动系统的一部分，而是集成到发动机或变速器中的部件。

集成到发动机中的装置基本上是通过使用合适的节流阀或通过改变气门的正时来增加在进气/排气行程中泵送损失的装置。

集成到变速器中的装置是使用废能量的电动或液压机械，将机械功转换成由专用散热器交换的热量。

我们不会对这些设备进行进一步说明，这些设备通常与发动机和变速器一起讨论；本卷的第二部分包含了液力减速器的描述。

中型和重型载货车及公共汽车有气动制动器；这是由于其车辆自重无法通过单纯的肌肉力量进行制动。

在这种系统中，施加到驱动和辅助装置的能量动力是压力高于 5bar 的压缩空气。实际上，具有真空辅助的液压执行系统的执行器的体积非常大。然而，与液压系统相比，由于制动压力值的需求，制动系统很重；有个优势是，该流体（空气）在大气中用之不竭，并且由于在每次制动时可以消耗工作流体，使得设计简单化。

此外，压缩空气还用于车辆上的其他服务，例如自动开门、用于发动机检查的舱室开启、传动装置和离合器工作、喇叭等。

该系统根据其本质，是比液压系统慢的方案，但是在合理的设计下能够瑕不掩瑜。

驾驶人的踏板力用于调节供应给制动执行器的空气压力。从压力室到制动蹄的力的传递通过适于增加力并且包含机械装置尺寸的杠杆或凸轮来执行。

还有液压－气动系统，其中由压缩空气产生和控制的力通过液压传递到制动盘

或制动蹄。

　　气动系统如图 5-14 所示，在最简单的构造中，有着压缩机 5、控制阀组件 7、储存器 10、分配器 13、压力计 16 和多个制动执行器（4 和 8），每个轮一个。

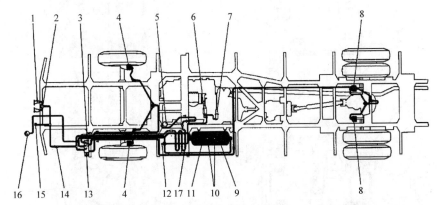

图 5-14　公共汽车使用的液压制动系的一种方案

　　牵引拖车的车辆还具有连接阀以供给拖车制动系统。在这种情况下，法规要求拖车在挂钩或空气连接管发生故障的情况下，以规定的性能自动制动。

　　当发动机运转时，压缩机供给控制阀组件和储存器。当达到储存器压力的预设值时，多余的空气被排放到环境中并且压缩机被分离。

　　分配器由制动踏板控制，并连接到储存器和制动执行器；这些通过机械或液压传动装置在制动片或制动蹄上操作。

　　当驾驶人踩下制动踏板时，分配器根据踏板行程算出压力值，将压缩后的空气输送到制动执行器；当松开踏板时，压缩空气减少，并且制动执行器停止工作。

　　在该制动器回路中有两个单独的部分：
- 自动部分，其中压力总是与空气储存器中的压力相同。
- 控制部分，仅仅在制动期间存在压力。

提供适当的冗余以在发生故障时能够紧急制动。

　　在同一方案中，我们还可以看到储存器分成两个部分，用于前制动器 9 和后制动器 11，以及用于在压缩机出口之后的空气冷却蛇形管 17。

　　依靠压缩空气的其他服务包括：喇叭 1、缓速器执行器 6、为轮胎充气的龙头和给风窗玻璃刮水器 15 供气的管道。

　　该系统的主要组成部分将在后面段落讲述。

5.3.1　压缩机

　　此类系统使用活塞容积式压缩机；它们具有自动阀或叶片式进排气阀。

　　它们的主要组成如图 5-15 所示，有气缸 6、活塞 5、连杆 34 和曲轴 25；这种压缩机类似于小型二冲程发动机，在所有曲轴销上采用滚子轴承。

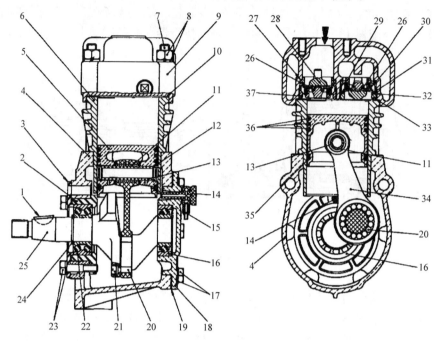

图5-15 用于制动系统的具有自动阀的活塞式压缩机的主截面

压缩机是由发动机通过传动带驱动的。进气阀28的开口在气缸压力小于环境压力时打开，而当气缸压力比储存器压力高时，排气阀26打开。

在热力发动机中，压缩机的冷却可以通过气冷气缸中的空气或水冷缸中的水进行，如图5-15所示；润滑可独立（飞溅型）或集成到发动机系统中。

5.3.2 控制阀总成

控制阀总成如图5-16所示；它包括清洁过滤器7、止回阀8、压力调节阀5和安全阀19，还包括一个压力表和一个轮胎充气嘴。

滤清器是为了过滤掉空气中的污染物，而止回阀是为了避免储存器向压缩机回流。

压力调节阀通过排气阀13，使得储能器的压力在最大预设值之下。

为了防止压力达到危险值，设置了一个安全阀：当储存器压力比调节阀设计压力高1~2bar时打开。

当空气压力超过安全阈值时，压力计打开仪表板上的警告灯。

也可以使用压缩空气来充气轮胎；将带有合适的止回阀连接管线，可以自动将轮胎保持在设计压力。当车辆停止且发动机怠速时，也可以手动操作完成。

这些阀的动作如下：当发动机运转时，压缩机通过连接件1、过滤器7、止回

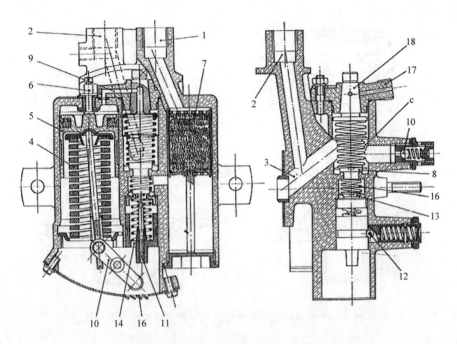

图 5-16　控制组件阀的横截面；此阀将系统压力维持在预设的最大值以下，
并在达到最小安全值时发出警告

阀 8、腔室 C 和管道 3 供给储存器；通过管道 9，压缩空气作用在压力调节器的活塞 5 上。

如果空气压力低于最小安全值（通常设置为 3.8bar），则由弹簧 4 向上推动的活塞 5 关闭开关 6，打开警报灯。

当压力增加时，活塞上的力因此增加。经过一定时间，活塞将被按下并且开关将被打开。当压力达到其最大值（通常设定为 5.8~6bar）时，活塞 5 通过拨叉 10 和推杆 11 打开排气阀。

从该点起，来自压缩机的空气通过孔 14 通到大气中，同时通过止回阀 8 关闭到储存器的连接。

当由于制动导致储存器压力降低时，活塞 5 升高并且排气阀关闭，将储存器再次连接到压缩机。

安全阀避免压力高于 7~7.5bar。

5.3.3　分配器

1. 简单的分配器

图 5-17 所示为一个简单的分配阀的部分截面。

该分配阀是由控制活塞 6、调节弹簧 7、浮动活塞 8、排气阀 3 和进气阀 1 构

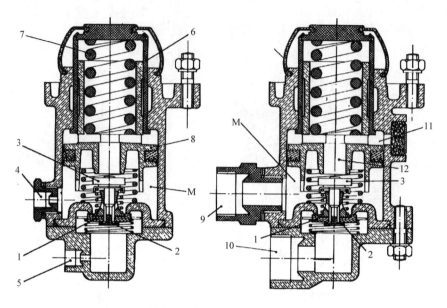

图 5-17 一个简单的分配阀截面，用于控制制动执行器的压力

成的。

踏板上的压力移动控制活塞 6 并调节弹簧上的负载，调节弹簧控制浮动活塞的运动，打开进气阀和排气阀。

制动踏板的每个位置对应于制动回路中的一个压力；驾驶人通过回路中活塞弹簧力的反应对实际制动力进行反馈。

让我们分析一下分配阀的操作：通过压下制动踏板，移动活塞 6，并且通过弹簧 7 移动活塞 8。

活塞 8 的移动关闭排气门 3 并打开预进气阀 2 和排气阀 1，通过室 M 向制动执行器供应空气。

进气阀迅速打开；当腔室 M 中的压力（制动执行器压力）大于弹簧 7 的弹力时，活塞 8 返回并且进气关闭。

通过减小踏板上的力，由空气施加的力变得高于弹簧 7 的力；因此活塞减小并打开排气门 3，通过管道 12 和孔 11 降低室 M 中的空气压力。

制动执行器上的压力减小，直到弹簧 7 能够再次关闭排气阀。

如果压力在管道或制动执行器中泄漏，则腔室 M 中的压力降低可再次关闭排气阀并打开进气阀，直到再次达到稳定压力。

2. 双分配器和三分配器

出于安全原因，一些制动系统具有双分配器或三分配器。

双分配器由两个相同的简单分配器组成，类似于上面所述；它们通过拨叉或摇臂由相同的制动踏板控制。

双分配器控制制动回路的两个独立部分。如果其中一个部分失效，则另一部分可保留部分的制动力。

三分配器有第三分配器。在这种情况下，3个独立回路可以包括：

- 前桥制动器。
- 后桥制动器。
- 拖车制动器。

5.3.4　制动器执行器

图5-18所示为适用于常用制动和停车功能的组合式制动执行器的横截面；它由气缸和活塞2制成，活塞2机械地或液压地连接到制动蹄或制动片。

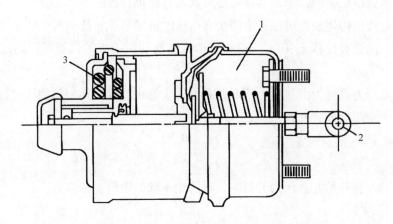

图5-18　气动制动器组合执行器；左侧执行器用于停车功能，右侧用于常用制动功能

在制动期间，由分配器控制的压力空气作用到每个车轮的执行器上；制动片或制动蹄的压力与空气压力成正比。

当压力设置为零时，复位弹簧将活塞移动到静止位置。

由于气动系统的能量源不会一直存在，因此驻车制动执行器由简单的弹簧制成，该弹簧将执行器正常处在制动位置。

气动执行器包括具有压缩弹簧的第二腔室，如图5-18所示；在该室中，空气压力压缩弹簧并释放制动器。

因此，驻车制动功能不受储存器残余压力的影响。

不涉及驻车功能的制动器没有第二个执行器。

5.4　设计和测试

5.4.1　制动系统的结构

1. 变形

因为明显的空间限制并且过大的踏板位移会被驾驶人视为故障，所以制动踏板行程不会超过一定限度是极其重要的。过大的踏板距离也会影响紧急制动时的最大压力。

在盘式制动器的示例中，踏板的行程由制动钳、制动盘、制动片和管道在制动期间的弹性性能引起。与这些位移相关的机油吸水会使踏板行程增加，参考制动片间隙恢复导出的理论值。

实验测试结果证明，单是制动钳变形就占总踏板行程的50%以上。

为了对该机构建模，可以考虑两个自由度的机械系统，其中两个独立变量是制动钳和活塞的绝对位移 x_p 和 x_c。这种简单描述制动钳一半的模型可以通过另一半来完成。

当制动压力设置为大气压力值时，系统处于静止位置，其中制动片设置在离制动盘表面一定距离处，并且：

$$\begin{cases} x_p = 0 \\ x_c = 0 \end{cases} \tag{5-8}$$

当制动过程开始并且压力升高时，有两个不同的阶段。

（1）阶段Ⅰ

在开始时，仅考虑活塞的位移，直到制动片接触制动盘表面：

$$\begin{cases} x_p = 0 \\ m_c \dfrac{d^2 x_c}{dt^2} + r_c \dfrac{dx_c}{dt} + k_c x_c - pA_c = 0 \end{cases} \tag{5-9}$$

式中，m_c 为活塞质量；r_c 为活塞与气缸之间的阻尼系数；k_c 为活塞压缩刚度；p 为回路压力；A_c 为活塞截面积。

该方程在下列条件下成立：

$$0 < x_c < c_a$$

式中，c_a 是制动片与制动盘表面之间的间隙。

（2）阶段Ⅱ

超过此限制后，当制动钳移动时，活塞被认为仍是静止的，根据等式：

$$\begin{cases} x_c = c_a \\ m_p \dfrac{\mathrm{d}^2 x_p}{\mathrm{d}t^2} + r_c \dfrac{\mathrm{d}x_p}{\mathrm{d}t} + k_c(x_p - c) + k_p x_p - pA_c = 0 \end{cases} \qquad (5\text{-}10)$$

式中，k_p 为制动钳刚度。

计算 x_p 和 x_c，得到：

$$A_c(x_c - x_p)$$

这是半个制动钳变形所吸收的油的体积。

因此，用于制动钳变形吸收的油的总体积 V_p 可以通过每半个制动钳的贡献计算；我们应该记住，一般来说后制动压力与前制动压力不同。

总结系统的 3 个部分（制动钳 c_p、管道 c_t 和主泵 c_{pd}）的贡献，可以评估总踏板行程 c_{ped}：

$$c_{ped} = c_p + c_t + c_{pd} \qquad (5\text{-}11)$$

通过将总油吸收量 V_p 除以主泵的面积 A 并将它们乘以踏板的传动比 τ 来计算制动钳作用 c_p：

$$c_p = \frac{V_p \tau}{A} \qquad (5\text{-}12)$$

通过确定回路中的油压，很容易推导出管子的径向和轴向变形；泵的变形可以通过试验测定或者有限元分析得到。

图 5-19 所示为测试结果。

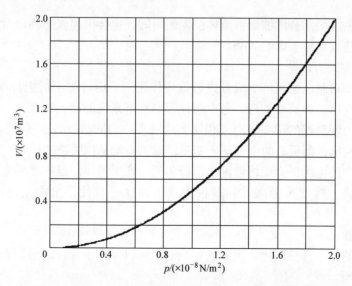

图 5-19　在压力 p 下，制动器液压线路的主油泵吸收的容量 V

2. 动态特性

液压系统动态响应的特性在于输入变量和输出变量之间的适度延迟，通常小于 0.1～0.2s。

动态特性可以由静态分量和瞬变分量描述。这是由于制动踏板上的脉冲导致的系统变量的快速变化，例如回路压力。准静态特性与一些特性的缓慢变化相关，例如由于制动期间车轮减速引起的制动片和制动盘之间的摩擦系数。

下文研究了不同的作用因素。

3. 流体

在液压线路中，流体从主泵到执行器活塞的流动条件取决于管的黏性、横截面和长度。决定流速的参数有：

- 流体的压缩性。
- 管壁的弹性。
- 流动阻力。
- 流体的惯性。

流体黏度会增加踏板力施加与制动力施加之间的时间滞后。它也会增加随后的释放制动力所需的时间。

在大多数车辆中，由于主泵的位置，在驱动器侧进给制动器的管比在另一侧的进给管短。这个事实导致驾驶人侧制动器比在另一侧上的制动器更快地响应；由于在正常条件下制动流体的黏度低，这种差异是难以察觉的。但如果环境温度很低，黏度的增加会导致横摆力矩被作用到车辆。制动的不对称程度会受到踏板施力速度的影响。

此外，黏度增加会增加置换流体所需的时间，也会引起施加制动力所需的时间的增加。这些现象也会影响 ABS。

（1）真空助力制动

动力制动对制动系统的响应延迟起重要作用。力由许多不同组件的运动提供，例如活塞、阀门、弹簧和推杆，每个组件都影响着系统的动态特性。

真空助力制动器的瞬变响应（快速实施制动）和准稳态响应（缓慢实施制动）如图 5-20a 所示；踏板上的力是输入变量，输出变量是该线路的压力。快速施加踏板力在回路中产生的压力比缓慢施加踏板力低，在一定时间延迟之后差异减小。

一般来说，驾驶人会察觉到踏板力量增加这一特性，通常发生在发动机熄火时。

（2）主缸

与系统的其余部分相比，主缸的影响通常可以忽略不计，因为其质量小。其气缸壁非常坚硬。

（3）管道

可以利用描述管道中流体的纵向振动的方程分析制动系统中的管的特性。

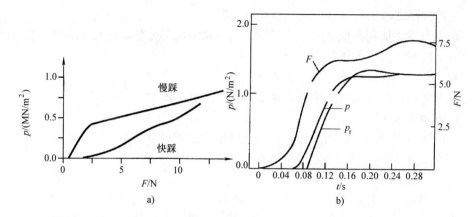

图 5-20　真空助力制动器的准稳态和瞬变响应（a），踩踏力 F、
主气缸压力 p 和后制动器活塞压力 p_r 随时间变化的曲线（b）

对于小直径的管道，黏性的影响是主要的。

计算数据和试验数据之间的良好相关性可以通过简单模型获得，在该模型中，一个代表流体的杆与代表系统弹性的弹簧串联，在一端接收一个力脉冲作为输入。

（4）制动器

应当通过不同的模型分析制动器（盘式制动器或鼓式制动器）的以下动态特性：

● 热特性，其中制动器被认为是将动能转换成热能并排放到环境空气中的装置。

● 力学性能，考虑到制动力与压力的关系以及制动片与制动器之间摩擦的关系，是一个包括质量、弹性和阻尼的机械系统。

● 摩擦阻力系数变化。

（5）液压动力制动

具有液压辅助但没有蓄压器的制动系统通常有着比真空辅助更短的响应时间，因为油比空气更不可压缩。

若没有蓄压器，则压力从最小值开始增加，将导致时间滞后。

在带蓄压器的液压动力制动器中，压力可以立即到达。

图 5-20b 所示为液压动力制动器的动态特性；该图作为时间的函数显示了施加到踏板的力 F、主缸上的压力 p 和后轮的运动活塞处的压力 p_r。

由图 5-20 可知，压力很好地跟随输入力，但因力学特性，压力响应输入力有一点延迟。

5.4.2　机械设计

制动器的机械设计包括制动系统尺寸、机械阻力和变形评估。正如我们所说的，变形和随之增加的踏板行程应该尽可能低。

热应力被添加到机械应力中：实际上，转化的大部分热量在被排放到环境空气中之前会被制动盘或鼓吸收。

在这方面，有限元分析非常有效。

在下文中我们将简单讲述盘式制动器和鼓式制动器的设计标准。

1. 盘式制动器

对用于盘式制动器的功能计算的系统建模是比较简单的工作。参数有

f：制动盘与制动片之间的摩擦系数。

R_1：制动片外径。

R_2：制动片内径。

Φ_c：活塞直径。

α：制动片的角度大小。

该活塞的有效面积为

$$A_c = \frac{\pi}{4}\Phi_c^2 \tag{5-13}$$

该制动片的有效面积为

$$A_f = \pi(R_1^2 - R_2^2)\frac{\alpha}{360} \tag{5-14}$$

其中，α 单位为（°）。

制动片在制动盘上施加的压力 p_f 等于作用在制动片上的总力 F_c 除以制动片表面积；如果 p 是回路中的压力，可得

$$F_c = pA_c$$
$$p_f = p\frac{\pi}{4}\frac{\Phi_c^2}{A_f} \tag{5-15}$$

在该方程中，p_f 表示制动盘和制动片之间的平均压力，并且可用于评估制动片上的应力。

如果假定这种压力是恒定的，则在任何一点上，合力 F_c 的作用半径为

$$R_m = \frac{2}{3}\frac{R_1^3 - R_2^3}{R_1^2 - R_2^2} \tag{5-16}$$

制动效率（通常用 ε 表示）是制动力矩和作用在制动片上的力之间的比；此参数允许不同制动器之间的即时性能比较。

所产生的制动力矩 M_f 是法向力乘以摩擦系数的乘积，M_f

$$M_f = 2F_c f R_m$$
$$\varepsilon = 2fR_m\frac{\Phi_c^2}{A_f} \tag{5-17}$$

2. 鼓式制动器

在盘式制动器中，由制动片在盘表面上施加的压力在方向和强度方面是恒定

的。因此，公式比较简单。

但在鼓式制动器中，压力分布沿着制动蹄在方向或强度上不是恒定的，随之而来的建模更复杂。

让我们考虑图 5-9 中的鼓式制动器，其中车轮逆时针旋转；可参考图 5-21 所示的方案。

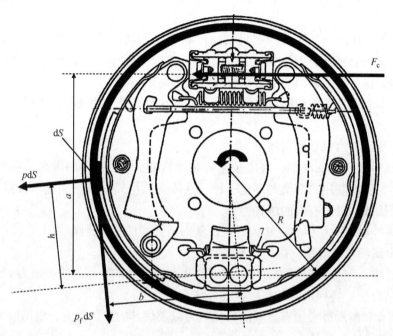

图 5-21　用于评估由于前后制动蹄的几何形状引起的自制动效应的方案

两制动蹄有不相同的特性：在制动中，该制动蹄上的切向力推动右制动蹄（被称为后从蹄）并且吸引左制动蹄（被称为领蹄）。当准备制动时，后者随着车轮同向旋转。

特别地，领蹄通过摩擦力获得制动作用。事实上，如果我们考虑制动片在领蹄中的作用，可得

$$F_c a = \int (p_f h \mathrm{d}S - p_f f b \mathrm{d}S) \tag{5-18}$$

在该方程中，力 F_c 小于单独作用在制动蹄上的正常压力；制动力本身辅助踏板力。

对于从制动蹄，方程将变为正号，并且结论将是相反的。

提高鼓式制动器效率的一个好方法是使用两个执行气缸，每个执行气缸在单个领蹄上工作。

在主制动蹄中，辅助力越高，摩擦系数越高；在上述等式中的第二项小于或等于零时，制动器是可以自锁定的。

为了避免这种不便，制动片的实际摩擦系数应该远低于自锁值。

在这些计算中，为了确定制动蹄的尺寸，还需要添加其他参数以验证热应力和机械应力。

特别地，在鼓式制动器中，通常验证制动蹄的弯曲不超过限值；良好的做法是允许踏板的额外行程，以补偿制动蹄的弯曲，不超过总行程的20%。

3. 材料

制动器设计的一个重要问题是制动片和金属之间的摩擦系数。最近的研究表明，即使某些金属（特别是钛）的合金含量的变化很小，也会对摩擦系数产生显著的影响。在相同的制动片下，摩擦系数变化高达20%。

这一事实催生了将相同铸造批次生产的制动盘和鼓应用在车辆的同一轴上的普遍做法。

制动片通常由以下材料制成。

• 磨料和固体润滑剂，决定了主要物理性能；因为每种润滑剂适用的温度范围都很小，所以使用的润滑剂不止一种。这些物质用具有机械和化学良好耐受性，但是耐磨性或润滑度有限的填料稀释。

• 弹性材料；用于改变物理性能，从而增强弹性并降低脆性。

• 金属粉末或纤维；提高导热系数。

• 纤维，配合粘合剂的应用，能够获得我们所需的合适的机械阻力。

• 粘合剂，将列出的所有材料进行粘合。

制动盘和制动鼓必须有良好的机械阻力以及优异的散热能力。应用最为广泛的材料是灰铸铁。

硅成分能够改善铸造性，但是会导致粒状石墨尺寸增加并提高脆性，类似于碳的作用。在冶金过程中锰的含量必须控制好；锰与硫结合生产锰硫化物会削弱材料的可切削性。锰的最大质量分数不超过1%。

对于高性能汽车，可以使用其他材料，例如具有碳基体的复合材料；它们的成本限制了大规模生产应用。通过碳化硅加强的铝合金，也可以用来减轻重量；但是它们有限的热阻削弱了其在重量和尺寸方面的优点。

由于产生热量，制动器上的温度升高非常明显，尤其是将车辆从高速停下时。随着温度的升高，摩擦系数降低，制动效率将从制动开始到结束逐步降低。

图5-22描述了该现象。由于连续制动没有足够的时间冷却，相关性能的下降与温度的持续提高关系明显。

效率显著降低，因此，与制动开始相比，踏板力会增加。这一固有特性应该通过对制动片材料的合理选择进行弥补。

在重型和高速车辆中采用自行通风的制动盘，如图5-5所示。

制动鼓的冷却可以通过使用沿圆周或平行于旋转轴的外部通风孔来改善。

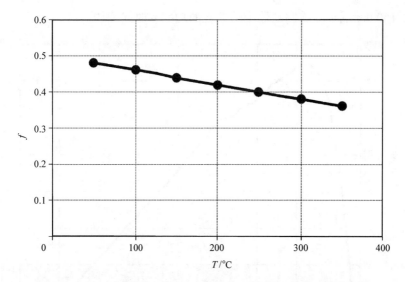

图 5-22　制动片及制动盘之间的摩擦系数－制动盘温度关系曲线

5.4.3　热设计

1. 能源和电力

在车辆制动过程中，车辆的动能和势能通过制动片和制动金属表面摩擦转化为热能。

如果为了简化而忽略由驱动阻力和动力传动系统驱动所施加的制动力，则在从初始速度 V_1 到最终速度 V_2 的制动期间浪费的热能 E 包括以下：

$$E = \frac{1}{2} m (V_1^2 - V_2^2) + \frac{1}{2} J (\Omega_1^2 - \Omega_2^2) + mg\Delta h \qquad (5-19)$$

式中，m 为车辆的总质量；J 为车轮旋转质量的转动惯量；Ω_1 为车轮初始转速；Ω_2 为车轮最终转速；Δh 为机动开始和结束之间的高度差。

作为第一近似，在正常制动条件下，轮胎的纵向滑移可忽略不计，轮胎滚动半径等于负载半径，即

$$\Omega_1 = \frac{V_1}{R_{sc}}, \ \Omega_2 = \frac{V_2}{R_{sc}} \qquad (5-20)$$

前桥和后桥之间的压力分布随制动压力的变化而变化，并且被设置为适于在制动期间保持车辆稳定性的值，从而避免后轮打滑。

如果我们把 M_{f1} 及 M_{f2} 称为在前轮及后轮的制动力矩，则该等式：

$$E = 2L_{f1} + 2L_{f2} = 2 \left(\int M_{f1} \Omega dt + \int M_{f2} \Omega dt \right) \qquad (5-21)$$

定义由制动器消散的功 L_{f1} 和 L_{f2}；这个方程可以等同前面的。

图 5-23 作为例子显示了在具有高摩擦系数的地面上从 100km/h 到停止的制动

过程中，1500kg 汽车的前制动器中的消耗的功率 – 时间曲线。

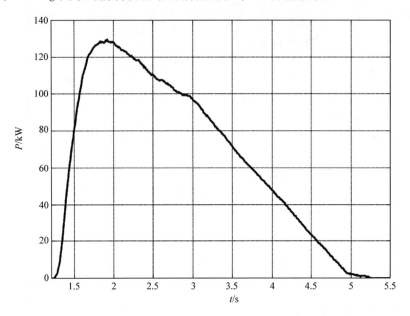

图 5-23　$t – P$ 曲线，从 100km/h 到制动停止过程中，
质量为 1500kg 的汽车的前制动器耗散的功率

制动热分析不仅包括确定由制动器浪费的总能量，而且包括它在制动盘和衬垫之间的热量分配。

这个分配与制动盘和制动片这些表面摩擦生热的部件的热阻（制动盘为 $R_{\rm d}$）（制动片为 $R_{\rm p}$）相关。

传递到制动盘和制动片的热量通过不同热阻的网络流动。

在准稳态条件下，这种现象可以用下式表示：

$$\gamma = \frac{Q_{\rm d}}{Q_{\rm p}} = \frac{\sum R_{\rm p}}{\sum R_{\rm d}} \tag{5-22}$$

式中，$Q_{\rm d}$ 为制动盘所吸收的热量；$Q_{\rm p}$ 为制动片所吸收的热量。

前面的方程意味着制动盘温度和制动片温度在它们的接触界面处相等，并且制动期间产生的所有热量仅由制动片和制动盘吸收。

γ 也能写为

$$\gamma = \frac{Q_{\rm d}}{Q_{\rm p}} = \sqrt{\frac{\rho_{\rm p} c_{\rm p} k_{\rm p}}{\rho_{\rm d} c_{\rm d} k_{\rm d}}} \tag{5-23}$$

式中，ρ 为密度；c 为具体热量；k 为导热系数。

下标 p 和 d 分别为制动盘和制动片。

虽然我们可以假设制动盘和制动片的密度和热导率保持不变，但是这个假设对于比热通常不成立。在研究制动片时，c_p 被假定为恒定的，而 c_d 随着温度的变化波动很大。

制动盘材料的热参数如图 5-24 所示。如果产生的总热量，根据我们的假设，是：

$$Q_d + Q_p$$

那么制动盘吸收的那一部分热量是：

$$\frac{\gamma}{\gamma + 1}$$

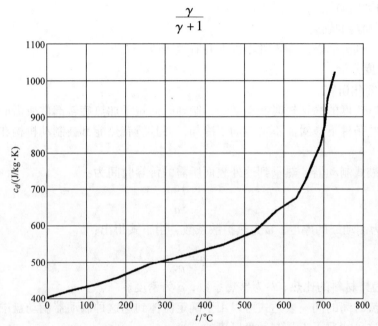

图 5-24　制动盘材料的特定热量 – 温度关系曲线

而制动片吸收的部分是：

$$\frac{1}{\gamma + 1}$$

通过引入制动盘和制动片的材料特性，可以得出，制动期间约 80% 的摩擦热被制动盘吸收。

这种分配是合理的，因为在制动片上的温度过高的话会导致材料融化以及液体局部蒸发，随之降低制动力矩。

在制动过程中产生的热量会被相对车辆运动的空气散发掉。

为了提高冷却效果，研究热分配方案时需要对制动盘的几何外形设计合理。在本体上设置合适的孔对大多数关键案例是有效的；同时制动盘的外形也可以提高空气环流效果。

而为了在这种现象下计算温度建模，需要考虑到以下热交换：

● 制动盘与周围空气的对流。

- 制动盘毂与环境空气之间的对流。
- 制动钳与周围空气的对流。
- 制动片与周围空气之间的对流。
- 制动盘毂与轮毂之间的传导。
- 制动盘毂与制动盘之间的传导。
- 制动片与制动钳之间的传导。
- 制动钳与制动盘毂之间的传导。
- 制动盘的辐射。

此外，部分的热量在零件温度上升时被吸收。

2. 温度分析

（1）简化研究

在高减速度的高速短时制动期间，制动时间短于加热旋转部件所需的时间。

在这些条件下，对流不会有助于冷却，并且所有热能都被制动机构和工作流体吸收。

对于鼓式制动器，热量到达外表面所需的传导时间为：

$$t = \frac{L^2}{5a} \tag{5-24}$$

式中，L 为制动鼓的厚度；a 为热扩散系数，由下式得出：

$$a = \frac{k}{\rho c} \tag{5-25}$$

式中，c 为鼓材料的比热；k 为导热系数；ρ 为密度。

与对流时间的同一表达式可以用于确定流体到达这种制动器制动盘中间所需的时间。在这种情况下 L 是制动盘厚度的一半。

对于小厚度的小鼓式制动器或通风盘，在短制动期间对流时间将较短，但在任何情况下，由对流消耗的热量将小于存储在转子中的热量。

如果我们假设制动功率随时间线性减小（恒定制动减速度），那么表面温度可写为：

$$T(L,t) - T_i = \sqrt{\frac{5}{4} \frac{q_0}{kat}} \left(1 - \frac{2t}{3t_s}\right) \tag{5-26}$$

式中，T_i 为制动器初始的温度；q_0 为到制动鼓或者制动盘在制动开始之后短时间内的热通量；t_s 为车辆停车时间。

我们应该注意到，q_0 也代表由鼓或盘吸收的每单位表面的制动功率。

如果我们参考时间求解前面的方程，则将得出最大表面温度：

$$t = t_s/2 \tag{5-27}$$

因此，在这种短制动最高温度是：

$$T_{\max,L} = \sqrt{\frac{5}{18} \frac{q_0 t_s}{\rho c k}} \tag{5-28}$$

从前面的公式，我们注意到，对于给定的热通量，最大温度随着密度、比热和热导率的增加而降低。

表5-3 显示了在盘式和鼓式制动器中的制动片、制动蹄和转子上使用的材料的平均性能。

表5-3 用于鼓式和盘式制动器的材料的热性能的典型值

参数	制动片	制动蹄	转子
$\rho/(kg/m^3)$	2030	2600	7230
$c/(Nm/kg \cdot K)$	1260	1470	419
$k/(Nm/mh \cdot K)$	4170	4360	174
$a/(m^2/h)$	0.00163	0.0011	0.0576

（2）二次近似研究

通过假设以下参数可以引入更好的近似：

- 气温是恒定的并且等于 T_∞。
- 轮毂在温度 T_m 下被认为是散热器。
- 传导系数只与车速作用有关。
- 传导系数被假定为恒定的。
- 制动片和制动盘比热只与温度有关。
- 制动片与制动盘之间的表面是唯一的热源。
- 热辐射仅针对周围空气。
- 辐射热包括在对流项中。

因此，我们应该把注意力集中在制动盘上，因为产生的热量的主要部分流经它。

制动盘对流的计算可以通过集中的几个参数建模。制动盘是单一质量，其温度各处恒定；制动盘温度仅仅是时间的函数，而不是空间的函数。

传导系数来源于制动盘由空气冷却的试验。在这些测试中，制动盘应安装在整车上以考虑车身的覆盖效应。

虽然制动盘可以通过与附近部件（例如轮毂）的传导来交换热量，但大部分热量通过对流消耗。

热平衡是由下列方程计算：

$$\rho c V_{eff} \frac{dT}{dt} = -S(H_a + H_i)(T - T_\infty) \tag{5-29}$$

式中，S 为制动盘表面积；V_{eff} 为制动盘冷却相关的体积；H_a 为空气和制动盘之间的传导系数；H_i 为辐射系数

我们记得：

$$S = 2\pi(R_e^2 - R_i^2) + 2 - R_e s \tag{5-30}$$

式中，R_e 和 R_i 分别为制动盘的外圆内径和内圆内径；s 为制动盘厚度。因此有

$$V_{eff} = \pi(R_e^2 - R_i^2)s \tag{5-31}$$

综合上述方程，我们可以确定制动盘温度关于时间和传导系数的关系图。

最后，可以通过最小化试验测试和计算结果之间的差异来识别。

我们可以得出传导系数是车速的函数。

我们为这个例子选择了传导系数和汽车速度之间的线性关系。

结果参见图 5-25。

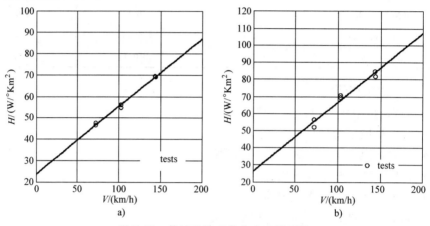

图 5-25　传导系数 H 作为车速的函数

a）后制动盘　b）前制动盘

可以注意到，前制动器传导系数大于后部，因为前制动盘是通风的，并且来自车身的覆盖效应较小。

关于对转子做出的传导系数的假设不能应用于制动片，因为它们吸收的大部分热量不能散发到空气中，而是被传递到制动钳。

作为第一近似，它们的传导系数已被设置为与制动盘相同的值。

为了通过有限差分法对盘进行单维分析，盘被分成 5 层；更接近制动片的厚 $\frac{\Delta x}{2}$，而 3 个内层厚 Δx。温度将是与接触面的距离 x 和时间的函数。

外层具有一半的厚度以考虑在与制动片接触附近的较高温度梯度。

将热力学第一定律应用于每一层，将获得一组不同的方程，其解决方案使得我们能在每个时间间隔确认所有层的温度。

与制动片接触的层的热平衡是：

$$\rho c \frac{\Delta x}{2} S \frac{\partial T_i}{\partial t} = -H_a(S + \pi R_e \Delta x)(T_i - T_\infty) - \frac{4}{3}kS\frac{T_i - T_{i+1}}{\Delta z} +$$

$$- k_c \pi R_i\left(\Delta x - s_g \frac{\Delta x}{s}\right)\frac{T_i - T_c}{\Delta x_c} + \frac{1}{2}\frac{\gamma}{\gamma+1}Q \tag{5-32}$$

式中，γ 为热通量比率；s_g 为制动盘厚度，在制动盘毂；s 为制动盘厚度，在制动

器表面；S 为制动盘表面积；H_a 为空气传导系数；T_c 为轮毂温度；T_i 为层 i 的温度；x_c 为到轮毂的热通量数值；k_c 为制动盘与轮毂之间的导热系数。而元素的厚度 Δx 是：

$$\rho c \Delta x S \frac{\partial T_i}{\partial t} = H_a 2\pi R_e \Delta x (T_i - T_\infty) - kS \frac{T_i - T_{i-1}}{\Delta x} +$$

$$- q_{i,i-1} - k_c 2\left(\Delta x - s_g \frac{\Delta x}{s}\right)\pi R_i \frac{T_i - T_c}{\Delta x} \tag{5-33}$$

式中，$q_{i,i-1}$ 是层 i 通过毗邻层传导的热通量；也可写为另一种形式，取决于该层是靠外侧还是内侧。

在第一种情况中：

$$q_{i,i-1} = \frac{4}{3}kS \frac{T_i - T_{i-1}}{\Delta x} \tag{5-34}$$

在第二种情况中：

$$q_{i,i-1} = kS \frac{T_i - T_{i-1}}{\Delta x} \tag{5-35}$$

因为实心制动盘中的温度分布是对称的，所以认为对称平面作为绝热表面，这种情况下研究可以被限制在半个制动盘中。

该计算方法已应用于从 100km/h 到停止需要约 3s 的汽车制动中。

计算的结果如图 5-26 所示。该制动盘是 10mm 厚，$s = 5$mm 是一半的厚度；注意在制动结束时温度几乎是均匀的。

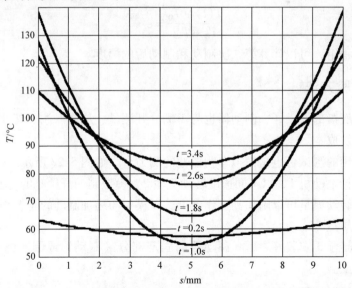

图 5-26　制动盘内的温度 T 在从 100km/h 速度制动停止情况下，
作为时间 t 和厚度 s 的函数的曲线

作为时间函数的温度曲线可以在 $s = 0\mathrm{mm}$ 和 $s = 10\mathrm{mm}$ 处读取，其中前提的假设是相同的。

制动片可以使用类似计算。

轮毂和制动钳可以被认为是集中质量；其温度因此将仅是时间的函数。

（3）衰退

在理想的重复制动期间，车辆从较高速度减到较低速度；在已经减速之后，它再次加速到初始速度，然后多次制动。

如果制动功率、冷却间隔和制动时间保持恒定，则可以在这些条件下容易地计算达到的温度。

此外，转子用集中的参数元素建模，温度和传热系数均匀，性能保持不变。

如果制动时间比冷却时间短得多，则可以忽略最后一次制动。

在这种情况下，转子温度将根据以下等式均匀升高：

$$\Delta T = \frac{Qt}{\rho c V} \tag{5-36}$$

式中，Q 为制动功率；t 为制动时间；c 为比热；V 为转子体积；ρ 为材料密度。

对于制动后的特性，可以使用以下不同方程：

$$\rho c V \frac{\mathrm{d}T}{\mathrm{d}t} = hA(T - T_\infty) \tag{5-37}$$

式中，A 为转子表面积；h 为传导系数；T 为时间 t 的温度；T_∞ 为环境温度。

从初始温度 T_0 开始，上式的积分的解为

$$\frac{T(t) - T_0}{T_0 - T_\infty} = \mathrm{e}^{\frac{-hAt}{\rho c V}} \tag{5-38}$$

结合方程组，可以计算第二次制动和制动后的温度。

5.4.4　试验方法

与其他底盘部件一样，制动器也与车辆分开测试，从而专注于其性能的特定方面并降低开发成本。

通常使用的测试台也是模拟车辆惯性的测力台，如图 5-27 所示。

台架包括电动机 1，以不同速度转动飞轮 2，模拟制动开始时的初始车辆速度。

飞轮的转动惯量可以附加到工作台上，以模拟与施加制动的车轮相关的车辆的表观的旋转质量⊖2。

制动器转子 3 安装好之后，制动器的固定部分（制动钳或制动蹄）用螺栓固定在工作台上。

　⊖　表观旋转质量的定义见下卷。

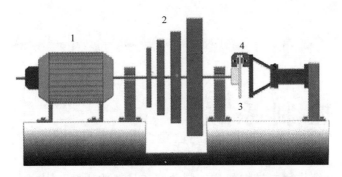

图 5-27   脱离车辆对制动器进行测试的方案。测试台包括测力计和模拟车辆惯性的一组飞轮

用反力矩仪测量制动力矩。

制动的模拟包括工作阶段和休息阶段。规定温度必须达到定义的值，如果重复制动，则必须施加预定的休息时间以模拟冷却；可能需要使用通风机以获得切实可行的结果。

当达到适当的温度时，调节旋转速度以模拟汽车的速度并执行制动。

制动性能可以在恒定制动力矩或恒定回路压力下控制。

在制动期间要记录许多参数，例如速度、温度、压力、力矩和重点保养的特定元件的温度。

采取多种测试过程：

- 通用认证程序。
- EUROSPEC 程序，用于汽车和制动件制造商之间的标准化。
- 来自于特定公司信息或者经验的程序。

台架试验评估的一个特殊目的是测定机械和热转子变形；这些测量可以在不中断试验程序的情况下通过使用无接触的电容传感器来进行。

在模拟汽车制动器寿命的不同测试循环之后，可以测量制动片和转子磨损以检查它们在车辆上的性能。

6 控 制 系 统

本章专门介绍作用在转向机构、制动器和悬架的弹性和阻尼元件上的控制系统，并根据这种分类划分章节。

作用在变速器和差速器上的变速器控制系统，将在下卷进行研究。

这种组织方式易受到批评，因为这些系统的目标通常是相似的，即使它们应用于底盘的不同部分。

这些系统中的大多数实际上是通过适当控制轮胎和地面之间的力来改善车辆动态特性。这种控制动作可能来自于制动力（来自每个车轮的制动器）的分力、垂直力（通过悬架的弹性或阻尼元件）的分力、不同的转向角和驱动力的分力（通过车桥差速器或四轮驱动车辆中的中心差速器）。

下面主要解释如何将所引用的底盘元件修改为控制系统中的执行器。这些章节还将概述相关的控制策略、控制系统必须遵循的准则，以获得改善车辆动态特性的结果。

研究控制系统与车辆系统的交互需要对整个车辆建模，以预测其动态特性和车辆功能的改变。这项研究将在下卷中阐述。

6.1 转向控制

与直接对转向角进行操作的普通驾驶员相比，控制系统更快更精确，可以有效地稳定和改善车辆的动态特性。

可以从驾驶人施加的转向角上加上或减去控制系统计算的转向角。在第一种情况下，效果是改进机动性；在第二种情况下，可以改善稳定性或主动安全性。控制系统可以改变现有转向机构的特性或者可以通过后轮上的并联机构操作。

6.1.1 后轮转向

RWS（后轮转向）或4WS（四轮转向）系统根据不同的参数实现后轮的附加转向，如前轮转向角、车速、横摆角速度速度或侧向加速度。

如图6-1所示方案，通过使用我们在前轮转向系统章节中介绍的运动转向图（方案a）说明了后轮转向的原理。

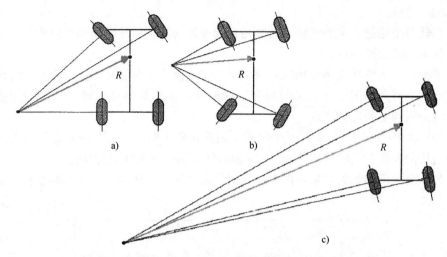

图6-1 仅使用前轴转向（方案a）或两个轴沿相反方向转向（方案b）
或沿相同方向转向（方案c）的车辆的运动转向
a) 方案a b) 方案b c) 方案c

在所有情况下，我们仅考虑运动转向，车速足够低时可以忽略侧偏角，图6-1
标出了车辆路径的曲率半径 R。

与前轮转向相比，由于后轮与前轮转向方向相反时可以获得更小的转向半径，
故后轮转向角的增加可以改善低速下的操纵性。参考方案b，可以使汽车的重心更
加接近车轮赤道平面的垂直线的交点。

此外，通过向后轮施加与前轮方向一致的转向角，可以提高高速下的稳定性，
横摆角速度可以随着车辆侧偏角的减小而减小。理论上，当车轮的垂直线平行时，
因为所有车轮具有相同的转向角，所以可以用横摆角速度为零的纯平移运动来改变
车辆路径。

有不同种类的 RWS 系统，每种对车辆动力学都有特殊的作用：

- 角度依赖
- 车速依赖
- 动态车速依赖
- 模型跟踪

这种分类证明了汽车电子控制系统的发展，而不仅仅是对实际不同需求的
响应。

1. 角度依赖

在角度依赖系统中，后轮转向角度完全依赖于前轮转向角。

这种情况可以用一个简单的与前轮转向器机械连接的转向器实现。

对于在高速下的较小转向角，后轮以相同的方向转向，以减少车辆侧倾并且改

善车辆稳定性。

当转向角超过一定的阈值，尤其是在低速运动时，后轮转向角方向相反，用来改善汽车的操纵稳定性。

通常，当后轮转向角在相同方向上 <2° 或在相反方向上 <5°时，后轮转向角将在转向盘旋转大约 200°～250°时反转。这种开环控制策略可以通过适当的连接到传统转向机构上的机构实现。

1987 年的本田 Prelude 是一个纯机械四轮转向机构的例子。图 6-2 所示为这一转向机构的前轮、后轮转向角 δ_1 和 δ_2 随着转向盘转角 δ_v 的变化曲线。

另一个角度依赖的后轮转向机构的例子是由菲亚特研究中心提供的专利，如图 6-3 所示。

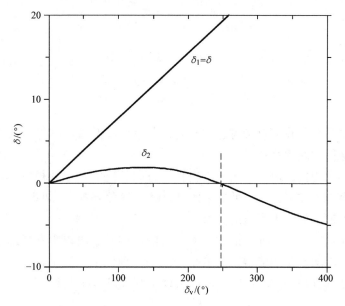

图 6-2　前、后轮转向角 δ_1 和 δ_2 随着转向盘转角 δ_v 的变化曲线

转向盘通过一个连接轴和一个齿轮 6 控制后桥转向器。凸轮通过滚轮接触 3 和 5 使两个后转向杆 2 移动。这些转向杆作用在后轮上。

对于小角度，凸轮使后轴沿与前轴相同的方向转向。当前轮顺时针（从上面看）转向时，凸轮 4 顺时针（在右上方的放大）旋转使推杆向左移动，然后向右移动。

存在后轮不转向的前轮转向角，其凸轮径向尺寸恒定并且等于转向杆上的滚轮之间的距离。

2. 车速依赖

更复杂的控制策略是所谓的车速依赖策略，这里平均后轮转向角 δ_2 可以由下式定义：

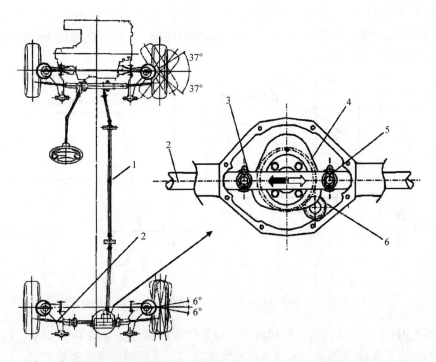

图 6-3　后轮转向角、角度依赖型的机械控制。可以发现：控制轴 1、后转向推杆 2、
滚轮 3 和 5、转向凸轮 4 和转向齿轮 6（CRF 专利）

$$\delta_2 = K(V)\delta_1 \tag{6-1}$$

式中，K 仅为车速 V 的函数；δ_1 为平均前轮转向角。

　　显然，在没有不可接受的复杂的情况下，转向轴之间的纯机械连接是不可行的（例如，如何以机械方式测量汽车速度）。

　　车速依赖型后轮转向系统最常见的目标是使车辆侧偏角尽可能小。在这种情况下，控制规则可以通过下卷中引入的数学模型推导出。

　　这又是一个参考平均车辆行驶条件的开环办法。

　　许多系统曾采用机械或液压执行器，但随后停止使用了。

　　这种系统曾在 1992 年本田的 Prelude 上使用的。在这种情况下，后轮转向通过电动机实现，用传感器测量转向角和车速。控制系统在任何车速下均保持准静态的车辆侧偏角。

　　德尔福（Quadrasteer）生产类似的系统，也是目前市场上唯一仍在使用的系统。

3. 动态车速依赖

　　适用于在所有条件下获得 $\beta = 0$ 的控制规则的更完整表达式必须具有以下形式：

$$\delta_2 = K(V)G(t)\delta_1 \tag{6-2}$$

式中，$G(t)$ 为转向开始后转向输入随时间变化的函数。

$K(V)$ 的定性图表如图 6-4 所示。可以看到在低速（低于 40km/h）下为负增益，即后轮转向角与前轮方向相反，以改善操纵性能；在较高的速度下，后轮以相同的方向转向以提高稳定性。

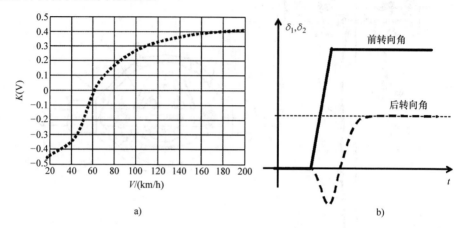

图 6-4　带有动态车速依赖系统的前、后轮转向角对时间的瞬态响应

图 6-4b 所示为转向角－时间曲线。稳态角度 δ_r 由动态函数 $G(t)$ 调整，以获得所示的响应。在曲线的第一部分中，相反的转向角度使得转弯的起始更快，而随后的值被处理为稳定状态。

为了达到该目标，后轮由液压执行器转向，该液压执行器的压力是电子控制的，转向机构的中立位置由高刚度复位弹簧限定。

4. 模型跟踪

计算后轮转向角的控制规则包括两个因素。

开环控制作为先前引入的策略中最复杂的控制，而闭环控制被用于补偿检测到的实际参数与由实时数学模型预测的理论参数之间的误差。这些参数有横摆角速度和车辆侧偏角等。

这样的控制系统能对无法用数学模型预见的以下情况作出反应：

- 轮胎特性的变化（磨损、胎压）。
- 车辆质量和质量分布的变化。
- 外部扰动例如阵风（如离开隧道时）或道路摩擦系数的变化的影响。

响应始终根据行驶情况进行校准，从而改善操纵性和稳定性。

图 6-5 所示为后轮转向执行器的剖视图，应用于菲亚特研究中心针对使用 RWS 系统的模型开发的原型车。

该执行器包括两个比例电磁阀 PV1 和 PV2，用于控制流向活塞 5 的油液，以使后轮转向。两个开关电动机（HSV1 和 HSV2）用于切断流入液压缸的油液；另一个电动阀（图中未示出）打开机械安全制动器 4。

要使执行器动作，所有的开关阀必须打开，安全制动器 4 必须释放。后者是由

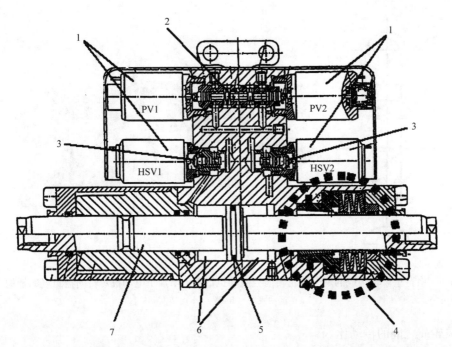

图 6-5　用于动态车速控制系统的后轮转向执行器。比例阀 2 和开关阀 3 在图中与安全
制动器 4 一起示出，以在液压回路故障的情况下保持系统闭锁（CRF 专利）

转向杆 5 上的锥形衬套实现。一套锥形弹簧推着衬套从而保持制动器自然贴合，该
制动器仅在油压作用下分离。

　　根据法规的要求，这种系统的安全性非常重要。该执行器保证了转向角处于最
后的执行位置，这一特性能够在系统故障时提醒驾驶人。

　　后轮转向系统，曾在 20 世纪 90 年代在跑车上流行过一阵，现在由于其较高的
成本，已经被 VDC 系统所取代。

　　它们在操控性方面的边际优势使得制造商们重新考虑将这套系统使用在有最小
转弯半径限制的车辆上，例如带有大型发动机的前驱车辆。

6.1.2　可变比转向器

　　可变比转向器代表了技术的进步，尤其在高端市场中的高性能车辆上。

　　宝马公司与 ZF 公司和博世公司合作，开发出了一种带有无级变速器的可变比
转向器。

　　图 6-6b 所示为改进的转向器，在转向管柱和小齿轮之间有一个靠电动机 1 带
动的行星齿轮 2。

　　图 6-6a 所示为行星齿轮的方案。该电动机 1 受电子电路控制，并通过行星齿
轮 2 支座 P 上的蜗杆 V 动作，能够改变连接在方向盘上的转向柱 i 和与齿条 3 啮合

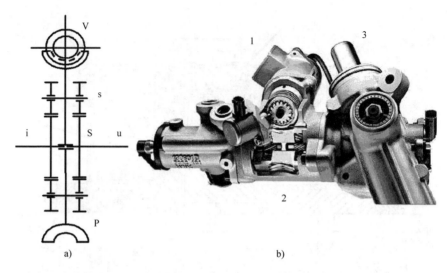

图 6-6 由行星齿轮构成的用于前轮转向控制的执行器，增加了电动机对转向盘角度的辅助功能
a）运动系统（BMW） b）转向器

的齿轮 u 之间的传动比。

按照法规规定，该系统能够像传统转向器一样运作。如果突然失效，转向角是不受影响的。实际上，如果电动机停止，那么该蜗杆变速器因不可逆设计将使行星架保持在最后执行的位置。在固定位置上的行星齿轮作为二级减速，它们的旋转轴是锁死的，与太阳轮 S 之间的传动比为 1∶1，没有反转。

一个电子控制器可以通过传感器探测的横摆角速度和侧向加速度来修正车辆路径。

在低速下，电动机有助于减少转向所需的力从而改善操纵性能。

本田开发了一种可变比转向器。

传动比的调节由转向柱和转向器的小齿轮之间的电动执行器实现。

在低比率时，执行器将小齿轮移动更靠近齿条，以减小其节圆半径；对于更大的比率，齿条被拉开以增加节圆半径。

该控制能够使转向传动比从 1.4 到 2.4 变化。

6.1.3 线控转向

线控转向系统（其中转向盘和转向器之间的机械连接由电动或液压传动代替）能够以更简单的方式实现前面段落中描述的所有功能（辅助功率、比率变化、稳定性控制），至少从概念的角度可以实现。

转向盘驱动位置传感器并由能够复制控制器上的驱动反馈的力矩执行器驱动。在控制系统的指令下，车轮由一个角度执行器操纵转向。

转向盘可由不同的控件，例如操纵杆或控制杆进行代替。驱动动力可以是液压或电动的，优选后者，因为电子控制电路接口简单。

预期的优点还包括更好的控制布局，其在被动安全（减少车辆碰撞后对驾驶员产生冲击力的危险）及空间和驾驶员座椅适应性方面有优势。控制机构可以容易地从车辆的一侧移动到另一侧。

这些系统也可以很容易地适应残疾驾驶人的特定需求。这个有趣的概念简化涉及保证预期可靠性的复杂性，但是这些系统仍然不被现有法规所承认，法规要求在失效情况下在控制器和转向器之间默认主动机械驱动。

这种系统可以很容易地整合后轮转向功能。

利用两个不同且独立的控制输入（δ_1，δ_2），可以对两个自由度（例如横摆角速度和车辆侧偏角）进行独立控制。

应通过分别控制每个车轴上的每个转向车轮来研究其他潜在优势。

这种控制的背后的想法应该是始终在运动条件下操纵每个车轮，从而改善车辆操纵性，特别是在狭窄的转弯中。

6.2 制动控制

由制动系统产生的纵向力不仅影响纵向动态特性，而且影响侧向动态特性。

如图 2-32 所示，其中纵向摩擦系数 μ_x 为纵向滑移率 σ 的函数。此外，纵向制动力 F_x 在给定侧偏角 α 和垂向力 F_z、横向力 F_y 和自对准力矩 M_z 时的变化，如图 2-60 和图 2-61 所示。

通常用于描述这种现象的经验公式已经由 Pacejika 提出并在车轮的章节中做了阐述。

施加到车轮上的非对称制动力矩会产生影响车辆路径的横摆运动。

因此，制动器不仅适用于改变车辆速度，而且适用于控制其路径和牵引能力。基于此执行器的许多控制系统将在以下段落中描述，其中使用博世商标和首字母缩略词进行标识，这些已经列入了通用技术语言。

6.2.1 防抱死制动系统 ABS

如前所述，ABS（防抱死制动系统）的目的是避免可能降低制动能力和侧向动态控制的过度纵向滑移。

对于不同道路坡度和车辆载荷可能出现的所有摩擦系数值（原则上，每个车轮不同），都要达到这个目标。

同时，控制系统必须最小化由于摩擦系数的突然变化（例如在水坑、凹坑、孔盖等上的运动）、悬架振动或制造组装过程中的误差导致的各种干扰。

此外，制动能力不应受传动惯性的影响（驱动轮处的车辆惯性受传动比和离合器的接合/分离的影响）。最后，由于制动力矩调节引起的制动踏板上的振动将减小由车轮上的不同摩擦系数（所谓的 μ - 分离工况）引起的横摆力矩干扰。

该控制系统的输入参数是由轮毂上的传感器测量的轮速，而受控参数是每个制动器处的制动压力对时间的导数。事实上，ABS 控制器不能设定制动压力的给定值，而是控制其增加、减少或维持现有压力。

虽然过去已经建立了更简单的系统，但我们将仅仅提到现在普遍适用的四通道系统，该系统的特征在于速度传感器和每个车轮的独立压力控制。

为实现这一功能，ABS 必须包括：

● 具有动力系统的主泵，如在传统系统中使用的。

● 如传统系统中的每个车轮的制动执行器（盘式或鼓式）。我们应该注意到，盘式制动器优于鼓式制动器，因为它们更容易调节，没有潜在的自锁。

● 每个车轮的速度传感器。

● 液压调节器，包括电子控制单元、调节阀和循环泵。

这些组件将在下面的段落中描述，接下来将开始描述应用于实现目标的控制策略。

图 6-7 所示为在 ABS 介入下，在摩擦表面上渐进制动期间，车轮的基本参数的典型曲线。

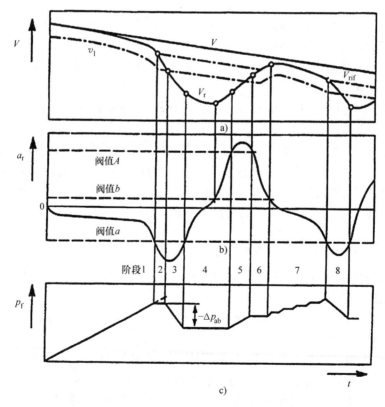

图 6-7 由 ABS 系统控制的速度、加速度和制动车轮的制动压力图

图 6-7a 显示了速度与时间的关系。

- 车速 V：该值不是由控制系统测量的，但在图表上显示以供参考。
- 参考车辆速度 V_{rif}：该参数由控制系统使用车轮转速估算。
- 车轮圆周速度 V_r：由传感器测量的车轮转速 Ω_r 与滚动半径 R_0 的乘积。
- 极限速度 V_1：车轮圆周速度的阈值，低于该值时滑移率太高，不能保证控制目标。

图 6-7b 所示为车轮的周向加速度 a_r，而图 6-7c 所示为由电子单元控制的执行器上的有效制动压力 p_f。

电子单元计算加速度 a_r，导出由车轮传感器测量的速度 V_r。特殊技术被应用于滤波来自磁拾取器的信号，从而抑制噪声。

一些特征阈值在加速度图中标出，它们为：

- 阈值 a（值 <0）：该值肯定高于车辆可接受的最大减速度。由于过度的制动压力或对不稳定区域的突然瞬变，它显示了实际制动力矩和最大稳定制动力矩之间的显著差异。
- 阈值 A（值 > 0）：该值表示制动力矩明显低于最大稳定制动力矩。相应的滑移率具有较小的数值，远低于最大值。
- 阈值 b（值 > 0）：接近零，此值强调靠近 (F_x, σ) 曲线最大值的回归。

在 ABS 的控制下，可以标出制动的 7 个特征阶段。

1. 阶段 1

图中的时间 $t = 0$ 对应于制动的开始。在第一阶段没有控制系统的干预。

实际上，在该阶段中，车轮速度 V_r 大于阈值 V_1，并且周向加速度 a_r 是负的，其与车辆减速度同号。后者的值低于阈值 a，表示转变到不稳定区域。

因此，在渐进制动中，活塞压力根据驾驶员动作和回路延迟而连续增加。加速度将保持几乎恒定，因为滑移增加使得摩擦力矩与制动力矩一起增加。

在达到阈值 a 之前，加速度将变化剧烈，说明与不稳定区域的边界接近。

2. 阶段 2

一旦超过阈值 a，阶段 2 开始，其中制动压力保持恒定。

这只有在超过阈值之后才会发生。事实上，突然的高速制动（其特征在于高制动力矩梯度），与轮胎稳定区域中不太陡的特性曲线相结合，意味着摩擦力矩缓慢增加。因此，可以在稳定的条件下达到阈值 a，并且不必在这些条件下降低压力。

如果阶段 2 的开始表示从稳定区域到不稳定区域的转变，则已经达到最佳值的滑移率，在制动期间保持恒定以产生良好的性能。

在这个阶段车轮减速度不断减小。

这解释了为什么制动力矩在滑移率增大时是恒定的，同时摩擦力矩减小（已超过 $F_x - \sigma$ 曲线的极限）。

3. 阶段 3

在 V_1 值下，滑移率非常高，车轮接近抱死。因此超过车轮速度 V_r 的相应阈值意味着进入阶段 3，其特征在于制动压力减小。

随之而来的制动力矩的减小使得加速度图的反转成为可能，甚至在低于阈值 a 时开始增加，而车轮速度减小并且斜率也减小。

在阶段 3，车轮仍在不稳定区域且滑移率仍在增长。摩擦力矩比制动力矩减慢得更慢。

因为这个原因加速度开始增加。

4. 阶段 4

一旦加速度超过阈值 a，就进入了阶段 4，其特征在于制动压力恒定。在阶段 1 中，越过阈值 a 意味着进入不稳定区域，在这种情况下则意味着返回到稳定区域，因为在图 6-7c 中制动力矩已经稳定在较低值，对应于 Δp_{ab}。

这种情况允许加速度继续增加，直到它变为正的。

因此，车轮速度 V_r 将在该阶段的第一部分中减小到最小，并且将再次开始增加。

加速度的增长是由于以下原因：当制动力矩保持恒定时，摩擦力矩增大，直到其大于制动力矩。

这种增长是因为滑移率的减少。

在该阶段的中间，减速度再次超过阈值 b。如果这种情况不发生，则有必要进一步降低制动压力。

这可能发生，因为阶段 3 中的压力下降不足以使摩擦力矩变得高于制动力矩。

5. 阶段 5

一旦加速度超过阈值 A，则阶段 5 开始，其特征在于制动压力增加。

在该阶段的第一部分中，纵向滑移减小导致摩擦力矩增加，从而使加速度增加，直到该增加改变加速度的变化趋势。

在此阶段，车轮速度继续增加，因为加速度始终为正。

6. 阶段 6

阶段 6 开始于加速度越过阈值 A，具有负斜率，其中制动压力保持恒定。在该阶段中，车轮速度继续增加并且滑移率减小，但是由于滑移率再次处于稳定区域中，摩擦力矩也与加速度一起减小，直到越过阈值 b 并且具有负斜率。

7. 阶段 7

此时阶段 7 开始，其中制动压力逐步增加以避免制动力矩的急剧增加。

这种增加允许更好地利用轮胎并且减小车轮惯性的影响。在该阶段开始时，车轮速度继续增加，滑移率随着摩擦力矩的减小而进一步减小。

加速度继续降低至零，然后回到负值，0 值对应于两个力矩相等。一旦加速度为负，滑移率再次开始朝着最佳值增加。当加速度降低到阈值 a 以下时，阶段 3 开始，开始一个新的循环。

我们可以发现，使用 ABS 控制，执行器压力不能超过主泵的压力。换句话说，制动力矩不能超过驾驶人控制的作用。

当在低摩擦路面上制动时，一些防抱死系统可以识别出这种情况并采取略微不同的策略。

其他策略涉及改善车辆动态特性。

例如，由博世设计的"选择低"策略规定，后轮驱动器的压力由摩擦力较低的车轮决定，而前轮由不同的压力控制。

在该策略中，减小了横摆力矩（由于不同的制动力，例如 μ - 分离路况），同时制动效率降低。

另一个策略，也是博世公司设计的，前轮使用具有延迟压力的高摩擦系数制动器。在这种情况下，仅横摆力矩被延迟，但驾驶员被给予更好的机会用不同的转向角来补偿这种扰动。此延迟应根据车辆特性进行校准，以免过度降低制动性能。

6.2.2　EBD 系统

EBD 是电子制动力分配的首字母缩写。

在制动期间，施加到重心的惯性力决定了垂向载荷转移的多少，这增加了前轮的垂直负载并且减小了后轮的垂直负载。

如果施加与垂直静载荷成正比的制动力矩，后轮胎将首先失去其附着力，从而降低车辆路径的稳定性。

为了避免这种结果，在没有 ABS 控制的制动回路上引入了分配阀。如我们在前面的段落中所描述的，该阀用于限制后轮制动压力。

此功能也可以由 ABS 实现，这个增加的功能被称为 EBD。

对于给定的车辆，可以计算其理想的制动压力分布，如图 5-12 所示。该曲线表示在 p_{ant} - p_{post} 平面上的点的轨迹，以保证两个轴上的最大制动力。

该曲线必须针对车辆上每个可能的负载组合进行修改。例如，由于负载变化主要影响后轮，故全负荷曲线比空载时允许更大的后轮制动力矩。

EBD 控制试图以优于机械制动分配器的方式模仿理想曲线。

为了实现这一点，车辆质量通过主泵压力与车辆减速度的比较来估计，车辆质量的值也可以用于估计质量分解。

在制动踏板上的控制动作最小之前，分配器遵循满载曲线，其包含后轴额外的滑移。

在较高的主泵压力下，EBD 控制通过 ABS 阀可以改变压力。

注意，这种策略意味着滑移率的精确计算取决于车辆速度，但这不能从车轮速度估计准确。保持后轮和前轮滑移率不同的控制系统更简单且更有效。

EBD 控制系统所需的组件与 ABS 的组件相同，只有软件受到影响，因为此功能添加了特定算法。

我们应该记住，作为机械分配器的 EBD 系统在故障情况下有保持最小减速度的规定。系统必须包括恢复模式，其在故障情况下可以安全地减小制动力。

6.2.3　VDC 系统

VDC（车辆动态控制）也通过诸如 ESP（电子稳定程序）或 VSC（车辆稳定

性控制）等不同商业名称而被所知。

这种系统的目的是获得稳定且可预测的车辆动态特性，并避免超过轮胎运转稳定极限。该系统的执行器也是施加车轮制动力矩，以便在车辆上获得合适的横摆力矩。

VDC 控制所需的必要组件有：

- 主泵，如在传统系统上那样具有真空伺服。
- 制动执行机构，如在传统系统上的那样。
- 车轮速度传感器，与 ABS 和 EBD 系统共享。
- 液压调节器，包括阀和负载及再循环泵，与 ABS 和 EBD 系统共享。
- 转向盘的角度传感器。
- 横摆角速度和横向加速度传感器。
- 与发动机电子控制单元的连接线。

转向盘角度、横摆角速度和横向加速度传感器用于识别描述车辆侧向动力学的主要参数。

该系统中的电动泵和阀用于产生单个制动器的压力脉冲，而与驾驶人的意愿无关。

当车辆在弯道上行驶并且其中一个轮胎的转向力小于局部与离心力平衡所需的转向力时，车辆偏离先前的路径。

如果这种缺陷位于前轴，则这种现象类似于转向不足，车辆曲率比正常情况下小；如果它位于后轴，则该现象类似于过度转向，车辆曲率比正常情况下。

VDC 控制系统尝试通过与轮胎约束相协调的校正横摆力矩来恢复初始路径。

为此，电子控制单元根据转向角和车辆速度计算操纵的期望横摆角速度。如果与测量的横摆角速度存在差异，则计算四个制动转矩以校正这种情况，如果超过附着极限，则至少减小车辆速度。

发动机转矩的减小也有助于该减速，这是发动机控制和 VDC 控制系统之间的通讯的原因。

发动机转矩通过点火提前、喷射燃油减少或发动机线控节流阀开度的减小而减小。

这些干预不能减小滑移率，使轮胎进入侧偏或纵向滑移不稳定区域。

有两个控制回路是必要的。一个计算稳定所需的制动力；最内侧的回路则控制车轮滑移，以获得期望的纵向力和侧向力。

数学模型必须能够在不同的车辆负载、路面附着及轮胎磨损情况下预测车辆的运动。

6.2.4　ASR 系统

ASR 系统是 Anti – spin Regulator 的缩写，是指驱动防滑。

临界驾驶状况不仅仅包括制动或转向的情况。加速度和牵引力也可能导致车辆不稳定。

ASR 系统通过避免驱动轮上的过多打滑来纠正这些情况。

该结果通过暂时减小由发动机施加到驱动轮的转矩或通过施加来自能够自主产生制动力矩的控制系统来实现。

如前所述，ASR 是 ABS 的附加功能，这意味着其与发动机电控单元相通讯。

ASR 控制单元与 ABS 控制器集成，并与其共享一些组件，例如车轮速度传感器和压力控制阀。

ASR 系统所需的组件包括：

- 制动执行机构，如用于传统的线路上那样。
- 车轮速度传感器，与 ABS 和 EBD 系统共享。
- 液压调节器，包括阀和负载及再循环泵，与 ABS 和 EBD 系统共享。
- 带有发动机控制单元的通信线路。

如果节气门和制动器可用作执行器，则可以获得最佳性能。因为现在大多数发动机控制由线控驱动，这种选择不再存在困难。

控制策略可以分为 5 个阶段。

1. 阶段 1

通过将车轮的速度与其空转速度比较来计算驱动轮纵向滑移率。

2. 阶段 2

该阶段开始的特征在于其中一个驱动轮的纵向滑移率超过极限阈值，此时计算合适的制动力以减小该滑移并因此减小驱动力。

3. 阶段 3

滑移率再次低于安全阈值，并且制动压力降低。

4. 阶段 4

阶段 4 类似于阶段 1，但开始于另一个车轮也显示过度滑移时。

5. 阶段 5

在该阶段，如果所有驱动轮被制动，则发动机转矩将减小，以便限制纵向滑移。

ASR 系统可以通过 MSR 系统（电机旋转调节器）来实现，它可以在齿轮箱降档或加速踏板突然释放时降低发动机制动力矩。

在低速档下，低附着地面（雪、泥等）上可能发生潜在的滑移情况。在这种情况下，MSR 系统需要增加发动机转矩，以便降低发动机制动效果。

6.2.5　BAS 系统

BAS（Brake Assist System 制动辅助系统）具有施加恒定的全制动压力的任务，与驾驶人的意愿无关，以试图在紧急情况下尽可能多地缩短制动距离。

这种控制系统在非专业驾驶人的紧急制动中是有用的。此外，不适应 ABS 的专业驾驶人可能本能地减小制动踏板上的力，将试图避免控制系统在任何情况下所避免的滑移。对于受损的驾驶员，踏板力可能不足以实现全制动能力。

有两个可选策略：

- 当检测到紧急制动情况时，系统将无视驾驶人的意愿产生最大制动力。
- 当检测到紧急制动情况时，会施加一个补充的制动力，并由驾驶人。

通常在制动压力时间梯度超过阈值时检测到紧急情况。

在第二种策略中，减速度由驾驶人输入的制动力和速度调节。与第一种策略相比，可以获得放大后的干预。

一旦液压回路被修改为具有适当的存储能力，BAS 所需的部件就会再次与 ABS 系统相同。

压力调节器在蓄能器中保持一定的高压油。BAS 可以施加由主泵确定的更大的压力。

6.2.6 制动控制硬件组件

所有的制动控制系统均需要以下的传感器和执行器。

1. 传感器

车轮速度传感器是带有磁电式传感器的齿轮。

图 6-8 所示为由铁磁材料制成的磁电式传感器，车轮旋转会改变传感器捕获的磁通量。

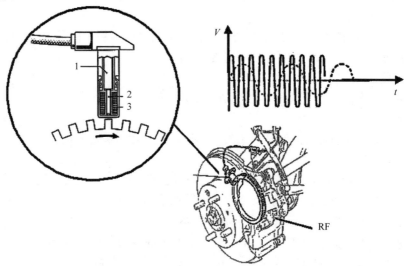

图 6-8　车轮速度传感器安装方案，RF 是齿轮。放大图显示磁电式传感器的细节；
右侧示出了在低速（虚线）和高速（实线）时所产生的电压

传感器由磁芯 1 和软铁心 2 制成。由磁芯产生的磁场通过齿轮的运动周期性地改变，并且其值由线圈 3 测量，线圈 3 将产生电压，其周期和振幅由转速确定。

在右上图中，对于低速（虚线）和高速（实线），电压作为时间的函数被定性示出。该信号由电子电路放大和整形；由峰值即可知所需的速度值。

在目前的车轮速度传感器中，电子放大器和信号调节器被集成到磁电式传感器上，它可以直接与微处理器连接。

横摆角速度传感器（陀螺仪）和加速度传感器（加速度计）通常集成到单个单元中，包括固态电子电路。

加速度传感器的工作原理很简单，并且可以测量受车辆惯性力影响的小结构的变形。该测量可以利用压电特性来进行，其中弹性变形被转换为电压的变化。

横摆角速度也可以转换为加速度，它通过由外部装置引起强迫振荡的楔形科里奥利（Coriolis）加速度法来测量。

转向盘转角由转向柱上的电位计或光学编码器测量。需要的精度在1/10°的范围内。

编码器仍然由齿轮构成，周期性地中断由光敏二极管接收的光束，电压脉冲由电子电路测量和计数。

在现有技术中，被转换为数字信号的所有这些信号被提供给车辆的CAN总线，这使得它们可用于制动控制单元和其他服务，例如电动转向系统。

2. 执行器

图6-9所示为用于电控制动系统液压调节器的功能方案。

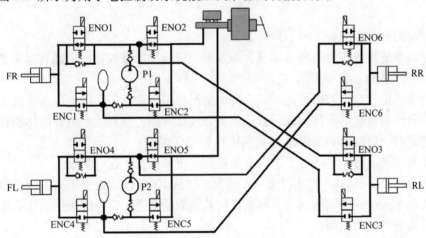

图6-9 四轮汽车液压制动调节器的功能方案。ENO表示常开阀，ENC表示常闭阀

图中有两条独立的液压回路，在这种情况下，根据X方案，其需要满足应急回路的规定。

电路中有6个常开电磁阀（ENO1 ~ ENO6），6个常闭电磁阀（ENC1 ~ ENC6）。常开表示当线圈断电时液压回路断开。该电路还包括两个蓄压器，以及两个电动泵，用于通过ABS和VDC调制来加速压力降低，并且在VDC和ASR调制期间产生制动压力。

这些泵由通过凸轮和电动机移动的2个径向活塞组成。

我们仅参考右前轮（FR）。图中表示当不需要对控制系统进行干预并且所有电磁阀均断电时的默认配置。主泵和 FR 制动执行器之间直接连接。

这种情况还允许在控制系统故障的情况下进行液压回路的常规操作。

当需要在制动执行器中保持恒定压力时（与驾驶人意愿无关），电磁阀 ENO1 被接通并且将执行器与电路的其余部分隔离。

如果需要减小压力，则电磁阀 ENC1 也将被接通，以允许执行器液压缸中的一部分油液在需要时借助电动泵返回到主缸蓄能器中。

为了增加独立于主泵中的压力（VDC 和 ASR 调节），电磁阀 ENC2 被接通，将泵 P1 与主泵上的蓄能器连通，同时电磁阀 ENO2 被接通以避免液压油返回蓄能器中。

6.2.7　混合和电液回路

我们已经验证了液压制动系统如今达到的高性能，同时它也相当复杂和昂贵。

从制动踏板到执行器的力传递通过液压进行，该作用力需要在符合人机工程学的普通驾驶人兼容的限度内，这要求增加真空执行器。

真空压力有时不能满足需求或不可用，如在柴油发动机中，需要引入电动真空泵。

控制力的产生需要 3 种不同的能量矢量。

控制系统需要压力油和电动泵，涉及两个额外的能量矢量。电能看起来是控制力产生和调节的主要来源。

由于历史和经济原因，这种不合理的情况是可以理解的，因为上述装置中的每一个都曾作为可选的附件出现，被应用到常规系统中，并且这些组件的体积较大对选用不同的、更加合理的解决方案不利。

在某些情况下，法规还要求有安全裕量，更加助长了这一情况。

动力制动器和 ABS 的推广现在在新车上达到 100%，这促进了新系统架构的发展，解决了通过仅使用液压动力源或任何其他能量来避免真空能量的问题，除了用于执行器和调节的电能。

即使还未实现大批量生产应用，但一些车辆已具有所谓的混合系统，它们在前轮上具有最先进的电路并在后轮上具有电动制动器。

仅在后轮上，在执行器和调节回路中淘汰了液压元件。其成本优势有限，可能只对电动驻车制动有吸引力，但这可能是一个新技术的发展起点。

图 6-10 所示为混合动力系统的后轮制动执行器。

该系统由采用电控装置的电动机和压力传感器来完成，以从主泵压力解释驾驶人意图，该传感器已经存在于 VDC 控制系统中。

为了用小型电动机在衬垫上产生足够的夹紧力，此处采用具有高传动比的减速齿轮。在本案例中使用双级齿轮箱，包括行星齿轮和具有滚珠循环的蜗轮。该特征对于减少摩擦和保证快速释放制动力是必要的。

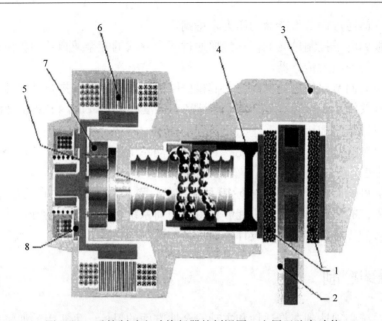

图6-10　后轮制动电动执行器的剖视图，也用于驻车功能

1—衬垫　2—制动盘　3—制动钳　4—执行器缸　5—滚珠循环螺杆　6—电动机　7—行星轮减速器　8—制动器

位置传感器（图中未示出）用于释放制动力，从而将衬垫和制动盘之间的间隙保持在预设值，与磨损无关。

电磁制动器8用反向逻辑驱动，当电机断电时，电动制动器工作，停止电动机并避免衬垫的运动。这种情况发生在停止的车辆或驻车制动时，又或者在有故障的情况下。在故障之前制动系统状态的维持被认为是最佳策略。当电动机通电时，电动制动器关闭，使衬垫自由移动。

这种制动器允许实现另一种被称为 EPB（Electric Parking Brake）的制动控制系统。

该控制的目的包括驻车制动器的功率辅助控制（驾驶人不需要提供能量）和HH（Hill Holding，坡度保持）功能，其中当车辆在斜坡上停止时，驻车制动器自动工作。停止条件是制动踏板被压下一次、加速踏板被释放并且车辆速度保持为零。在下次车辆起动时，驻车制动器的松开条件是仅当驱动轮能够使车辆移动且车辆没有不期望的向后运动。

混合系统和电液制动器（我们将在后面介绍）是远程制动系统（线控制动）的前身，这些系统可能在未来几年内被研发。

电液制动器（EHB，Electronic Hydraulic Brakes）在常规电动控制系统中还包括功率放大的功能。

制动执行器保持不变，但主泵不再需要真空执行器，制动压力仅由电动泵产生，而主泵确保紧急制动器的剩余制动能力。

踏板反馈通过调节蓄能器的压力来得到。

从踏板到电子控制单元的信号传递通过两个并联的冗余通道：踏板位置传感器和主泵出口处的压力传感器。

对于压力调节仅使用比例阀，它们根据踏板上的压力调节来自蓄能器的压力。

两个开关阀用于接通/切断主泵的回路，当没有启动 VDC 和 ASR 功能时，这些阀可以对回路施加压力。

最终目标将是一个没有液压能参与的全电动系统，即 EMB（Electro Mechanical Brakes，机电制动器）。

执行器可能类似于我们在图 6-10 所给出的，踏板和执行器之间没有直接连接。

这种系统的研发目标是至少能够获得与当前系统相当的安全性和可靠性。这个目标不仅影响传感器和执行器设计，而且影响通信网络。

6.3 悬架控制

悬架系统必须达到在舒适性和主动安全性方面的目标。事实上，如将在下卷中描述的，为了保证高舒适性，悬架应当是柔性的并且阻尼较小，同时为了确保车轮与地面的始终接触，它们应当是刚性和阻尼的。

由弹簧和阻尼器构成的悬架系统也被称为被动悬架，因为它们只能被动地对来自道路的力作出响应，它们实际上只能消耗能量。

为考虑到所讨论的车辆的特性被动悬架设计，需要在舒适性和被动安全性之间进行合理的折中。

车辆悬架的特性事实上取决于精确的设计选择。跑车具有刚性悬架，不适合吸收显著的道路冲击，但在高转弯力下具有优异的稳定性；正常的车辆具有更柔软的悬架，这意味着更高的舒适性与一些动态性能的限制。

这些被动悬架的极限可以很容易地通过两个独立参数来描述：车身垂直加速度（与舒适相关）和垂直力变化（与主动安全性有关）。这两个目标是独立的，它们的最优值是用不同的阻尼系数获得的。

至少在概念上，通过使悬架阻尼系数为最重要的优先级，可以获得最佳折中，该优先级随时间而变化。

通过采用能够使其机械特性适应不断变化的行驶状况的悬架部件，可以获得明显的改进。

应用微电子和改进的机械部件，被动悬架已经发展成自适应或受控悬架，它们需要主动消耗外部的能量。如果这些消耗是主动，它们也称为主动悬架。

对于受控悬架，考虑到能量消耗的强度进行分类：

● 半主动悬架的能耗受静态车辆纵倾控制或阻尼控制的限制，能耗不足以在与悬架的振荡周期一致的时间内改变车辆纵倾。

● 主动悬架具有显著的能量消耗，由动态车辆纵倾控制提供，能量消耗足以在与悬架的振荡周期一致的时间内改变车辆纵倾。该控制系统几乎能够在任何时间、在任何道路上保持车辆工作点不变。

这两种类型的悬架应该包括以下组件：

● 能够根据由控制系统计算值施加力的执行器。有时使用电磁阀来提供与执行器速度相对应的给定的流体流量，因此控制执行器的速度比控制作用力更重要。

● 用于测量车辆运动学重要参数的传感器。

● 电子控制系统。

● 动力装置，通过阀门给执行器供能。根据系统的主动或被动特征，该装置总是以不同的尺寸出现。

考虑到悬架控制系统的目标，可以采用以下替代方案：

● 纵倾控制：在任何车辆负载下，准静态控制提供后轴或两个轴的恒定垂直静态位移。

● 阻尼控制：减振器的阻尼系数根据不同的情况而变化，静态位移不受影响。

● 侧倾控制：与传统系统相比，车辆侧倾和侧倾速度动态受限。

● 完全主动控制：上述所有目标都可在任何动态情况下进行。

控制系统要求的能量在第三种系统中较为显著，在第四种系统中是最大的。

6.3.1　俯仰控制

后桥俯仰控制通过在有效载荷增加时减小自然压缩行程来校正后桥的高度。这种效果可以使用液压和气动执行器实现。

图 6-11 所示为汽车上该系统的布局和功能方案。该系统包括处于大气压下的油箱 1、由发动机驱动的泵 2、将两个液压执行器 5 与液压油蓄能器 4 连接的压力或俯仰调节器 3。

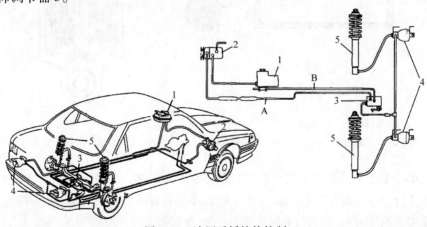

图 6-11　液压后桥俯仰控制
1—油箱　2—油泵　3—调节器　4—蓄能器　5—液压执行器（菲亚特）

如果车辆负载发生变化，则当车辆开始下一次行程时后悬架行程变化，并且一些油液被送到执行器中以获得期望的高度。液压执行器与悬架弹簧串联工作，并补偿弹簧的压缩。

通过使用弹性元件气动系统可以容易地实现，类似于图 3-59 中所引入的。在这种情况下，弹簧和执行器集成在单个部件中，即空气弹簧。控制系统可以改变弹性元件中的空气量，以改变压力并获得与增加的负载相对应的平衡位置。

应该注意的是，气动系统也会改变悬架刚性，如悬架相关的章节所述。

另一个在汽车上颇受欢迎的解决方案是由 ZF 开发的 Nivomat 系统。它由单个集成单元制成，取代了后桥减振器。它集成了油泵、执行器和调节器。

在负载增加之后提升悬架所需的能量来自于不平整道路上的悬架行程。图 6-12 所示为该单元的部分结构。

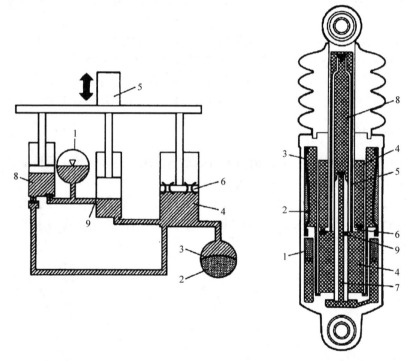

图 6-12 Nivomat 单元的剖视图（右侧）及其功能原理图（左侧）

1—低压室 2—高压室 3—隔膜 4—减振器（ZF） 5，7—杆 6—活塞 8—中空圆筒 9—孔

在单个单元中，构建了两个腔室：低压室 1 在底部，高压室 2 在顶部，该腔室由隔膜 3 分开。外部填充有压缩气体，而内部填充有油液。在空车时，两室处于相同的压力，约 25bar；在满负载时，低压室约为 8bar，高压室约为 80bar。

在该单元内部有传统的减振器 4，其杆 5 与活塞 6 连接，支撑节流阀。在单元底部处的钻杆 7 在中空圆筒 8 内移动并且用作油泵。在杆 7 的外表面上，孔 9 用作俯仰（垂直悬架位移）传感器。

由于不平坦地面产生的垂直悬架行程，使得低压室中的油液通过钻杆7被泵吸入。油泵将油液通过减振器4的下腔室输送到高压腔室中，压缩由隔膜分离的气体。

由此建立的较高压力作用在高压腔室上，使杆5伸长以升高车辆。当孔9离开缸时，达到所需的工作点，油液通过钻杆7流入低压室。

一些系统使前后轴俯仰控制成为可能。

在每个轴上，基本都有两个液压或气动系统工作。

这种特征的系统已经由雪铁龙研发和采用。它使用液压气动悬架，结合空气弹簧与高压气体（氮气），与原来的减振器集成到一个单一的液压回路中。

6.3.2　阻尼控制

阻尼控制系统的控制思路是使减振器的阻尼系数可以调节到不同的值，该调节可以是连续的，也可以是离散的。阻尼系数被修改为车辆速度和垂直加速度的函数，具有简单或复杂的策略。

图6-13所示为用一个减振器和电磁阀来改变阻尼系数的方案。

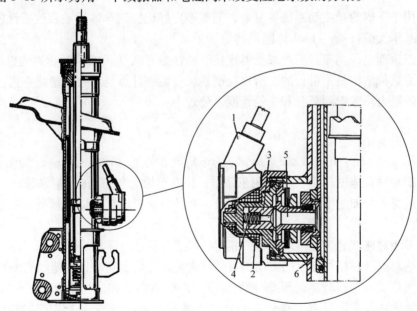

图6-13　可调减振器。电磁阀（右图）可以改变节流孔尺寸，从而改变阻尼系数

通过控制电磁阀2的电流，可以通过弹簧4的反作用来改变安装导套3的位置。安装导套的位置决定了通道的位置，因此决定了减振器的阻尼系数。

受控阻尼器可根据控制策略的类型进行分类：

- 自适应。
- 半主动。

自适应控制的工作原理通常包括以下传感器：

- 应用于车身的垂直加速度传感器，至少有 1 个，最多为 3 个。
- 车辆前部的侧向加速度传感器或者转向角传感器。
- 制动线路上的压力开关。
- 汽车速度传感器（可以与仪表盘或 ABS 系统中使用的相同）。

在非常低的车度下，阻尼系数被设置为较大值，以便在停车操纵期间限制车辆跃起。

为了改善舒适性，阻尼系数在较高车速下会非常快速地减小并保持在较小值直到大约 120km/h。当车速更高时，阻尼再次增加，以提高车辆稳定性（高速公路通常是均匀的）。

纵向加速度传感器用于识别中速运动驾驶，其特征在于频繁使用制动器和加速器。包含这些两个参数的简单逻辑算法被用于增加阻尼系数，以减小俯仰角。在某些阈值上的侧向加速度的检测可以进一步增加阻尼系数，以减少侧倾角并且更好地稳定车辆。

应用于车辆的半主动系统更复杂，但能够更好地控制车体运动和改善性能，它们通常基于天棚（sky - hook）阻尼理论。

根据该理论，当车身通过减振器连接到惯性参考系（天棚）时达到理想情况。

因为这种结构是不可行的，所以控制系统应能够计算与悬架的绝对垂直速度成比例的阻尼力。考虑到车身和车轮速度，公式为：

$$F_{za,i} = C_s \dot{Z}_G + C(\dot{z}_i - \dot{Z}_G) \tag{6-3}$$

式中，$F_{za,i}$ 为车轮 i 上减振器的力；$\dot{Z}_G$ 为车辆重心的绝对垂直速度；$\dot{z}_i$ 为车轮 i 的悬架的相对垂直速度；C_s 为天棚阻尼系数；C 为车轮 i 的悬架的阻尼系数。

通过将 3 个加速度传感器的信号积分，来计算车身速度，以测量车辆参考系的 3 个分量。

悬架相对速度通过测量减振器的相对位移来计算。

当绝对速度和相对速度的方向相反并且它们的差值显著时，要施加的理想阻尼力 $F_{za,i}$ 可以具有与执行器的压缩/伸展速度相反的方向。在这种情况下，天棚理论应用的将意味着应用具有来自外部的能量贡献的双效执行器，这将使系统大大复杂化。

为了避免这个问题，已经研发出了使用常规可调节减振器（半主动系统）的简化方法。

可调节的减振器可以使所有条件得到满足，以使所需的力具有与悬架相对速度相同的方向。在其他情况下，力和相对速度方向相反，作用力被设置为尽可能小，以便最小化期望值和实际值之间的误差。

使用这些技术获得的结果非常有趣，并且显著优于使用自适应技术获得的结果。

已有基于新技术的新零件出现在市场上，如磁流变减振器。

磁流变流体在磁场中会改变黏度。它们由在矿物油或合成油中悬浮的铁磁颗粒构成，添加剂用于减少限制孔的磨损并保持悬浮。

悬浮颗粒占总体积的 20% ~ 60%。在没有磁场的情况下，它为牛顿流体，即

$$\tau = \nu\gamma \tag{6-4}$$

式中，τ 为剪应力；ν 为运动黏度；γ 为变形速度。

当施加磁场时，颗粒倾向于沿着场线在链中聚集，并且流体可以根据宾汉（Bingham）建模，剪切力为：

$$\tau = \tau_0 + \nu\gamma \tag{6-5}$$

式中，τ_0 为由磁场诱发的极限剪应力。

在磁场的作用下，颗粒聚集使液体类似于固体，直到剪应力等于极限值 τ_0。如果超过这个值，链条开始断裂，流体特性再次按照牛顿流体建模。

这个极限值是由磁场强度控制的。磁流变减振器的响应时间短，大约为 5 ~ 8ms，它允许更快地控制响应，但需要更快地控制时间，以充分利用此功能。

磁流变部件在概念上比电液部件简单，但是它们必须具有更坚固的结构，以避免在固态下由流体造成的损坏。

6.3.3 侧倾控制

侧倾控制系统的分类，首先应考虑所使用的执行器类型。

这些执行机构可以设置在防倾杆上，在它的中间或一端，其选择取决于安装问题。

第二种选择是仅通过侧倾运动来干预弹性元件的柔性，如液压气动悬架。

图 6-14 所示为一个位于防侧倾杆中部的执行器示例。该执行器通过在杆的两端上施加预载荷来实现其功能。

主体 2 和转子 1 固定到杆的两端，叶片 3 将执行器的内部容积分成 4 个不同的室。

通过四通电磁阀，可以在约 150bar 的压力下将油液输送到两个相对的腔室并

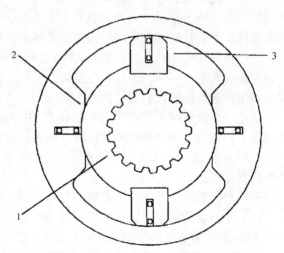

图 6-14　控制防侧倾杆的液压旋转执行器；
此执行器设置在防倾杆的中部

从其他腔室排出，反之亦然。两个旋转方向均可用，它们的角度与置换的油液的体积成正比。

执行器也可以由在杆和悬架之间工作的简单液压缸组成，位于防倾杆一端。

图6-15所示为最新的方案——液压气动悬架系统（雪铁龙）。

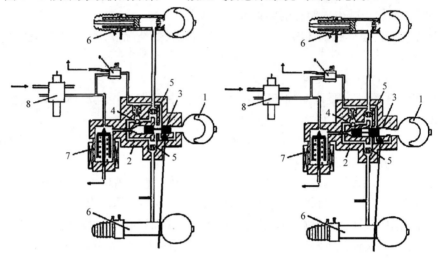

图6-15　液压气动悬架方案，能够控制车辆纵倾和侧倾刚度；在A位置（左侧），
车桥具有低侧倾刚度，而在B位置（右侧），刚度较大（雪铁龙）

该系统包括俯仰和侧倾角控制功能。

俯仰控制功能通过在气缸6中充入/排出与气动悬架元件连通的油液来实现。

除了4个液压单元（每个车轮有1个）外，还有两个辅助元件1。当其与同一轴的元件并联安装时，会增加侧倾柔性并减小阻尼。

这些辅助元件的介入由在图6-15中的电磁阀7控制。电磁阀使与两个主弹性元件连通的阀芯3移动，该阀芯在左侧处于打开位置，在右侧处于关闭位置。辅助单元的主体包括侧倾控制阀（图6-15中元件4）。

这是一个简单的止回阀，它在图6-15中中断了与曲线内部的车轮的连通，因此限制了侧倾角。当俯仰控制激活时，阀芯锁定在中间位置。

在位置A和B可以获得两个不同的侧倾刚度值，在位置B处，可以通过阀4进一步降低柔性。

第二种分类标准考虑3所采用的控制类型，它可以是主动的或被动的。

在一个被动的控制系统中可以有两种配置：

- 低侧倾刚度（自由防侧倾杆），用于直线行驶。
- 高侧倾刚度（预加载的防侧倾杆）用于弯道行驶。

执行器控制由简单的开关阀实现，需要提供给系统的能量相当低。

在主动控制中，系统具有两个比例阀，每个轴1个。这种系统可以使车辆的动态响应保持稳定，但具有更高的能耗。

6.3.4　主动悬架

主动悬架能够控制车身的俯仰和侧倾运动。该方案参见图 6-16。

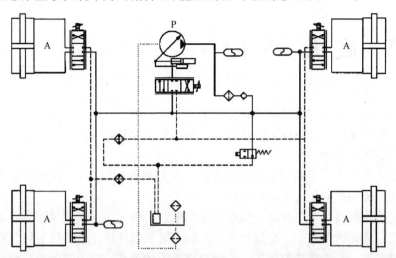

图 6-16　主动悬架液压方案。悬架运动由通过电磁阀与液压回路连通的
4 个双效执行器控制，峰值压力由液压蓄能器控制

原则上，主动悬架可以避免使用弹性元件。这种悬架的灵感来自于能够在越过障碍物时缩回车轮或在下降时延伸车轮的悬架模型。

这个功能与传统的减振器有很大的不同，在这种系统中，实际上所施加的力总是与悬架运动相反。

这种悬架通常分为两类：

- 低频主动或窄频带系统。
- 完全主动或宽频带系统。

低频主动系统控制 4 个压力调节阀，每个悬架 1 个。

这些阀能够控制车身运动（在 0 ~ 5Hz 的频率范围内），而高频运动由气动弹簧控制，其与悬架液压执行器并联。

控制策略可以遵循针对较低频率的天棚阻尼理论。对于较高频率，例如由小障碍物激发的轮胎频率，它们表现为具有优化的阻尼系数的被动悬架。

除了天棚阻尼外，它们也可以提高车辆操纵性和稳定性，并实现防俯仰功能。

完全主动系统能够控制 0 ~ 25Hz 内的动态行为，并具有流量调节电磁阀。以这种方式，也可以控制诸如在障碍物上行驶的脉冲操纵。

这些系统的一个特征是在高压（150 ~ 180bar）下对来自发动机的液体压力（8 ~ 10kW）的高需求，需要大型液蓄能器来应对峰值需求。

执行器的速度必须达到至少 2 ~ 2.5m/s。

7 底盘结构

底盘结构承载着内部载荷和外部载荷。

外部载荷来自车轮与地面的接触通过悬架系统及其弹性元件进行传递，以及车身周围的空气动力场。

内部载荷来自于车辆质量和有效载荷（例如乘客和行李）。更显著的内部载荷来自于动力传动系悬架的反作用力。

底盘结构可以与车身分离，如在工业车辆、一些商用车辆和越野车中那样，或者集成在一体化的车身中。在这种情况下，有时采用辅助结构，以更好地将局部载荷分布到车身，并支撑悬架机构、发动机或动力传动系、变速器和驱动桥。

这三种底盘结构分别称为车架、车身底板和副车架。

图3-6提供了一个典型的前副车架示例，其用于支撑悬架下铰接点和一些动力传动装置及转向器。

7.1 车身底板

整体式车身术语来源于车身结构被设计成直接承受所有车辆负载的事实。另一种情况——分离式车身——并不意味着车身只是承载底盘结构和车架的外部载荷之一，分离式车身有助于承受外部载荷。

形容词"分离式"和"整体式"用于更好地指代车身装配技术。

在整体式车身中，底盘结构不能在生产之后拆卸，而在分离式车身中，在理论上可拆卸。分离式车身技术使车辆制造商能够向车身制造商提供完整运行的底盘。

在这一部分中，我们将简要描述一个大规模生产的两门两厢轿车的车身，我们将提到最广泛使用的技术——点焊冲压钢板解决方案，其目的是让大家了解整体式车身的结构。

市场上现有的其他方案通常针对细分市场车型，其采用不同的材料或者不同的接合技术。考虑到本书的目的，不对它们进行讨论。

图7-1所示为车身外壳，它表示在所有的结构功能部件（如可拆卸部件、中间件和玻璃）被移除之后的车身剩余部分。

侧门、后门或行李箱门和发动机舱盖是可拆卸部件。在许多车辆中，前挡泥板

图 7-1   两厢两门轿车的整体式焊接车身外壳（菲亚特）

和前端也可以容易地移除，以便在碰撞损坏的情况下更容易地更换。这些部件在车身刚度和阻力方面具有有限的结构功能，被认为不是车身外壳的一部分。

对于玻璃来说，除了前风窗玻璃外，当它连接到车身上时也是如此。在这种情况下，它对车身刚度的影响是不容忽视的。

车身外壳可以被想象为空间车架（构成车架的所有梁不像在常规车架中那样在一个平面上），它具有许多薄面板，例如内壁、顶部、侧面和外部，通过它们的剪切刚度可以加强车身的结构刚度。

图 7-2 所示为从同一车身外壳底部往上看的视图，能够看到集成的车梁承担底盘结构的功能，纵向元件仍被称为纵梁，横梁横穿车身外壳。这些梁的布局由对悬架、动力传动系、保险杠和底盘的其他部件提供刚性安装的要求来实现。

这些梁的形状在碰撞时车身的特性（变形、能量吸收和乘员保护）方面起着主要作用。

车身底板的功能类似老式车或者工业用车的底盘功能。这个子组件有时被称为平台，即使它不能在没有车身其余部分的情况下完成任何功能，但它具有一些有意义的技术和机构特征。

事实上，车身外壳的这部分可以方便地在外观截然不同的车辆之间通用，例如两门和四门轿车、货车、小型货车、小轿车、跑车等，并作为底盘的主要部件。这种用法能够降低投资和成本。

考虑到这一点，模块化的车身底板设计使得可互换的不同长度的纵梁和横梁可

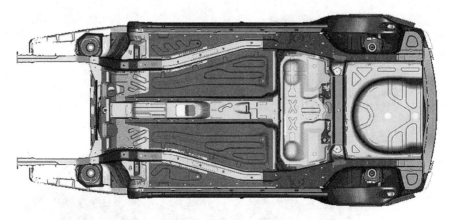

图 7-2　车身外壳底部视图，示出了承担底盘结构功能的集成梁

以组装在一起，以形成用于相同设备生产的不同轮距和轴距的平台。

另一个技术特征是该子组件有着比基于它的汽车模型的寿命更长的使用寿命。

由于技术问题导致的组织问题是，底盘以及其他底盘部件可以由不同的团队设计和研发，如许多汽车制造商现在所做的那样。

如图 7-2 所示，车身底板有两个与整车一般长的主要的纵梁（该组件最重要的结构件）构成，底板焊接在它们之上。车桥之间的底板通过车身侧部的两根附加纵梁构成。

连接这些纵梁的横梁通过将开放的冲压型材焊接到地板上从而封闭。通过观察这些部分，我们可以看到如何通过将薄冲压板连接在一起获得用于车身空间架构的高刚性梁。

因此，车身空间架构由车身底板的梯形结构和在车顶以下的上部结构构成，所述上部结构由垂直元件（所谓的柱）连接。通常，前门前面的称为 A 柱，而前门后面的称为 B 柱，后门后面的称为 C 柱。

为了理解这个空间架构是如何形成的，我们可以分析图 7-3 和图 7-4 所示的剖视图，剖视图中所示数字表示同一个冲压元件。

截面 A—A 是指与 A 柱连接的前风窗玻璃处的侧梁结构，该结构由车身的侧板 1 和两个加强件 2 和 3 组成。

截面 B—B 横切车顶纵梁——后门架构的一部分，该梁由车身的侧板 1 和内部双层结构 20 和 21 形成，顶板 5 也焊接到该梁上。

截面 C—C 是指 A 柱的下部，前门合页安装位置。该梁由车身侧板 1 和具有加强件 10 的内侧板 15 构成，合页被螺栓连接到壁板 12 上。壁板 16 也通过焊接连接到该部件上。

截面 D—D 是 B 柱的后门合页和前排安全带连接的部分。该梁也是由车身侧板 1 和内侧板 20 构成，并具有局部加强件 21，合页被螺栓连接到板 23 上。

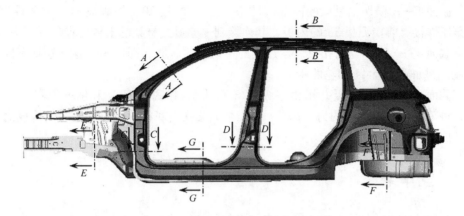

图7-3 四门车身外壳的侧视图

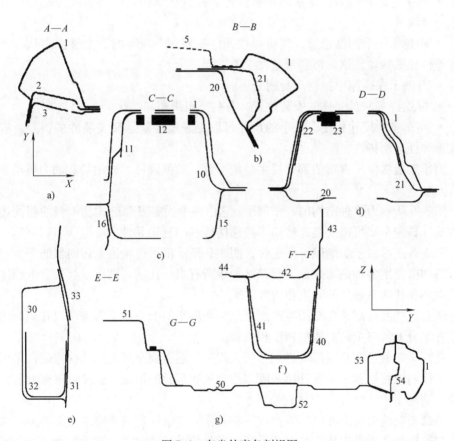

图7-4 车身外壳各剖视图

a) 前风窗玻璃架构的垂直构件　b) 顶部侧梁　c) A柱　d) B柱

e) 主纵梁前部　f)、g) 底板左半部分

截面 *E—E* 横切主纵梁的前部（图 7-3）：内侧板 30、外侧板 31、加强件 32。该梁还焊接有前挡泥板 33 的内板，其连接到麦弗逊式悬架的上铰接点。

截面 *F—F* 表示与后扭梁悬架连接的主纵梁的后部（图 7-3）。该梁连接不同的面板，例如后底板 44 和轮舱 43。

截面 *G—G* 横切底板并示出主纵梁（元件 52 和底板 50）和侧向纵梁（元件 53、54 和车身侧板 1）的另一部分。第三个纵梁在由底板 50 和加强件 51 构成的孔道旁成形。

7.2　副车架

整体式车身结构中的副车架或者辅助架构的功能如下：

● 提供悬架和动力传动系的安装位置，并且从结构角度将负载分配到最合适的车身区域。

● 构建了一个辅助悬架，当将弹性元件安装在车身上时，能够隔离从传动系和车轮传递的振动，这对声学舒适性至关重要。

● 有助于在碰撞中控制车身的变形。

● 提供许多底盘元件的安装位置，有利于组织布局。

● 与车身的尺寸相比，减小的尺寸可以更好地控制悬架安装件的误差，有利于改善弹性运动特性。

副车架通常位于汽车前部并提供悬架下臂、防侧倾杆、转向器和动力传动系的部分安装点。

图 3-6 所示为这种结构的一个例子：它由一个固定麦弗逊式悬架臂的粗而短的梁构成。该副车架可以安装那些离车身结构较远的悬架元件。

图 3-6 还示出了防侧倾杆固定件，图 3-9 还示出了齿轮齿条转向器的安装。容易理解如何使用多轴钻床来保证在该结构中所有组装孔的高精度。其位置的精度对于前束角和转向盘辐条的对准很重要。

所有这些底盘部件在专用生产线上组装在副车架上。该子组件可以在短时间内安装在车身上，与主装配线的速度相兼容。

此副车架通过在其后部看得见的两大固定件连接到车身上。这些固定件采用了具有弹性的橡胶衬套，被设计用来隔离传动系和车轮的振动。更靠近乘客舱的其余固定件则是刚性的（在两个垂直悬臂上）。

该副车架是由两个冲压钢壳构成（参见图 3-28 的 *A—A* 截面），其中固定法兰是电焊连接的。也可以使用具有几乎相同形状的单件铸铝件来形成这种结构，具体的选择需要在重量和成本之间权衡。

动力传动系（包括发动机、变速器和差速器）通过弹性悬架安装在车身底侧的主纵梁上；只有反作用杆（用于动力传动系反作用力矩）位于副车架的下部。

这种副车架广泛用于前轮驱动的小型和中型汽车上。

在较大型的汽车中，在发动机舱下部的周边，可以使用不同类型的副车架，如图 7-5 所示。

图 7-5　大型前轮驱动车辆的四边形副车架。汽车的前部位于图片的左侧（蓝旗亚）

图 3-39 给出了与该副车架匹配的悬架的局部视图，汽车为前驱横置发动机的车型。类似的方案也可以应用于后驱车型或前驱纵置车型。

使用这种四边形副车架，即使当这些安装件之间的距离大于前述示例中的距离时，也可以避免与车身、下悬架臂、防侧倾杆和转向器中的任何一个直接连接，动力传动系也可以避免直接安装在车身上。

图 7-6 所示为这种副车架（汽车前部位于右侧）的俯视图，并带有十分重要的剖视图。

与车身外壳的连接点设置在车架的 4 个顶点上，截面 5-5 和 7-7 示出了用于安装弹性悬架的橡胶衬套座。该架构是一个整体式梁（截面 6-6），弯曲成 U 形，并焊接在多元件横梁上（截面 2-2）。

整体式梁通过液压成形制成。该过程形成了一个未经焊接而直接弯曲成 U 形的钢管。将这个半成品放入模具（产生最终的外部形状）中，然后用压力非常高（约1000bar）的流体压入内部，这个压力使钢达到其屈服强度并形成梁的最终形状。

这个过程的优点很明显：工具比常规压模更简单，并且梁的横截面不会由于焊接而变弱或者由于法兰连接或焊接而变得更重。此外，横截面可以沿梁轴改变。

另一方面，最终形状没有美学上的装饰（对于这种应用不重要），并且要求横截面周边沿着轴线几乎是不变的，可以避免厚度过度减小而产生裂纹。

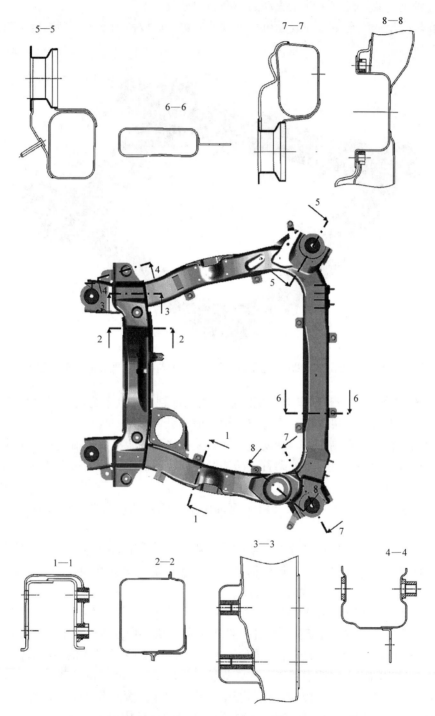

图 7-6　四边形副车架中最为重要的剖视图

截面2-2所示的副车架的闭合梁由两个外壳焊接在一起并通过电弧焊与液压成形梁连接。

该图示出了用于安装大型橡胶衬套的两个动力传动系安装件，其中一个为截面8-8所示。该传动系固定件（4个一组）都在副车架上。

在安装悬臂橡胶衬套的位置，液压成形梁被切开并加强，此特征在截面1-1和4-4中示出。开口使该臂的旋转轴线更接近汽车的中心，从而具有更合适的弹性运动性能。

截面3-3也示出了一个转向器安装座；所有安装座均焊接螺纹套管。

许多其他的孔允许完整安装传动系配件、线束和管道，然后将副车架安装到车身上。

另一个副车架例子参见图7-7，这个例子应用在大型前驱车辆上。

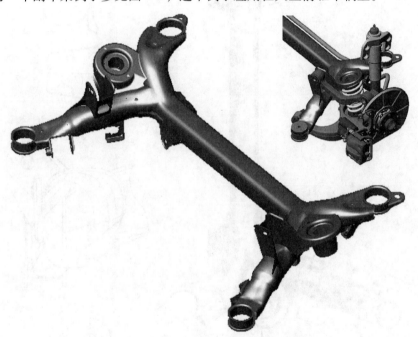

图7-7　大型前驱车辆带有多连杆悬架的副车架；
在右上方的是供参考的完整的悬架（蓝旗亚）

在该图中，汽车前部处于右边。

在这种情况下，车架为H形，并且在H形车架的纵梁上可以安装悬架臂、弹簧及减振器座的安装件。

纵梁顶端的孔用于安装与车身安装的橡胶衬套。

小型汽车后部副车架可以省去，悬架直接装在车身外壳上。

在具有差速器的前轮驱动车中，副车架被修改以安装差速器。其纵向尺寸增加，以对差速器在 y 方向上施加的力矩提供良好的响应。

图 7-8 所示为一些后副车架的剖视图。

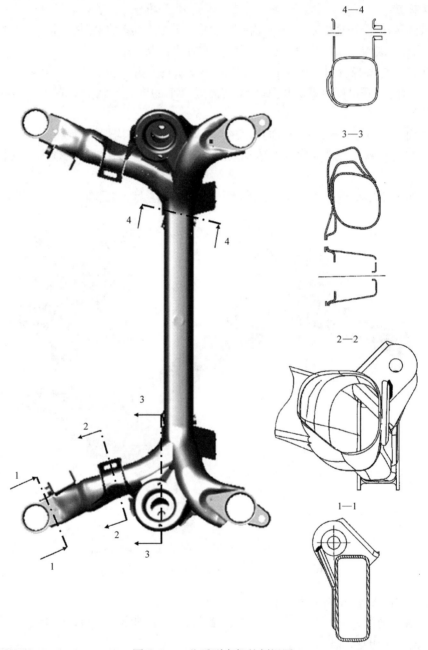

图 7-8　一些后副车架的剖视图

　　与前副车架相比，后副车架通过将局部冲压的弯管焊接在一起，可以获得更简单的结构。在这种情况下，液压成形是不必要的。

U 形弯管（U 形端在图中向上）具有两个短梁并构成最终形状。截面 3 - 3 显示了用于焊接两个元件的重叠区域，还增加了加强隔板。该部分还可见螺旋弹簧座。

截面 2 - 2 和 4 - 4 在不同位置显示了 U 形管，截面 1 - 1 显示了下悬臂的前部固定件。

7.3 工业车辆的车架

工业用车的车架沿用了早期汽车的配置，采用梯形或由横、纵梁组成的车架结构。

事实上在前面章节中讨论的所有车架在工业车辆上也是适用的。

考虑到这些车辆最终应用的多样性，车身制造商必然与底盘制造商专业领域差别较大；许多车身（例如载货车、货车、翻斗车等）不能适应结构性工作，如本章开头所述。

发动机舱也是，即使用类似于车身的技术制造，也会造成尺寸太小以至于不能承载大的负载的问题。

由于这些原因，真正的车架需要承载所有载荷以及连接底盘的部件。公共汽车和罐式拖车例外，这些不属于本书的研究范围。

车架由纵梁和横梁制成，这些横梁应该尽可能刚性地连接到纵梁上。该附件的刚性是车架扭转刚度最重要的部分，它是能够对沿着车辆 x 轴施加的扭矩做出反应的唯一元件。图 7-9 所示为重型载货车的底盘示例，以及一些有助于了解此结构如何工作的设计细节。

当从上方观察时，纵梁呈现出不同的宽度，较窄的部分可容纳转向轮和双车轮，而较宽的部分适用于发动机安装和驾驶室。

此外，纵梁还是锥形的（如从上面看到的），以承受由大范围的有效载荷引起的后轮的悬架行程。

纵梁截面形状类似于 C 形，即使开口截面并不最适合于获得高扭转刚度。广泛应用的开口截面梁，可以很容易从高厚度、高阻力钢板开始弯曲。如有必要，它们的截面可以通过采用额外的较大的 C 柱或肋板来加强。

横梁承担分配悬架和动力传动系统施加的局部载荷的功用，其布局示例参照图 3-66 以及其他工业用车悬架的例子。另外，横梁有助于加强车架的扭转刚度。

事实上，如果两个纵梁完全断开，则车架的惯性矩将是单个部分的惯性矩的 2 倍。因为该部分是由一个开放的轮廓建立的，其特征是矩形元素的厚度 s 远小于其长度 h，我们可近似得到：

$$I_x = \frac{\eta}{3} \sum h_i s_i^3 \tag{7-1}$$

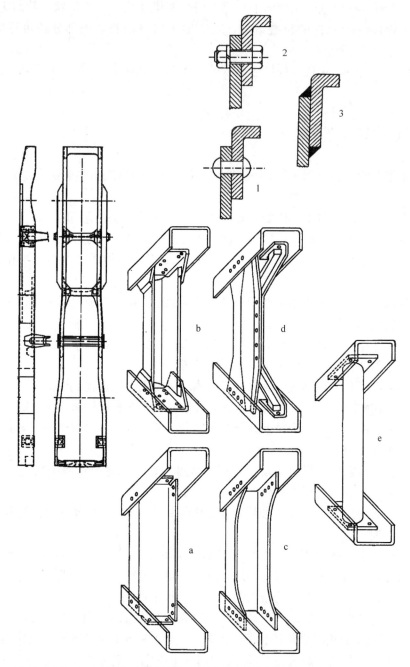

图 7-9　一辆重型载货车底盘车架的侧视图和俯视图（左侧）

图 a、b、c、d 和 e 显示了不同类型的横梁与纵梁连接的方式。图 1、2 和 3 显示了不同的连接技术，

致力于在纵梁平面中获得高剪切强度

式中，h_i 和 s_i 是构成纵梁横截面的 3 个矩形的尺寸；在这种情况下，参数 $\eta \approx 112$。

横梁约束纵梁以保持平行。纵梁的扭转变形受到横梁弯曲刚度的限制，增加了组件的扭转刚度。

横梁可以做成简单的 C 形，其端部弯曲且没有盖板，并插入纵梁的内部（图 7-9，a），或者它们可以通过 C 型切口局部加强，在其端部焊接，以改善与纵梁的连接（图 7-9，b）。

进一步的局部加固可以通过成形横梁的端部（图 7-9，c）或应用两个 Ω 形横梁焊接在一起（图 7-9，d）。

当需要减小横梁的尺寸时，也可以应用管状横截面，在其端部焊接到翼缘（图 7-9，e）。

应注意的是，对于侧梁和横梁的接头，如果修理时要拆卸，则采用铆钉或螺栓连接（图 7-9，1 和 2），这种选择是由车架较大的尺寸所要求的。电弧焊由于其高热量的引入，会引起过度变形和随之产生的残余应力。这些残余应力在热处理时很难消除。

电弧焊（图 7-9，3）仅限于小部件或横梁。

7.4 结构任务

底盘结构的任务是承受力和有效载荷并且抵抗随之发生的变形。

变形问题不仅需要从静态角度考虑，还要从动态角度考虑振幅及其在乘客舱中产生的噪声。

下卷中讨论了有关此主题的一些注意事项。

7.4.1 外部负载

在底盘结构的整个寿命期间施加的外部载荷可以有两种不同的类别：
- 瞬时过载
- 疲劳载荷

第一种例子可以通过想象当驾车路过大坑时、碰到路肩时、高附着路面上突然制动时或在低档起动时发生的现象。

通常的做法是通过乘子引入它们的稳态值来将这些负载看作静态负载。对于限制在车轮和地面之间的摩擦载荷，摩擦系数保守考虑为 $\mu_{y,p} = \mu_{x,p} = 1.2 \sim 1.3$。就振动冲击而言，考虑比重力加速度高 $5 \sim 7$ 倍的加速度。

标志性疲劳载荷可以通过在几乎满载的颠簸道路上行驶来想象，典型的道路是那些铺有鹅卵石或不对称的土坎。

汽车结构的预期寿命平均至少为使用 20 万公里，每个制造商都设计和设立了足够严格的测试科目，以使车辆平均寿命在模拟时仅在 $50 \sim 100000km$ 内，完成这样的任务需要至少几个月的驾驶。

1. 静态载荷和质量特性

车重是一直存在的。对这种负载的反作用力来自于轮胎和地面之间的接触面，并通过悬架的弹性和结构元件传递。悬架根据其结构通过与底盘结构的连接在各个方向上分配反作用力，而不一定是垂直的。

例如，我们已经看到在麦弗逊式悬架中，施加到车轮、下悬臂和减振器组件上的垂直反作用力会产生一个弯曲力矩，该力矩等于施加到底盘结构的侧向力矩。

应该注意，簧下质量（车轮、轮胎、支柱、制动器、悬架臂、弹簧和减振器质量的一部分）直接接触地面，没有中间车辆结构。

车辆重量和反作用力的分布是行李重量以及车上乘客重量的函数，这组参数被称为重量条件。

表7-1总结了中型前轮驱动车辆中不同负载条件下的车轴载荷和纵向重心位置，假定每个乘客（包括驾驶员）的质量为70kg。在这种车上，当乘客坐在前面时重心几乎在轴距中间，他们的重量被两根车轴各承担50%。当乘客坐在后方时重心在轴距的约80%位置处，而行李的重心通常设置在轴距的约105%处。

表7-1 车轴负载 F_{z1}、F_{z2} 和从前桥测量的重心位置 a 除以轴距 l，作为负载条件的函数，在中型前驱车型上。M 是簧上质量

负载情况	F_{z1}/N	F_{z2}/N	F_z/N	a/l（%）	M/kg
整备质量	6800	4770	11570	41.2	1030
1人（驾驶人）	7150	5120	12270	41.7	1100
2人	7500	5470	12970	42.2	1170
3人	7630	6040	13670	44.2	1240
3人 + 30kg	7610	6360	13970	45.5	1270
5人 + 50kg	7860	7710	15570	49.5	1430

每个附加质量都会影响重心的位置变化，公式如下：

$$x_G = \frac{m_1 x_{G1} + m_2 z x_{G2}}{m_1 + m_2} \tag{7-2}$$

式中，x_{G1} 是质量为 m_1 的车辆重心在 x 轴上的初始位置；x_{G2} 是附加质量 m_2 的重心位置。

该表格也显示了簧上质量的估计。簧上质量由汽车车身内饰、传动系、乘客及其行李所组成。

负载条件还影响簧载质量的惯性矩，可用于预测车辆动态特性。

考虑标准参考坐标系 xyz，其原点在簧载质量的重心，车辆系统的特征在于一个惯性椭圆体，其对称轴线通常与参考轴线不重合。

因此，车辆惯性张量的特征在于3个惯性矩 J_{xx}、J_{yy}、J_{zz} 和经常被忽略（至少

在整备质量下）的 3 个离心惯性矩 J_{xy}、J_{xz}、J_{yz}。

乘客和行李质量的影响可以根据以下公式修改惯性矩：

$$J_{ii} = J_{ii,1} + J_{ii,2} + m_1 d_1^2 + m_2 d_2^2 \qquad (7\text{-}3)$$

式中，下标 1 和 2 分别指初始参考质量和增加的质量；J_{ii} 为 i 方向上通过其重心的附加物体的惯性矩；m 为增加的质量；d 为增加的质量的重心和参考条件的重心之间的距离。

通过类似的公式也可以计算离心惯性矩。

可以通过称重试验来测定重心的位置。ISO 10392 标准规定，根据在车轮位置（1 为左前，2 为右前，3 为左后，4 为右后）处所测得的簧上质量 m_1、m_2、m_3、m_4，重心位置可以通过以下公式确定：

$$x_G = \frac{m_3 + m_4}{m_1 + m_2 + m_3 + m_4} l \qquad (7\text{-}4)$$

式中，x_G 为重心与前桥的转矩；l 为轴距。

相对于车辆中平面（向右为正）的重心的横向位置是前后轮距 t_1 和 t_2 的函数：

$$y_G = \frac{t_1(m_1 - m_2) + t_2(m_3 - m_4)}{2(m_1 + m_2 + m_3 + m_4)} \qquad (7\text{-}5)$$

重心高度可以通过抬高一根轴并测量留在地面上的轴的负载 m' 来获得。如果后桥被抬高，则可以使用下列公式：

$$z_G = \frac{l(m'_1 + m'_2 - m_1 - m_2)}{(m_1 + m_2 + m_3 + m_4)\tan\theta} + R_{l,i} \qquad (7\text{-}6)$$

式中，θ 为抬升角；$R_{l,i}$ 为留在地面上的轮轴的滚动半径。类似的公式适用于抬升前桥。

测量转动惯量的过程参见下卷。

2. 行驶载荷

由于驾驶人的操纵，底盘结构受到实时变化的负载的影响，该负载并被添加到静态负载上。由于潜在的侧向和纵向滑移，转向盘、加速踏板和制动踏板上的控制力在车轮和地面之间的接触面上会产生额外的负载。

这些载荷由悬架传递给底盘结构。

最后的结果是影响车辆运动的纵向和侧向加速度。

在现代生产的车辆中，在极限条件下转向时能达到 $1g$ 的侧向加速度，而纵向加速度能达到约 $0.5g$。

惯性力还会引起簧载质量的俯仰角和侧倾角，以及使载荷从一个车轮传递到另一个车轮上。

图 7-10 所示为在汽车 ISO 超车测试期间计算的簧载质量侧向加速度和一些前悬架负载。模型已经根据车辆的多体数学模型建出，包括四边形悬架的完整描述。

载荷通常由简化模型（悬架在功能上由弹性运动曲线描述）计算，然后将这

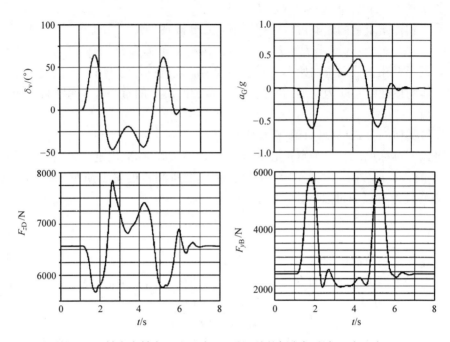

图 7-10　转向盘转角（左上方），重心处的侧向加速度（右上方），
悬架上铰接点的垂直力（左下方）和从下悬架臂获得的 ISO 超车测试的横向力（右下方）

些载荷应用于车辆悬架的多体或有限元模型。

3. 由于不平路面产生的载荷

车辆结构也受到来自不平路面的动载荷的影响。在这些力的作用下，车辆子系统作出动态响应并且通过它们的连接传递到底盘结构。

图 7-11 所示为在不平路面上行驶的汽车的模拟结果，用于预测疲劳寿命。

通过使用整个车辆的多体模型进行了计算，该模型包括悬架和发动机支架的所有机械细节。通过悬架铰接点或发动机支架的力都比较大。前者受悬架止动器的影响，对于大位移，悬架止动器使悬架特性更加刚性。后者也存在类似的现象。

7.4.2　内部负载

如我们所看到的，垂直加速度引起安装在底盘上的传动系的惯性力。施加到驱动轮上的转矩也对悬架、齿轮箱和差速器产生反作用力。在前轮驱动的车辆中，所有的反作用力矩都被施加到动力传动系悬架上。

其他内部载荷由发动机中的往复运动质量引起。

发动机机构由使活塞往复运动的曲轴连杆系统构成。为了表示施加在发动机曲轴箱上的力，我们通常连杆的往复运动质量分成两个部分，这两个部分集中在曲柄和活塞销中（参见下卷）。两个部分的质量与曲柄和活塞的自身的质量一起，构成

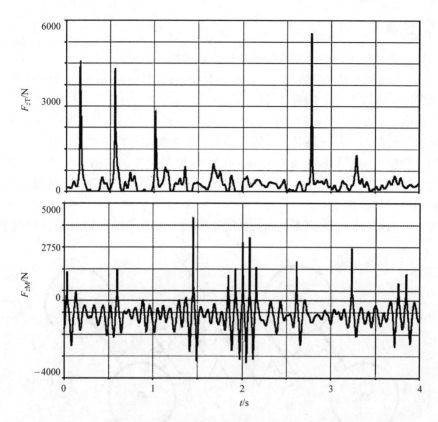

图 7-11　在不平路面行驶时模拟后桥悬架止动器和发动机支架上的载荷

所谓的往复运动质量 m_a 和旋转质量 m_r。

曲轴的转动会引起每一个曲柄产生离心力

$$F_c = m_r \Omega^2 r \qquad (7-7)$$

式中，Ω 为发动机转速；r 为曲柄半径。

忽略机体的弹性，离心力将会被施加到其他气缸上，常常产生一个完全平衡的系统。

每个往复运动质量将给发动机施加一个力：

$$F_a = -m_a \Omega^2 r (\cos\theta + \alpha\cos2\theta). \qquad (7-8)$$

式中，θ 为曲柄的旋转角度；l 为曲柄销的中心之间的距离；α 为该机构的比率，$\alpha = r/l$；

该公式只用两个元件的傅里叶级数近似活塞加速度。考虑到不同曲柄的方向不同，还必须增加施加到不同气缸上的力。

这些并不是唯一的运动质量，其他悬挂质量，例如转向盘或排气管，也会产生不可忽略的内部的力。

7.4.3 刚度

结构稳定性在车辆的行驶和振动特性中起着重要作用。

此外，限制变形是很重要的，因为大的变形可能影响车辆运行，例如妨碍车门打开或关闭，或改变悬架的运动特性。

弯曲刚度 K_f 定义为施加到轴距中间的载荷与同一点的位移之比。在满足其他结构要求的情况下，除非特长的车辆，达到可接受的值通常不难。

当后桥轮毂固定到参考系统上时，扭转刚度 K_t 指施加到前桥轮毂上的侧倾力矩与随之的转角之间的比率。在这种理想情况下，主要和次要弹性元件被相同几何特性的刚性元件替代。

为了证明扭转刚度对汽车动态特性的重要性，可参考图 7-12 中的简化模型。

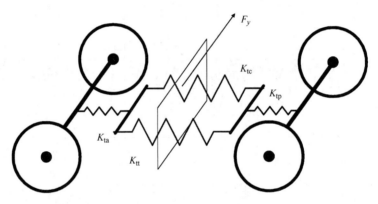

图 7-12　用于模拟车辆扭转变形的基本方案：K_{ta} 和 K_{tp} 表示两个轴上悬架的扭转刚度，
而 K_{tc} 和 K_{tt} 表示在具有独立车架的假想车辆中车身和底盘的扭转刚度

车辆用 4 个具有扭转变形的元件建模，分别为：

① 带有扭转刚度的车身外壳：K_{tc}。

② 带有扭转刚度的车架：K_{tt}。

③ 带有扭转刚度的前桥悬架：K_{ta}。

④ 带有扭转刚度的后桥悬架：K_{tp}。

在这个简化的方案中，我们假定车桥是固定在车架不可变形部位上的。

车身外壳也固定在车架上。换句话说，除了由所考虑的元件引起的位移之外没有其他位移。我们进一步假设，簧上质量集中在其重心并且其位置不受变形的影响。

如果车辆在弯道上行驶，F_y 是离心力，则侧倾力矩将作用于车辆：

$$M_x = F_y h_G \tag{7-9}$$

式中，h_G 为重心距离地面的高度。

侧倾力矩必须等于车辆结构件对两车桥的反作用力矩，由下式得出：

$$M_x = \varphi\left[\left(\frac{2}{K_{tc} + K_{tt}} + \frac{1}{k_{ta}}\right) + \left(\frac{2}{K_{tc} + K_{tt}} + \frac{1}{k_{tp}}\right)\right]$$ (7-10)

式中，φ 为侧倾角。

式（7-10）考虑了串联或并联的可变形元件的配置。并联的那些元件，例如车身外壳和车架，增加了刚性；而串联的，例如悬架和车辆结构，增加了柔性。

我们已经看到负载传递在确定车桥转弯刚度方面的重要性，即使我们还不能解释，但可以说两个轴的侧倾刚度对车辆的转向不足特性有影响。

事实上，吸收载荷传递最重要部分的车桥将在相同转弯力的情况下承受较大的侧偏角。在示例中，负载传递的比率为

$$R_t = \frac{\left(\dfrac{2}{K_{ta} + K_{tt}} + \dfrac{1}{k_{ta}}\right)}{\left(\dfrac{2}{K_{tc} + K_{tt}} + \dfrac{1}{k_{tp}}\right)}$$ (7-11)

当车架和车身外壳的刚度很大，分子和分母的第一部分可以忽略时，这个比率可以由两个车桥的悬架侧倾刚度（比率 K_{ta} 和 K_{tp}）决定。

换句话说，如果车辆结构刚性不足，则转向不足特性由最后一项决定，而不是悬架和防侧倾杆。

如果现在假设车辆穿过一个不对称的障碍，在前桥上将产生一个侧倾角 φ，一个力矩 M_x 将被施加到车辆上以使以下条件满足：

$$M_x\left(\frac{1}{k_{ta}} + \frac{1}{k_{tp}} + \frac{1}{K_{tc} + K_{tt}}\right) = \varphi$$ (7-12)

施加到车辆结构的扭转角由括号中的项给出，由于车架和车身外壳必须以相同的角度旋转以保持一致性，因此，两个元件的扭矩比 R_c 为

$$R_c = \frac{K_{tc}}{K_{tt}}$$ (7-13)

刚度大的元件将承担较大的转矩，因此刚度和抵抗力是成正比的。

刚度大的车身也应该有非常大的抵抗力。这就解释了为何木质车身在钢质底盘车架上有着灵活的架构连接。而且我们可以理解为何整体式车身在底板过软的情况下会在车顶产生裂缝。

我们可以假设合理的弯曲刚度目标值应该设置在 7000 ~ 10000N/mm，而合理的扭转刚度目标值为 700000 ~ 1500000N·m/rad。

7.5 结构设计

我们不打算在这部分提供关于车辆结构设计的综合知识。正如我们所看到的，在现代汽车中，车身底板和车身外壳是完全集成的。设计过程中所需的技术学科是车身研发团队的主要工作。

但我们想提供一些可以容易地应用于概念开发的方法要点。它们可用于预测悬架或副车架的应用对车辆结构的影响。

该方法的目的是提前了解所分配的底盘部件是否与车辆的其余部分兼容。

为了预测车辆的结构性能，验证项目目标的可行性十分重要。

现在可用的数值分析方法以及计算机不断提高的处理能力完全可以满足这一要求，但是对结构的详细数学模型的要求使得它们在初步设计阶段的应用变得困难，因为它们需要的许多信息将仅在随后才能得到。车辆结构完全依赖于可见的车身外形，这是经常变化的，因为车型正在研发中或许多竞争车型正处于并行发展。此外，空气动力学性能优化也在该阶段中并行执行，使得外形变化更加频繁。

在汽车设计的初步阶段，综合以及快速决策的能力是至关重要的。

这意味着一系列关键性能的确定。从极其不完整和经常修改的信息开始，这些关键性能被预测并在项目目标中被控制。

由于这种受限的原因，我们将介绍结构表面法和梁模型法，它们在这种应用中可以部分互换；第二种方法对于独立车架或工业车辆车架特别有用。

7.5.1 结构表面法

车身外壳结构可以是理想化的，用于研究其在初步设计阶段的性能，具有由成形空间网格的梁和闭合面板构成的系统。这些课题对全局结构特性的贡献是相当重要的。

结构表面概念中引入了许多假设从而简化了该模型。

结构表面是基本平板，由于其有限的厚度仅可以接受包含在其平均平面中的载荷。由于其灵活性高，不能承受指向其他方向的载荷。

最简单的结构表面已在图 7-13 所示的矩形面板中给出，由两边的尺寸

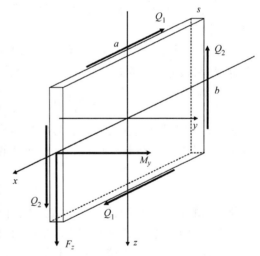

图 7-13　一个由矩形面板组成的
简单的结构表面

a 和 b 以及厚度 s 所确定，假设其他尺寸可忽略不计，该面板的横截面的惯性矩为

$$J_x = a\,\frac{s^3}{12}, \ \ J_y = s\,\frac{b^3}{12}, \ \ J_z = b\,\frac{s^3}{12} \tag{7-14}$$

由于该假设，J_x 和 J_z 比 J_y 小得多，并且这样定义的结构表面将仅能够承受沿 y 轴的弯曲力矩并且作用力平行于侧面。

例如，施加到该板一侧的力 F_z 可以通过施加到两侧的两个剪切力 Q_1 和 Q_2 来平衡，并满足下式：

$$Q_1 b - Q_2 a = 0$$
$$F_z - Q_2 = 0 \tag{7-15}$$

但考虑到有限的厚度,这些剪切力只有在有其他限制条件下才能应用,其能够限制压缩侧(示例中较低的一侧)上的这个薄表面的形状不稳定性。此限制可以是放置在垂直平面上的另一个面板,其焊接到第一个面板上,或者是由邻近面板的闭合截面形成的梁。

整个车身外壳可以用一组接近其曲面的平面结构表面来建模。梁的影响可以忽略,仅保留它在避免壁不稳定性中的作用。

面板可以为不同的形状,但其特点在于它们仅仅能够对在其平面中包含的力作出反应。

图 7-14 所示为一些有用的示例应用。图 7-15 所示为三厢轿车模型的示意图。

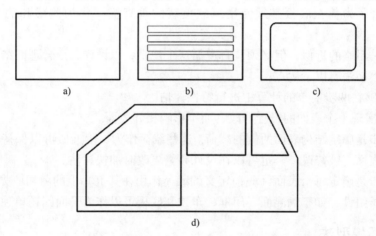

图 7-14 用于结构表面模型的面板示例

a) 矩形面板 b) 具有加强槽的面板 c) 具有照明开口的面板 d) 门框面板

为简化结构分析,车身结构可以被建模为结构表面的组合。现在我们可以看到这些假设的结果。

考虑施加到图 7-15 所示的车身外壳的侧倾力矩。该力矩可以通过作用面板(模拟前轮舱内壁)上的两个剪切力来平衡。

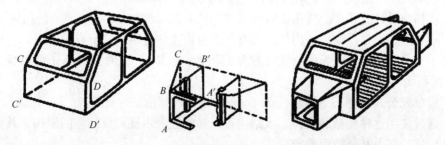

图 7-15 建立一个两厢四门轿车的模型所需的各种面板

例如，面板 AA′BB′接收包含在其平均平面中并指向上的力，如图 7-13 所示的面板，可以计算相邻面板必须施加到其侧面上的剪切力。

在该面板侧面上的剪切反作用力将施加于 CC′DD′面板，以及附近的其他面板。值得注意的是，相邻的三角形面板 BB′C 无法对其作出任何影响，因为它垂直于力的方向，如车顶和地板面板。

类似的逻辑过程可应用于前悬架通过前面板 AA′BB′施加到车身结构上的所有力。

如果我们考虑由于弯曲或其臂的倾斜而施加到悬架上的横向力，则可以得出结论，面板 AA′BB′不能正常反应。在这种情况下，三角形面板 BB′C 将完成这项工作。

类似的考虑可以应用于施加到汽车底板的集中载荷，例如座椅安装件或后悬架臂。该结构只有在负载的应用点处才能够反应，它施加平行于面板平均面的力。

这解释了为什么底板必须使用承载负载的垂直板（作为侧梁和侧边梁的侧壁）。

虽然是粗略的近似，但必须认真遵循这个规则，以设计一个合理的结构。

结构表面法有以下优点：

- 能够在两步简单的计算中进行特性评估。
- 可实现单个表面的设计修改，而不影响相邻表面。

第一步是确定结构表面两侧的载荷。这些载荷作为一阶近似可以保持恒定，即使它们的表面将被修改。其也可以在设计频繁更改时加快评估。

第二步是确定每个表面（先前定义的载荷作用在其上）上的剪切应力。

许多子组件，如车辆侧面、门框、车顶和底板可以作为平面问题单独研究。

7.5.2 梁模型法

梁是在外部载荷和约束的作用下，在应力和应变方面简化描述车辆结构的"数学对象"。

对于结构分析，这些数学模型可以根据有限元法（FEM）确定。如果我们假设位移受限，则可以得到力和位移之间的通用关系：

$$K\mu = f \tag{7-16}$$

式中，K 为结构刚度矩阵；μ 为位移矢量；f 为作用到结构上的力矢量。

在初步设计时，广泛应用的数值模型为梁有限元模型。

事实上，梁是最简单的构件：具有 6 个自由度的连接两个节点的一段，它可以归因于车身外壳闭合截面的特征（截面面积和惯性矩）。这种梁的例子可以根据图 7-4 的截面设计。

梁单元公式和德·圣维南（De Saint Venant）理论是一致的。

通过使用这种类型的构件，该结构可以被描述为由梁构成的空间架构。其弹性和几何特性仅由其横截面确定。

如果更复杂的话，这种方法类似于描述平面架构的方法，例如由工业车辆或由轿车使用的副车架。

汽车结构的梁模型由以下部分组成：

- 描述结构的梁元素：它们将空间中的两个节点作为具有 12 个自由度（每个节点 6 个）的元素连接，并且以合适的截面和弯曲及扭转惯性矩为特征，面板影响被忽略或包括在梁中。
- 连接梁的节点，它可以通过刚性或柔性接头模拟。

在新车初步设计阶段，结构分析人员可获得的数据是极少的。通常只有与现有车辆相同的轴距、轮距、悬架和车身外壳部件，在某些情况下，包括整个底板结构。此外，车型研发中心已经研发了外部车型、开口（门、罩和舱口）和玻璃的外形，该信息通常包括在计算机辅助造型系统（CAS）建立的数学模型中。

梁模型可以总结如下：

- 在其表面和开口上适用于结构空间架构的 CAS 模型。
- 已有元件的模型。
- 结构横截面。如果遗漏，则可以从相同段的已经存在的车型或从为该目的准备的数据库中扩展，该信息可以再次从图 7-4 的那些图中检索到。

其主要步骤如下：

- 在新型模型上重新定位现有的模型。
- 调节现有部分以适应新的维度。
- 确定新结构节点位置。
- 从其表面导出梁中心线。
- 确定梁横截面的面积和惯性矩。
- 确定相关的载荷和约束。

这个过程的结果如图 7-16 所示。这种方法的多功能性很容易理解。

- 通过将梁放置在新表面中，可以将形式的变化引入模型中。
- 横截面可以通过描述表轻松修改。
- 节点的刚度也可以很容易地通过描述表修改。

合成梁模型还使我们得出关于车身不同部分对最终结果如何作用的初步结论，并且实现重量优化。事实上，通过一次次地放大每个部分的尺寸，可以实现系统性能优化并且发现最有效的尺寸。

通过忽略面板的作用，梁模型法假定了一种与结构表面法相反的方法。

这两种方法都是为了解决同样的问题，故不应该被认为是冲突的。

第一种方法仅针对整体式车身，可以应用涉及车身的一般体系结构的概念研发。它很简单，允许在短时间内考虑许多不同的替代方案。

第二种方法更加准确并且可以应用到初步优化后的结构中去。不像第一种方法那样，第二种方法对外形的改变很敏感，并且它能够更好地适应车架和空间架构。

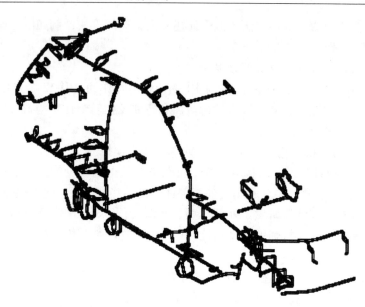

图 7-16　梁模型的最终方案。梁的形状通过将它们放置在新型外部形状下
并且从现有数据库中分配给它们相符的横截面来确定

7.6　结构测试

用于结构疲劳评估的试验台类似于我们在悬架部分介绍的试验台。出于经济原因，并且考虑到真实悬架是将载荷精确地施加到结构（如车身外壳、车架、悬架和动力传动系安装件）上的最简单的方式，因此通常一起测试。

最重要的测试，特别是底盘结构和车身外壳，为扭转刚度的总体评估。

除了之前已经说过的结构稳定性不足之外，通过弯曲和扭转试验对局部变形的分析还有助于发现车辆结构功能的不连续性。

事实上，由于道路障碍引起的周期性变形，在道路运行期间出现的变形不连续性区域显然说明存在潜在断裂点。

我们现在专注于扭转和弯曲刚度测试。

扭转试验模拟当车辆仅用一个车轮爬上路缘石时发生的情况，而弯曲试验测试通过有效载荷的施加而发生的情况。

两个测试在相同的试验台上进行，根据测试的目的重新配置。

试验台（如图 7-17 所示的扭转试验台和图 7-18 所示的弯曲试验台）由一个基座块构成，其特征处于刚度远远高于要测量的值。

在这个平台上，附加结构被合理地固定在车身和车架上，其他移动结构用于施加载荷。

整体式车身的内饰（仪表板、座椅和侧板）、完整的动力传动系（发动机、变速器、排气管等）以及保险杠和车轮均被移除了。悬架被保留下来，但是弹簧和

图7-17　用于扭转试验的通用试验台；前部的铰接车架用于施加侧倾力矩

图7-18　用于弯曲试验的通用试验台；中间的梁用于施加局部垂直载荷

减振器均被更换为刚性间隔件，以便"冻结"所研究的几何特性。

通常的做法是通过测试包含和不包含相应部件时的结构来验证可拆卸部件（侧门、舱门、行李箱盖、发动机舱盖、可拆卸挡泥板）和结构玻璃（前风窗玻璃、后窗玻璃）对总刚度的影响，从而验证连接技术是否适合于此目的。

对于两个测试的固定是类似的：轮毂被焊接或通过制动器固定，并且被用于将结构连接到用于连接模块和负载的横梁上。

在扭转试验中，后桥连接到试验台，而前桥连接到施加扭矩的结构，两个连杆用于避免纵向和横向运动。

在弯曲试验中，两个轴固定在块体上，其中一个能够纵向运动。

在这两个测试中，以不同的方式施加载荷。

在扭转试验中，纯扭矩通过铰接架构施加到前桥上。

在弯曲试验中，垂直载荷通过辅助梁施加到结构的中心。

在这两种情况下，采取预防措施以避免在施加负载时局部变形的影响。

位移由在垂直轴上的线性传感器测量。

在扭转试验中，一对传感器放置在每个悬架的上枢轴处。

在弯曲试验中，一个传感器放置在汽车的中部，而另一个传感器用于测量局部变形。

扭转刚度通常通过以下公式计算：

$$K_t = \frac{M_x}{(\varphi_a - \varphi_p)} = \frac{M_x}{\arctan \dfrac{z_{da} + z_{sa}}{t_a} + \arctan \dfrac{z_{dp} + z_{sp}}{t_p}} \tag{7-17}$$

式中，K_t 为扭转刚度；M_x 为施加的扭矩；φ 为两个轴的侧倾角；z 为每个车轮的垂直位置变化；t 为轮距。下标 a 为前桥；p 为后桥；d 表示右边；s 表示左边。

为了比较不同的汽车，将通常扭转刚度和弯曲刚度除以轴距。

在这种测试中，局部变形也被记录下来。

沿着主纵梁和侧向纵梁布置了许多线性传感器，以便测量垂直位移。在扭转的情况下，它们用于计算结构的局部旋转角度。

这些位移或旋转用于绘制描绘车身坐标 x 的函数的图，以提供刚度分布的迹象。该曲线斜率的局部变化可以通过一阶导数图来检测，突出了局部关键区域（诸如安装传感器的板的局部不稳定性）或由不精确的焊接或设计错误导致的结构不连续性。

在扭转试验期间，测量门和玻璃结构的变形也很重要。开口截面的对角线长度之间的差异通常作为与项目规格进行比较的指标。

当将零件添加到车身外壳时，总体刚度会发生变化。通常的参考包括车身外壳、带前风窗玻璃的车身外壳和带车门的车身外壳。

表 7-2 显示了对不同年份的车身（两种量产的小轿车）测量的扭转刚度和弯曲刚度的一些值。

表 7-2　两种不同年份小型车的扭转刚度 K_t（N·m／rad）、弯曲刚度 K_f（N/mm）和质量 M（kg）

年份	$K_{t,n}$	$K_{t,v}$	$K_{t,c}$	$K_{f,n}$	$K_{f,v}$	$K_{f,c}$	M_n	M_c
1990	3420	4040	4780	43	44.5	47.5	152	207
1995	4280	5790	6830	58	60.0	62.0	193	271
2000	5730	7070	7960	63	64.0	67.0	190	264

注：第二个下标表示车身状况（n 为车身外壳、v 为前风窗玻璃、c 为完整车身）。可以注意到风窗玻璃对扭转刚度的影响。

固定的风窗玻璃安装在车身外壳上以测试其影响，这包括不能打开的前风窗玻璃和后风窗玻璃，它们的影响是由于接合部位限制了窗框在车身上的变形产生的。这种影响对于弯曲刚度可以忽略不计，因为玻璃架构的变形有限。

车重增加部分是由于尺寸增加，部分是由于更严格的被动安全法规造成的。

计算机具有强大的性能，故可以添加许多其他功能。

第二部分

概　　述

任何类型的机动车辆都需要传动装置，以便将其发动机的转速和转矩转换成有用功。

术语"传动装置"通常包括启动装置（离合器或变矩器）、变速比齿轮箱、动力输出装置以及驱动桥和驱动车轮的差速器。换句话说，该术语包括车轮和发动机的整个运动链。

变速器的功能是使来自发动机的可用转矩适应由车辆的需求、驾驶人的意愿和环境要求所强加的车辆的需要。变速器在确定某些车辆功能，例如动力学性能、燃油消耗、排放、驾驶性能以及可靠性方面尤其重要。

与工业变速器相比，汽车变速器（包括轿车、工业车辆和公共汽车）的特征在于有更高的应力等级。汽车变速器的比质量（变速器质量和输出功率之比）在 $0.5 \sim 1 kg/kW$ 的范围内。在工业变速器中，这些值几乎翻了一番。此外，汽车变速器可用的传动比数量明显高于工业变速器。

变速器技术可以认为是很成熟的，但是我们并不认为它不会有所改进，尤其是在自动变速方面。事实上，这种变速器预计在欧洲市场会有显著的增长。这个市场的特殊需求已经推动了新一代手自一体变速器的开发，在不影响车辆性能的情况下还可以让驾驶人在选择时感受到手动驾驶的乐趣。

电子产品在性能和成本方面的持续发展将对这种变速器产生重大影响，并将推动其快速发展。

同时，混合动力汽车市场潜在的增长将刺激特别复杂的自动变速器的发展。

与变速器相关的最后一点是，它们的生产和开发功能正在使原始设备制造商成为专家的业务。

手动变速器和自动变速器都是如此。对于那些致力于车辆或部件设计的人来说，对这类部件开发出良好的系统知识尤其重要。

这一趋势得到了欧洲 Getrag、ZF、GM、菲亚特动力总成技术和 Graziano 广泛的认可。在美国对于 Dana、Eaton、New Venture Gear 和 Allison，在日本对 Aisin 和 JATCO 也是如此。

自动变速器的主要增长预计在欧洲。

最广泛使用的自动变速器类型是有级式变速器，一般有四个或更多个传动比。许多制造商已经决定在其汽车中采用无级变速器，例如钢带式和可变气门滑轮式。尽管机械效率有所降低，但由于有无穷多个传动比，它们显示出更优异的车辆性能。

动力换档变速器正在放弃纯液压控制，转而采用更先进的电子控制，它利用了当前发动机控制系统的发展，包括节气门自动化。

另一方面，出现了许多超过五个传动比的变速器，并且变矩器的锁止功能延伸到几乎所有的档位。

六档手动变速器已经开始在市场上出现，而五个档位配置是所有应用的标准。这些变速器中有许多已经装配了电动液压或机电执行系统，其目的是与传统自动变速器相比，给乘客提供相似或更好的性能，而不会影响传统较低成本的优点，并具有高效率和驾驶乐趣。

这种变速器可以获得的功能包括：

- 离合器自动化。
- 伺服辅助选档和换档，对舒适性和加速度产生积极的影响。
- 提供更符合人体工程学的顺序换档指令，可以设置在方向盘上。
- 总传动比的选择和自动化换档序列。

变速器结构由车辆上采用的牵引类型决定。另一方面，牵引类型的选择对于车辆操纵性能、乘坐舒适性、安全性和内部空间组织方面具有很大的影响。

发动机可以安装在车辆的前部或后部。在第一种情况下，牵引力可以在前桥上、在后桥上或两者上都有；在第二种情况下，牵引力可以在后桥或两个轴上。前置后驱汽车，通常被认为是具有常规或传统布局的汽车。

图1显示了所有用于前轮驱动的已知配置。图1a所示为纵向布局，动力总成在驱动轴上。

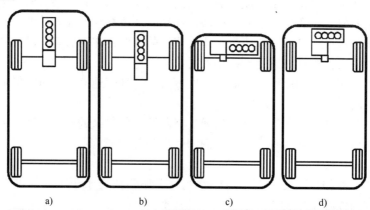

　　　　a)　　　　　　　b)　　　　　　　c)　　　　　　　d)

图1　不同类型的传动结构，适用于前轮驱动汽车；此处故意夸大了对外部尺寸的影响

图1a还显示出可以获得车轮最大转向角的优点，但在前悬方面具有一些缺点。在这种情况下，每个传动比可以用单级齿轮获得，齿轮箱输出轴的旋转轴必须用一

对锥齿轮转动90°。

图1b所示为与先前相同的布局，其中通过在前桥上安装发动机而缩短前悬的突出。在这种情况下，需要附加的轴和油底壳的一些修改。

图1c所示横置发动机和变速器在一条线上，该方案是广泛使用的解决方案。此处为单级传动，输出轴通过一对直齿轮连接到不同的位置。车辆可以更紧凑，因为前悬可以更短，但对最小转弯半径不利。如果发动机不是太大，则该方案是最佳方案。

最后，图1d所示为不太广泛应用的解决方案，其中发动机和变速器是横置、平行的，变速器可以在发动机的前面或后面。该方案与图1c相比，综合了其优缺点。同时需要附加的双级传动装置或链传动装置来将发动机轴与变速器输入轴连接。

在所有这些情况下，包括发动机和变速器的子系统称为动力传动总成或变速驱动桥。

图2示出了应用于常规车辆的两种可能的结构。类型a是最广泛使用的，而类型b主要应用于要求重量分布更均匀的跑车上。在这些情况下，变速器将是双级式（也称为中间轴式）的，其中输入和输出轴在一条线上。锥齿轮传动也是必要的。汽车前悬可以减少，但车身内部的空间由于传动轴在底板下方而受到负面影响。

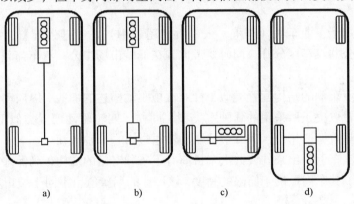

图2　不同类型的传动结构，适用于后轮驱动（发动机前置或后置）

此外，图中示出了非广泛使用的后置发动机布局的两种可能的结构（横向传动系布置c和纵向布置d）。

这种结构现在只适用于跑车，其重量分布和横摆惯性比内部空间更重要。在图a和图b中所做的考虑同样适用于图c和图d。

应用于商业车辆（整车重量＋人＋货物小于4t[⊖]）的结构如图1中的d和图2中的a所示。

⊖　这个极限值与法规值（3.5 t）不一致，但是我们猜测根据汽车技术设计的车辆在技术上是可行的。

图 3 所示为四轮驱动车辆的结构，方案 a、b 和 d 可以从单轴车辆的相应布局导出。这些主要应用于具有四轮驱动的道路车辆或运动型多用途车辆，方案 a 和 d 容易设计，因为分动器可以集成在动力总成中。方案 c 专门用于非道路车辆，将动力传递到另一轴上的分动器可以容易地集成换档单元和差速锁。

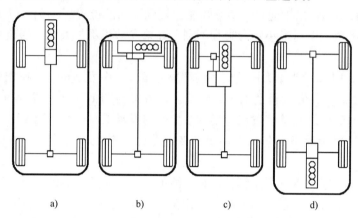

a)　　　　　　b)　　　　　　c)　　　　　　d)

图 3　用于四轮驱动的传动结构。方案 c 特别适用于非道路车辆，
因为附加的换档单元可以容易地集成到分动器中

考虑到用于工业车辆（车重＋人＋货物超过 4t）的变速器配置，我们必须将载货汽车和公共汽车区分开，同时要考虑到在低端市场中公共汽车与载货汽车十分不同。

双轴工业车辆的结构配置类似于针对常规驱动描述的那些。纵向动力总成在前部安装的位置取决于所采用的驾驶室类型。同样，四轮驱动配置类似于图 3c 中所解释的。在超重型应用中，第二个后驱动轴通过第一个轴传动。

由载货汽车引申出来的公共汽车目前有了一种专门的结构，确保乘客能够方便地进入车辆。其车门取决于门限的高度，该尺寸的期望值也不同于城市和郊区公共汽车的结构。

在第一种情况下，必须使所有车门易通行，并且由于有站立的乘客，过道底板不能有台阶或显著的坡道。

图 4 显示了两个不同的例子，a 表示城市公共汽车的典型布局，b 表示郊区公共汽车的典型布局。在第一个例子中，发动机和变速器安装在后面，最后一排座椅下面。过道底板低，仅由通常为此目的选择的轴的形状调节，过道的坡度受到限制，并且可能在车辆的后部设置门。

图 4b 所示的郊区公共汽车或长途公共汽车不需要较低的门限。相反，它们通常将行李舱设在底板下面。乘客很少站立，因此最合适的布局为纵置发动机和后轮驱动。

作为独立的部件，汽车的传动系统包括以下部件（从发动机开始）。

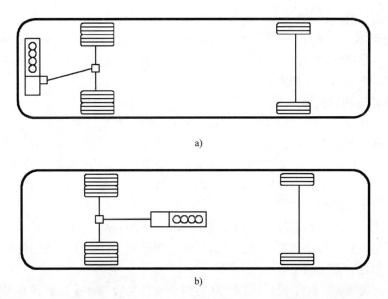

a)

b)

图4 为城市公共汽车（上）和郊区公共汽车（下）设计的传动结构；
发动机后置降低了前门后侧的车辆底板高度

1. 起动装置

起动装置通常由摩擦式离合器构成，由踏板操作，在某些情况下由外部能量源
（电动、气动或液压）辅助。在大多数自动变速器中，起动装置包括具有锁止离合
器的液压变矩器。

2. 变速器

变速器是改变传动比的部件，它可以由常规或外摆线齿轮构成。换档可手动
（仅使用驾驶员的力）、半自动（借助辅助能量）或自动执行。在变速器中除齿轮
之外还有以下机构：

● 换档机构：根据是否包含在变速器中，它们分为内部式或外部式。换档机
构的功能根据动力系相对于车辆的运动来调节，由发动机确定。这些运动不应影响
换档质量。换档机构在手动变速器中特别重要，因为它们对驾驶人的精确感知和主
动响应具有很大影响。

● 接合套和同步器：它们是通过接合和分离获得期望的传动比的一对齿轮。

3. 分段式配档单元

这可以被认为是转速级数有限的附加齿轮箱，它在主变速器之后或之前插入传
动线路上，并通过附加齿轮副将转速级数增加。在这个类型中，还包括所谓的分
动器。

4. 主减速器和差速器

主减速器和差速器可集成在变速器中，它们进一步降低了车轮的转速。理论
上，差速器将两个车轮的转矩分成相等的部分，并且可以是自由的，也可以是自锁

的或手动锁止的。

5. 分动器

分动器是将发动机的动力进行分配的装置，其可以将动力分配到全轮驱动车辆或多轮驱动车辆的驱动轴上。

6. 传动轴和万向节

传动轴和万向节连接传动系统的几个旋转部分。在常规驱动中，它们将变速器与差速器连接在一起。在独立悬架中，它们将车轮与差速器连接在一起。

本部分专门讨论汽车变速器，并从讨论变速器设计的历史演变开始。

应用于轿车和工业车辆的手动变速器的主要类型将在下一章中描述。讨论中将涉及多种方案和图纸。

特别注意内部和外部换档机构及其设计和评价的标准。

将说明主要的起动装置，并讨论设计和法规条例。针对变矩器，将介绍计算车辆性能和油耗的方法。

在差速器方面，除了设计标准，还将讨论受控装置和非受控装置对车辆动态特性的影响。

另外，还将介绍在轿车和工业车辆上使用的各种自动变速器，讨论在其控制系统中实施的主要控制策略。

本书总结了汽车传动部件设计和试验台测试方法的一些补充意见。

8 变速器的演变历史

变速器和离合器，包括起动装置，是从往复式内燃机获得适当的驱动转矩所必不可少的。

事实上，这类发动机的特征在于可用转矩几乎对转速保持恒定，有时随着转速增加而增加。但在理想情况下，驱动转矩应随着车辆速度增加而减小。

对于安装的给定功率的发动机，考虑到车辆所需的动力学性能，该功率应该在任何车辆速度下均可用，因此牵引力应与车辆速度成反比。

该选择还将保证车速的稳定性，因为随着车速减小而减小的驱动力将与随车速增加而增加的阻力达到平衡。

另外，如果发动机的转速小于最小值，则发动机不能提供正转矩，该最小值作为一阶近似值由循环的转矩周期和曲柄机构的惯量确定。然而，车辆必须能够在停止时起动，并且应该能够在这种情况下利用最大驱动转矩。

由于这些原因，必须要有一个机械装置，能够适应发动机和车轮之间的传动比，以满足车辆的行驶需要，克服发动机的不足。在车辆开始起动的时候，这个传动比应该很高，理想状况是无限高。

传动系的作用是将发动机曲轴的运动传递给车轮轮毂。如我们所知，车轮和发动机之间的相对位置并不是精确的，因为有着悬架运动和车轮转向的影响。

在第一代汽车中，变速器与调速装置称为混淆。从这种误解中诞生了该设备的名称，它在许多欧洲语言中几乎一致（例如，changement de vitesse，法语）。这个术语用来代替变矩器或转矩适配器，更贴合该机构的真正作用。

这些考虑，今天被认为是理所当然的，但对于配备蒸汽机的第一代汽车的设计者来说并不那么明显。在车辆应用的许多缺点中，这种发动机具有能够在曲柄停止时提供显著转矩的优点，非常适合于车辆应用。

这种情况的例子是 1769 年的柯诺特（Cugnot）车。它被公认是第一辆自推进车辆。

图 8-1 所示为活塞和驱动轮之间的传动机构。唯一的驱动轮在车辆的前面，并且可以与蒸汽气缸和锅炉（未示出）一起转向，该车辆未使用悬架。

发动机连杆通过棘轮装置直接连接到车轮上，并将活塞的往复直线运动转换为车轮的旋转运动。

这种直接连接，最终简化为曲柄机构，被应用于其他蒸汽机车，并广泛用于蒸汽火车。

第一辆运行的内燃机汽车可能是1807年德·里瓦兹（De Rivaz）研发的。它采用了类似的传动装置，并且在活塞的非做功行程期间利用棘轮装置机构，以在惯性作用下保持车辆运动。

8.1 手动变速器

1784年的专利文献提供的证据表明，瓦特预见了带有爪形离合器的常啮合齿轮箱的使用，以用来提高蒸汽机车的牵引性能。由于随后的汽车设计未刻意遵循这个方案，很难证明该想法对汽车设计的影响。

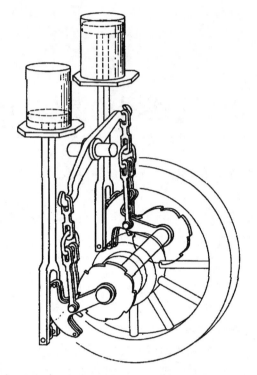

图 8-1　在 1769 年由科诺特（Cugnot）设计的蒸汽
发动机车中，从活塞到车轮的传动机构

毫无疑问，第一辆商用内燃机汽车是1885年和1886年分别由奔驰和戴姆勒汽车公司生产的汽车，它们使用了完全不同于瓦特提出的方案解决了传动问题。

完整的戴姆勒汽车变速器如图8-2所示。带有传动装置的不同直径的带轮，可产生两种不同的传动比。当两个张紧器55（用于一档）和56（用于二档）中的一个使传动带工作时，传动带会一直缠绕在它们的滚轮上，但是运动仅通过一对传动副传递。

当张紧器没有完全接合时，传动带滑动特性被利用，用来在停止时起动车辆。

没有配置车轮悬架，因此传动系简单。该方案的许多改进应用在了后来的奔驰车上。

两速变速器的灵感来自那时的一个车间，其中一个蒸汽机驱动一些机器工作。这种变速器可能是1849年由安德森发明的。

两个从动轮（在图8-3下图的中心）与尽可能多的惰轮啮合（在从动轮的外表面），它们具有比从动轮略小的直径，并且从动轮的有效工作表面是圆形的，以啮合那些惰轮的工作面。

两个驱动轮（在汽车后部，与发动机曲轴对准）具有足够的宽度来承载从动

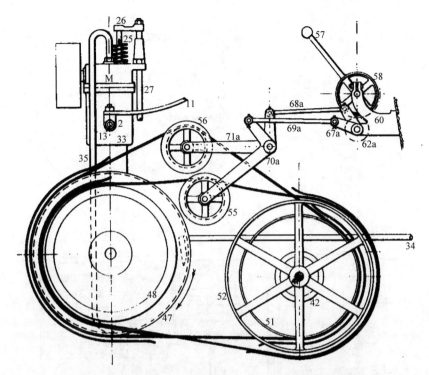

图 8-2　1885 年完整的戴姆勒汽车的变速器。通过传动带变速，
实现了两种传动比。传动带的滑动特性被用来起动汽车

轮和惰轮上的传动带。两个张紧器可以将传动带从接合从动轮转换到接合惰轮。

传动带是交叉的，用来增加带轮上的缠绕角。传动带的张力通过改变中心距进行周期性地调整。

从动带轮表面圆滑，使传动带更容易移动。惰轮直径较小在它们不工作时可以减小传动带的工作张力，从而降低了对进一步张力调节的需要。

通过利用传动带的滑动特性可以实现起动功能。使用悬架的驱动轮的垂直运动，由连接从动轮与后轮轮毂的两个链传动装置补偿。

应该注意的是，该时期的这种以及其他车辆的文献没有涉及使用档位使汽车加速的次序，但两个档位都可以起动，优先选择期望的巡航车速，而不是必要的牵引力。

瓦特的想法被用于下一代设计。通常说第一代车展示了其发明者的技术技能是如何在发动机上被发挥到极致的，有时忽略了已经在当代技术水平已经获得的其他成就。这一事实也可以通过不同国家的技术交流的难度来解释。

类似于当时情况的典型示例如图 8-4 所示，1902 年的菲亚特 8/16 HP 结构图。

变速器具有三个前进档和一个倒档，在最老的汽车中是没有倒档的。

如图 8-4a 所示，为变速器的侧视图，发动机使左侧下方的轴转动。该变速器

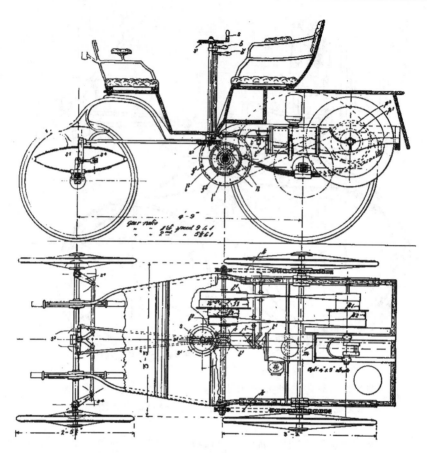

图 8-3 1886 年奔驰汽车的带传动两档变速器。两个张紧器可以将传动带从与驱动带轮接合的位置转换到与惰轮接合的位置

具有单个减速级，其中所有驱动齿轮位于输入轴上，并且所有从动齿轮位于输出轴上。在发动机侧，可以首先看到倒档，然后是第一档、第二档和第三档。

可以注意到惰轮，用于在图 8-4a 左侧的剖视图上改变输出轴的旋转方向。

驱动轮总是与从动轮啮合，因此其必须应能相对于输出轴空转，我们将在后面看到它们如何啮合。输出轴使锥齿轮旋转，锥齿轮通过差速器驱动两个半轴。

它们通过链条与后驱动轮耦合，按照上述图片中的方案。

在该图中未示出的锥形摩擦式离合器可以使车辆起动并在换档期间将变速器与传动系分离（参见图 8-12）。

可以注意到三个尚未介绍的新机构：倒档、差速器和摩擦式离合器。它们的起源肯定比这辆车更久远。倒档齿轮由塞尔登（Selden）于 1879 年推出，佩琪乐（Pecquer）在 1827 年推出差速器，而在 1885 年由马库斯（Marcus）推出了锥形摩擦式离合器。

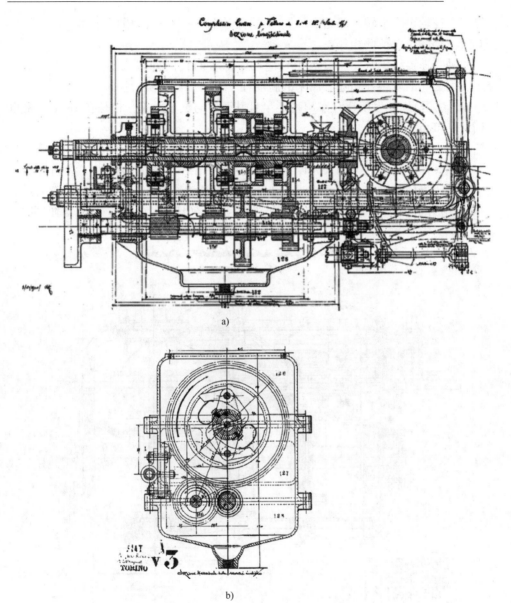

图8-4　1902年菲亚特的8/16马力三档单级变速器。
内部的换档机构由安装在驱动轴内部的圆柱杆制成

在这些年中，这三种机构被集成在一个适用于汽车的变速器中。

现在看看换档机构。它是相当复杂的，由安装在从动轴中的腔内可移动圆柱杆构成。该杆有一些环形变窄部位，在某些位置允许两个棘轮与从动轮接合。在图8-4a所示的剖视图中可以看到倒档机构棘轮的细节。

当其中一个槽遇到一对棘轮时，两个片簧将它们与棘轮啮合；当杆移动时，棘轮缩回，使轮再次空转。凹槽的位置与顺序换档杆一致，其中倒档、第一档、第二档和第三档的位置彼此相邻。

这种变速器结构（常啮合齿轮）应用于那个时代的许多汽车上，但很快被放弃了，因为它的复杂性和随之而来的脆弱性。下一个方案是滑动齿轮系（train balladeurs，法语）。此发明比汽车出现还早且其诞生与汽车无关，它是在1821年格里菲斯（Griffith）推出的。

由于一个特定的元件（齿式离合器、同步器）还没有被开发出来，这并不是第一次抛弃性能更佳的架构（常啮合），而选择一个不太先进的替代（滑动传动）。当技术的改进使常啮式成为可能时，滑动传动很快就被放弃，人们选择了常啮式。

滑动传动的例子可以参照1904年的菲亚特60HP汽车，其变速器如图8-5所示。

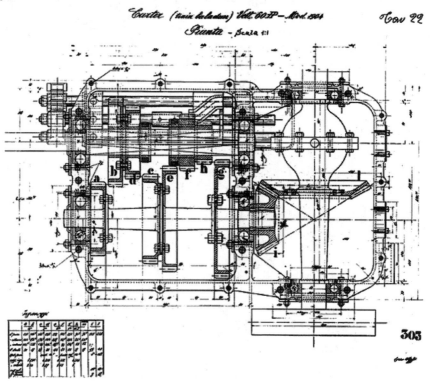

图8-5　1904年菲亚特60HP四速滑动链变速器。两列齿轮传动由
第一和第二档的驱动轮以及由第三和第四档的驱动轮构成

变速器仍然是单级式并且有四个前进档和一个倒档。齿轮分成两列传动，从第一齿轮到第四齿轮，其可以在上侧驱动轴上滑动。发动机（未示出）在左侧，而在右侧可以看到锥齿轮通过差速器移动链条传动装置的小齿轮。

两列传动分别集成第一和第二档，第三与第四档。它们按顺序安装在方形截面轴上，它们可以与轴一起转动，也可以沿着轴自由移动。

滑动啮合通过合适的套筒实现，每次使一个齿轮与其配合件啮合，只有在选择相应的档位时齿轮才啮合。

当传动处于空转时，仅通过惰轮（在该图中未示出）与一档齿轮啮合来实现倒档。

轴套由固定在滑杆上的拨叉移动，在变速器轴下部分可见。有两根滑杆分别用于移动第一和第二档齿轮以及第三和第四档齿轮，而另外的滑杆专用于倒档。

这种布局已经产生了对选档和换档控制杆的需要，其换档不再连续，但其特征在于两个分开的运动：一个横向运动，选择要接合的档位；第二个纵向运动，以啮合特定的齿轮。这种布局在实践中被流传下来，在当代汽车中保持不变。

滑动变速器需要驾驶员的特殊技巧，驾驶员必须在空转期间通过发动机使车轮同步，然后才能接合下一个档位（double clutching 或 débrayage double，法语）。通过不同的速度啮合齿轮造成的损伤显示出操作的不完美性。

一些制造商改进了这种架构，实际上回到了瓦特的常啮合齿轮的想法。在图 8-6 中展示了 20 世纪 10 年代末的工业车辆变速器，以示出这种新的布局。

在这个变速器中有三个前进档和一个倒档可用，齿轮箱连接到图右侧的发动机上，而输出法兰在左侧。输出轴上的飞轮不是发动机的一部分，而是变速器制动的制动轮。

输入轴和输出轴现在是同轴的，这种布局适用于在这些年开始应用的万向节传动。

齿轮是常啮合式的，并且在其侧面有齿式离合器。滑动换档减少到一对齿式离合器。

打齿问题没有解决，但是可能的损伤被限制在了辅助部分即离合器上，它在变速器运行时较小的冲击下可能被牺牲。齿式离合器的轮齿也能是圆形的，使换档更容易，而不妨碍其尺寸。

可以观察到输入轴和输出轴是同轴的，上方的轴由两部分组成，具有不同的自由旋转角度。左侧滑动机构可以直接地接合两个部件或者使第三轴（中间轴）移动，在同一图下方。

只有当该齿式离合器接合时才能够获得一档和二档，图中的第二个换档机构。最后一个换档机构可以接合倒档，将中间轴连接到输出轴上，然后连接到一对惰轮（实际上是第二中间轴）上，在图的右侧部分可见。

滑动换档机构的运动是由前部凸轮控制的，它可以实现顺序控制。

一种不含控制的类似架构仍然存在于前置后驱车辆上。

我们不应该陷入这样的误区，认为这些技术解决方案已经固化。譬如在新技术的曙光时期，衍生品常常是主要演变路线。我们可以看到，在发动机之后，齿轮箱是第一代汽车工程师创新的首选课题。

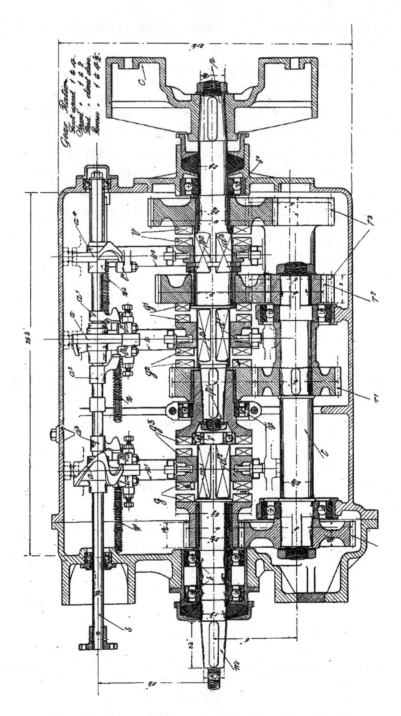

图 8-6　20 世纪 10 年代的一种齿式离合器的载货汽车变速器

　　所有尝试的解决方案的综合分类完全超出了本章的范围，我们甚至将讨论限制为手动变速器，我们只会考虑一些更原始的解决方案。

　　1924~1938 年，弗雷泽·纳什在英国研发出不同的汽车，它可以满足所有的运动性能要求，但价格过高。这些车辆必不可少的是传动系统，如图 8-7 所示。

图 8-7　　弗雷泽·纳什 1924 年的变速器，仅通过链传动，有三个前进档和一个倒档。从动轴可以调节以获得良好的对准性和补偿链条磨损

　　变速器由链条传动装置构成，其中三个用于前进档，一个用于倒档。驱动链轮（图中右侧）由连接到发动机上的锥齿轮箱驱动，该锥齿轮箱不包括差速齿轮。

　　在该中间轴的右半轴上固定有用于一档和倒档的链轮，在左半轴上是用于二档和三档的链轮。

　　注意该惰轮倒档系统带有链条和齿轮。驱动轮直接安装在后侧整体轴上，并可以沿着它们的轴移动以进行链条对准。

　　没有差速器的车辆驾驶起来非常困难，但是在坑洼的道路上，有经验的驾驶人可以很容易操控，这在那个时代是普遍的。

　　链条变速器也被用来补偿悬架的运动。接合是通过简单且灵敏的齿式离合器实现的。喜欢这种车的人青睐于它的方向稳定性、卓越的变速器操纵性以及变速器内零件的易更换性。

　　整个机构是由润滑脂露天润滑的。我们也能注意到它的摇臂在锥齿轮箱之上有特殊的槽，能够与拨叉接合。这种机构避免了换档时较大的离心力和振动的影响。

　　1907 年的席泽尔·诺丁（Sizair Naudin）汽车有着不同的技术点，这些是原创并非凡的，其还以配备了第一代独立悬架而闻名。

　　那时的设计目标应该是控制变速器的成本，或至少是降低在当时十分昂贵的齿轮的数量。

图 8-8 所示的变速器结构可以同化为一个滑动换档变速器。从动轮减缩到一个，带有前轮齿 R。由 P_1、P_2 和 P_3 组成的唯一的滑动换档机构安装在图纸中绕下部轴摆动的轴承上，轴承的摆动运动需要工作时驱动轮与前齿轮以不同的距离啮合，这取决于驱动轮直径。

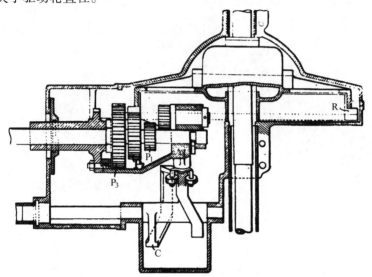

图 8-8　1907 年席泽尔·诺丁变速器。该设计可以同化为一个带有锥齿轮的滑动换档变速器。
由齿轮 P1、P2 和 P3 构成的单个滑动换档机构安装在摆动轴承上，
以使驱动轴与较大的输出前齿轮以不同的距离啮合

驱动轴的摆动运动通过发动机和齿轮箱之间的万向节传动装置来补偿。在图底部的凸轮 C 结合了换档和摆动运动并承受齿轮力。

直齿轮应该代替锥齿轮，以用于正确啮合。然而，若轮齿接近圆柱形齿，则会产生接触误差。

倒档惰轮也存在于相应的换档机构上。

图 8-9 所示为 1904 年的图立克姆（Turicum，可能是瑞士唯一的汽车商标）底盘。它展示出令人惊叹的工艺，图中显示了整个底盘：这让我们看到了历史上第一台无级变速器汽车。

其无需使用差速器，后桥的运动通过两个摩擦轮 C 和 D 传递，第一个摩擦轮由实心的铁制成，第二个在其轮缘上有橡胶胎面。摩擦轮 D 通过花键和凹槽固定在轴 E 上，允许齿轮沿着轴移动，轴 E 搁置在摆动轴承 G 上并且利用弹簧 J 保持轮 D 和 C 处于压力下。

通过拉动杠杆 q，可以在轮 C 的中心（无穷大的传动比：变速器空转）和其轮缘（传动比约为 1:1）之间改变两个轮之间的接触点。在空转位置，通过卸载弹簧 J 消除摩擦，在两个轮之间可能的滑动用于起动车辆。

这些方案未被其他制造商模仿，并且可能已被他们自己放弃。手动变速器的发

图 8-9　1904 年图立克姆（Turicum）底盘；这里我们看到一个基于两个摩擦盘 C 和 D 的
无级变速器，其中第一个由实心铁制成，第二个覆盖有橡胶，用于提高接触摩擦

展集中于完善中间轴或双级结构，它在所有前置后驱的车辆上已经普遍。

这种演变的一个例子是 1934 年菲亚特巴丽拉（Balilla）变速器（4 档版，1933

年该汽车的第一个变速器为三档设计），如图 8-10 所示。

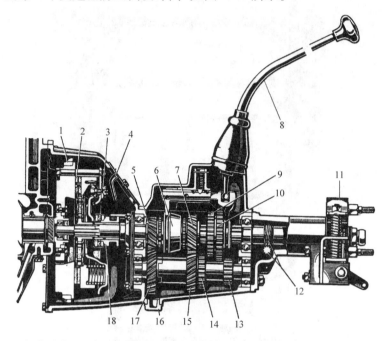

图 8-10　1933 年菲亚特巴丽拉（Balilla）的 4 档变速器。附图示出了纵向剖视图，变速器的后部有用于第一档、第二档和倒档的滑动套，前部为第三档和第四档的同步啮合齿轮

该变速器有两个不同的部分：后部负责第一档、第二档和倒档，具有一个带圆柱形直齿的滑动套，前部装有斜齿轮（常啮合）和同步装置。

这种妥协是由于同步器的高成本，在当时被认为是高技术组件。同步器限于更常用的档位，这也有益于使用斜齿轮，降低齿轮噪声。

在这个项目上可以注意到，作为一个较好的工程实践，这个时候的工程手册建议设计最高传动比（在这种情况下为最终差速器比）的值略高于理想值。该规则用于限制维持汽车巡航速度所需的换档次数，并证实了驾驶员在滑动换档变速器上改变档位的难度。

因此，我们可以说，同步器带来的好处不仅是改善换档质量，还可以降低噪声，提高燃料经济性。

1950 年菲亚特 1400 的变速器如图 8-11 所示，正如此时的许多车辆那样，在所有档位均采用了同步器，除了一档，同样为了经济的原因。一档由安装在第三和第四档的滑套上的滑动换档机构控制。倒档由图中未示出的惰轮实现，当其处于中间位置时与第一轮啮合。

在接下来的时期，同步器得到改进，并且由于体积更大而不那么昂贵。自 20世纪 70 年代以来，经济型车辆在所有前进档上都安装了同步器。

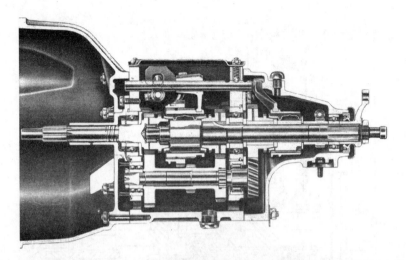

图 8-11 1950 年菲亚特 1400 的 4 档变速器，除了第一档其他档位均采用同步器。倒档由滑动惰轮实现，未在该图中显示

8.2 摩擦式离合器

摩擦式离合器简称离合器，是重要的传动部件，对设计者提出了许多关于操纵力和耐久性的问题。

在最早的汽车中，带传动装置将离合器功能集成到了变速器中。正如我们已经看到的，在汽车时代的初期，锥形离合器就已被推出。

图 8-12 所示为 20 世纪早期的锥形离合器的一个例子。

摩擦表面由皮革衬里覆盖，铆接在铸铁的锥形滑轮上。虽然弗鲁德（Frood）已经在 1897 年发明了名为 Ferodo 的著名的合成材料，但它在 20 世纪 20 年代才得以广泛应用。

皮革具有与现代摩擦材料类似的摩擦系数，但是在散热能力和耐久性方面性能有限，这些情况暗示了有效表面尺寸较大。另一方面，在那时皮革便宜，易于维修或更换。

此应用的有效表面是单个的并且形状像圆锥体，选择该形状以限制踏板上的分离力，该分离力取决于锥体直径和发动机转矩。由于将皮革衬里集成到其支撑盘中的难度，有效表面通常是单层的而不是双重的，如在现代的离合器中那样。

再次参考前面的图，可以注意到发动机飞轮具有一个短轴，该短轴承担在摩擦表面上工作的负载弹簧的反作用结构。

许多螺旋弹簧（在剖视图中仅示出一个）将锥形摩擦盘推入飞轮中。皮革衬里铆接在这个圆盘上，在衬里和盘之间设置有非常薄的板簧，以使接合更加渐进。

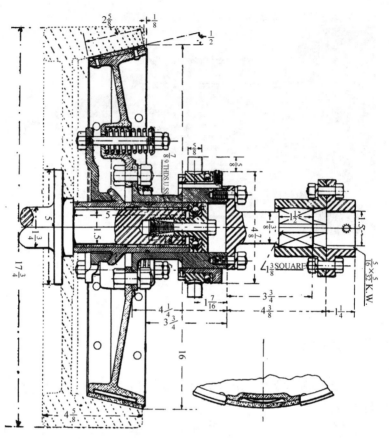

图 8-12　带有皮革衬料的锥形离合器。离合器锥度（1:2；较低的值可以减小踏板反作用力）
　　　　受到可用摩擦系数的限制，以避免接合后工作表面的不可逆粘附

　　通过与现有方式不同的这种结构，变速器输入轴能够在方形的对应部件上滑动。

　　摩擦锥度（在该图中为 1:2）受到皮革和铁之间的摩擦系数的限制，以防止离合器在接合之后不可逆的粘附。

　　许多车辆较大的发动机排量和飞轮的有限尺寸使得许多离合器太重而不能操作，因此也开发了其他系统。

　　该想法是利用绕制衬里的力学性能来降低作用力。这里，摩擦力本身用于增加接触压力，如鼓式制动器的领蹄。此原理通过带式离合器被应用。

　　这个原理的应用如图 8-13 所示，具有矩形截面的螺旋弹簧安装在所述飞轮的空腔中，线圈彼此非常接近。弹簧的一端通过图中下部的孔直接固定到飞轮上，另一端与摇臂 D 连接。

　　如果尖顶部被移动靠近摇臂，则可以扭转弹簧并减小其内径。

　　变速器输入轴 C 被具有少量游隙的弹簧环绕，当尖顶部通过离合器踏板向前

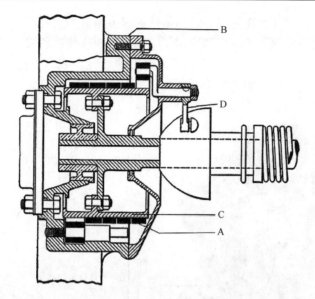

图8-13　摩擦式螺旋弹簧离合器。离合器踏板将靠近弹簧的尖端移动到输入轴上，以产生摩擦力，相同的力增加了带张力。所产生的摩擦力矩是初始张力的函数，该张力是弹簧螺旋角的指数函数

移动时，弹簧在所产生的摩擦力矩作用下靠近该轴。

　　沿着弹簧线圈的摩擦张力增加了朝向孔的切向张力，而不增加它在摇臂上的反作用力。所产生的摩擦力矩是螺旋角的指数函数，可以无限地增加。

　　在金属之间具有适度的摩擦系数的情况下，可以用适当的力作用在踏板上来传递期望的力矩。缺点是接合困难，只是部分地被弹簧弹性所缓解。

　　一种相同原理下截然不同的配置如图8-14所示，力矩通过在鼓中膨胀的两个滑块传递，如在鼓式制动器中那样。

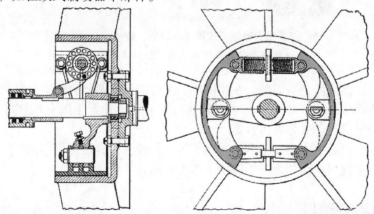

图8-14　径向蹄式离合器。蹄的位移是通过曲柄由离合器踏板操作的螺旋机构引起的

　　蹄的运动由通过曲柄和杆机构移动的螺旋机构产生，曲柄的盘形用于实现简单的游隙调节，以补偿衬里磨损。

面对该难题，研发者在巩固和改进最佳解决方案之前研究了许多不同的解决方案。为了解决这些问题，还研究和应用了电动和静液压传动装置。

最终的解决方案为在 20 世纪 30 年代提出的具有合成摩擦衬片的单片式离合器。这个时期的一个例子如图 8-15 所示。

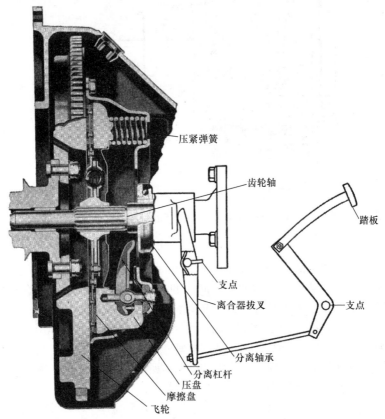

压紧弹簧
齿轮轴
踏板
支点
离合器拔叉
支点
分离轴承
分离杠杆
压盘
摩擦盘
飞轮

图 8-15 螺旋压力弹簧干式单片离合器。铰接在压盘上的一组
分离杆通过分离轴承的位移来分离离合器

现在的摩擦表面是双面的，在相同压力下可以传递两倍的转矩。摩擦盘安装在由多个螺旋弹簧压缩的两个表面（飞轮和压盘）内，压盘上的一组杠杆用于通过推力轴承的轴向运动来分离离合器。

这种离合器通过应用盘形弹簧得到了最后的改进，其是在 20 世纪 70 年代末引入的，有许多优点，例如进一步减少了踏板力而且简化了总体结构。

8.3 自动变速器

自动变速器有自己的历史，其发展受到了美国汽车工业决定性的影响。

我们并不是认为欧洲没有在此发展方面做出贡献，实际上我们所看到的，许多基本的发明是在欧洲上产生的。然而，欧洲市场规模更小、更分散，直到近些年才证明这种变速器的大规模生产是不合理的。

在开发自动变速器时要解决的问题包括用于接合齿轮和起动车辆的不同的机构，以及更容易操作的不太复杂的自动控制。这些可以是机械的（利用离心力）或液压式的（利用旋转泵中的油液的压力变化）。

如今，这个问题出现了在一个新的背景下，因为电子微处理器使得在手动变速器上使用的同步器和摩擦式离合器更易于自动化，许多现有的车辆已经证明了这一事实。

第一步是开发变速器，开发一种可以在换档时对齿轮和同步装置不产生损害的变速器。

从这个角度来看，可以考虑将戴恩与布顿（De Dion&Bouton）在 20 世纪开发的手动变速器作为其前身，如图 8-16 所示。

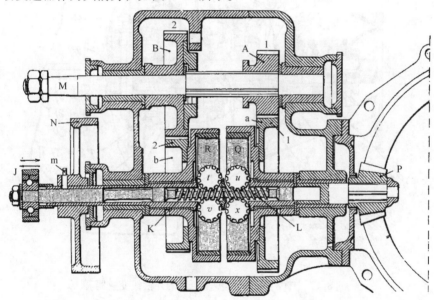

图 8-16　戴恩与布顿变速器可以被认为是动力换档变速器的前身。通过用轴承 J 移动轴，可以在每个齿轮上啮合可用的两个蹄式离合器中的一个，而不需要起动式离合器

这个单级变速器只有两个档位，我们可以看到左上角的输入轴和右下角的输出轴，输出轴通过锥齿轮使链条传动的小齿轮运动。

两个齿轮总是啮合的，从动轮在输出轴上可以空转。车轮接合由蹄式离合器实现，类似于在图 8-14 中已经讨论的；这些通过使齿轮 t、v、u 和 x 移动的螺杆进行控制。

通过利用推力轴承 J 移动轴，可以接合一个离合器并且使另一个离合器脱离。

在这种变速器中，在换档过程中不使用起动式离合器。

尽管开发目的是用于手动变速器，但这种离合器也被视为是带制动器和多盘离合器的动力换档变速器的前身。

具有历史意义的第二个变速器是 1908 年福特 T 型车所用的变速器。

图 8-17 所示为该变速器的一部分，它采用了外摆线齿轮，而不是具有固定旋转轴的齿轮。

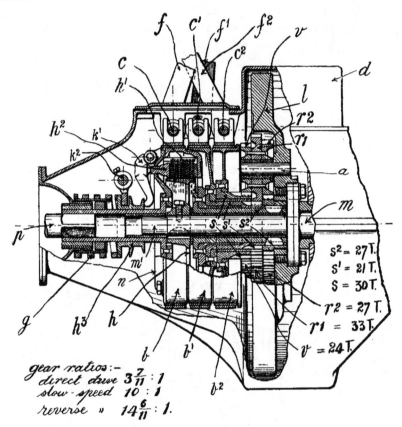

$$S^2 = 27 \text{ T.}$$
$$S^1 = 21 \text{ T.}$$
$$S = 30 \text{ T.}$$
$$r^2 = 27 \text{ T.}$$
$$r^1 = 33 \text{ T.}$$
$$v = 24 \text{ T.}$$

gear ratios :-
direct drive $3\frac{7}{11}$: 1
slow-speed 10 : 1
reverse „ $14\frac{6}{11}$: 1.

图 8-17　1908 年福特 T 型车所用的外摆线变速器。
它有一个倒档，一个低速前进档和直接档

这些齿轮不是由福特发明的，因为它们在其他应用中已经得以使用。外摆线变速器可能是由博德默（Bodmer）在 1834 年发明的，虽然有证据表明这些机械结构已经被古希腊人在天文计算的应用中使用过。

在图 8-17 中，我们看到在单个行星架上旋转的三个行星轮 v、r^1 和 r^2（上标的位置不要与指数混淆，这是在原图中绘制的），被固定到发动机飞轮上。

这些与对应的太阳轮 s^1 和 s^2 啮合。

如果假设保持太阳轮不动，通过旋转飞轮和行星架，可获得在相反方向上减小的输出转速，当中心齿轮 s^2 被固定到输出轴上时。

另一方面，通过保持太阳轮 s^1 不动，可以在相同方向上再次在中心轮 s^2 上获得减小的转速，图中指出了获得的不同传动比。

如果通过移动轴套 h^3 来接合多片式离合器 h^1，则可以通过固定与曲轴一起旋转的轮毂 h 与输出轴来将变速器置于直接驱动中。

为了获得变速器不同的状态，太阳轮与鼓 c、c^1 和 c^2 一起旋转，它可以利用其带式制动器逐渐停止。带式制动器控制由前凸轮进行，由汽车仪表盘上的踏板移动，这些踏板的下部在图中用字母 f、f^1 和 f^2 示出。

踏板具有使其在分离或压紧位置稳定的弹簧系统，如果一个踏板被压下，那么另一个踏板将抬高。

当发动机和汽车停止时，踏板 f 必须被压下并且离合器 h 接合，这样车辆处于停车状态。

通过由杠杆分离离合器 h，发动机可以被分离并且可以被起动。汽车仍然是停止的。

通过压下一个踏板 f^1 或者 f^2，踏板 f 将被抬升，该汽车可以自由运动并且将在低速前进档或者倒档下起动；也可以通过移动车辆进行起动，这使得在斜坡上的起动变得更容易。

一旦达到合适的速度，通过接合离合器 h，踏板 f^1 将被释放，从而获得直接驱动。

变速器由驾驶人动作控制，但离合器操纵是在换档期间自动执行的。

从这种方案到全自动变速器的路程是漫长的，但这些成就使得离最终的目标更加接近。

这种变速器的配置使我们能够理解为什么对于新的自动变速器，外摆线齿轮优于常规齿轮：因为容易集成制动器和离合器。

1928 年，英国的威尔逊（Wilson）更进一步提出了一种由两个串联的不同的外摆线齿轮系构成的变速器，其中第一个齿轮的行星架连接到下一齿轮的齿圈。通过两个齿轮，可以获得三个前进档（其中一个是直接档）和一个倒档。

通过带有制动带的制动鼓可以获得三个档位，如在福特变速器中。威尔逊变速器的示意图如图 8-20 所示。

这些变速器在使用上类似于 T 型车所用的，是半自动的，手动预选。根据该概念，可以使用靠近转向轮的小杠杆来提前选择要使用的下一个档位。在这一点上，当还没有开始换档时，制动机构就已经被布置用于换档。一旦驾驶人为此目的而踩下踏板设定在通常用于离合器踏板的位置时，就会发生这种情况。

该机构支持驾驶员以这种方式协调换档杆和离合器的动作，该功能的能量仍然由驾驶人肌肉通过踏板产生。

科塔尔（Cotal）于 1934 年在法国推出了一种特别先进的半自动变速器。该变速器的剖视图如图 8-18 所示。

该变速器包括三个摆线齿轮，发动机在左边，右边是输出轴。

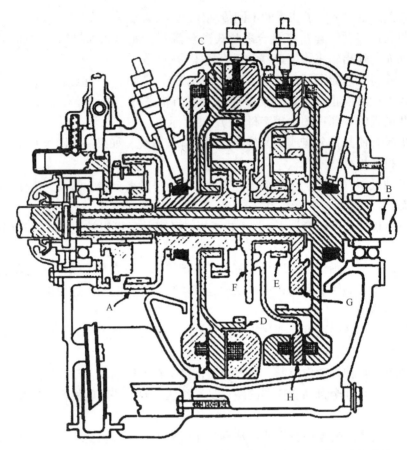

图 8-18　1934 年由科塔尔（Cotal）生产的半自动变速器。外摆线齿轮的
不同元件由电磁铁制动，倒档为手动挂合

环形电磁铁可以使齿轮系的元件停止，特别是当通过将太阳轮和齿圈固定在一起来获得直接驱动档时。在右边，第三个电磁铁可以获得更快的速度，而最后一个实现直接驱动。

通过组合地激励电磁铁，可以获得两个减速档、一个直接档和一个超速档。

具有五个位置的小开关设置在转向盘附近，可以自动获得四种传动比，而不使用离合器，其功能由电磁铁的定时和在换档期间加速/减速的部件的惯性控制。第五个位置用于惰轮，所有电磁铁回路断开。

当汽车停止并且变速器处于空转位置时，右侧的第一个外摆线齿轮被手动操作。控制杆可以来回移动行星架，它可与齿圈啮合获得前进档，或者可固定不动获得倒档。在手动换档之后，可以通过由电磁铁控制的一档来获得车辆运动。

这种变速器最大的不便在于其重量重和尺寸大。

半自动威尔逊（Wilson）和科塔尔（Cotal）变速器主要由欧洲专门从事豪华

汽车制造的制造商使用。第二次世界大战的危机导致许多这些制造商连同他们的变速器消失了。

走向现代自动变速器的最后一步是采用液力变矩器。

自从 1905 年 Föttinger 发明变矩器之后,变矩器就由德国海军工业所引入。

他在同一液压回路中使用离心泵和涡轮的转矩传递系统获得了专利。对于该装置,通过流过旋转叶片的流体的动量变化获得扭矩传递,并且当泵(发动机)旋转并且涡轮(车辆)停止时这也是可能的。

通过设计与常规摩擦式离合器几乎可互换的减小尺寸的集成装置,进一步发展了该方案。

1910 年,他通过消除阻抗元件简化液压离合器而获得了专利。

1928 年,也是在德国,研究联盟特里洛克(Trilok)开发了同步变矩器——能够在单个装置中获得变矩器和液压离合器的性能。这是通过在飞轮上安装阻抗元件来完成的。

为汽车开发的第一个自动变速器是由通用汽车公司生产的,称为 Hydramatic(油压自动式),它自 1939 年以来一直生产:该变速器的剖视图如图 8-19 所示。

在这个图中,从发动机的左侧开始,我们可以看到液压离合器,然后是三个外摆线齿轮系,其能够获得三个前进档和一个倒档。接合和分离由两个带式制动器(37 和 16)和两个多盘湿式离合器(7 和 17)完成。

制动器和离合器由齿轮泵 33 在变速器的前侧产生的油压来操作,并且通过伺服阀和方向盘上的手动控制来调节。

自动换档基于将第一个泵产生的油压(取决于发动机转速)与由变速器输出轴驱动的第二个泵产生的压力(取决于车辆速度)进行比较。这两个压力之间的差值用于移动换档伺服阀,该阀也通过由弹簧加载的机械连杆对加速踏板位置进行响应。

该系统在平直道路上工作得较好,它在加速踏板行程较大且车速较高时会升档。在斜坡或弯曲道路上,自动控制必须由手动选择器校正。

可以注意到,液压离合器总是受到发动机转矩的影响,离合器用于起动和抑制动力传动系统扭转振动。

这些变速器大部分被军工企业采用,直到 1946 年,它们才开始在商用车上应用,并受到公众的青睐。

Dynaflowy 变速器也来自通用汽车,自 1948 年开始生产。它比以前的款式有了许多改进(图 8-20)。更简单的环形威尔逊(Wilson)齿轮系可以获得三个前进档和一个倒档,其中两个带式制动器和多盘离合器组合使用。

最重要的进步是引入了一个专用的变矩器,在飞轮上有一个二级阻抗元件。通过该装置,可以以大于 2(而不是液压离合器的 1)的转矩传动比来起动车辆,从而使变矩器用作离合器,并且当变矩器上的输入/输出转矩相等时具有更高的效率。

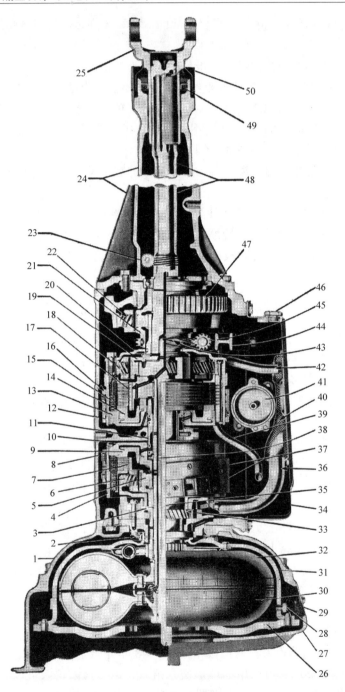

图 8-19　自 1939 年以来生产的第一台汽车自动变速器为通用汽车公司的 Hydramatic。
可以看到，从发动机的左侧开始，首先是液压离合器，随后是三个外摆线齿轮系，
其能够获得三个前进档和一个倒档

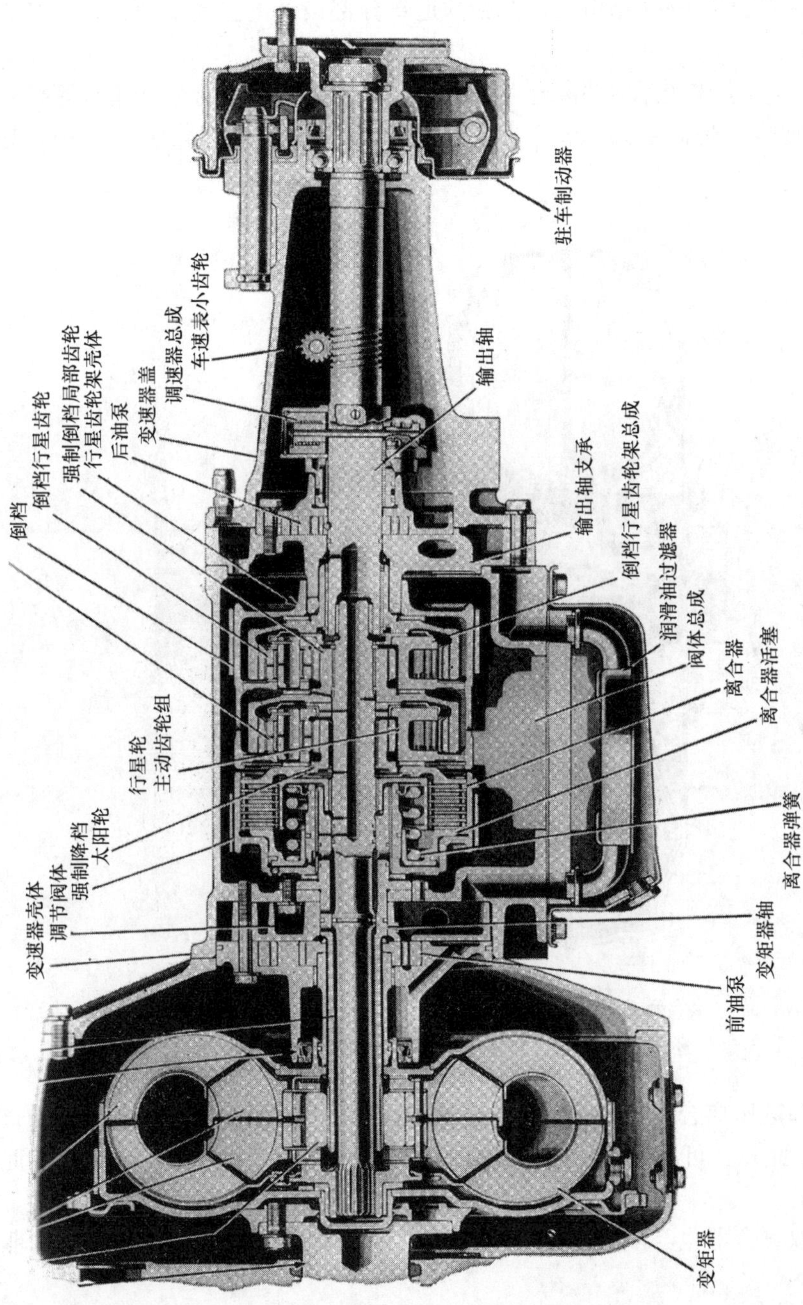

图 8-20　Dynaflow 变速器，也是由通用汽车公司自 1948 年开始生产的，且可以认为是在先前版本上的改进。威尔逊外摆线行星齿轮系可以有三个前进档和一个倒档

这种方案仍然应用于自动变速器中，即使需要更多数量的传动比来证明应用额外的外摆线齿轮系是合理的。

同样有意义的是 1949 年由克莱斯勒的道奇分部设计的自动变速器，它具有非常原始的特点。

图 8-21 显示了该变速器的离合器，它包括串联的液压离合器和踏板摩擦式离合器。一些换档总是需要踏板离合器，但是由于特定的自动化装置，它们是少数的。

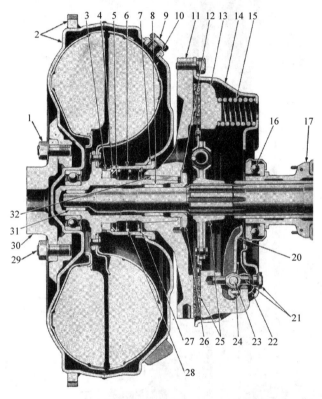

图 8-21 Gyromatic 半自动变速器的液压离合器，自 1949 年由克莱斯勒的道奇分部生产；还可以看到具有踏板控制的传统摩擦式离合器

双摩擦和液压离合器使变速器可以缓冲振动和平稳起动，即使踏板没有通过特殊技巧释放。此外，可以简单地通过使用加速踏板使汽车停在坡道上，随后的起动是相当容易的。

类似的双离合器也与欧洲一些汽车上的常规手动变速器结合使用，例如菲亚特 1900。

变速器如图 8-22 所示，它不应该与简单的中间轴式变速器混淆。

主要差别在于飞轮上安装有常啮合齿轮，它可以将转矩传递到中间轴，反之亦

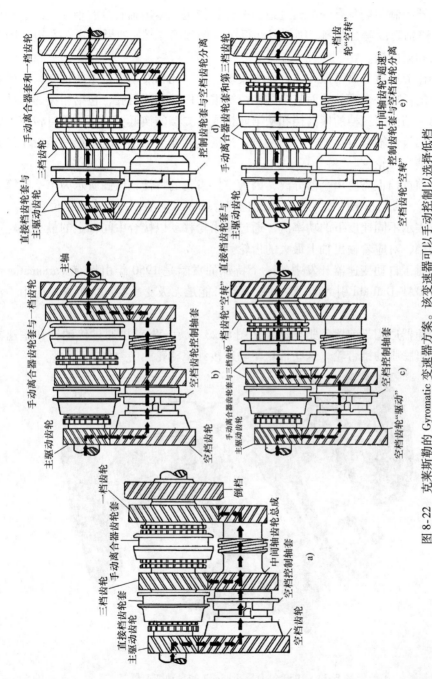

图 8-22　克莱斯勒的 Gyromatic 变速器方案。该变速器可以手动控制以选择低档（第一和第二档）和高档（第三和第四档）范围

然，并且在中间轴上的该飞轮的分离轴套上。

如图 8 -22a 所示，其处于松离位置。整个图形表示不同的变速器状态。

变速器控制装置具有一个通过适当的杠杆作用在输出轴右侧的轴套上的手动杠杆。如果该轴套设置在左侧，则可以获得第一档和第二档；如果设置在右边，则实现第三档和第四档。

该操作应通过分离摩擦式离合器来实现。传动比和发动机排量使得在斜坡或城市驾驶中的低速是合理的，而其余的档位被推荐用于郊区行驶，包括相关的起动。

从第一档或第三档的换高档和从第四档或第二档的换低档，可以通过转速计装置移动空档齿轮轴套自动地进行。注意，当变速器处于低速档时，第三档齿轮作为单独的常啮合齿轮。

这些前进档不需要离合器分离，因为空档齿轮的特性：该图所示为第一和第二档（上排）、第三和第四档（下排）的位置。图 8-22a 的左边代表空档位置。

虚线表示不同速度下的功率流。通过使惰轮移动以接合中间轴上的最小齿轮可以获得倒档，对应着输出轴上最大的齿轮。

欧洲对于自动变速器开发中的一个特殊的贡献是 1950 年由拥有 Variomatic 传动技术的 DAF Daffodil 引入的。这种变速器可能是无级变速器首次可靠地应用于汽车上。

该变速器适用于前置后驱车辆，如图 8-23 所示。发动机通过传动轴和差速器驱动两个可膨胀的钢带轮。这些带轮驱动连接到驱动轮上的类似的带轮。

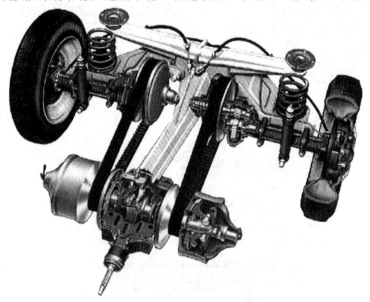

图 8-23　1950 年 DAF Daffodil 的自动变速器 。
它由可膨胀带轮和橡胶带构成，并通过帘线加固

　　从动带轮的侧面被螺旋弹簧压紧，其用橡胶带保证正常的摩擦。相反，驱动带轮的侧面被离心质量块和发动机歧管压力压紧。通过该装置，传动比变化考虑到了发动机转速和所需转矩。

　　离心式摩擦离合器使汽车起动能够完全自动化。

　　该变速器由于其对车辆结构的影响较大而没有得到进一步的应用。

　　这个概念由 Van Doorne（DAF 控股公司）重新修正，并引入了一个完全新的设计。这项研究的目的是开发一种尺寸减小的可以与传统的手动变速器互换的钢带式变速器。菲亚特和福特对此进行了试验性应用，随后又进行了批量生产。

　　这种自动变速器现在已被许多不同品牌的汽车所采用。

9 手动变速器

9.1 引言

变速器通常根据在给定速度下传输运动所涉及的齿轮副（级）的数量来分类；在车辆手动变速器中，仅考虑前进档的数量，而不考虑变速器中的倒档。因此可分为

- 单级变速器。
- 双级或者中间轴变速器。
- 多级变速器。

图 9-1 所示为四速变速器的三种配置。

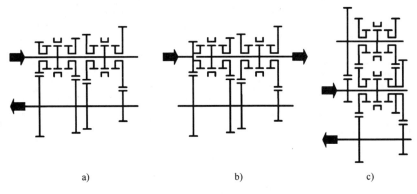

a)   b)   c)

图 9-1　四速变速器的三种不同配置
a）单级　b）二级　c）三级

有必要讲述一下这些方案中通常采用的规则。每个齿轮由与其长度和齿轮的节圆直径成比例的线段表示；水平的线段代表齿宽。如果在与轴相交的部分是断开的，则为惰轮；如果线段穿过轴线而不断开，则表示齿轮绕该轴共同旋转。轮毂通过同样的规则表示，而键槽则用两条水平线表示。箭头显示输入轴和输出轴。

单级变速器主要应用于前轮驱动车辆，因为这有利于在这些车辆上输入轴和输出轴设置；在传统车辆上，输入轴和输出轴在一条线上比较好。

　　这就是为什么后驱车辆的变速器通常采用二级变速器。在有横置发动机的前驱车辆上，有时采用多级配置，因为变速器的横向长度可以缩短；同时也由于档位数或齿轮的宽度无法使用单级变速器。

　　应当注意，在具有横置发动机的前驱车辆上，由于已经确定了前轮轮距的值和轮胎的尺寸，变速器的长度对车轮的最大转向角即最小转弯半径具有直接影响。

　　啮合的齿轮的数量增加造成了更多的机械损失，使得多级变速器横向尺寸的优点被抵消了。

　　应当注意的是，在图中所示的三级变速器中，三个轴的轴线不在同一平面中。在侧视图中，三个轴的投影会表现为三角形的顶点；这种布局减小了变速器的横向尺寸。后面会展示，该图是通过在中间轴和输出轴的平面上转动输入轴和中间轴的平面来展示的。

　　用于倒档的齿轮系单独分类。倒档是通过附加的齿轮实现的。事实上，在三个齿轮的系列中，输出速度具有与输入速度相同的方向，而两个齿轮的其他系列仅具有相反方向的输出速度；增加的齿轮通常称为惰轮。

　　主要配置方案如图 9-2 所示。

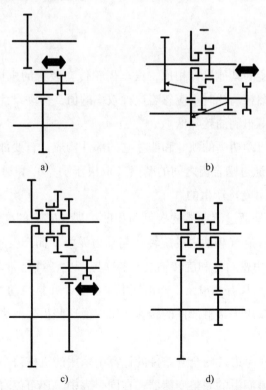

图 9-2　倒档的方案；该方案适应各种类型的变速器布局

在方案 a 中，附加的中间轴示出了滑动惰轮，它可以匹配两个不接触的接近的齿轮，例如第一档的输入齿轮和第二档的输出齿轮。应该注意的是，在这种型式中，图纸未保留零件的实际尺寸。

方案 b 示出了两个滑动惰轮，一起旋转；在获得给定的传动比时，这种布置具有额外的自由度。中心轴从图纸平面设置；箭头示出当挂合倒档时匹配的齿轮。

方案 c 类似于关于惰轮的方案；它在输出轴上的一个附加的特殊轮与在第一档和第二档的换档轴套上的齿轮在空转位置时配对。

方案 d 显示了一对专用的齿轮，带有固定惰轮和换档轴套。

以下是图 9-2 所示各方案的优点和缺点。

- 方案 a、b 和 c 较简单，但省去了同步器的应用（因为齿轮副不总是啮合的），也不能使用斜齿轮（因为齿轮必须通过滑动移动）。
- 方案 d 更复杂，但可以兼容同步器并且可以采用斜齿轮。
- 方案 a、b 和 c 不增加变速器长度。

9.2 机械效率

与执行相同功能的其他机构相比，汽车齿轮传动装置的机械效率高；实际上，在计算动态性能和燃料消耗时不应忽略这种效率的值。传动设计师在减少机械损失方面的持续努力使得车辆油耗降低。

总传动损失由传动功率的独立和非独立的部件构成，首要部分是：

- 齿轮损耗；通过啮合齿之间的摩擦（取决于功率）和通过在空气和油中旋转的摩擦（与功率无关）产生的。
- 轴承损失；是通过滚动体的接触面积的扩展和它们的变形（部分与动力有关）并且通过它们在空气和油中的旋转（与动力无关）而产生的损失。
- 密封损耗；由密封件和旋转轴之间的摩擦产生，且与动力无关。
- 润滑损失；如果有润滑泵，则由润滑泵产生，并且与动力无关。

所有这些损失取决于接触部件的转速，所以说这些损失取决于发动机转速和所选择的传动比。

表 9-1 列出了在考虑气门全开条件的计算中采用的机械效率值；这些值考虑了一对齿轮或具有飞溅润滑的完整变速器；在同一表中，还可以看到一个完整的动力换档外摆线自动变速器和钢带无级变速器的效率。对于最后两个变速器，必须认为变矩器是锁死的。

表9-1 不同变速器机构的机械效率

机构类型	效率（%）
飞溅润滑的纯手动变速器	92～97
全自动变速器（如齿轮）	90～95
全自动变速器（钢带；没有压力控制）	70～80
全自动变速器（钢带；带有压力控制）	80～86
一对圆形齿轮	99.0～99.5
一对锥齿轮	90～93

将功率损耗测量作为旋转输入速度的函数比作为效率的函数更准确。图9-3 所示为二级变速器（在四档速度、最大功率时）各部分对总损失的不同贡献。

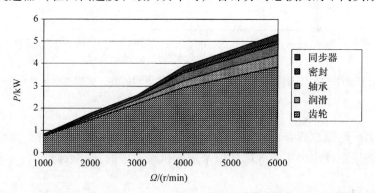

图9-3 设计为300N·m单级变速器的各部分损失对总摩擦损失的贡献，作为输入速度的函数

这种测量是通过一步一步拆卸变速器来进行的，从而消除了相关的损失。

在第一步骤中，所有同步器闭锁环被移除，仅留下同步器毂；因此，非接合同步器的机械损耗是可测量的。损失来自非接合的润滑锥形表面的相对速度；该损耗值显然取决于速度和所选择的传动比。

在第二步骤中，所有旋转密封被去掉。

在第三步骤中，润滑油被去除，因此消除了大部分润滑损失；此外，一些油必须保留以使齿之间的接触不受影响。

通过去除不参与动力传递的那些齿轮，它们的机械损失是可测量的。

其余的损失是来自轴承；之前的部件移除后可以得到这个值。

更详尽的方法在于测量完整的效率图；效率可以表示为表面的第三坐标，其中另外两个坐标是输入速度和发动机转矩。效率计算可以通过比较工作传动的输入和输出转矩来进行。

这种映射可以显示在输入转矩的适度值下效率如何达到几乎恒定的值；不能忘记的是，标准燃料消耗评估循环包括适度的一定转矩值，因此意味着传递效率值随转矩变化。

图9-4所示为在恒定发动机速度下的机械效率图。应当注意，在输入转矩值略大于零时，效率也为零。

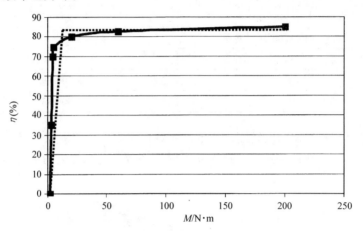

图9-4　机械效率图，作为恒定发动机转速下输入转矩的函数；虚线表示该曲线的合理近似，用于预测性能和燃料消耗的数学模型

事实上，摩擦意味着输入转矩的某一最小值，低于该最小值时不会产生运动。可以使用虚线作为实曲线的插值来表示机械效率的良好近似。

9.3　汽车用手动变速器

9.3.1　采用的方案

在手动变速器中，仅通过驾驶人的力来进行换档和分离离合器。

这种变速器由斜齿轮制成，每个档位都有同步器；部分变速器的倒档不使用同步器，特别是在那些微型经济客车上。

先前讨论了第一个分类：档位数通常为4~6的变速器。

单级变速器用于横向轴；除了部分个例外，它们被应用于具有前置发动机和具有后置发动机的后驱动车辆的前轮驱动车辆；纵置和横置发动机都是这样的。

在所有这些情况下，最终驱动器都包含在齿轮箱中，因此也称为变速器。

中间轴双级变速器用于常规驱动的汽车中，其中发动机纵向安装在前面，驱动轴是后轴。如果变速器安装在后轴上，为了改善重量分布，最终驱动器可以包含在变速器中。

通过多级变速器，一些齿轮可用于不同的档位。齿轮的数量可以在某些档位增加；这通常发生在低速下，因为这些档位不常用，降低了在较低机械效率油耗大的缺点。

传输长度减小会导致成本和重量的增加，有时需要用在大排量和四个气缸以上的横置发动机上。

在所有这些变速器中，同步器连接到相邻的档位（例如：第一、第二、第三和第四等），以便减小总长度并且用相同的变速杆来切换两个齿轮。

我们定义为变速杆的选择平面（几乎平行于车辆上变速杆的 xz 坐标系参考系平面）杠杆旋钮必须移动的平面，以便选择两个接近的档位对。例如，对于许多手动变速器的现有方案，第一、第二、第三、第四和第五档位被安排在三个不同的选择平面上；倒档可以有专用平面或与第五档位共享其平面。

图9-5 所示为五速单级变速器的典型示例。第一个速度轮靠近轴承，以限制轴的偏移。

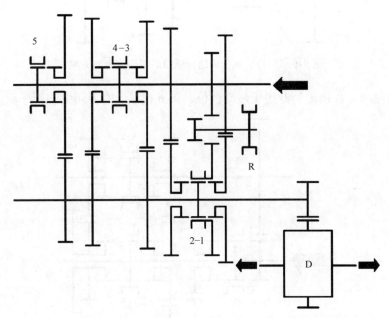

图9-5　用于五速单级变速器的方案，适用于带有横置发动机的前驱车辆

在该变速器中，齿轮副的总数与图9-6所示的双级变速器的相同。

在第一个变速器中，每个档位只有两个齿轮，第二个变速器中有三个齿轮用于前四档位并且没有用于第五个档位的。

该布置方式由存在所谓的常啮合齿轮（左侧的第一齿轮副）产生，其移动前四档的输入轮；第五档位是直接传动，因为上轴的两个部分连接在一起。

图9-5所示的单级变速器显示了位于轴承之外的第五档位轮副，可视为现有四速变速器的升级；在这种情况下，第五档位具有专用的选择平面。

图9-7所示的双级变速器以完全不同的方式布置，但也显示有靠近轴承的齿轮

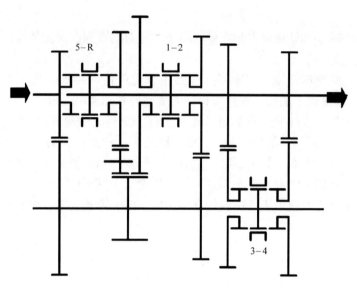

图 9-6　一种常规布局的同轴线的双级变速器方案

的第一档位副。直接传动专用于最高档位；第五档显示有专用的选择平面。

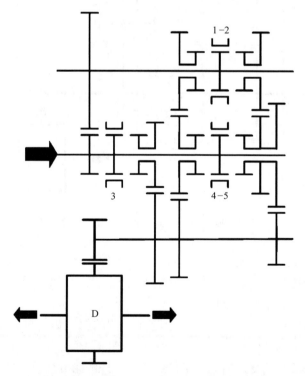

图 9-7　三级五速变速器方案，适用于带横置发动机的前驱车型

与前面的例子相比，六速双级变速器没有显示出概念上的变化；同步器被组织成在同一选择平面上留下第一和第二、第三和第四、第五和第六档位。

如图 9-7 中已经看到的，多级配置允许合理减小变速器的长度。在这种方案中，只有第一和第二档位与第二中间轴相关；动力通过常啮合齿轮副进入副轴，并将降低后的速度传到输出轴。第三、第四和第五档位是单级布置。倒档通过传统的惰轮获得。

9.3.2 实例

四速变速器是欧洲最广泛采用的方案，直到 20 世纪 70 年代，一些经济型车只有三个档位。

随着装机功率的增加、空气动力性能的提高和对燃料消耗的日益关注，必须增加最后速度的传动比，使第一速度保持在相同的值；事实上，车重持续增加但发动机最低速度没有显著变化。

为了实现令人满意的性能，所有制造商都开发了五速变速器；该解决方案现在已是标准，但是市场上也可以获得六速变速器的许多示例，同时这种传动方案不限于跑车。

图 9-8 显示了一个六速二级变速器的示例，其中第六档为直接传动；这里，第一对和第二对齿轮靠近轴承。

这个方案不被普遍接受：一方面靠近轴承的最大受力的齿轮副限制了轴的重量；另一方面，频繁使用的齿轮副靠近轴承减小了由于轴偏移引起的噪声。

第四/第三档位同步器安装在中间轴上；这种布局减少了同步的工作，改进了与同步器拨叉环的尺寸成比例的量的换档质量。输出轴上的第一/第二齿轮同步器的直径大于对应的齿轮；通过采用双环同步装置弥补了该同步器的缺点。

中间轴上的同步器有另一个优点：在空转位置，齿轮停止时不产生晃动；该课题将在后面进行研究。

图 9-9 介绍了用于前纵置发动机单级变速器的示例。输入一轴必须跃过在发动机和车轮之间的差速器。建议采用空心截面的轴来增加长度。由于这个长度的影响，箱体被分成两个部分；在箱体的两个部分之间的接头上设置附加轴承以减小轴的偏移。

输入轴具有靠近发动机的球轴承和仅承受径向载荷的三个其他滚针轴承。输出轴在不同侧具有两个圆锥滚子轴承，在相对侧具有滚子轴承。这种选择与锥齿轮产生的轴向推力有关。

第一/第二档位同步器在输出轴上，并具有双环。

倒挡齿轮紧接在万向节（惰轮不可见）之后并且具有同步换档。剩余的同步器设置在输入轴上的箱体的第二部分中。输出轴以锥齿轮为终点，是最终传动比的一部分。

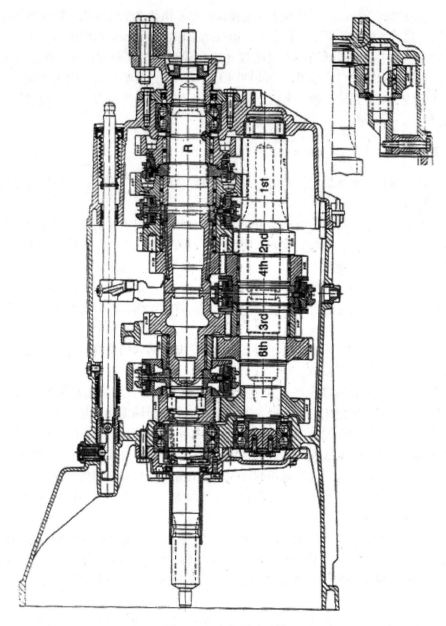

图 9-8　二级六速变速器

应该注意的是，一档、二档和倒档的齿轮直接在输入轴上加工，以减小总体尺寸。

大多数现代汽车采用横置发动机前轮驱动；因此，具有整体螺旋状的变速器的数量是占大多数的。

在这些变速器中，齿轮副从第一档到最后一档安装，从发动机侧开始。该体系

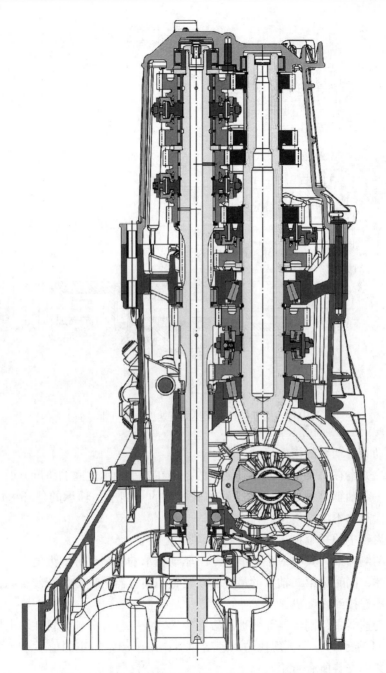

图 9-9　单级六速变速器的纵向前置发动机（奥迪）

结构给出了一个例子如图 9-10 所示。

　　与许多其他变速器一样，它只有四个速度，在铝箱外，它显示出独立的第五速度，由薄钢板覆盖包围；这种布置是在与完全转向位置中的左轮存在潜在干扰的区

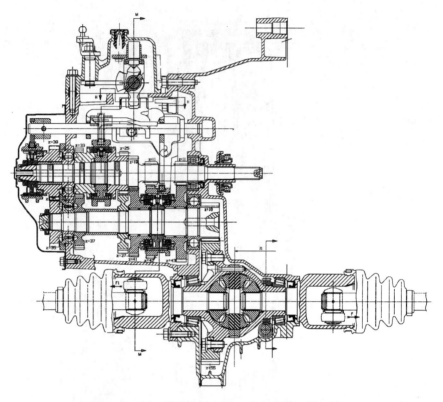

图 9-10　用于横置发动机的五速变速器（菲亚特）

域中限制动力传动系的横向尺寸。

　　该解决方案在总长度方面是有缺点的，但在减小轴承之间的跨度方面显示出一些优点。每个轴承是球形的；在与发动机相对的一侧上，轴承的外环可以轴向移动，以补偿热的不均匀传递。

　　倒档齿轮中的一个在第一/第二换档轴套上啮合。

　　箱体两侧开口，其中一个是最后一个驱动轴承的剩余部分。大的盖子覆盖发动机侧的壳体，同时为第二轴承的最终驱动装置和离合器机构提供安装空间；它也用于将变速器连接到发动机。

　　在该变速器中，同步器部分地放置在输入轴上并且部分地放置在输出轴上。

　　图 9-11 所示为一个更现代的六速变速器，由于额定转矩的值适中，可以在常规单级布置中安装所有齿轮。

　　齿轮从发动机侧开始排列（从第一到第六档）；正如我们已经说过的那样，这种布局是通过轴偏移最小化来实现的。只有第一档和第二档的同步器在输入轴上没有位置；它们是双环类型，如第一速度。

　　倒档是同步的并且相关于未在图中示出的中间轴。

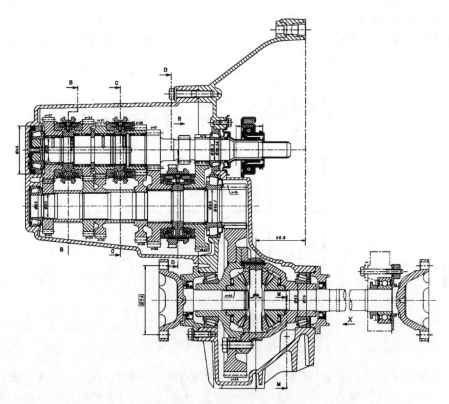

图9-11 用于前横置发动机的六速变速器（菲亚特）

9.4 工业车辆用手动变速器

9.4.1 布局方案

本节研究的变速器适用于总重量大于约4t的空载质量较轻的车辆，通常称为商用车辆，采用源自汽车生产的变速器，如前一节所述。

工业车辆中使用的变速器还具有同步器；它们可以直接换档，如在常规手动变速器中，或者在伺服机构的辅助下间接换档。非同步的变速器有时被用在长的拖运载货车上，因为它们牢靠。辅助变速机构应用广泛，因为其动力介质容易获得。还有用到自动的或者半自动变速器，第一款是公交车专用的。

对于具有4～6个速度的变速器，双级中间轴结构代表一种标准；其方案与前面所述的相同。

常啮合齿轮副用于除了最高档位之外的所有档位。值得注意的是，最低的档位齿轮靠近轴承。

如图9-12所示，在直接传动（方案b）或一对齿轮（方案a）布置中可获得最高速度；在这种情况下，直接传动用于在最后一个速度之前的速度：这些架构被称为直接传动和超速传动。

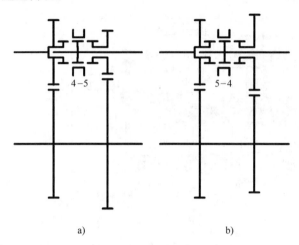

a)   b)

图9-12　在直接传动中的最后档位之前的
最后或最先的常啮合齿轮替代方案

该图只表示了在最后档位之前的最低和最高档位。两种替代方案之间的选择可以由不同的车辆任务来决定；几乎相同的变速器通过不同的常用档位可以用于不同的车辆（如载货车和客车）。

有时在输出轴上不同的变速齿轮之后设置常啮合齿轮；这种配置具有以下优点：

- 减少了同步工作，因为在相同转矩和总传动比下齿轮尺寸较小。
- 输入轴和中间轴应力小。

另一方面，出现了以下缺点：

- 轴承的旋转速度更快。
- 常啮合齿轮具有更高的应力。这适用于单范围变速器。

除了主变速器之外，多档位变速器还具有其他变速器，主变速器的传动比要乘以它们的传动比。

利用这种结构，对于给定数量的速度，齿轮副的总数可以减少，并且有时候使用变速杆可以更简单。

这种布置在多于六速的变速器上是必要的。因此，多级变速器由不同的齿轮箱、单段变速器或外摆线变速器组成。

如果构想为能够在两个完全不重叠的车辆速度序列中使用主变速器速度，则每个添加的元件被称为范围变换器；例如，如果主变速器具有四个速度，则在高范围中的第一速度比在低范围中的第四速度快。

该元件被称为分配器,如果其旨在产生主变速器的速度的中值;在这种情况下,第三个大范围速度要比第三个小范围速度快,但是比小范围的第四速度慢。

将具有最高速度的变速器称为主变速器;分配器和范围变换器将在主变速器之前和之后串联设置。

图9-13所示为具有分配器和范围变换器的变速器的方案。分配器由一对齿轮制成,用作主变速器的两个不同的常啮合齿轮。中间轴根据分配器的位置在两个方向上被移动。由于主变速器有四个速度,这个分配器单元可以创建一共八个速度,其中一个是直接传动。

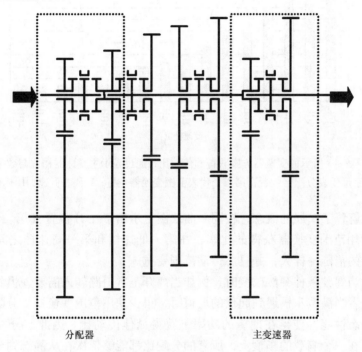

图9-13 工业车辆16速变速器方案;它由四齿轮主齿轮箱、
双速分配器和直接传动的双速变速器制成

在该组件的输出轴处有一个变速器单元,制成具有直接传动的双速双级变速器;此单元将可获得速度的总数加倍。范围变换器由两个可获得的速度之间的显著差异限定。

变速器可以用中间轴变速器或直接传动的环形变速器制成;后一方案的优点是通过制动外摆线齿轮的一些元件可以更容易地自动启动。也可以将范围变换器放在主变速器之前并且将分配器放在主变速器之后。

定义范围变换器功能的另一种解释是,分配器压缩变速器的齿轮序列,因为它减小了档位之间的间隙,而范围变换器扩展齿轮序列的变速器,因为它增加变速器的总范围。

图 9-14 解释了压缩的概念；杆表示在所有换档位置中获得的传动比。分配器单元在 L 位置（速度识别中的第一个字母，L 表示较低的比率）获得的比率与分配器单元在 H 位置获得的比率（H 表示较高的比率，在这种情况下为 1∶1）并且减小主变速器的档位幅度。

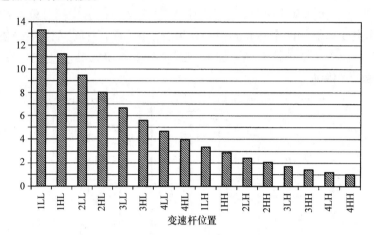

图 9-14　由图 9-15 所示的变速器方案获得的传动比；通过显示主变速器档位与数字区分速度，第一个字母代表分配器位置，第二个代表范围变换器位置；L 代表低速，H 代表高速

该图还解释了扩展的概念，在同一曲线图上示出了在 H 位置（第二识别字母）和 L 位置中用范围变换器获得的比率；在第一低速档和第一高速档之间的齿轮级与主变速器的范围一样大，并且总传动范围变宽。

因此，当驾驶条件突然改变时，例如当离开正常道路转入需要谨慎驾驶的乡村道路时，或者当满载车辆遇到起伏的坡道时，很少使用范围变换器。分配器能够改进车辆的动态性能，使得在期望的功率下获得最佳传动比。因此，分配器使用频繁。例如，在一个满载的车辆上，所有的分配比都能够依次在从静态到全节气门加速中得到应用。

范围变换器和分配器通常被制成模块化单元，可以安装在主变速器的两端，或者用简单的盖覆盖，以便以有限的总生产成本满足所有应用需要。

归纳这些概念建议使用串联排列的范围变化单元来构建变速器，可被认为是仅仅由直接传动的分配器单元制成的。

在这种情况下，利用 n 对齿轮，可以获得总共 z 个传动比，由下式给出：

$$z = 2^{n-1} \tag{9-1}$$

该式表示可能的状态的数目可以 $n-1$ 对齿轮获得；添加了一个单元是因为中间轴必须由一对长啮合齿轮驱动。

例如，在双级变速器中通过使用 4 对齿轮可以获得 4 个速度；而使用串联的分离器可以获得 8 个不同的速度。良好的换档机动性的目标和对机械损失的影响不能被遗忘，都是优化结构的关键。

图 9-15 所示为我们已经描述的具有分离器和范围变换器的 16 速变速器的方案。在这张图片中示出了轴的转矩跨度；虚线示出了上输入轴和输出轴被加载，而实线示出了当下中间轴被加载。两条线在一对齿轮啮合处相交。

图 9-16 所示的富勒（Fuller）方案中的双中间轴传输示出了完全不同的处理方式。功率流通过两个常啮合齿轮在两个中间轴之间分配，并通过单个输出轴输出。这种配置的目的是缩短变速器，因为这样可以在两个并联工作的齿轮上分配扭矩。在额定转矩的相同水平下，齿宽可以减小约 40%。

另一方面，传输范围更宽；这种选择可以代表某些车辆（如公路鞍式拖拉机）的良好的折中方案。

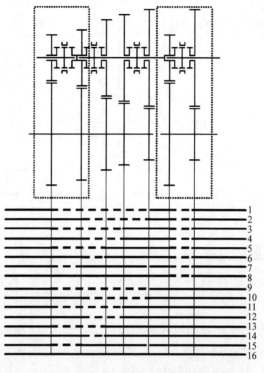

图 9-15 变速器 16 速的动力流程；当转矩通过中间轴流动时，线路是点状的。当转矩通过上轴（输入和输出轴）时，线路为是实线

在这种方案中，主变速器后有一个三速分离器：一个是直接传动；一个是超速驱动；最后一个是低速驱动。因此总档位数为 12。

可以注意到，倒档通过与用于第一速度的相同的轮子以及两个小惰轮获得。这样的安排也使得在倒档中使用分配反向器成为可能。

9.4.2 实例

图 9-17 所示为中型载货车的变速器的实际示例；在该示例中，双级四速主变速器连接到两速分离器，总共 8 个速度。

具有直接传动能力的分离器单元可以获得与主变速器相同的传动比，而减小后的速度可以获得在主变速器的传动比之间设定的传动比。

右下侧的 *A—A* 部分显示了倒档的惰轮的细节；倒档由分离器加倍。

在主变速器中，第一档和倒档的齿轮靠近后轴承；从左向右以增加的顺序设置以下速度的齿轮。第八速度是直接传动。

第一/第二速度同步器显示有双环，而倒档没有同步装置。该变速器可以容纳

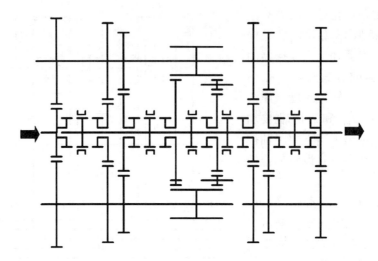

图 9-16 富勒（Fuller）变速器的方案，它具有 12 个速度，由主四速双中间轴齿轮箱和具有三个速度的分动器变速器产生；其中最后一个是直接传动。主变速器和分离器中的两个中间轴允许齿轮宽度并且因此减小变速器的总长度

传统的手动换档机构或可以是全自动的动力辅助机构。

共有 16 速度的三组件的变速器参见图 9-18。四速主变速器（与前述实例中相同）与二速分动器和二速范围变换器结合。主变速器中的齿轮从后轴承按照档位排序。

第 16 速齿轮是直接传动。变矩器由外摆线齿轮制成，当后移位套筒向左移动时，外摆线齿轮被闭锁并且像锁止接头一样起作用。

当后凸轮联轴器向右移动时，环形轮被壳体闭锁，并且载体速度将减小，与输入速度的方向相同。

降低后的速度保持在与正常速度范围完全分离的范围内；它们将在需要非常高的扭矩或非常低的速度时被使用。主变速器显示有球轴承和圆锥滚子轴承，而外摆线齿轮系中的径向推力是自平衡的，仅显示滚针轴承和球轴承。

主变速器副轴也以怠速转速旋转；图 9-18 示出了可用于移动辅助设备的花键端，例如用于操作倾斜加载平面的液压泵。

富勒（Fuller）方案的一个实际示例如图 9-19 所示；在这个例子中，变速器总共具有 16 个速度，并且由四速主齿轮箱、二速分离器和两速范围的外摆线变速器构成。

注意这两个倒档惰轮，分配器换档是同步的，而主变速器具有爪形离合器。

换档是半自动的，手动预选；在这种情况下，变速杆不会机械地移动凸轮联轴器，而是启动自动序列，其中电动阀操作气动执行器。当杆移动但是动力被切断时，因为加速器踏板被释放或者离合器踏板被压下，选档和换档动作无法进行。

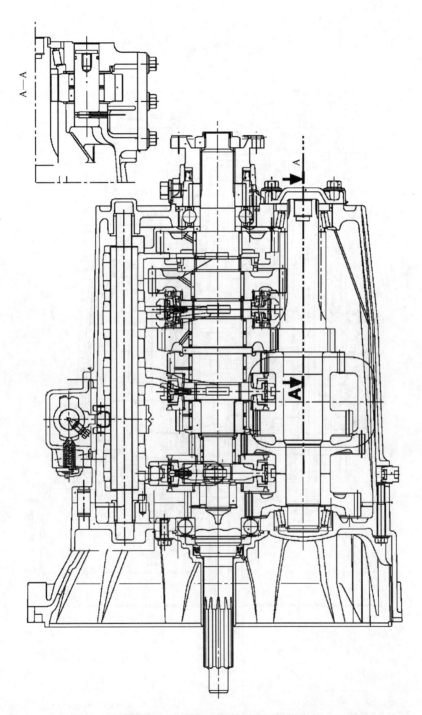

图 9-17 8 速度载货车变速器；下面有倒车用空套齿轮（依维柯）

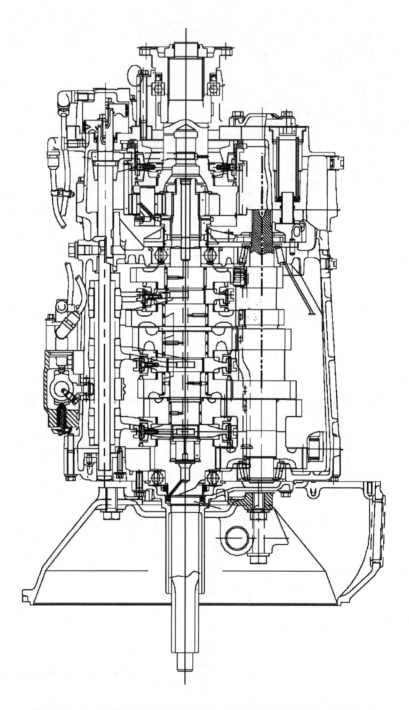

图 9-18　含有分配器和范围变换器的 16 速载货车变速器（依维柯）

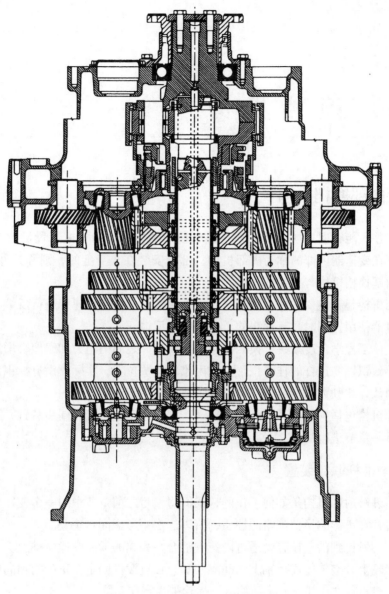

图 9-19 富勒变速器（依维柯）

10 换档机构

10.1 内部换档机构

使驾驶人能够通过挂合齿轮来获得所期望的传动比的机械装置被称为换档机构，包含在变速器内部的称为内部机构；部分安装在车身上的，则称为外部机构；它们的内部换档机构与变速杆相连。

换档机构起着重要功能，因为它们负责对驾驶人操作变速杆进行反馈，也用于简化变速器使用，同时具有理想的正向且精准反馈。

从人体工程学角度来讲，换档机构的运动部件之间的阻力和摩擦会增加换档时间且会导致识别变速杆的挂合位置更加困难。这些位置，实际上没有标识以及任何设备来确认，驾驶人只能通过变速杆的"感觉"来学习。

内部机构包括换档拨叉杆和换档拨叉；它们移动接合套和同步装置，其作用过程将在下一章节进行讲解。

10.1.1 推杆联锁装置

为了理解内部机构是如何工作的，我们将参考之前章节中的一个变速器；因为同步装置存在不影响换档策略的性质，所以这次不考虑同步装置。

如我们所见到的，接合套通过内花键啮合，一端的毂在变速器轴上，另一个毂在空转齿轮上。空转轮通过轴上的间隔件和直径过渡件固定在正确的轴向位置并且可自由旋转；通过在其毂上移动轴套，齿轮被锁定在其轴上。

每个轴套具有三个可辨别的位置；参考图9-8右下方的轴套用于第一/第二速度：

- 如图9-8所示，当不接合轮毂时，即为空挡。
- 如果向左移动，它将第二速度齿轮锁定到输出轴并使用第二齿轮比。
- 如果向右移动，它将第一速度齿轮锁定到输出轴并使用第一齿轮比。

变速器有四个不同的轴套：一个用于第一/第二档位，一个用于第三/第四档位，一个用于第五档位，最后一个用于倒档速度。应当注意，在该变速器中，倒档速度通过换档惰轮来实现，图中未示出；当接合倒档速度时，惰轮与第二/第一（空档）齿轮和输入轴上的特定轮啮合。

符合此类型的典型机制如图 10-1 所示。它由三个换档拨叉杆（4、5、6）制成，每个变速杆具有与凸轮联轴器上的凹槽接合的拨叉；通过一次移动一个换档拨叉杆，可以切换期望的速度。每根变速杆通过每个拨叉上的通道 8 来移动。

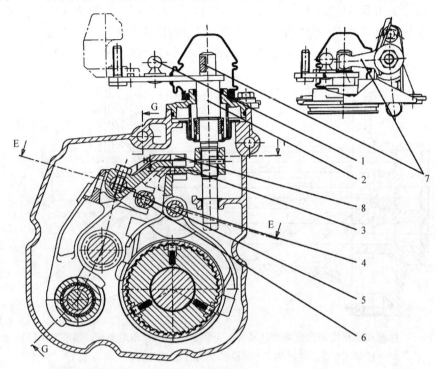

图 10-1　内部变速机构的横向单级变速器的横截面；4、5 和 6 是移动轴套的移动杆和拨叉；
也可以看到输出轴上的轴套的一部分，输入轴的一部分（左上）和
倒档速度的空转轴的一部分（菲亚特）

轴 2 上的手动杆 3 可以绕轴中心线旋转或沿该中心线移动。当移动时，它选择正确的变速杆；当旋转时，在三个通道中的一个中，切换到期望的速度。变速杆以适当的低间隙与叉上的通道匹配。

应当指出，在该变速器中，倒挡拨叉在第五档位的换档拨叉杆上滑动，但是具有自己的通道。作用于换档拨叉杆 1 和 7，可以实现换档和选择。

当变速器处在空档，所有通道对齐且变速杆被设置在通道内的第三/第四拨叉位置。

为了实现正常运转，还可能用到以下辅助装置：

• 将机构保持在选定位置，即使驾驶人松开换档拨叉杆。

• 确保多个杆不能在同一时间移动，否则对于变速器的完整性具有致命的

后果。

第一功能由具有球形端部的柱塞执行，与变速杆上的球形凹槽匹配。柱塞通过弹簧推入其槽中，弹簧将杆保持在三个可辨别位置之一。图 10-2 显示了这种凹槽的细节（细节 7）；中央凹槽用于空闲位置，另外两个用于切换期望的速度。

第二功能使用类似于先前讨论的柱塞来执行；它们的中心线位于与杆的中心线（图 10-2 中的 1 和 3）相同的平面上；这些柱塞设置在箱中的两个孔中，在第一和第二档位的杆以及第五/倒档档位之间。第三/第四档位的杆包含一个孔，与其他在中性位置对准，针 2 在里面；柱塞和针的长度设计成允许一次一个杆的运动。

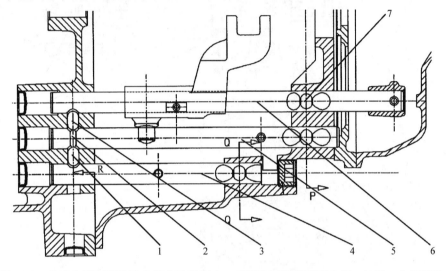

图 10-2 柱塞和销互锁装置应用在选择杆上，以避免同时移动两个杆；如果一个杆移动，
柱塞 1 和 3，通过销 2，保持其余的杆在空闲位置（菲亚特）

弹簧系统必须保持锁销在空闲位置，如我们所说，在第三/第四档位的通道处；行程限制器必须在选择行程的两端停止锁销，以避免卡住。

10.1.2 卡钳联锁装置

换档拨叉杆和它们轴承之间的间隙，柱塞和它们的球形座之间的形状误差，以及滑动部件之间的磨损对该机构的有效性有负面影响。即使两个换档拨叉杆的同时运动从来不会发生，零件的粘连也会造成换档困难或不舒服。

图 10-3 显示了一个改进的解决方案。没有柱塞或槽。移动杆拨叉 3，在该图的右侧示出了三个球形座，它可以匹配由弹簧按压的球（仅示出一个）。那三个相应的中性位置对应三根换档拨叉杆。

U 形支架 2，称为卡钳，带有两个叉状物，与球的球相匹配；卡钳可以在中性位置上下滑动，但不能旋转。两个叉状物与变速杆的末端相匹配，没有间隙。

卡钳允许一次一个换档拨叉杆的运动，同时将剩余的杆锁定在中性位置。

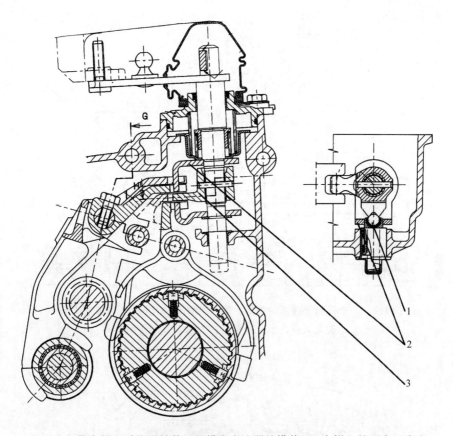

G

1
2
3

图 10-3　带卡钳和手指联锁装置的横向变速器的横截面；卡钳 2 的两个叉防止
变速杆同时移动；事实上，如果变速杆可以匹配多于一个拨叉，那么
卡钳爪将阻挡选择（菲亚特）

如果变速杆被移动到中性位置，则卡钳将整个机构锁定在中性位置。

这种机制的可能简化如图 10-4 所示；在这个方案中只有一根换档拨叉杆。

不同于以前的变速器，其中每个叉都具有其变速杆，在这种情况下，每个拨叉由冲压钢板制成，在第五齿轮的换档拨叉杆上滑动。每个换档拨叉都有一个可以匹配选择机制的变速杆的通道。

当拨叉处于中间位置时，这些通道对齐；装置（图中未示出）约束拨叉围绕杆的任何旋转，只保留滑动运动。

在这种情况下，单根换档拨叉杆可以在其轴承上滑动，并且具有移动一个拨叉和引导剩余两个拨叉的双重功能。

与前一个变速器一样，图 10-5 所示的卡钳只与变速杆水平移动，避免了同时选中两个拨叉。

为了获得更好的换档舒适性，换档拨叉杆可在球轴承上滑动。

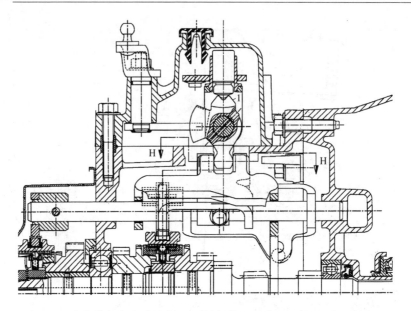

图 10-4　一个横向变速器的截面；第一/第二档位以及第三/第四档位的
拨叉可以在第五档位的杆上滑动（菲亚特）

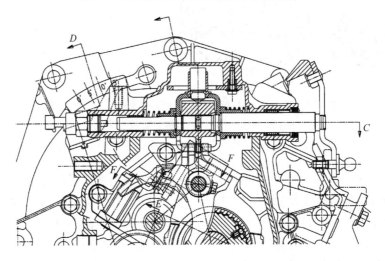

图 10-5　一个横向变速器截面；第一/第二档位以及第三/第四档位的
拨叉可以在第五档位的杆上滑动（菲亚特）

换档拨叉杆的定位球（图 10-4 中的 1）用于其旋转和平移。

10.2　外部换档机构

正如前面所说的，当驾驶人移动变速杆时，外部换档机构用来移动内部换档机构。

将纵置发动机处于汽车前方并且将牵引力施加到后轴，是一个简单的解决方案，因为内部机构接近驾驶人手的自然位置。选择和挂合动作与变速杆和拨叉的动作一致。

变速杆的挂合位置一直都是由最常见的结构（最简单的解决方案）定义。

当发动机和变速器横向安装或者杆未安装在孔道上而是在仪表板上或转向盘轴上时，解决方案更加复杂。换档机构执行的两个任务是：

- 以不同的方向传递控制杆的运动；例如在具有横置发动机的前驱的汽车中，当控制杆在孔道上或仪表板上时，变速器中的挂合运动是横向的，而变速杆的相应运动是纵向的。当控制杆是在方向盘轴上时，它几乎是垂直的。

- 为了保持变速杆的接合位置相对于空档不变，即使动力传动系由于车辆垂直加速度或转矩的变化而移动；这个问题是特别重要的，因为在前轮驱动的车辆上，动力传动系也会对车轮牵引力做出反应。

- 以有限的换档力保证在控制杆上的精度和正向的感觉。

现在尝试定义上一句中给出的属性：

- 精度是在任何工作条件下保持变速杆的接合位置不变或者至少相对于中性位置不变的能力。

- 正向是以一致的方式对驾驶人的手做出反应的能力；驾驶人喜欢选择运动和接合冲程的第一部分所需较少的力；能接受在挂合过程结束时有比期望值高的作用力，但是当齿轮已经接合时必须快速消失。

- 平滑度是相对于理想原型限制反作用力的变化的能力；反作用力不仅必须小，而且必须在不同的策略中变化较小；与平滑度相反的是变速杆粘连和松脱。

当两个弹性部件接触并且它们之间存在相关摩擦时，发生粘附和松脱。例如，在绘图纸上的橡皮擦。两个元件之间产生的运动的特征在于一系列小的位移，由于弹性变形的初始运动和具有真实滑移的跟随运动，及当再次建立黏附时中断运动。

10.2.1　换档杆机构

换档杆机构是用球头铰接的杆件的机械系统。在纵向上的一些杆在接近发动机的位置复制杠杆的运动；横向方向上的其他杆将这些杆的端部与内部变速机构连接。

动力传动系的最广泛的运动（由反作用力矩引起的旋转和由于路面不平的垂直振动）包含在车辆参考系统的 xz 平面中；这些运动不会冲击横向的杆。

图 10-6 所示为与单杆卡钳和变速杆联锁装置变速器匹配的应用示例。

变速杆连接到用于选择运动的换档杆 1，带有具有横向轴线的枢轴；选择运动将使杆绕其轴线旋转，并且将使杠杆自由地执行接合运动。拉杆 1 是纵向安装的。

第二根拉杆 2 在不同点处连接到换档拨叉，同样具有带有横向轴线的枢轴；杆

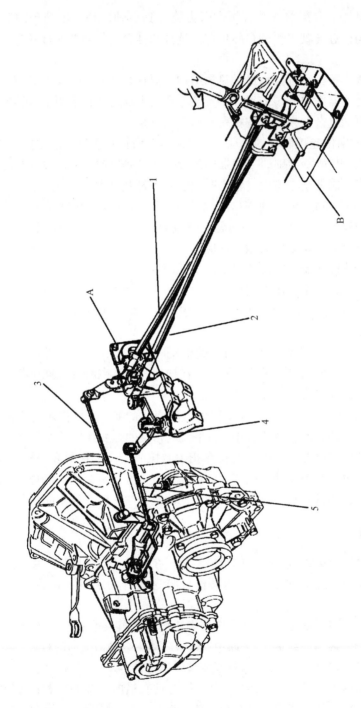

图 10-6 杆外部换档机构视图；杆 3 和 5 不受动力传动系悬架运动的影响；因此悬架运动不影响杆 1 和 2 以及换档杆的接合位置（菲亚特）

的接合运动纵向移动该杆。

这两个运动是分离的；换档杆 1 的端部示出了横向移动第二换档杆 3 的变速杆。

摇臂 4 将纵向运动转换为换档杆 5 的横向运动。换档杆 3 和 5 移动变速器中的内部变速机构。

换档杆 1 和 2 以及摇臂 4 的所有铰接头安装在固定在车身上的板 A 和 B 上。

如果杆 3 和杆 5 具有足够的长度，则包含在平面 xz 中的所有动力传动系运动将可轻微地移动杆。在 yz 平面中的动力传动系运动通常很小，因为在这个方向上，发动机悬架刚度很大（因为没有振动被过滤）。

如果枢轴的间隙有限并且轴承可以有润滑，则该机构的特性可以满足其任务。

因为零件可能暴露在灰尘和飞溅的水中，这个目标有时难以达到。此外，板 A 上的密封件（使得乘客舱与灰尘和噪声隔绝，其中杆穿过窗壁）可以在其运动中引入黏性和滑动。由于钢索机构的出现，这些机构已经逐渐淘汰。

10.2.2 钢索机构

图 10-7 所示为一个钢索机构。在该示例中，变速杆安装在由塑料元件 3 上构成的球形接头上。存在两个不同的钢索端部：1 用于选择运动；2 用于接合运动。

端部 2 固定到杆并且复制接合纵向运动；端部 1 通过铰接在 5 中的摇臂也可纵向移动，但是能够复制横向选择运动。

应当注意，杆把手具有滑动凸缘 6，由于与凸出部 7 的干涉，滑动凸缘 6 在其由弹簧施加的固有位置应避免选择倒档；只有当轴环被自动提起时，才能选择倒档。

内部换档机构与前一段的相同。杆的两个基本运动通过两根柔性钢索（细节 A）传递到内部换档机构。

柔性钢索（细节 B）由在护套内滑动的多层钢丝制成。金属线以螺旋线形式缠绕，且由于护套保护所提供的良好润滑，可使耐久性和柔性均良好。

钢索的机械耐久性比相同横截面的单根钢丝高数倍，但是其刚度仅为单根钢丝的刚度。护套由螺旋缠绕的柔性套管制成，插入从外部完全密封的塑料管中。

护套在弯曲时柔性好，但压缩时刚性也非常大；它所安装的横截面直径不小于其弯曲半径的 100 倍，并且其长度略大于所需的长度，以补偿动力传动系的运动。

如果这可以发生而不改变护套长度，则内部变速机构的运动将非常精确地复制变速杆手柄运动。光滑度由钢索和护套之间的摩擦力决定。

精度和正向性也受到护套端部的安装刚度的影响；这些安装件的刚度由动力传动系振动调节。

事实上，刚性安装可以非常有效地将噪声和振动传递到驾驶人的手和乘客舱，但重要的是支撑钢索端部的支架要非常坚硬，不影响机动性和舒适性。

机械效率受钢索和护套之间的接触影响；接触是由弯曲直径和长度引起的。润滑条件和钢索末端的局部接触也可能影响机械效率。

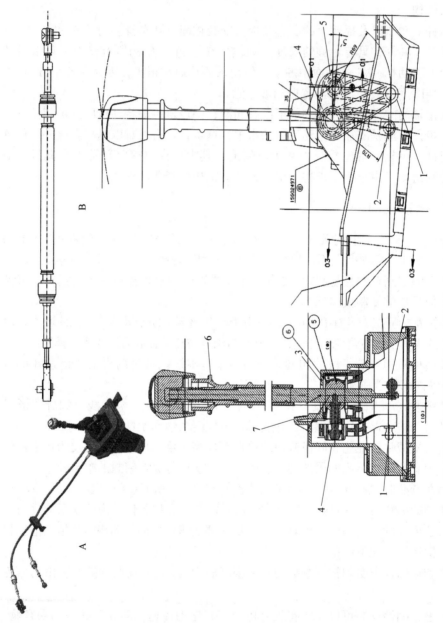

图 10-7 带有钢索机构的变速杆的细节；细节 A 显示完整的杆，而局部图 B 显示了钢索本身（菲亚特）

11 起 动 装 置

11.1 摩擦离合器

11.1.1 离合器的功能

离合器中的摩擦用于在输入轴和输出轴之间传递转矩。离合器由三个圆盘构成：其中两个连接到发动机曲轴，另一个封闭在两个圆盘之间，连接到变速器输入轴，利用这些盘之间的摩擦来传递和调节转矩。

这些盘分别被命名为主动盘和从动盘。

主动盘可以通过合适的机构改变它们与从动盘的距离和施加到从动盘的负载；该盘也可以通过该机构以可调节的转矩脱离或接合。

事实上，弹簧系统在驱动盘和从动盘之间提供压力，使得可以在盘之间产生摩擦力，压力的大小决定被传递或可传递的转矩的值。

可传输和已传输转矩之间的区别是指两种不同的情况：

- 离合器完全接合，盘之间没有相对运动。
- 离合器部分地接合驱动盘和从动盘之间有相对角速度。

在第一种情况下，传递的转矩等于发动机转矩，并且最大可以等于盘之间的摩擦转矩；在第二种情况下，转矩由弹簧负载确定并等于盘之间的摩擦滑动转矩。

离合器的功能如下：

- 用来当两个部件之间存在速度差时，尤其是当车辆失速或向后移动时，将转矩从发动机曲轴传递到变速器输入轴。
- 用于在两个轴同步之后将两个轴坚固地连接，以便传输所有的发动机转矩。
- 用于分离发动机和变速器，当变速器速度必须改变或停车时，无须停止发动机。

除了这些功能外，近些年还增加了以下功能：

- 用于吸收在离合器（主扭转减振器）误用的情况下由发动机惯性引起的转矩脉冲。
- 用于控制传动系的扭转刚度，以便在发动机转矩的谐波频率匹配变速器振动模式（次级扭振阻尼器）时避免振动和噪声。

离合器的弹簧，原来是螺旋形的，现在是膜片形的，因为有以下优点：

- 在相同的转矩水平上降低了动力总成长度。
- 零件数量减少。
- 由于几何外形简单，降低了重量不平衡。
- 内部接合机制简化。
- 在最大可传递转矩时没有磨损的影响。
- 减小离合器踏板的脱离负荷。
- 膜片弹簧对离心力不敏感；事实上，具有平行于旋转轴线的中心线的螺旋弹簧由于其偏移而失去负载。

图 11-1 所示为膜片弹簧离合器的剖视图；发动机轴 1 通过法兰连接到涡轮，它作为主动盘的有效表面之一。

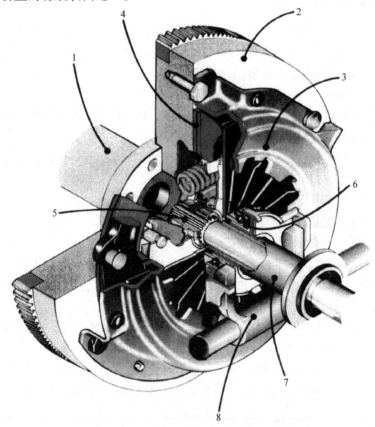

图 11-1　膜片弹簧离合器的剖视图（瓦莱奥）

1—发动机轴　2—发动机飞轮和主动盘　3—外罩和内部接合机制

4—从动盘　5—变速器输入轴　6—推力轴承　7—推力轴承引导　8—分离拨叉

外罩 3 也是由法兰固定在飞轮上，并且将第二个驱动盘通过膜片弹簧依次外推。在从动盘 4 上安装有摩擦片；从动盘在变速器输入轴 5 上具有花键。

推力轴承 6 可以轴向移动以降低弹簧的反作用压力，直到从动盘脱离。轴承可以在管 7 上滑动并且由拨叉 8 移动。移动驱动盘的总成，也称为压盘，外罩和用于脱离的相关元件组成所谓的分离机构。

11.1.2　分离机构

图 11-2 所示为后面将说明的双质量飞轮离合器的横截面的示意图。

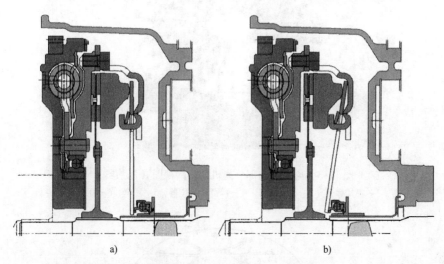

a)　　　　　　　　　　　　　　b)

图 11-2　双质量飞轮离合器的横截面，左侧处于接合状态，右侧处于分离状态（瓦莱奥）

如果忽略主动盘增加的复杂性，我们可以认为离合器由两个主要部分组成：第一个是在发动机飞轮上加工的工作表面；第二个是面向第一个的工作表面，与其一起旋转，但是在轴向可自由地移动。

图 11-2a 所示为接合的离合器，图 11-2b 所示为分离的离合器。可以观察到一些重要的细节：变速器输入轴居中并与发动机曲轴对准。两个驱动盘应该通过可以传递转矩但是保持轴向运动的装置（在该图中未示出）连接；由于需要适配其轴向位置，从动盘在变速器输入轴上安装有花键。通过轴向移动推力轴承，弹簧膜片可以被偏压，直到压盘上的力达到零。

驱动盘的第二元件——压盘，如图 11-3 所示，编号为 5，由连接到冲压钢盖的移动盘形成，以传递必要的转矩，同时使盘自由地沿轴向移动。

这个目标可以使用铆接到盖和压板的三个柔性带 6（3 个，间隔 120°）来实现。

膜片弹簧 2 安装在压盘和盖之间并且由环 4 保持在支点 3 上。所有上述元件都是分离机制的一部分。

膜片弹簧如图 11-4 所示；它由具有多个径向切口的锥形钢盘制成用来增加其灵活性；每个切口末端具有倒圆，可减少局部应力，也可用作中心定位参考。

弹簧放置在压盘较大的圆周上，并且由盖通过支点的圆形区域压紧。弹簧的圆锥形变形提供了必要的压力。

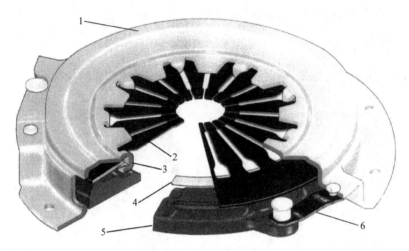

图 11-3 离合器内部分离机构的剖视图（瓦莱奥）

1—盖 2—膜片弹簧 3—弹簧支点 4—弹簧环定位器 5—压盘 6—压盘固定夹板

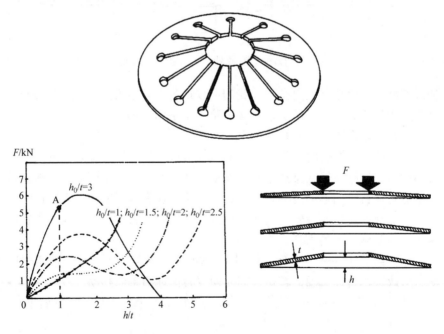

图 11-4 膜片弹簧。在左下方的曲线图横坐标为实际高度 h
除以弹簧厚度 t。曲线参数化为纵横比 h_0/t 的函数，其中 h_0 是未加载的弹簧高度

图 11-4 还显示了弹簧弹性特性。锥形基准面（空载状态）的高度与膜片的厚度之间的纵横比 h_0/t 用作压力 – 伸长率图的参数；该图不是线性的，而是显示出有最大值和最小值的 S 形。可以使用该特征以避免由于螺旋弹簧上典型的从动盘磨损而导致的压盘上的受力减小。

图 11-5 所示为简单螺旋弹簧组和膜片弹簧的图。摩擦衬片的磨损减小了在其使用寿命期间内从动盘的厚度。

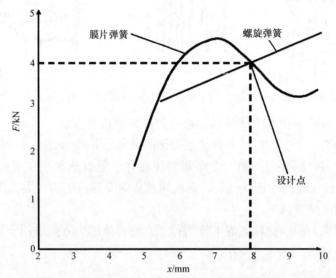

图 11-5　压盘受力 F 的定性图，作为从动盘由磨损引起的厚度减小量 x 的函数

在使用螺旋弹簧的情况下，如果假设新板的厚度为 8mm 并且最大设计磨损为 2mm，则可以看出，从新的离合器设计点开始，压盘上的力由于弹簧变形而减小 1kN。

在使用一定的时间后，压盘上的压力会大大降低，从而导致离合器打滑和从动盘磨损。在相同规格的膜片弹簧上，可以在内衬使用寿命结束时保持相同的压力，没有滑动的危险。

还有第二个优点：如果假定分离行程也等于 2mm，则用螺旋弹簧将机构上的力增加大约 1kN，而用膜片弹簧将减小几乎相同的值。

应当注意的是，随着从动盘磨损的增加，弹簧内圆周将更接近推力轴承；因此轴承必须以这样的方式缩回，即当踏板被释放时它不会运动。

弹簧和压盘之间的支点可以使用不同的解决方案，图 11-6 所示为压缩弹簧（前两个图）和拉伸弹簧（第三个图）形式。推式和拉式是指在分离行程期间推力轴承的运动。

在第一种情况下，支点圆周在盘上弹簧的接触表面的内部。弹簧的内部叶片必须压在飞轮上才能使离合器脱开；可以用盖上弯曲的托架和环形间隔件（第二图）

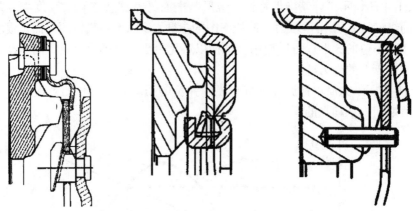

图 11-6　带拉出盘的（左边两个图）和带推盘的内部分离机构，还显示了不同膜片弹簧的支点

或者用插入弹簧的圆角上的铆接销（第一图）来制成支点。

　　在第二种情况下，支点圆周在接触表面的外部，并且弹簧的叶片必须从飞轮上拉离，以便使离合器分离。第二个布局的优点在于更好地利用了盖内部的可用空间；事实上，在飞轮的给定外径处，钢盖通过弯曲受到较小的应力，因为凸缘和接触件圆周之间的偏移减小。

　　该优点被推力轴承的较高成本抵消掉了，使得该解决方案适用于具有较小排量的高转矩发动机。

11. 1. 3　从动盘

　　图 11-7 所示为一个从动盘的图样。其设计相当复杂，特别是靠近轮毂处有扭转阻尼器。

　　该盘由若干个钢片制成。第一个标有数字 1，是从动盘毂，带有一个花键用于配合变速器的输入轴。

　　标记 2 和 3 的另外两个元件由两个用垫片铆接的钢盘制成；支撑摩擦衬片的元件 4 也铆接到盘 3。

　　盘 4 有一个特定的形状（图 11-7b 放大图）。该盘显示有多个独立的扇区，摩擦衬片铆接在所述扇区上。扇区从主轮盘平面上弯曲并且在平行平面上铆接。通过这种布置，摩擦衬片被间隔开，并且两个摩擦表面可以沿着轴向方向弹性地移位。

　　结果是，压力被盘弹性限制，并且离合器接合更加渐进。此外，由于压盘上的热梯度可导致锥形变形，衬料可更容易地匹配此形状，保持与驱动盘表面的均匀接触。

　　盘 2、3、4 的组件相对于轮毂 1 以一定角度自由旋转。

　　三个元件 1、2 和 3 显示了四个矩形开口，四个螺旋弹簧压配合在里面。如果作用在盘上的转矩小于弹簧的总的预压缩力矩，则盘为刚性体；如果转矩较高，则

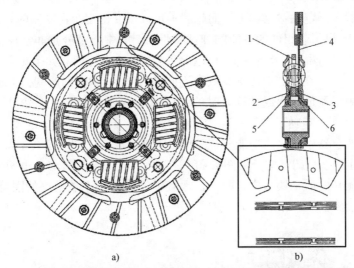

图 11-7　从动盘（瓦莱奥）。横截面显示了主减振器和辅助扭转减振器。

图 b 显示了摩擦片如何安装在盘上，以便使接合渐近的进行

盘和毂可以有角偏移。

　　在旋转元件之间还有两个摩擦盘 5 和 6，通过膜片弹簧压紧；当轮毂移动时，可以抵消弹簧的一部分弹性变形作用和扭力振动阻尼。

　　此总成是主要的扭振阻尼器。

　　在图 11-8 中显示了一个放大的轮毂 1。可以看到，它有着次级扭转阻尼器，类似于以前的，这种次级阻尼器的刚度低得多。

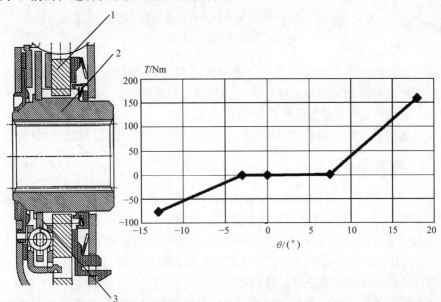

图 11-8　从动盘轮毂的放大图（瓦莱奥）。右图显示了轮毂的角位移 θ，作为转矩 T 的函数

只有轮毂 3 固定在输入轴上，而轮毂 1 可以承受由多个齿限制的有效角位移。

图 11-8 示出了毂组件的可能的弹性特性；图的中心部分是非常灵活的（次级扭转减振器），在两个较硬的端部（主扭转减振器）中持续。如果矩形开口中的螺旋弹簧加倍（一个在另一个内部，具有不同的长度），则图的两端会是不对称的。

较硬的阻尼器最终形成在急速时的"嘎嘎"声噪声抑制，而较软的阻尼器在低速操作时形成"咔哒"声。

在一些离合器中，这些功能非常简单，不在于轮盘上，而是在于安装在发动机侧的驱动盘上；该盘的结构分解图如图 11-9 所示。飞轮和驱动盘由两个可在滚子轴承上独立旋转的质量块组成。两个长螺旋弹簧降低一个质量块的固有频率的值；还存在阻尼装置。

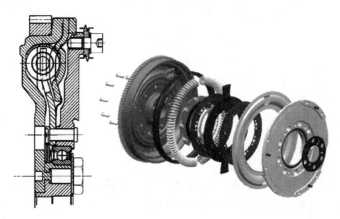

图 11-9　双离合器和飞轮的横截面和分解图。扭力减振器现在包括在驱动板中；
从动盘被大大简化（瓦莱奥）

通过合适的调谐获得的结果是，通常转速为 $800 \sim 2000 r/min$ 的变速器的最低固有频率可以被调到发动机急速以下，并且超过最大速度，而变速器噪声不能被人耳察觉；该结果在高排量发动机中特别有意义。

该系统的总惯量，与参考飞轮相同。因此，没有对发动机转矩波动的影响。

11.1.4　推力轴承

如图 11-1 所示，推力轴承在与输入轴同轴的变速器壳体上的套管上滑动（图 11-1 中的零件 7）。该管通常与变速器油封盖集成。

推力轴承由变速器壳体上的变速杆手柄和离合器踏板通过外部机构移动。图 11-10 左侧的轴承具有简单的形状，并直接作用在膜片弹簧的叶片上。

外部分离机构由钢索或液压执行器组成。

钢索机构类似于对于变速器的外部换档机构所解释的。钢索组件的安装不得有急弯，否则会影响机械效率；机械效率低会增加分离踏板力，并导致不可接受或不正常的踏板返回滞后特性。

　　摩擦片在从动盘上的逐渐磨损必须通过推力轴承位置的相应调节来补偿；这种调节使踏板的有用行程更靠近驾驶人的脚，对人体工程学可能产生负面影响。为了避免这种不便并且保持行程正确定位，必须在钢索护套的其余部分上设置调节螺母。

　　液压回路逐渐取代钢索机构。液压缸连接到踏板并通过作用在推力轴承的分离叉上的管操作液压执行器；有时可能以这样的方式将该执行器与离合器壳体集成，以便直接推动止推轴承。该机构的简图如图 11-10 所示。

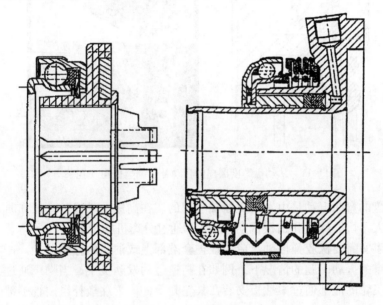

图 11-10　传统的推力轴承（左）和集成液压执行器的轴承（瓦莱奥）

　　液压机构具有机械效率较好的优点，几乎不依赖于管道布置；在储油器和踏板侧的操作活塞之间具有简单的止回阀，可以容易地实现踏板行程位置的自动调节。

　　由于膜片弹簧的弹性特性，如图 11-5 所示，从动盘磨损，也具有踏板行程调节，具有增加踏板执行力的缺点；此外，离合器盖内的内部空间必须考虑由磨损引起的轴承行程的调节。

　　通过调整内部机制（参见图 11-11）给出了这些问题的最终解决方案。在该机构中，膜片弹簧通过间隔件 1 推动压盘，间隔件 1 由与柔性带连接的两个钢片盘制成；与压盘的接触表面是螺旋斜坡，使得通过旋转间隔件，可以补偿从动盘厚度的减小。

　　间隔件通过与在图片的右侧放大的蜗轮匹配的齿 2 转动；如果在离合器接合期间从动盘厚度已经减小，则板簧 3 接触膜片弹簧和旋转蜗轮直到两个弹簧之间的接触消失。

通过该装置，可以将机械离合器特性保持在设计值，并且减小了离合器盖的轴向长度。

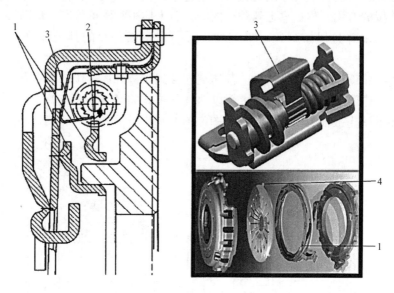

图 11-11　从动盘厚度磨损的自动补偿调整机构（瓦莱奥）

从动盘的弯曲振动是由发动机曲轴引起的。在高速发动机分离操作时，它们可能产生令人不快的噪声和踏板振动；两者都通过分离机构传递。

这一事实需要橡胶弹性轴承应用在护套端部上或油路的存储器上。

在严重的振动问题的情况下，例如在高速运动发动机中，当噪声通过其他方式传播时，飞轮的冠部通过柔性板安装在其轮毂上，该柔性板补偿曲轴端部的激励。

11.1.5　设计标准

设计离合器时必须考虑的诸多问题：
- 踏板上的分离力不宜过大。
- 摩擦系数必须在大范围的操作条件下尽可能恒定。
- 工作面上的磨损必须是渐进的。
- 在接合操作期间产生的热量必须散掉。
- 离合器必须正确运转且磨损合理。

在可接受的温度下，盘和摩擦衬片之间的摩擦系数为 0.27 ~ 0.30。

考虑这个值通过新的和完全磨损的衬里，膜片弹簧可以被设计成使得传输的最大发动机转矩可达到大约 15% 的安全裕量。

可以从弹簧特性中分别用新的和磨损的衬垫计算踏板力；还必须考虑变速器的机械效率（踏板和分离叉之间）。

好的钢索机构的典型值范围为 0.65 ~ 0.70；对于带活塞和分离叉的液压机构，

其值可以达到0.80。一个集成的液压执行器的效率可达0.90。

因此，在计算最大分离推力（必须保持在300 N以下）时，摩擦不可忽略；这个值不能通过仅仅在踏板和轴承之间的传动比来减小，因为踏板行程必须保持在150~200mm以下；还必须考虑踏板和推力轴承之间的机械链的弹性变形。

起动时消耗的机械能是有用的设计参数；它可以被称为离合器的有用摩擦表面并且与在成功的案例下获得的类似值进行比较；对于在最大斜率处的起动操纵结束时的温度，可以说是相同的。

11.2 自动变速器的起动装置

变速器自动化需要能够平稳起动车辆的装置，而无需驾驶人感知的帮助；为此，开发了不同于离合器的装置，利用中间非机械能，例如电动或液压。

今天，这个问题没有那么重要，因为已经证实可以通过电子控制的电液执行器获得令人满意的专为踏板动作设计的自动化常规摩擦离合器。

液压转矩变换器和电磁粉末离合器，后者在很少的应用中，与自动变速器一起使用，用于其固有的舒适特性；它们只能匹配无需中断转矩换档的变速器。事实上，这些装置的高旋转质量将导致传统的同步器以非常长的接合时间工作。

粉末电磁离合器由两个铁磁同轴环构成，构成磁路的磁极和固定器；磁场可以通过外环上的电线圈产生，通过滑动接触激发。

气隙有着几毫米厚；在空气间隙中插入一定量的具有合适颗粒尺寸的铁粉。当电流接通时，建立的磁场使得铁粒子在两个极之间沿着径向场线对准；颗粒相互之间和与极性表面交换摩擦力。摩擦使两个极同步，同时根据电流强度交换转矩。

电磁离合器易于控制；另一方面，长的响应时间和高惯性不适合于同步啮合齿轮箱。与液力离合器和变矩器相比，这种离合器的使用仅通过降低成本来权衡。

变矩器是特定的液压机，它允许连接具有无级变速比的两个轴。与摩擦离合器不同，变矩器的输入和输出转矩值不必相等，而是根据传动比由更复杂的关系确定。

如果我们设 Ω 为角速度、M 为转矩，P 为功率，并将下标1和2与变矩器输入和输出轴上的这些量值相关联，则有

① 速度传输比为

$$\nu = \frac{\Omega_2}{\Omega_1}$$

有时使用 $1-\nu$ 或者滑动来代替速度传动比。

② 转矩传动比为

传动效率，根据定义：

$$\mu = \frac{M_2}{M_1}$$

$$\eta = \frac{P_2}{P_1}$$

因为 $\qquad\qquad P_1 = M_1\Omega_1, \quad P_2 = M_2\Omega_2$

所以

$$\eta = \nu\mu \qquad\qquad\qquad\qquad (11\text{-}1)$$

因此，也忽略了机械摩擦，机械效率在变矩器中可以小于 1；传动比直接由机器的内部几何形状控制，并且不容易通过外部装置改变。

为了理解转换器如何运行，思考由合理的管道联通的液压泵和液压涡轮所构成的变速器是有用的。

泵与发动机一起旋转，并将一定量的油从吸入管输送到出口管；管道通过机械连接连到变速器输入轴的涡轮。

这种变速器被用在船舶上连接发动机和螺旋桨。

与机械变速器不同，该变速器两个轴之间没有正向连接。传动比由管道和液压机械中的油流的惯性决定。

因此，当传动轴由于任何原因而失速时，都可以保持发动机运转；事实上，涡轮叶片不能停止供油，并且能够同时从流动中接收力。

这样的变速器有以下有点：

- 传动比可以作为转矩比的函数连续地改变。
- 没有受磨零件。
- 对于扭力振动的阻尼很高。
- 没有因过高转矩施加到变速器输入轴而导致发动机停转的危险。

另一方面我们可以考虑到以下缺点：

- 在所有条件下传输效率低。
- 更高的变速器复杂性。

如前面已经讲解的，转换器不能容易地从传动系统移除并且具有显著的极性惯性；这使得常规同步器无法应用。因此，需要使用动力换档变速器，其中换档可以在较长的时间内进行，因为没有转矩中断。

我们设想的布局类型对于车辆应用来说太笨重；H. Föttinger 想到了将泵和涡轮放在一个紧凑的机器中，避免使用连接管线。

这种结果通过使用近似尺寸的涡轮和泵轮实现了。在这种情况下，轮子可以彼此面对面，形成没有附加元件的液压回路。

图 11-12 所示为此布局的图；该泵由径向叶轮 P 制成；支撑叶片的轮盘显示有可安装涡轮 T 的腔。

泵连接到发动机曲轴。油的流量受旋转轮盘、叶片和封闭表面 C 的限制，也

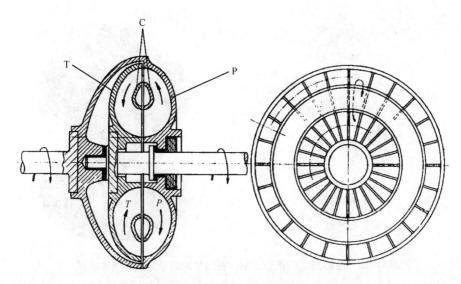

图 11-12　液压离合器方案；P 为离心泵，T 为涡轮
箭头显示的是当泵速度大于涡轮速度时流体的方向

可以被取消。

　　涡轮和泵几乎相同；两个轮必须在相同的中心线上，并且必须用旋转密封来封住内部的油。所提出的方案没有示出适于接收反转矩的固定轮。在这种情况下输入转矩和输出转矩必须相等；这个机器被称为液压离合器，作用和摩擦离合器类似。

　　这种机器在泵和涡轮之间没有速度差时不传递任何转矩。

　　实际上，油的流量决定的传输转矩并且在速度相等时变为零。若轮有不同的外形，则传输的转矩当流量停止时变为零。

　　图 11-13 所示为变矩器的替代方案；与之前的只有泵 P 和涡轮 T 不同，还有第三个装有叶片的叶轮 S，也叫导轮，连接到例如变速器体的直立组件上。

　　在这种情况下，泵上和涡轮上的转矩可能不同，因为反作用元件可以均衡转矩的差异。

　　如果更频繁地出现输出转矩大于输入转矩，则反作用转矩必须与输入转矩的方向相同。如果输入转矩小于输出转矩，反转矩应该与输入转矩方向相反。

　　如果定子利用仅能够承受与输入转矩相同方向的转矩的自由轮连接到变速器壳体，则当输出转矩等于或大于输入转矩时，机器可以放大输入转矩或者表现得类似液压离合器。

　　图右侧的照片显示了分解的完全由冲压钢板部件制成的变矩器。

11.2.1　液压离合器和变矩器

　　为了理解叶轮是如何工作的，下面考虑一个具有单个、几乎径向的通道的叶

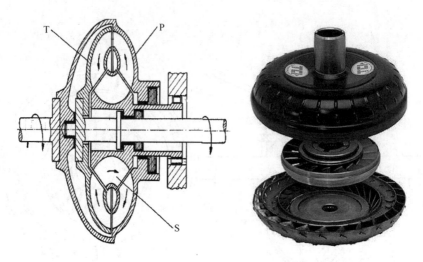

图 11-13　左边是变矩器的方案，右图显示的是变矩器组件的照片

轮，其壁在外进气半径和内排气半径处显示出角度 β_1 和 β_2，如图 11-14 所示。

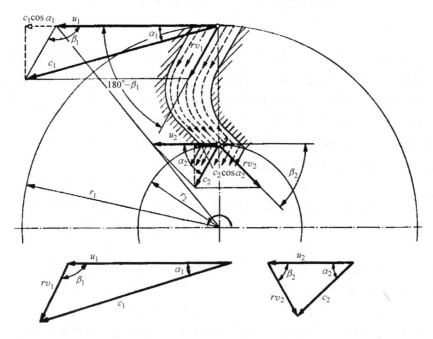

图 11-14　在喷嘴推动的叶轮上的速度三角形，输出速度 c_1，有倾斜角度 α_1

r_1 和 r_2 分别为这个轮的外半径和内半径。

叶轮受到相对于轮外径的切线以角度 α_1 倾斜地喷出来的质量流率 Q 冲击。

c_1 为来自该喷嘴的油的输出速度；为简单起见，假设速度在流体横截面的任何点处是恒定的。

施加到叶轮上的转矩将由入口的质量流动力和轮上通道出口之间流动力的差异决定。在输入和输出横截面处的两个速度三角形使得我们可以计算离开轮时流体的绝对速度。

特别地,输入速度 c_1 可以被认为是油速度相对于车辆速度的矢量和,被认为是通道的一部分的油的速度;第一速度为 w_1,其方向平行于通道入口横截面处的通道的壁。第二个速度是在半径 r_1 处的轮的圆周速度,其被称为 u_1。

输出横截面 c_2 处的绝对速度可以从通道出口处的速度 u_2 和 w_2 开始计算;注意,第一个由半径 r_2 定义,而第二个由通道中的质量流的连续性导出:其方向再次与通道的壁相切,并且其系数将等于 w_1 的系数乘以两个横截面的面积的比率。

飞轮入口的动量为

$$Qc_1 \cos\alpha_1 r_1$$

而飞轮出口的动量为

$$Qc_2 \cos\alpha_2 r_2$$

轮的转矩将为

$$M = Q(c_1 \cos\alpha_1 r_1 - c_2 \cos\alpha_2 r_2) \tag{11-2}$$

知道叶片的入口和出口以及相关的半径,足以确定近似后的飞轮转矩。

液力离合器和液力变矩器的情况由于入口的绝对速度是未知的而变得复杂,因为其受制于先导轮的速度。

我们考虑所介绍的液力离合器如图 11-15 所示。P 也是泵,而 T 是涡轮;叶片是完全径向的。

假定油是不可压缩的,并且振荡线垂直于两个轮之间的分离平面,即平行于轮的轴线。流体按照有规律的涡流移动,其轴线垂直于轮子的轴线。

如果考虑两个轮之间的分离平面,则可以在它上画一个圆周(图中的点和线),分开两个相反方向的恒定流。

在该圆周内侧和外侧的叶片之间的横截面有相同的面积,因为油是不可压缩的。

如果速度在横截面上是恒定的,则可以计算泵的中心 1 和 2 以及涡轮的 3 和 4 的速度;可以对所有其他刀片以相同的结果重复计算。

在一般的运行点,涡轮的速度 Ω_2 和泵的速度 Ω_1 不相等;更可能的是,由于泵是活动元件,其速度将大于涡轮的速度。在泵的入口处的相对点 1 和 4 上,速度 c_1 由两个分量组成:

$$w_1, \quad u_1 = \Omega_1 r_1$$

注意不要将涡轮和泵相关的角速度的下标与通道截面油速的下标混淆。

以相同的方式,可以建立面向涡轮部分处的速度三角形;它在图中示出并且两个分量 w_1 和 w_4 相等,因为横截面相等。

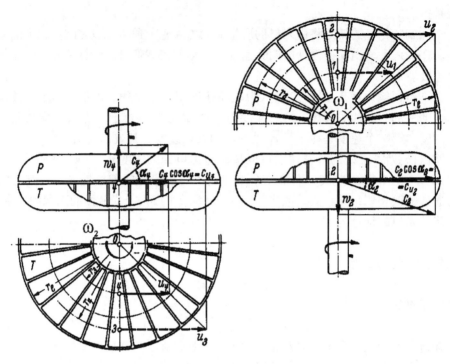

图 11-15　液压离合器的速度三角形

矢量的差为

$$c_1 - c_4 = u_1 - u_4 \qquad (11\text{-}3)$$

式（11-3）表示由于两个轮的转速差而不能由涡轮利用的泵的质量流动量的一部分。

以同样的方式，如果再次记住分量 w 等于 1 和 4 部分的那些分量，则可以在第 2 和第 3 部分中进行。

在泵的入口处，在部分 1 处，由于由涡轮输出的流体以比泵的圆周速度低而存在能量损失；后者必须提供可能的突然加速。这类损失被称为冲击损失。以相同的方式，在涡轮的入口处，在部分 3，由于相同的原因使流动突然减速；如果考虑冲击损失，则两个轮的速度三角形将在点 1、4 和 3、2 处相同。

轮的转矩为

$$M_1 = M = Q(u_2 r_2 - u_4 r_1) = Q u_2 r_2 \left(1 - \frac{u_4 r_1}{u_2 r_2}\right) = Q u_2 r_2 \left(1 - \frac{\omega_2 r_1 r_1}{\omega_1 r_2 r_2}\right)$$

或者：

$$M_1 = M_2 = Q u_2 r_2 \left[1 - v\left(\frac{r_1}{r_2}\right)^2\right] \qquad (11\text{-}4)$$

如果从这最后一个方程计算功率，则再次获得方程（11-1），其中 $\mu = 1$：

$$\eta = \frac{P_2}{P_1} = \nu$$

上述公式未考虑叶片在油中的摩擦损失和轮上的损失。这些最后是可忽略的，直到传输的转矩达到最高。油中的摩擦损失称为液压损失，可以根据下式被设想为流动速度 ω 的平方的函数：

$$P_a = kQ\omega^2 \tag{11-5}$$

式中，k 为一个常数，取决于叶片的表面的性质。

在轮具有相同转速的情况下，它们在轮之间的外边界处在流体上产生的压力值大小相等，方向相反。在这种情况下没有油循环，流量肯定是零；因此产生的转矩和功率也为零。

变矩器的情况可以以同样的方式处理。

在图 11-16 中绘制了变矩器的图；在图右侧的示意性横截面上，虚线表示连接不同横截面的中心的相邻叶片之间的通道的中心线。

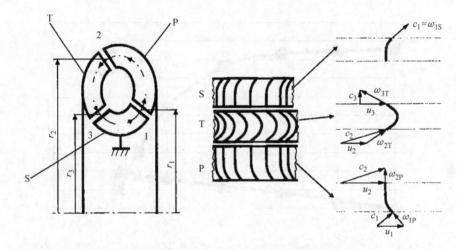

图 11-16　变矩器速度三角形

这些中心由泵 P、定子 S 和涡轮 T 的轮盘和叶片以及现在有的内壁确定；这些壁的位置为了获得几乎恒定的循环速度 ω。

可以想象在由该线围绕转换器轴产生的旋转表面上绘制叶片的轨迹，并在平面上展开该表面。因此可以得到图中间的方案。

在同一图的右侧是速度三角形，它们可以被像在液力离合器上一样构建。

第 1、2、3 处是相对于定子和泵、泵和涡轮、涡轮和定子之间的过渡点。对于速度 ω，根据其指代的变矩器元件标示第二下标。

在一个元件和下一个元件之间的过渡点处，速度 c 被保留，速度 u 从它们所指的截面的中心的半径 r 计算，速度 ω 与叶片壁相切。

因为 ω 的模数由质量流的连续性方程确定，所以只有在图中所示的条件下才不会有冲击损失。

此条件被称为设计点。在这些条件下效率最高，只有液压损失。

在不同于设计点的条件下，叶片的形状也会引起冲击损失。

通常变矩器和液力离合器使用相似的理论。

相关的几何尺寸是直径，通常是最大轮 D 的外径；如果 ρ 是流体的质量密度，我们可以定义性能系数 λ 为

$$M_1 = \lambda \rho \omega_1^2 D^5 \qquad (11\text{-}6)$$

当两个机器的线性尺寸是成比例的并且叶片角度相等时，如果两个机器相似，则由泵吸收的转矩将由相同的性能系数 λ 定义。

类似机器中的无量纲实体如 η 和 μ 也将等于 ν 的值。

11.2.2　特征曲线

图 11-17 以定性方式表示了液压离合器的特性曲线。

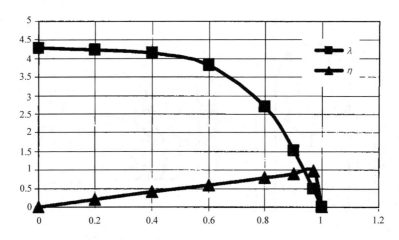

图 11-17　液压离合器的特性曲线表现为 λ 和 η 作为 ν 的函数，λ 被乘以 10000

这些特性包括性能系数 λ 和效率 η。应该观察到性能系数被乘以了 10000。

λ 随着速度传动比而减小，因为产生的转矩取决于由轮的速度差确定的流量；当轮同步时，$\nu = 1$，转矩为零。除了 $\nu = 1$，效率应始终等于速度传动比。在这一点上也趋于零。

如果考虑风阻损失和旋转密封摩擦，则这个事实是合理的。因为同步速度下的功率为零，即使很小的损耗也会导致效率变为零。

按照定义，液压离合器的转矩传动比等于 1。

图 11-18 所示为变矩器的特性曲线。特性在这种情况下包括 λ、η 和 μ、转矩传递比。应该注意到，和之前一样，λ 乘以了 10000。

因为存在反作用元件，所以转矩传递比不恒定；由于导轮，由泵吸收的转矩不

随着速度传动比增加而显著变化。

当输出轴失速时，转矩传动比从当传动比为零时的约 3～4 倍的值开始，并且当输入和输出轴同步时，转矩传动比变为零；作为结果，作为两个传动比的乘积的效率将为零，如 $\nu = 0$ 和 $\nu = 1$，其中 $\mu = 0$。

在图 11-18 显示了一些典型运行情况：

① S，代表失速，是涡轮静止且泵旋转的状态。

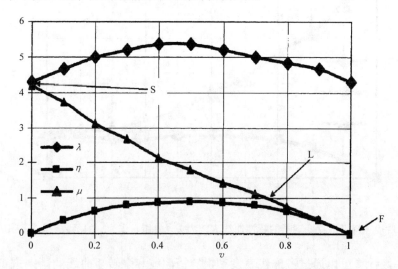

图 11-18　变矩器的特性曲线表现为 λ，η 和 ν 作为 ν 的函数。λ 乘以了 10000

② L 代表锁定，是泵上的转矩和涡轮上的转矩相等的条件，转矩传动比为 1。

③ F 代表自由流动点，是涡轮机上的转矩为零的条件。

因此曲线可以通过速度三角形的构造和相似性的原理来证明。

特里洛克（Trilok）变矩器以负责其开发的研究联盟命名，提供了安装在自由轮上的导轮，该自由轮只能对与输入发动机转矩方向相同的那些转矩起反作用。通过这种设置，在锁定状态下，导轮是自由的；事实上，从这一点开始，涡轮机能接收比泵更小的转矩，并且因此，导轮应当产生与发动机转矩方向相反的转矩。

如果导轮是自由旋转的，则变矩器将表现为水力离合器；因此，如图 11-19 所示，效率在点 L 处将变为线性，在点 F 处急剧下降到零。从 L 点，转矩传动比也将保持不变，而不是为零。

作为第一近似，特里洛克（Trilok）变矩器在任何工作条件下都显示了液压离合器和变矩器之间的最佳效率。

11.2.3　汽车液力变矩器的性能

将变矩器与发动机和车辆匹配意味着要计算包括发动机、变矩器和车辆的系统

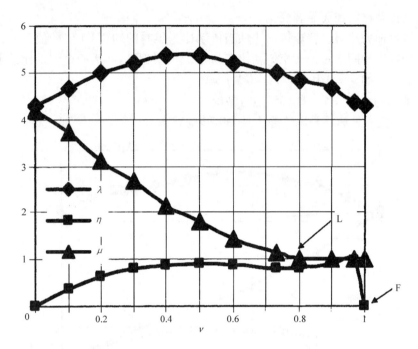

图 11-19　特里洛克变矩器的特性曲线表现为 λ、μ 和 η 作为 ν 的函数。λ 乘以 10000

的性能；该计算可以通过考虑代表发动机转矩曲线和泵转矩曲线的图来进行。因为泵和发动机一起旋转，发动机转速也代表了泵的速度。

一旦选定变矩器直径，λ 即被定义；被泵吸收的转矩是一个抛物线。

我们可以开始绘制图 11-20 所示的图表。这些表示在不同的速度传动比值下的泵吸收的转矩，在全开节气门处的发动机输出转矩 M_{max} 和在部分打开节气门处的转矩曲线 M_{reg}。

作为用于泵和发动机系统相称的速度传动比的值，发动机速度的值将被强制在发动机转矩和泵转矩图的交点处。

为了改变匹配点，发动机转矩必须改变。让我们记住，发动机可以在失速时输送最大转矩的事实必然与泵直径的选择有关。

从变矩器特性曲线可知，可以在发动机转矩 M_1 已知时计算变速器输入转矩（变矩器输出转矩）M_2。

变速器输入速度 Ω_2 将由发动机转速 Ω_1 与速度传动比 ν 的乘积得出；变速器输入转矩 M_2 将由发动机转矩 M_1 乘以转矩传动比 μ 得出。

对于大开节气门的发动机转矩，可以从图 11-19 和图 11-20 开始进行计算；该过程可以重复用于调节的发动机转矩的任何值。

发动机传动系统的特性如图 11-21 所示；观察发动机转矩曲线的非常小的部分如何扩展到变速器输入转矩曲线。

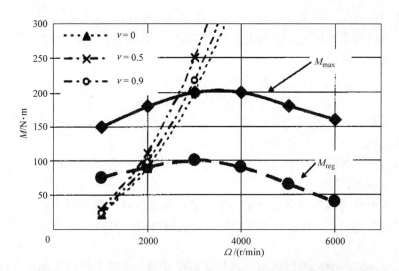

图 11-20   在不同的速度传动比 ν 下，发动机和变矩器的匹配转矩曲线。
注意，运行速度仅由发动机转矩和传动比决定

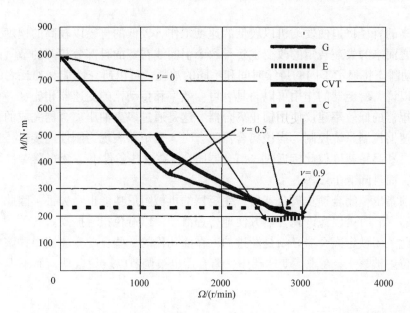

图 11-21   从发动机转矩 M_1 (E) 开始计算变速器输入转矩 M_2 (G)，显示了不同曲线的速度
传动比的值。还显示了理想的无级变速器（CVT）和滑动摩擦离合器（C）M_2 的值

图 11-21 中还显示了其他两种情况：
- 理想的无级变速器的机械效率等于 1 的情况。
- 安全系数为 15% 的摩擦离合器的情况。

转换器性能介于两条参考曲线之间，更接近理想的无级变速器。

现在可以根据车辆速度 V 绘制车辆 T 的牵引曲线，利用公式将 M_2 和 Ω_2 乘以变速器传动比的不同值：

$$V = \Omega_2 R_r / \tau_i \quad (i = 1, \cdots, n)$$
$$T = M_2 \tau_i \eta_t / R_r \quad (i = 1, \cdots, n)$$

式中，τ_i 是具有 n 个速度的变速器的每个速度的总传动比；R_r 为车轮滚动半径；η_t 为变速器机械效率，不包括变矩器。

根据将在下卷中说明部分开启时的方法对可用功率进行时间积分，以计算具有变矩器的车辆的性能。

通过对节气门部分开启时对应的转矩值的重复计算，还可以计算发动机和转矩转换器系统的燃料消耗图；对于发动机转矩的每个值，燃料消耗的相关值除以变矩器效率的对应值。

使用这种新的燃料消耗图可以指导我们计算当变矩器工作时车辆的油耗。

通过发动机转换器可以在发动机最大转矩失速处来确定转矩转换器的尺寸不总是最佳设计实践方式。对于不同的尺寸标准，采用高直径和低直径的变矩器也很方便。

较高的直径将迫使发动机以较低的速度工作，较低的直径以较高的速度工作。

随之而来的失速转矩的改变也将导致牵引曲线在宽的且部分打开的节气门处改变。启动瞬态将显示不同的持续时间和不同的油耗，可以研究性能和油耗之间的平衡。可以说，变矩器的作用可以与具有可变效率和传动比的变速器相比。

变矩器的低效率建议使用锁止离合器。这是通过多盘油压离合器完成的，其闭合由变速器控制系统控制。当该离合器闭合时，变矩器表现为刚性连接。

当泵和涡轮速度彼此接近时，离合器闭合；在这些条件下，变矩器对性能的作用很小，而且降低了效率。

必须指出，闭合锁止离合器后，变矩器的机械阻尼功能也会失去，因此需要弹簧阻尼器。有时可以允许离合器方便地受控滑动，以避免扭转振动。

因此关闭锁定离合器必须是渐进的。在前几代的一些自动变速器中，该功能在较低档位中被禁止；在现代变速器中，离合器也被调节以避免振动，而不损害燃料消耗。

12 同 步 器

12.1 引言

　　同步器的主要功能为，在不对齿轮机械的完整性和内部噪声产生负面影响的前提下，在汽车行驶过程中改变啮合齿轮。

　　在同步期间，必须分离摩擦离合器。

12.1.1 单锥同步器

　　应用最广泛的同步器是博格华纳，以开发它的制造商命名。图 12-1 所示为该同步器单锥版本的横截面。通常有两个同步器，用于管理在同一轴上两个相邻的齿轮。

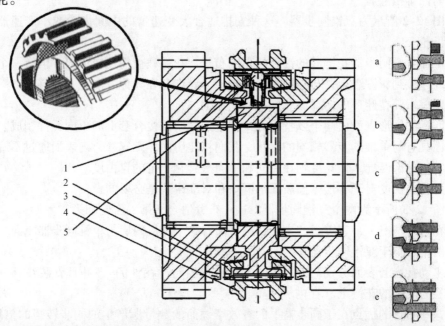

图 12-1　博格华纳同步器（菲亚特）单个锥体的横截面。在图片上部的圆圈内是同步器的详细视图，表示轮毂 3 齿的右侧、环 2 和接合套 4 在同步过程中不同阶段的位置

齿轮空转并安装在滚针轴承上的轴上；它们可以安装在输入轴或输出轴上，并且始终与固定在另一轴上的齿轮啮合。

固定到相对齿轮上的同步器花键毂 3 与两个空转齿轮相邻。花键毂和齿轮之间的连接方式有许多种，如通过激光焊接或通过花键轴。轮齿也可以直接切割或冲压在齿轮侧面。

后一种情况下，在轮齿和同步器的轮毂的选择齿之间，径向尺寸必须有足够的差值。

花键毂和车轮之间连接的制造技术不同，对于同步器组件以及变速器的长度具有直接的影响。

花键毂 3 在其外周上具有齿冠，同步环在轴向可以自由移动并通过锥形摩擦表面与轮毂匹配，也可以与选择器齿轮的接合套 4 相匹配，以阻止旋转但保证轴向自由运动。

在花键毂和接合套之间，同步环 2 用作摩擦离合器，它可在齿轮接合之前使元件同步旋转；下面的段落中将讨论如何正确实现此功能。

12.1.2 多锥同步器

几年前，单锥同步器被广泛使用。近年来，在不增加手动力施加的前提下缩短换档时间被视为优先目标。因此，已开始使用多锥同步器，特别是在同步工作要求更高的低排档上。

图 12-2 所示为双锥同步器，这种安排适合大变速器的中间齿轮或小变速器的最低齿轮。

下面看看同步器花键毂的锥环的不同布置。花键毂被简化成齿冠，但有一个摩擦锥环连接到花键毂上并与花键毂一起旋转，允许它在其他方向上自由移动。

摩擦表面在此环的内部面和外部面上加工。

匹配的锥形表面由两个以特定方式固定到转换器接合套上的不同元件制成。其外表面具有与单锥同步器相同的形状，我们将在后面详细解释，内表面通过不旋转花键轴与外部匹配，该花键轴在径向和轴向上具有一定的自由度。

这种自由度对于补偿摩擦表面的磨损和对准误差是必要的。

图 12-3 所示为两个三锥同步器，这个布置适合于第一齿轮和第二齿轮。

在这种情况下，花键毂的主动摩擦表面有 3 个。最内层与单锥同步器相同，而其余两个类似于双锥同步器。

主动接合套表面分别与单锥体同步器布置相同（在外侧），并且安装在具有轴向和径向间隙的花键上（在内侧）。

这些布置的优点在于同步器上的有效摩擦面的数量所产生的同步转矩的倍增，这使得同步器与具有相同性能的单锥形同步器相比，允许容纳环的最大直径。

也可以在不使用同步器的情况下实现同步换档。当变速器处于空档时接合离合

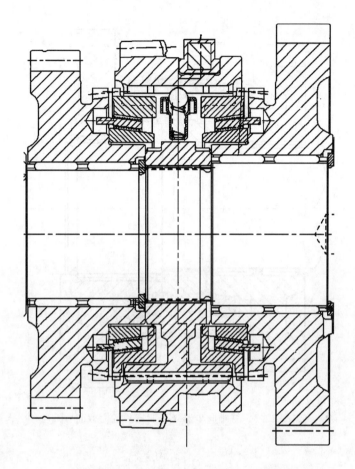

图 12-2　双锥同步器（菲亚特）的横截面

器，随后旋转部件应在发动机降档期间加速。它也可以通过安装在变速器中的制动器使旋转部件减慢。这个解决方案借助电动液压电子控制系统，从而对手动变速器的自动化有积极作用。

12.1.3　换档过程

让我们来看看在换档过程中同步变速器的意义，参考一个简单的双速单级变速器，如图 12-4 所示，动力通过两个交替的齿轮从输入轴 e 到达输出轴 u。

为了达到换档速度，接合套必须在位置 1 和 2 与一个齿轮交替接合。

当使用联轴器 1 时，如果用 z_{1e} 和 z_{1u} 表示啮合轮上的齿数，Ω_e 和 Ω_u 代表轴转速，则有

$$\Omega_u = \Omega_e z_{1e} / z_{1u} \tag{12-1}$$

而联轴器 2 的空转齿轮的速度为

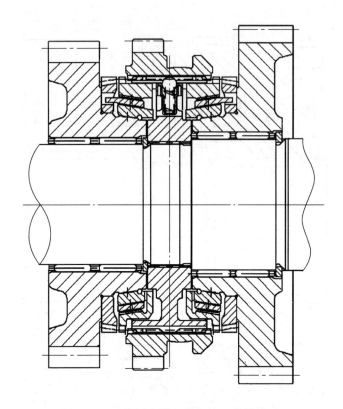

图 12-3 三锥同步器（菲亚特）的横截面

$$\Omega_{e,2} = \Omega_e \left(\frac{z_{1e}}{z_{1u}} \right) \left(\frac{z_{2u}}{z_{2e}} \right) \tag{12-2}$$

如果在离合器分离之后立即将接合套移动到位置 2，则会在两个轮的爪齿之间发生许多冲击，造成结构损坏并产生噪声。

零件同步意味着在接合之前，使运动部件的速度差异为零。显然不可能在发动机不帮助的情况下（离合器分离）改变 u 轴或车辆速度。同步也意味着改变与轴 e 接合部分的转速在爪式离合器接合之前消除同步器体和齿轮间速度差。

在上述例子中，从第一速度转换到第二速度意味着减少 e 的速度，而在降速期间必须增加相同的速度。

此操作需要一定的时间延迟，在此期间一些能量必须在系统中添加或减去。同时，考虑到总驱动阻力，车辆速度和轴 u 的转速将减少。在下坡路上可能会发生相反的情况。

改变速度用的旋转质量块由惯性飞轮 J_d 表示，它有以下作用：驱动离合器片，带有固定轮变速器输入轴（在双级变速器的情况下，常啮合齿轮和具有固定轮的完整中间轴）。

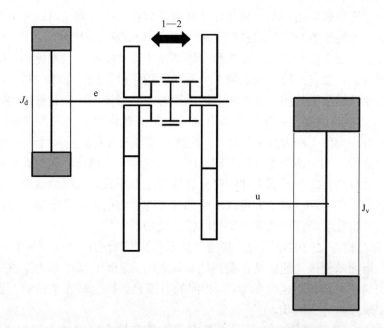

图 12-4 在速度变换期间要同步的双速单级齿轮器的图

在从第二速度到第一速度的转变期间，必须将一些能量引入系统，而在从第一速度到第二速度转变的情况下，一些能量必须减去；同步器通过两个质量块间的摩擦锥环执行此功能，将它们带到相同的速度。

该操作所需要减去或添加的车辆上旋转质量块的能量，由惯性飞轮 J_v 表示，以速度 Ω_u 旋转。因此，车辆减速或加速时执行同步的工作。因为相较于 J_d，惯性 J_v 要大得多，那么车辆速度变化可以忽略不计。

因此，我们可以将同步器执行的功能总结如下：

● 通过一个到另一个的能量转移来调整要同步部件的速度。此功能的度量是同步时间，后者是无牵引力车辆换档时间的重要部分。

● 正向连接同步零件，以传递必要的转矩；接头必须及时稳定下来，以避免齿轮自脱离的危险。

除上述功能外，还必须确保有以下附加功能：

● 测量旋转部件的速度差，以确定速度接合的最合适时机。

● 仅在速度相等时启用正向啮合。

再次参见图 12-1，并检查其他详细信息。

同步器主体的放大率由左上角显示。主体 5 示出了 6 个花键（间隔 60°）的表面，这些间隔被复制在同步环 2 上。

环间隔与一个定的角间隙匹配，在接合套的内径上有 3 个大齿。

剩余 3 个间隔（120°）与 3 个推动元件 5 匹配，3 个推动元件在接合套、同步器主体和摩擦锥环内自由滑动。推动元件具有径向孔，在径向孔内安装了具有球形头部的柱塞，并且螺旋弹簧将该柱塞推靠在接合套的内壁座上。

如果变速器处于空档，则发动机和车辆都处于运动状态中。左轮必须啮合。

我们可以识别套筒的换档操纵的 5 个不同阶段它由换档杆驱动。对于每一个阶段都画有示意性横截面简图，在平面上展示接合套、摩擦锥环和花键毂的视图。

① 接合套被克服螺旋弹簧反作用力推向左侧，螺旋弹簧试图将推动元件 5 保持在中间位置。元件 5 和大齿推动环 2，使摩擦锥环及花键毂的两个匹配的锥形摩擦表面相互接触。因为两个部分有不同速度，所以将产生抵抗环和轮毂相对速度的摩擦力矩。大齿和环之间的圆周间隙将允许后者进行小旋转，间隙被设计成环齿以阻止接合套的轴向运动。右上方可以看到部件 a 的详细信息。这个阶段被称为预同步，因为它没有在运动部件之间实现实际能量交换。

② 环和花键毂之间的摩擦力矩将能量从系统中最重的部分（车辆）传递到最轻的部分，以便减慢或加速固定在要换档车轮上的旋转部件。摩擦力矩决定了相对角速度，因为它将随相对速度变为 0。相同的力矩允许接合套停止运动，直到同步完成。这个阶段被称为同步。

③ 在描述下一阶段之前，让我们考虑花键毂和接合套上的前缘锯齿状结构。它们具有锥形端和反锥形表面。当环和花键毂同步时，摩擦力矩为零，在变速杆施加的压力下，前缘锯齿状结构的锥形端旋转花键毂到半齿厚角度。

④ 接合套现在可以自由移动穿过环并匹配花键毂。如果有需要，齿的锥形端也将使轮毂旋转。在这个阶段，推动元件完全缩回并且不再阻碍接合套运动。

⑤ 现在施加主动接合，在这个阶段结束时驾驶人会停止推推杆。前缘锯齿状结构的反锥形状在发动机转矩的作用下将接合套保持在接合位置。当驾驶人开始使齿轮分离进行下一次换档时，相同的形状将在变速杆上施加一定的反应。

12.2 设计标准

同步转矩决定了换档操作的长度，有助于缩短车辆加速所需的时间。

该转矩与施加到变速杆的力成比例，后者必须遵守某些设计条件。

汽车上换档杆手柄上的力必须保持在 80 ~ 120N 以下，而工业车辆可以允许180 ~ 250N。汽车同步时间必须低于 0.15 ~ 0.25s，而工业车辆必须低于 0.25 ~ 0.4s。

必须保持变速杆手柄和接合套之间的传动比低于 7 ~ 12，以避免过长的移动行程。

当计算同步器上的可用力时，从操纵杆上的力开始，必须考虑换档机构的机械效率，参考离合器机构的内容。

图 12-5 所示为同步时间与施加到变速杆手柄的力的关系曲线，采用不同的手动单级变速器，从第四档到第五档和从第五档到第四档，上下移位的值不相同是因

为同步工作不同。设计越有效，在相同的换档力下所需的同步时间越短。

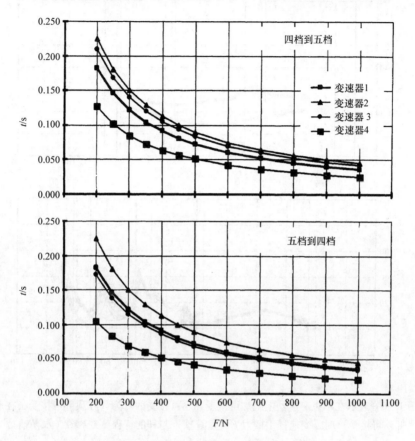

图 12-5 表示同步时间 t（在垂直轴上）相对于变速杆力 F（在水平轴上），
对于不同的单级变速器以及用于从第四档到第五档和从第五档到第四档的转换

施加到手柄的力不是用于判断的参数。换档力图相对于杠杆行程也是非常重要的。图 12-6 显示了两个不同变速器的图。

令人满意的是，在图的上部展示出力通常随着行程而增加，其特征在于与同步阶段相关联的第一峰值 m_1 和在结束处的第二峰值 m_2 的啮合阶段。

有了这种机械响应，驾驶人可以通过力的增加察觉到同步阶段的开始；该阶段的结束通过反作用力的突然减小被标记出来。驾驶人可以了解何时保持杆在适当位置，何时移动操作可以很快完成。

第一个图的第二个明显特征是不同操作结果之间的统计一致性，这种一致性使驾驶人可以快速学习正确的变速器使用方法。

不可接受的行为显示在图的下半部分，其中双重冲击的现象也是可见的。

双重冲击由第三峰 m_3 测量，这发生在同步阶段结束同步环运转时，其齿与接

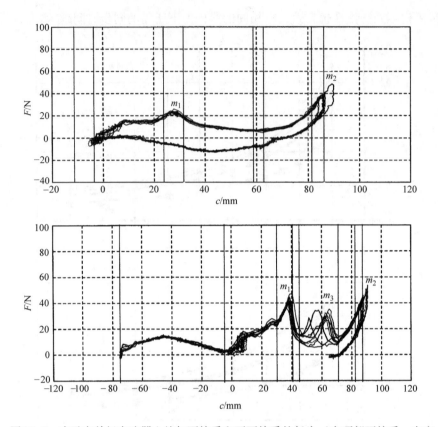

图 12-6　表示在单级变速器上施加可接受和不可接受的行为（在顶部可接受，在底部不可接受）时，变速杆手柄力 F（垂直轴）与杆的行程 c 关系图（水平轴）。在第二个图中，双重冲击现象如第三峰 m_3

合套的齿接合。

　　这种现象可能是由于同步环和接合套之间的锥形端，或接合套和花键毂齿之间的锥形端摩擦系数过大造成的。不合适的分锥角或不同齿上的不同压力角可能是这种不便的根源。锯齿之间不同压力角的差异还可能在不同的操作中引起不同的行为。

　　双重冲击可能导致驾驶人换档不充分。换档力一致性差尤是不可取的，因为它使变速器的行为变得不可预测。

12.2.1　几何标准

　　锁环和花键毂在图 12-7 中用简化图表示。图 12-7 表示了锥形表面的平均直径 d 和分锥角 α。

　　锁环和花键毂必须仅在其锥形表面上接触，且有必要在部件之间提供轴向间隙，以补偿变速器设计寿命期间允许的表面磨损。

施加到接合套上的任何力 F 都会产生正常的接触表面压力 p，根据磨损理论，这个压力是恒定的，如果锥面宽度用 b 表示，则有：

$$pb\pi d\sin\alpha = F \qquad (12\text{-}3)$$

如果将 f 表示为表面之间的摩擦系数，则同步转矩为

$$M_s = 1/2\,pb\pi d^2 f = \frac{Fdf}{2\sin\alpha} \qquad (12\text{-}4)$$

因此如果摩擦系数增加，在同一个变速杆旋钮力下，同步力矩将增加，张角将减小。

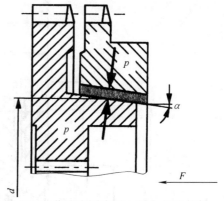

图 12-7　作用在同步环上的力 F 的方案，锥形表面之间的压力 p

但是张角不能无限地减小或发生不可逆的锥体附着。

这发生在自解锁力低于沿解锁方向的摩擦力时。通过沿轴向产生的常压执行自解锁力，边界粘连发生在：

$$p\tan\alpha = pf \qquad\qquad (12\text{-}5)$$

因此锁环可以自动解锁，如果

$$\tan\alpha > f$$

增加可用同步力矩的唯一有效方法是增加锁环直径或接触面积，如采用多个锥形同步器。

图 12-8 所示为单锥体同步器的示意图，它显示了对组件的总轴向尺寸 a 的不同贡献，应考虑的贡献如下：

- 可接受的工作摩擦面磨损。参考值为 $0.1\sim0.15\text{mm}$，对于 $1:10$ 的锥度，由此产生的轴向间隙必须大于 $1\sim1.5\text{ mm}$（Δs）。
- 拨环力矩决定花键毂挡块齿的宽度。
- 同步力矩决定锁环的前缘锯齿状结构的宽度。
- 接合套接合和分离的几何条件。接合套宽度必须至少是锁环以及花键毂齿宽度 l 的 2 倍以及间隙尺寸 Δs。
- 同步器主体宽度必须使接合套不与任何同步环在中间位置接合。

12. 2. 2　功能标准

如果我们假设车辆的旋转质量块比待同步的部件大得多，则同步瞬态将类似于在车辆起动期间的离合器，并可用一个方程描述，因为在这个假设下车辆的速度会保持不变。

如果将 M_s 表示为同步力矩，M_a 表示待同步零件的机械损耗摩擦力矩，Ω 为同步器上游元件的转速，并且 J_{req} 为待同步的旋转质量，则有

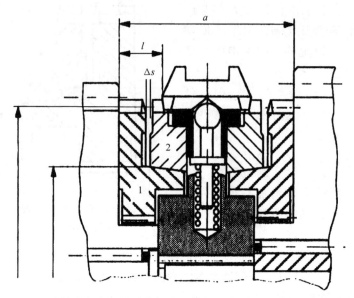

图 12-8　在轴向方向上设计磨损和花键毂、锁环以及同步器身的前缘，
锯齿状结构的宽度决定双单锥同步器的轴向尺寸 a

$$M_s + M_a = -J_{req} \frac{\mathrm{d}\Omega}{\mathrm{d}t} \tag{12-6}$$

因为 M_s 和 M_a 几乎不随速度、角加速度的变化而变化，同时旋转速度将随时间的改变减小，所以在升档期间加速度是负的，而在降档期间它将是正的。

当旋转质量块必须减速时，同步力矩将始终显示与角加速相反的符号，而摩擦力矩将显示与同步力矩相同的符号。

在上述假设中，同步损失的热功率 P_{max} 和热能 E 损失分别为

$$P_{max} = M_s(\Omega_2 - \Omega_1) \tag{12-7}$$

$$E = \frac{1}{2}J_{req}(\Omega_2^2 - \Omega_1^2) + \frac{1}{2}M_a(\Omega_2 - \Omega_1)\Delta t \tag{12-8}$$

式中，下标 1 和 2 表示初始条件和最终条件。

现在来设计两级变速器的第一档同步器（从二档到一档），变速器的方案如图 12-9 所示。

用 z_i 表示轮齿数（图中 i 表示齿轮齿数），J_i 为相关的旋转质量。等效旋转质量 J_{req} 在上面的等式是所有上游同步器的旋转质量，减速到齿轮 3：

$$J_{req} = J_3 + (J_d + J_1)\left(\frac{z_3}{z_8}\right)^2\left(\frac{z_7}{z_1}\right)^2 + (J_{ca} + J_7 + J_8 + J_9)\left(\frac{z_3}{z_8}\right)^2 +$$

$$J_2\left(\frac{z_3}{z_8}\right)^2\left(\frac{z_8}{z_2}\right)^2 + J_4\left(\frac{z_3}{z_8}\right)^2\left(\frac{z_9}{z_4}\right)^2 \tag{12-9}$$

同步器和反向惰轮的质量被忽略，J_{ca} 是中间轴的旋转质量。不考虑副轴上的

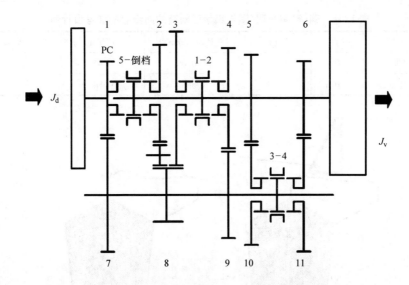

图 12-9　用于计算在换档操作期间要同步的等效旋转质量的方案

空转轮，因为它们已经与输出速度同步。

在同一变速器上，如果同步器放在中间轴上，旋转质量将为

$$J_{req} = J_8 + J_{ca} + J_9 + (J_d + J_1)\left(\frac{z_7}{z_1}\right)^2 + J_2\left(\frac{z_8}{z_2}\right)^2 \qquad (12\text{-}10)$$

因为剩余的轮将与输出轴一起旋转。

该第二配置的优点是显而易见的，也可以注意到旋转质量明显降低，同时速度增加。在单级变速器上的计算将更简单，并将证明以上结论。

在评估旋转质量之后，可以根据换档力来计算同步时间，可以以相同的能量损失为前提进行计算，并作为设计参数与其他成功的变速器比较。

同步器参考速度由以下公式定义：

$$V = d/2(\Omega_2 - \Omega_1) \qquad (12\text{-}11)$$

表示在换档操作开始时在同步器基准直径处的相对速度。

对于上述幅度，可以考虑表 12-1 中报告的经验参考值。

比功率和比能量为损失的功率和能量除以同步器的有效表面。

因为希望尽可能高的摩擦系数，所以应避免润滑油膜。

然而同步器会溅上润滑油。如上所述，同步器的有效表面是带槽的或带螺纹的，线程应该以相对速度展开。

如果表面带有凹槽或螺纹，则必须减小参考表面积。

关于齿的锥形端部还必须说明：由于开口引起的切向力的存在，在完成同步之前不能转动锁环。

表 12-1　钢/黄铜和钢/钢与钼涂层制造的同步器的参考设计值

材料	f	$V/(\text{m/s})$	$E_s/(\text{J/mm}^2)$	$P_s/(\text{W/mm}^2)$	$p/(\text{N/mm}^2)$
钢/黄铜	~0.1	5	0.09	0.45	3
钢/钢与钼涂层	~0.1	7	0.53	0.84	6

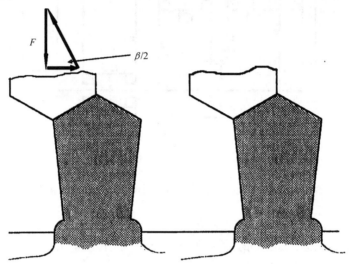

图 12-10　在完成同步之前可能参与的参数

齿的受力图如图 12-10 表示。可以看到，在换档力 F 的作用下，端部的开口角设定了与同步方向相反的转矩，如果第一个大于第二个，那么换档力将足够大以在完成同步前接合爪式离合器。

如果 β 是齿的张角并且 d_s 是齿的直径，那么作用在环上的力矩为

$$\frac{1}{2}d_s F\cot\frac{\beta}{2}$$

如果忽略在齿端部的摩擦，此力矩一定小于同步力矩：

$$\frac{d_f F}{2\sin\alpha}$$

用于同步环和花键毂的匹配材料必须考虑到以下需要：

- 在没有流体动力润滑的帮助下，磨损必须很小。
- 材料必须容易加工。
- 摩擦系数在生产中必须尽可能恒定。
- 摩擦系数必须对磨损和温度不敏感。
- 材料必须承受可能的过载。

事实上，可用的选项很少。花键毂通常由 Cr Mn 钢或 Cr Mo 钢制成。同步环可以由特殊的喷丸处理的黄铜或钢制成且涂有钼层。

13 差速器和主减速器

本章将介绍差速器、分动器和主减速器。这些机械装置通常以各种各样的组合形式集成在同一子系统中。

差速器将来自输入轴的转矩分成两个部分（按预定分配比），分别输入到两个输出轴。转矩比与对应轴的速度比无关。

该机械装置可以用于将来自主减速器的转矩分成作用在同一轴的驱动轮上的相等部分，或将来自变速器的转矩分成作用在同一车辆不同轴上的两个部分（按预定分配比）。第二种应用有时被称为差速器或中央差速器。

主减速器是齿轮传动，它进一步降低变速器输出轴的速度以适应驱动轮。该齿轮系通常与差速器集成到一起。该定义有时包括传质线上置于差速器末端并集成在轮毂中的减速器。

分动器通过变速器的单个输出轴来完成为两个或更多的传动系运动提供支持，在具有多个驱动轴的车辆中应用较多。当多轴驱动力是永久性的，还需要差速器来允许轴上存在不同的平均转速；在这种情况下，差速器通常集成在分动器中。

13.1 引言

车辆驱动类型不同，方案不同，但其中差速器装置通常都具有相同的配置。

从图 13-1 ~ 图 13-3 可以看到所有可能的配置。

13.1.1 后轮驱动汽车

在后轮驱动的汽车中，主减速器将驱动轴从纵向变速器中心线旋转 90°到横向轴中心线。图 13-1 示出了该子系统的横截面。通过一对带有螺旋齿的锥齿轮可以实现中心线旋转和减速，车轮被螺栓连接到轮毂以便同一生产线可以轻松适应不同的主减速器比。

由于与轴向推力相关，轴由圆锥滚子轴承支撑。差速器由直齿锥齿轮制成，因为它们的旋转不连续且速度低。行星轮通过花键固定到半轴，而卫星轮通过销固定到座架的短轴上空转，主减速器的锥齿轮被螺栓固定在座架上。

差速器与独立悬架结合使用，处于悬挂状态，因此半轴将通过一个等速万向节进行移动，正如在前轮驱动的汽车中一样。需要记住的是，悬挂式差速器外箱必须对作用在 xz 平面上的车轮驱动力矩和作用在 yz 平面上的齿轮箱输出力矩的矢量结果做出反应。由于这个原因，外箱必须坚固结实。通常通过辅助框架将其悬挂在车身上。

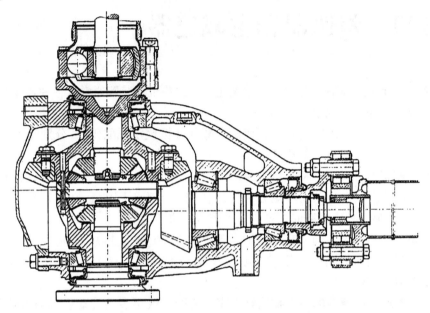

图 13-1　差速器总成的横截面，以及用于后轮驱动的汽车后独立悬架（奔驰）

注意在同一图中小锥形齿轮轴上的小弹性管，它可以使轴向预载荷在推力滚子轴承上得到控制，进而弥补轴向尺寸公差。

在本应用中，主减速器锥齿轮具有准双曲面齿，因为它们的中心线位于不同的平面上；这样的配置允许传动线放置在较低的位置，从而在内部空间上具有优势。

行星轮和行星齿轮的推力轴承之间采用简单耐磨的垫圈，因为它们的相对速度低。

13.1.2　前轮驱动汽车

前轮驱动汽车的差速器和主减速器集成在变速器中，反作用力矩因此作用在动力总成悬架上。我们可以识别出发动机是横置或纵置的两种情况。

在图 13-2 所示的第一种情况下，变速器输出轴和轮中心线平行，此时一对螺旋齿直齿轮就足够了。小齿轮在输出轴上切向旋转并与轮啮合。在这种情况下，车轮也通过法兰被连接到差速器支架上。

如前所述的差速器装置，在这种情况下行星轮止推轴承采用滚针轴承，以提高机械效率。下面将解释这种机械效率对车辆动态行为的影响。

对于在图 9-9 所示的纵向发动机来说，和后轮驱动相比没有太大差异；准双曲

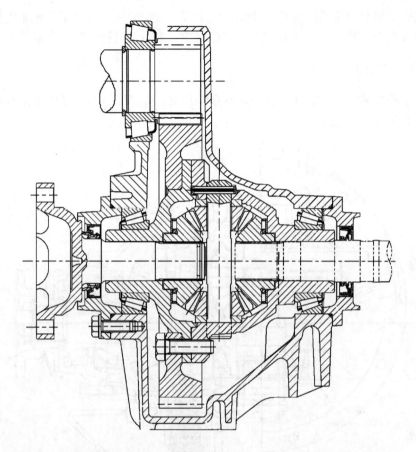

图 13-2　配有横置发动机的前轮驱动汽车中的差速器和主减速器（菲亚特）

齿面通常是不必要的。如图 13-3 所示，可以看到差速器总成和图 1b（见 310 页）所示的驱动方案相对应；锥齿轮固定在一个非常短的传动轴上，使前轴在变速器输出轴端前移动。

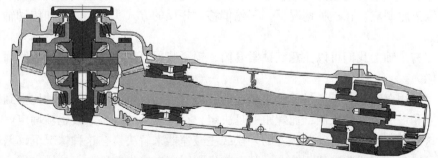

图 13-3　配有纵置发动机的前轮驱动车中的差速器和主减速器；
在这种情况下，车轮轴线向前移动以减少前悬（奥迪）

该短轴的驱动轮是锥齿轮，并配有用于弯曲振动的简单阻尼器。在前轮悬架受到限制或当自动外摆线变速器的输入和输出轴对准时，这种架构是有必要的。

13.1.3 工业车辆

在工业车辆上，主减速器和差速器系统集成在支撑车轮和半轴的相同刚性结构中，称为刚性轴（图 13-4）。

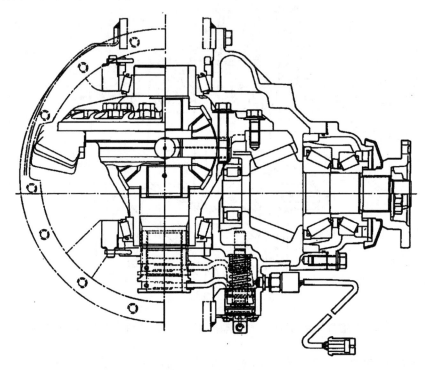

图 13-4 重型载货车（依维柯）的刚性车桥差速器总成，其中差速锁爪式离合器示于右半轴

尽管这一组合的坚固可靠，但与后驱车相比仍没有明显的差别。主减速器由双齿面锥齿轮制成。在这种情况下，车轮偏移以相反的方式实现，以增加传动轴离地间隙。

在右半轴上我们可以注意到锁紧套筒，锁紧装置可以提高车辆在光滑路面上的起动能力。

建筑用车或越野车通过单级主减速器获得的传动比可能不足，传动比受到锥齿轮尺寸和最小齿数的限制，而螺距一旦决定，在齿轮上的最小齿数也被确定。

这个问题可以通过安装额外的外摆线主减速器来解决。在这种情况下，差速器座架可以与外摆线驱动架相结合，其上的齿圈固定在锥齿轮轴上，这样一来，附加驱动器就不会改变旋转方向。

在城市公共汽车上底盘高度是相当重要的。地板高度和轮胎滚动半径决定了锥齿轮的最大直径。因此，如图 13-5 所示，在差速器的输出轴上需要直齿轮主减速器。这种选择是由对中心部分与低地板兼容的桥形刚性轴的需求所驱使的。

倒置桥结构还可用于增加越野车辆的离地间隙，在这种情况下轮毂将低于半轴。

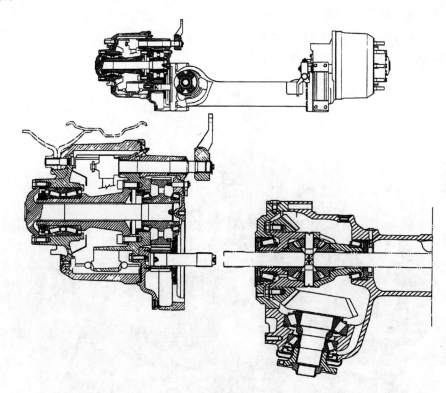

图 13-5　城市公共汽车刚性后桥（依维柯）。下面的细节显示在具有桥梁状轴的轮毂上的附加的主减速器。输入轴的倾斜是由横置动力总成系统的布置引起的

13.2　全轮驱动分动器

在全驱车辆中，分动器结构受两个因素影响：

● 车轮单轴牵引配置结构。

● 驱动器是永久性的（可以在任何车速下使用）还是非永久性的（可在不良道路上偶尔以低速使用）。在第一种情况下，中央差速器也是必要的，以避免在车轮速度不同时不必要的轮胎磨损和额外的滚动阻力。在第二种情况下，差速器可以省去。

同时考虑到了具有横置或纵置发动机的传统后驱车辆和前驱车辆的传动系统。

13.2.1　改进的后轮驱动

使用的架构很多，可以根据车辆类型进行分类。比如越野车，主要目标是获得在脏乱和湿滑道路上具有良好的机动性，公路车辆的目标是在柏油路上高速行驶时实现优良的稳定性和操控性。

在越野车中，与发动机曲轴相比传动线发生偏移以增大离地间隙。分动器仅用于后桥驱动，其布局在图 13-6 中可见。

图 13-6　专业越野车（梅赛德斯）的分动器。分动器通过锥齿轮可锁定差速器和一个具有两个同步速度的减速器，将两个轴驱动器集成到一起

与此同时，它也具有其他功能，事实上变速器输出轴驱动同步的双速减速器。

减速器输出轴驱动第三轴，该第三轴具有锥齿轮差速器，可以使转矩在两个轴之间分离。在该图中还显示了爪形离合器；它可以将差速器支架与前行星轮固定，这样低速行驶在湿滑道路上时，可以锁定差速器。

曲轴和传输线之间的偏移是有意义的，因为它使在不干扰油底壳的情况下让使用刚性轴悬架成为可能。

这种类型的分动器可以配有简单的爪形离合器，而非差速器，以在湿滑道路上低速行驶时与前轮驱动装置配合。

在公路车辆上，原来的后轮驱动线位置被保留，增加一个分动器来移动前轴，始终使用中央差速器。

示例如图 13-7 所示，其中通过惰轮驱动前轴运动。差速器是外摆线直齿轮类型，其中行星架固定在后桥传动轴上，太阳齿轮驱动前驱传动轴，齿圈由变速器输出轴驱动。

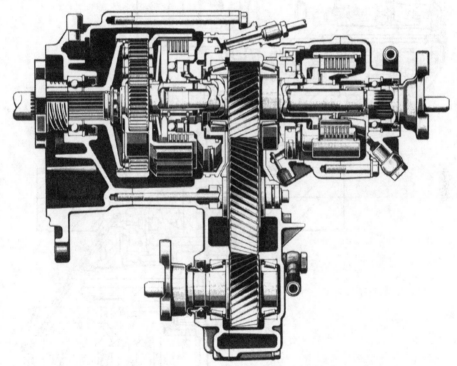

图 13-7　用于带纵向前置发动机（梅赛德斯）四驱公路车辆
的分动器。该变速器集成了带有环形差速器的车桥传动滑动控制

多片湿式离合器控制两个轴速度差，我们将在后面讨论这个离合器的功能。

图右侧的第二离合器可以使前轴空转。它共有 3 种操作模式：后轮驱动、恒速全轮驱动和锁定差速器全轮驱动。

应该注意的是，支架装有双行星齿轮，以确保前轴的旋转方向是正确的。

使用直齿轮外摆线差速器允许除 50∶50 之外的任何转矩分配率。当轴荷不同时，这个功能是非常有用的，并且能够控制车辆静态裕度，这对车辆稳定性来说很重要。

13.2.2 改进的前轮驱动

这部分内容对于区分横置和纵置发动机也许非常有用。

在图 13-8 所示的最常用的横向前置发动机类型中，前桥差速器连接到简单的锥齿轮传动装置。该传动装置的传动比接近 1∶1。主动锥齿轮固定在前桥上的差速

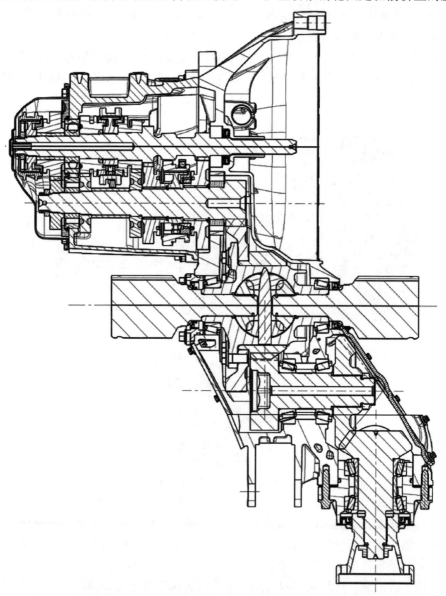

图 13-8　配备横向前置发动机（菲亚特）的四驱车的变速器、差速器和分动器

器支架，后轴传动轴由从动锥齿轮带动。在非永久四驱的情况下，可以由一个简单的爪形离合器（图中未示出）来带动后轴。

后差速器与后牵引传动装置类似，在永久牵引的情况下，黏性联轴器通常安装在后桥驱动线上。只有当该轴显示出大于后轴的平均速度时，该衔接装置才允许减去前轴可用的部分转矩。下面对这个衔接装置及其工作方法进行说明。

自锁式传动差速器可安装在分动器中，这里避免了黏性耦合。

纵置发动机如图 13-9 所示，全驱看起来更简单，变速器输出轴是中空的。带动前差速器小锥齿轮的轴在变速器内自由转动。变速器输出轴带动 Torsen 型差速器，我们将在后面解释这一操作。这个差速器的行星轮分别移动前轴和后轴。这种差速器可传递并控制两个轴的转矩。

13.3　差速器理论概述

在这部分中会对差速器机械效率对传递转矩的值的影响进行研究并与理想的无摩擦情况下的差速器进行比较。

摩擦力矩有时随着不同的装置而有意地增加以控制输出转矩的值。这些装置将得到检查，并研究它对车辆动力学的影响。

13.3.1　无摩擦差速器

差速器是一个二自由度机械装置，可以理想化成"黑盒子"，其中输入轴以速度 Ω 和转矩 M 进入；在这个"黑盒子"中，两个输出轴以 Ω_1 和 Ω_2 速度退出，转矩分别为 M_1 和 M_2。两个自由度可以是输入轴旋转角度和两个输出轴的角位移的差。

差速器的属性如下：

① 3 个速度之间只能有一个关系；这样输出轴之间的速度差是不确定的（该机制以此属性命名）。

② 输入转矩以恒定比例分成两个输出转矩，该比例与速度无关。

③ 两个输出转矩方向相同。

这些特性通过外摆线齿轮实现，具有一般的规则，如图 13-10 所示。如果 r 是普通传动比，即通过锁定支架获得一个自由度机构的传动比，则可以得出：

$$r = \frac{\Omega_2 - \Omega}{\Omega_1 - \Omega} \tag{13-1}$$

和

$$\Omega_2 = \Omega + r(\Omega_1 - \Omega) \tag{13-2}$$

或

$$\Omega_2 - \Omega_1 = (1 - r)(\Omega - \Omega_1) \tag{13-3}$$

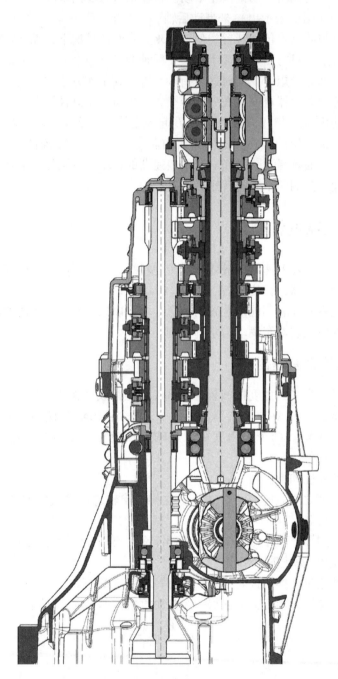

图 13-9 配有纵向前置发动机（奥迪）的四驱车中的变速器、差速器和分动器。
变速器输出轴是中空的，以便安装前轮轴和驱动轴

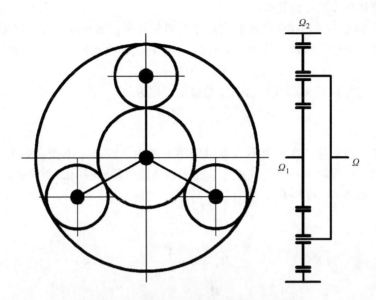

图 13-10　用作差速器的环形装置的运动方案

从式（13-3）可以看出两个输出轴的速度差可以采取任何值。r 的符号为负，因为当座架锁定时输出速度相反。

对于系统平衡，一定如下：

$$M_1 + M_2 = M \tag{13-4}$$

如果没有摩擦，则有如下关系

$$M_1\Omega_1 + M_2\Omega_2 = M\Omega \tag{13-5}$$

如果用最后一个速度方程中来代替，得到

$$M_1 = -M\frac{r}{1-r} \tag{13-6}$$

$$M_2 = M\frac{1}{1-r} \tag{13-7}$$

$$\frac{M_1}{M_2} = -r \tag{13-8}$$

由此式可以看到转矩被分解成独立于速度的恒定部分。

传统锥齿轮差速器的经典案例可由以上方程描述出，其中普通传动比设定为 -1。在这种情况下，输出转矩总是等于输入转矩的一半。

在分动器差速器中，如果需要除 50∶50 之外的分流比，则需要使用除 -1 以外的普通传动比。

13.3.2　有内摩擦力的差速器

现在假设存在机械损失，并且它们可以通过机械效率的概念表达出来，其中功率损耗与有用功率成一定比例。

定义 η 为与差速器相关的普通齿轮系的机械效率；如果轴 2 沿与转矩 M_2 相同的方向旋转，则这个转矩就称为输入转矩，M_1 将是输出转矩，在这个假设下：

$$M_1 = -M_2 r \eta \tag{13-9}$$

如果，与此相反 M_1 是输入，M_2 是输出，则为

$$M_2 = -\frac{M_1 \eta}{r} \tag{13-10}$$

作为第一近似值，在两个不同方向的功率流中，效率 η 不变；如果 Ω 不等于零，则当轴 2 较慢时第一个公式成立，而当轴 2 较快的时候第二个成立。

因此，如果 $\Omega_1 > \Omega > \Omega_2$，将有

$$M_1 = \frac{r\eta}{1 - r\eta} \tag{13-11}$$

$$M_2 = M \frac{1}{1 - r\eta} \tag{13-12}$$

$$\frac{M_2}{M_1} = -\frac{1}{r\eta} \tag{13-13}$$

相反，如果 $\Omega_1 < \Omega < \Omega_2$，将有

$$M_1 = -M \frac{r}{\eta - r} \tag{13-14}$$

$$M_2 = M \frac{\eta}{\eta - r} \tag{13-15}$$

$$\frac{M_1}{M_2} = -\frac{r}{\eta} \tag{13-16}$$

如果 3 个速度相等，在上述公式中输出转矩将未知，类似于没有相对运动的摩擦现象，即摩擦力矩（或力）仍然低于静摩擦力矩（或力）值。车轴差速器的情况可以再次通过设置 $r = -1$ 得到。

与没有摩擦的理想情况相反，如果一个车轮由于牵引系数较低可以承受较低牵引力，且转矩差在上述限制内的情况下，车轮之间会没有相对运动。

在锥齿轮差速器的情况下，可以参考图 13-11 中的方案。它显示了由行星轮和啮合齿交换的力。方案将锥齿轮的 3 个参考平面在同一平面展开，行星轮平面放置在啮合齿的平面上。

在啮合齿面切向力 T_2 和 T_1 的侧面上，倾斜角为压力角 θ。

但是，由于摩擦，这些力也将引起正常分量 N_1 和 N_2 的变化，它们必须以对抗相对运动方式定向。

在这个方案中假设：

$$\Omega_1 > \Omega > \Omega_2$$

如果 R 是原始啮合锥体的参考半径，可以得出啮合齿的旋转平衡方程，牢记

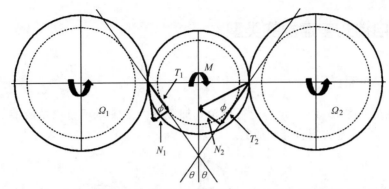

图 13-11   作用在锥齿轮差速器上的力的图示；行星轮参考平面被表示为与
啮合齿的参考平面重合

摩擦角 ϕ 与摩擦系数 f 有关，为

$$f = \tan\phi$$
$$T_1\tan\phi = N_1$$
$$T_2\tan\phi = N_2$$
$$(T_2 - T_1)R\cos\theta = T_1 + T_2 \tag{13-17}$$

如果用 R 表示行星轮原始参考直径锥体，则有

$$(T_1 + T_2)R' = M \tag{13-18}$$

因此，可以得到最终的方程：

$$\eta = \frac{T_1 R'}{T_2 R'} = \frac{1 - f\tan\theta}{1 + f\tan\theta} \tag{13-19}$$

13.3.3   自锁式差速器

自锁式差速器是一个特殊的机构，其中在两个输出轴之间的转矩差可以限制为预设值，极限情况为当速度力矩未确定时，差速器完全锁定（行星轮锁定在一起）。

我们将差速器的锁定系数 b 定义为两个保持相同速度的输出轴之间的最大力矩差（指总轴转矩），该转矩差被称为锁定转矩。

定义为：

$$b = (M_2 - M_1)/(M_2 + M_1) \tag{13-20}$$

或

$$\eta = (1 - b)/(1 + b) \tag{13-21}$$

系数 b 可以是恒定的或取决于速度差和输入力矩值。我们将在下一段中举出一些实际例子。

最后，自锁式差速器是指锁定力矩由力学性能决定的设备系统。控制差速器是指锁定力矩由使用例如电子装置的受控离合器确定的装置。

13.4 自锁式差速器的类型

13.4.1 ZF 系统

ZF 系统如图 13-12 所示，给行星轮 6 加载推力的轴承不是由抗摩擦材料制成的，而是由多片湿式离合器制成的。

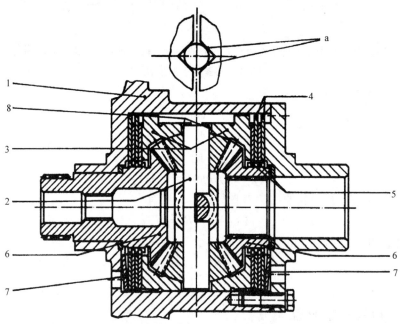

图 13-12 ZF 自锁差速器。多片湿式离合器应用恒定（上—类型）或可变（下—类型）锁定系数

在图 13-12 中，两个盘 5 与行星轮一起旋转，而另外两个盘 4 和压板 3 与托架一起旋转。压板 3 示出 V 形槽（细节 a）与轴 3 匹配，其中在轴 3 施加总输入转矩。

通过该装置，盘的压力大约与总转矩成比例。因此，锁定转矩与总转矩成比例且总是与半轴的相对旋转相反。锁定系数 b 是常数。

在图 13-12 的下半部分呈现出这种差速器的不同情况：压力板被膜片弹簧 7 推动。在这种情况下锁定转矩在总转矩为零时具有最小锁定值，锁定系数将不再是恒定的。

13.4.2 Torsen 系统

Torsen 差速器的横截面（Torsen 意味着对扭矩敏感）如图 13-13 所示，行星轮 5 和啮合齿 3 由蜗杆传动装置组成。啮合齿的中心线所处平面垂直于行星轮中心线所处的平面。

　　每个行星轮有 3 个啮合齿。啮合齿不与相邻齿啮合，小直齿轮 4 可以使每对相邻的啮合齿逆旋转。

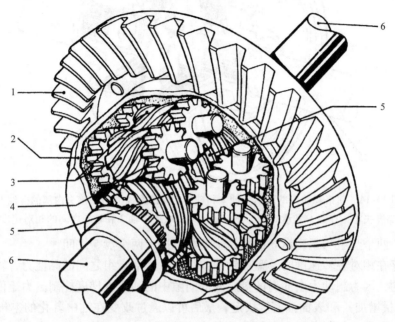

图 13-13　Torsen 差速器方案。锁定力矩由蜗轮行星轮和啮合齿之间存在大摩擦力引起

　　卫星轴在其径向和轴向方向上被阻挡，它们只在旋转方向上不受限制。应该注意的是，为了使机构正确地工作，螺纹必须具有相同的方向。

　　在这些条件下，普通传动比再次设为 −1；事实上，如果锁定座架 2，行星轮旋转将导致啮合齿的相应旋转，其将在相邻卫星轮中反转，这最终将导致另一行星轮以相同的速度沿相反方向旋转。

　　存在于螺旋表面上的相关摩擦会导致机械效率变差；由简化的数学模型可以得出和锥齿轮差速器相同的结论。在这种情况下，锁定系数也是恒定的。

13.4.3　弗格森（Ferguson）系统

　　弗格森系统通过将黏性接头应用于差速器的 2 个不同元件而形成。该接头利用油（硅油）的黏度对两个差速器的元件进行制动，力矩取决于两元件的相对速度。

　　图 13-14 展示的接头方案适用于类似图 13-8 中四驱变速器的传动轴，这个接头也可以根据不同的方案集成在差速器中。

　　图 13-14 中右侧接头由固定在轴 2 上的圆柱形容器 3 制成。左侧的第二轴 1 在容器中自由旋转，旋转密封条用来避免油泄漏到容器外。

　　左轴具有花键，连接一系列金属盘 6，另一系列盘 5 也通过花键连接到容器的

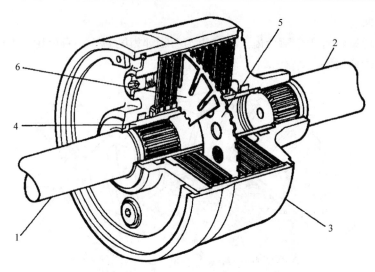

图 13-14 弗格森接头的图示。轴 2 和轴 3 之间的摩擦力由在接头内部的硅油的
黏度决定，在盘 5 和盘 6 上工作；摩擦力矩取决于轴 2 和轴 3 之间的相对速度

中心轴。两个盘组与系列盘 6 的每一个堆叠并插入两个盘 5 之间。

当存在相对旋转速度时，盘被钻孔或切割以激活盘组之间的黏性力，轴向力是不必要的，因为制动力由面对的盘之间的间隙中的油速度梯度控制。力矩值由盘数（随着数量增加）和表面油密度决定，最后可以通过改变在油中乳化的空气量（随空气量减少）来轻松修改。这两部分的大小连同盘直径是接头的设计参数。

牛顿定律适用于这种情况，有

$$\tau = \frac{\mu \Delta V}{d} \tag{13-22}$$

式中，τ 为两个面对的盘的表面元素 dS 上的剪切；d 为盘之间的间隙尺寸；ΔV 为速度的局部差异；μ 为动力黏度系数。作用在表面元件上的力为：

$$\tau r^2 d\alpha dr \tag{13-23}$$

式中，r 为局部半径；$rd\alpha$ 和 dr 是周向和径向尺寸。

如果设 r_i 和 r_e 分别为相邻盘两个相对表面的内外半径，在一定速度差 $\Delta\Omega$ 下接头的总制动力矩 b_m 为

$$b_m = n \frac{\pi \Delta\Omega \nu \rho}{2d} r_e^4 \left(1 - \frac{r_i}{r_e}\right)^4 \tag{13-24}$$

式中，n 为盘的相对表面的数量。

通常使用运动黏度系数 ν 代替动态黏度系数系数。两个系数之间的关系为

$$\nu = \frac{\mu}{\rho}$$

可获得的黏度值取决于空气在油中乳化的量，一般为 $30000 \sim 100000 \text{mm}^2/\text{s}$。在弗格森差速器中，锁定系数取决于相对差速。

正如之前所说，接头可以集成在中央差速器或轴差速器或者单独用在传动轴上。

在第一种情况下，差速器可以是简单或双啮合齿的直齿轮外摆线差速器。如果输入轴连接到环形空间齿轮，一个半轴将连接到太阳齿轮，另一个半轴连接到行星架；弗格森接头对太阳齿轮和托架之间的速度差异敏感。

13.5 差速器对车辆动力学的影响

一个真正的差速器或自锁差速器对车辆移动具有增益效果，因为它们允许轮或轴在具有高附着系数的地面接收大于在低附着系数地面上作用在联动轮或轴上的牵引力。

该优点由于旋转元件上的摩擦力作用而有能量损失。与理想参考值相比它还意味着牵引力的变化。下面看看这些变化对车辆动态的影响。

13.5.1 驱动桥差速器

下面先考虑壳体或后轮驱动。

假设汽车在半径200m的大型转向场上以不同的稳定速度行驶。

汽车的工况，特别是参考驱动轮速度和转矩，是通过多体数学模型计算的。

计算参数是离心加速度 a_y 以 g 为单位。整车质量约为1300kg。

下面从理想差速器的情况开始。如图13-15和图13-16所示，将驱动轮转矩 M 和驱动轮之间的速度差 $\Delta\Omega$ 表示为横向加速度的函数。结果如下面所述：

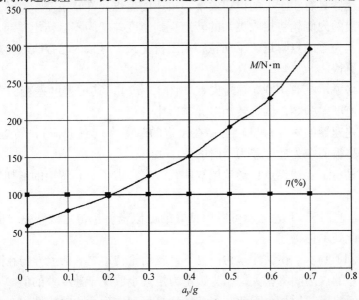

图13-15 后轮驱动车的驱动轮转矩 M 的示意图，转向半径为200m
假设理想差速器机械效率 η 为100%

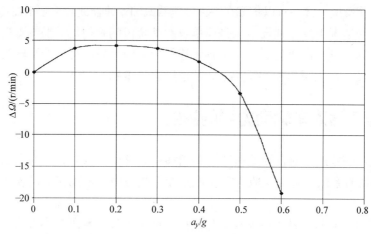

图 13-16　内部驱动轮之间的速度差 $\Delta\Omega$ 的曲线和在前图的情况下的外侧驱动轮

- 如果机械效率为 100%，根据定义驱动轮上的转矩相同。因为行驶阻力和侧滑力的纵向分量的增加，转矩随速度快速增加（$0.7g$ 侧向加速度对应于在 200m 转向半径上的大约 130km/h 的速度）。

- 需要记住的是，驱动轮上的垂直载荷传递增加大致与速度的平方成正比，与加速度 a_y 成比例。速度差 $\Delta\Omega$ 由于不同的车轮间距首先增加，然后减小，这是因为最初较慢的内侧车轮由于在相同牵引力下的垂直负载损失而使纵向滑动增加，当车轮失去其抓地力时速度差为负且趋于无限。

假设差速器具有小于 1 的恒定效率，角速度差也允许转矩差。

最初较慢的内侧轮将接收更大的转矩直到速度差变为零，转矩差与总驱动成比例。在速度差为零的点附近，驱动轮转矩图将交叉，导致内轮接收较小的转矩，因为它的速度更快。

效率图将显示具有 100% 值的尖点（图 13-17），其中速度差变为零。当差速器被锁定时速度差为零，因为转矩差异非常小。

假设在差速器的两个行星轮上存在恒定的摩擦力（预载荷），转矩图将交叉，其中纵向滑移被假定为速度差为零时的值。

效率图显示了上述尖点，形状像双曲线，它考虑了与总转矩的增加值相比摩擦损失的恒定值。

Torsen 差速器和 ZF 差速器可以用良好的近似来模拟恒定效率差。曲线的形状类似前面，此处不再赘述。

如图 13-18 所示，在黏性差的情况下，驱动轮转矩之间的差异与在图的原点和速度差变为零的点之间不相关，因为锁定力矩大小取决于速度差的值。

在零点后速度差增加，因此转矩差增加，直到它到达内轮旋转点。

忽略机械损耗，效率图显示两个值为 100% 的尖点。在零加速度和速度差是零

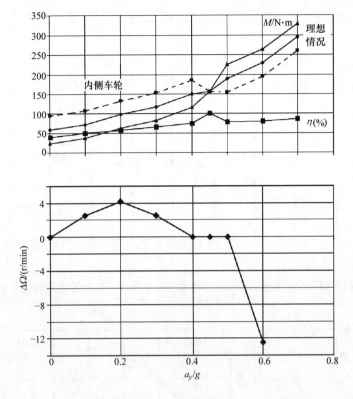

图 13-17　上图：驱动轮转矩 M 和效率 η 曲线在预加载差速器的情况下；内部转矩（虚线）和外轮可以与理想的差值进行比较而无机械损耗。下图：车轮之间的速度差 $\Delta\Omega$ 的点。

现在来研究这些现象对车辆转向不足曲线的影响；将实际方向盘角度和零速度下的方向盘角度（大致对应于阿克曼转向盘角度）作为不足转向参数。我们把研究限于理想差速器和 Torsen 差速器的情况。不足转向如图 13-19 所示。

可以列出以下事实：

● 零速转向角（图 13-18）由于摩擦转矩差而增加。如图 13-19 所示，在理想差速器和 Torsen 差速器中，后轮驱动车转向半径为 200m。理想差速器的零速转向角为 13.6°，Torsen 差速器为 14.9°。非对称牵引转矩在正速度差处引起横摆力矩（转向不足方向），驾驶人必须增加转向盘横摆角，以平衡该力矩。

● 速度差变为零时，此附加横摆力矩变为零并且在该点之后变为过度转向横摆力矩。

● 因为内侧车轮上的牵引力较低，后轮侧滑角过大，转向角为零（加速过度转向）使加速度极值趋于更高。

对于小曲率半径转向盘，图表也有点相似。零速差点移动到较高的加速度，因

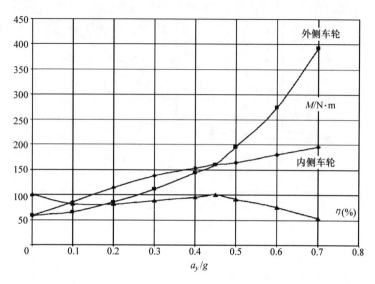

图 13-18　配有弗格森系统的后驱动汽车车轮转矩 M 和差速器的效率 η

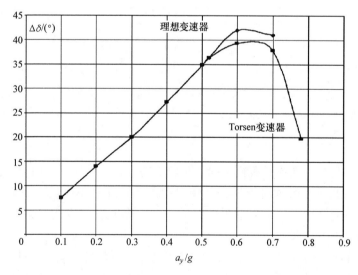

图 13-19　转向指数图（不足转向指数假定为实际转向盘角度和零速度转向之间的差 $\Delta\delta$）

为路径的曲率的速度差主导纵向滑动的速度差。由于较高的纵向滑移，由差速器锁定力矩引起的转矩差更为显著。转向盘会在低速下变得更重，从这个观点来看恒定锁定系数差速器更差。

　　对于前轮驱动的车辆，可以重复这些计算。

　　附加的横摆力矩（驱动力矩不平衡）现在被施加到前轮，对转向力矩有更显著的影响；另外，由于悬架和转向机构的兼容性，转矩不平衡引起附加的转向角。

因此自锁差速器应用于前轮驱动汽车是很少见的，除了具有适度的自锁力矩的弗格森系统。

可以得出结论，在后轮驱动车辆（包括四驱车辆的后轴情况）上，应用自锁差速器将在进入弯道时增加转向不足，但会增加路面抓地力。

小弯道转向或加速时，操纵性较差更加明显。

通过受控离合器锁定的理想差速器应该满足以下条件：

• 模拟无摩擦力差速器在高曲率曲线上低速行驶时，或者当滚动速度差仅由压力引起时，或当不需要高抓地力时的行为。

• 模拟锁定差速器在高加速度转弯期间或在低附着道路上时的行为。

应该了解到互联转矩影响 ABS 制动效果。事实上，通过速度差来预测牵引系数会受到锁定力矩效果的影响；因此，上述差异的第三个要求是制动期间充当自由差速器。

13.5.2 分动器差速器

四驱传动系统允许在给定的牵引系数值下有更大的纵向加速度。

回想一下纵向加速车辆的平衡方程，在下卷中会有进一步地解释。

在前驱车辆上将存在由于垂直负载转移的纵向加速度：

$$\Delta F_z = a_x \left(\frac{Ph}{lg} \right) \tag{13-25}$$

因此：

$$F_{x1} = \mu_x (F_{z1} - \Delta F_z) \tag{13-26}$$

$$a_x = g \frac{F_{x1}}{P} = \mu_x g \frac{F_{z1}}{P(1 + h\mu_x/l)} \tag{13-27}$$

在后驱车辆上，将有

$$a_x = g \left(1 - \frac{F_{z1}}{P} \right) \frac{\mu_x}{1 - \mu_x \dfrac{h}{l}} \tag{13-28}$$

在四驱车辆上，引入参数 i，识别分动差速器的特征：

$$i = \frac{F_{x1}}{F_{x1} + F_{x2}} \tag{13-29}$$

式（13-28）变为

$$a_x = g \frac{F_{x1}}{P} \frac{\mu_x}{i + \mu_x \dfrac{h}{l}} \tag{13-30}$$

或者

$$a_x = g \left(1 - \frac{F_{x1}}{P} \right) \frac{\mu_x}{1 - i - \mu_x \dfrac{h}{l}} \tag{13-31}$$

式中，h 为重心的地面高度；l 为轴距；F_{z1}、F_{z2} 分别为前后轴上的垂直载荷；μ_x 为牵引系数的峰值；P 为车辆重量；a_x 为纵向加速度；F_{x1}、F_{x2} 分别牵引力在前轴和后轴上的附力极限。

第一等式和第二等式之间的选择取决于前轴或后轴哪个先旋转。

图 13-20 比较了 a_x 和 μ_x 在三个情况下的函数，四驱的优点是显而易见的。其中在任何情况下的理想条件为：

$$a_x = g\mu_x$$

仅在一点处达到。

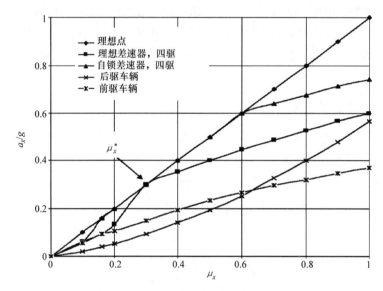

图 13-20　最大纵向加速度 a_x 曲线（垂直方向轴，以克为单位测量），作为纵向牵引系数 μ_x （函数水平轴），在理想材料点的情况下，前轮驱动、后轮驱动和无摩擦差速器的四驱器以及用于锁定差速器的四驱器恒定锁定系数。锁定系数越大，延伸越宽（参考理想材料特征）

当两个方程相等，且没有负载传递时，牵引力与质点的相同，此时可推导出牵引系数 μ_x^* 的值：

$$\mu_x^* = \frac{l}{h}\left(\frac{F_{x1}}{P} - i\right) \tag{13-32}$$

对于低于 $g\mu_x^*$ 值的加速度，因为负载转移不足以保证必要的牵引力，后轮将旋转；对于较高的加速度则相反。

如果分动差速器可以被建模为具有锁定系数 b 的机构，则可以在先前的公式中替换虚构的 i 系数，为

$$i' = i - \frac{b}{2}$$

i'' 等于：

$$i'' = i + \frac{b}{2}$$

分动差速器的锁定力矩会造成轴上驱动转矩增加或减少。图 13-21 所示为最大加速度－纵向牵引系数曲线，曲线将匹配理想的直线进行延伸。b 值越大，扩展得越宽。

最后检查四轮驱动对不足转向系数的影响，再次使用转向盘模拟。

考虑到将牵引力矩分成相等部分的理想分动差速器；在这种情况下与前驱和后驱下的不足转向曲线相比较。

在后驱车辆和与牵引力相关的大加速度下，由于较大的后侧滑角，车辆趋于过度转向；在前驱车辆上，大侧滑角使车辆不足转向升高到不可接受的值（最大加速度受转向齿条允许行程限制）。

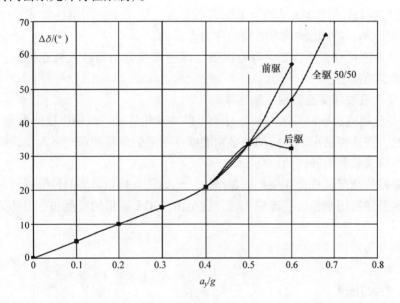

图 13-21　横向加速度 a 与不足转向指数 $\Delta\delta$ 的关系，对于前述示例中的汽车，
具有前驱、后驱和四驱（每个轴上 50% 的转矩），无摩擦传动差速器

对于全轮驱动的汽车，车辆响应退化的加速度值几乎是相同的。全轮驱动减少侧滑角度值，并且响应更好。在已报告的案例中，能够接受的转向不足行为也存在于大的加速度值中，这同时提升了汽车的机动性。

14 传动轴和万向节

传动轴用于向从动部件施加力矩，因为该从动部件的旋转轴不能与它们的驱动零部件完全匹配。

以下连接功能符合本描述：

- 变速器或减速器输出轴与主减速器连接，适用于使用刚性轴或独立悬架的常规驱动车辆；这个传输动力的轴也称为传动轴。

- 在非刚性连接下，变速器输出轴与减速器或分动箱输入轴连接，它们分别安装在底盘结构上。

- 发动机轴和变速器输入轴连接。

- 差速器输出轴同安装在独立悬架上的驱动轮连接；该轴也被称为半轴。

显然，在这种情况下，传动轴必须能够在明显的偏移和角度下工作，以适应悬架行程，以及前轮的转向角。

不能将传动部件直接连接到底盘结构，例如具有独立悬架的传统驱动车辆中的变速器和差速器用刚性法兰连接起来，这是由于用于减振的底盘和专用悬架具有的弹性。

轴系分为两种：传动轴和半轴。

14.1 传动轴

典型的传动轴如图 14-1 所示。

刚性轴上的主减速器与变速器输出轴通过两个传动轴连接：摆动轴 1 和固定轴 2。中间轴承 3 保持固定轴与变速器输出轴对准，并与摆动轴的连接。

由于后悬架的跳动，摆动轴需要参考车架侧梁适时地改变其倾斜角度；当评估偏移角度时，悬架和底盘的伸缩性引起的横向位移应该被考虑到。

因为施加到车轴的驱动力矩或制动力矩的影响也会被悬架弹性元件所吸收，所以可以预期车轴围绕 y 轴旋转；参见上面第 I 部分板簧的 S 变形。

两件式设计是由两个相连法兰间的相对距离决定的，并考虑到轴的固有弯曲频率；使其与轴与车底盘的共振频率不同，避免恼人的噪声。

为此目的，中间轴承还配有弹性悬架。

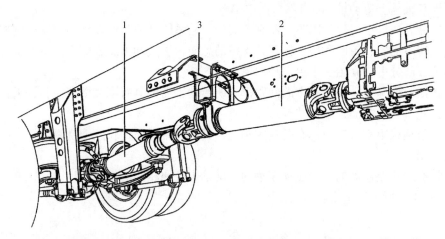

图 14-1　用于重型工业车辆（依维柯）两条传动轴的刚性后轴

对于较短的车辆，如半挂牵引车或轻型工业车辆，可以使用单件传动轴。

动力总成、传动系和车辆系统的固有扭转频率对车辆舒适度和驾驶性能具有重要影响；而此固有频率会直接受到传动轴的影响。

系统的简单模型可以用 J_m 和 J_v 分别表示动力总成的惯性矩（发动机和变速器在给定速度下）和车辆的惯性矩；这些惯性矩通过传动轴连接，传动轴长度为 L。

如果 G 是轴材料的剪切模量，I_p 是其截面惯性，则在共振条件下有

$$\omega = \sqrt{\frac{GI_p}{J_m L} + \frac{GI_p}{J_v L}} \qquad (14\text{-}1)$$

式中，$\omega^{\ominus}$ 为传动轴的自然扭转频率。

我们知道，因为压力循环的方式以及该压力通过曲柄机构传递到轴，同时发动机旋转和往复运动质量也随着时间的推移而进一步使转矩变化，所以内燃机的转矩随时间而变化。

如果将产生的转矩分解成谐波，就可以发现发动机转速在变速器输出轴上的驱动力矩和传动轴的固有频率之间引起共振；理想结果是该共振条件超出车辆最大速度或在速度极低时发生，使得它们不影响车辆实际使用。

应该记住，其他扭转激励来自传动轴不同部件间的连接处。

如果现在将具有等截面梁的传动轴建模，截面为 S，惯性矩为 I_f，弹性模量为 E，轴材料的密度为 ρ，可以计算：

$$\omega_c = \frac{\pi^2}{L_2} \sqrt[2]{\frac{EI_f}{\rho S}} \qquad (14\text{-}2)$$

⊖ 在本书中，振动频率由 ω 表示，而 Ω 表示角速度。频率将始终以相关单位（rad/s）进行测量，并且不进行频率和脉动之间的区分。

以推导其轴承上传动轴⊖的自然弯曲频率。

这种方法过于简化，因为它没有考虑到传动系统其他弹性元件的影响，例如离合器扭转阻尼器、轮胎和用于扭转或支撑的悬架，以及动力总成的弯曲悬架；在第二卷第五部分中会介绍一个更完整的模型。

在任何情况下，固有频率的问题都表明传动轴需要具有刚性横截面和轻量化设计；因此，管状截面是最佳选择。

高阻钢或铝常被应用；有时在跑车上，具有纤维材质的长丝缠绕复合塑料材料也被应用。

具有悬式差速器的常规驱动车辆的传动轴也按照相同的标准设计。

图 14-2 所示，十字轴万向节。

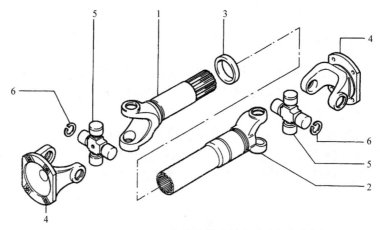

图 14-2　具有 Hooke 万向节的传动轴的活动部分分解图

传动轴的运动部件由轴管 1 和 2 制成，轴管间由花键连接，以实现轴悬置运动时的长度变化。花键由通过橡胶环 3 密封的润滑脂润滑。运动部件的两端表示万向节的支架。

另外两个支架 4 用法兰连接到变速器输出轴和差速器输入轴，或连接到固定传动件上（如果有的话）。

两个十字轴 5 连接到轭耳上；十字轴同支架之间的连接通常有密封的滚针轴承，由卡环 6 固定位置。我们在下面段落中将讨论万向节。

14.2　半轴

前驱车辆独立悬架的半轴布局如图 14-3 所示。

⊖　可以找到关于固有频率和临界速度问题的更完整的方法，例如，G. Genta, Dynamics of Rotating Systems, Springer, New York, 2005。

由于驱动桥也是转向桥，万向节设计必须适应较大的工作角度。横置发动机总是配有不同长度的半轴。

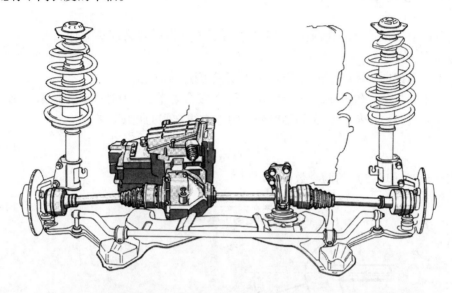

图 14-3 中型前驱横置发动机的汽车中的完整传动系统；传动系统后视图（蓝旗亚）

如果半轴具有不同的长度，那么会有不同的扭转刚度，因此可能成为问题；这常发生在具有大功率发动机的汽车上。事实上，在驱动转矩较大时，由于刚度较大的半轴可以传递更高的转矩，可以给转向机构施加助力转向。这个问题可以通过在较长半轴上采用较大的横截面来解决。

通过这种设计选择，两个半轴的不同几何形状可能导致较长半轴的固有弯曲频率过低；为避免这种不便，与传动轴一样，较长的半轴被分成两部分，第一部分固定在动力总成上。

在这种情况下，上一节中关于扭转和自然固有频率的内容同样适用，但是由于空间有限，这里管状截面的应用可能是不可行的。

因此，半轴固有频率与轮胎垂直固有频率可能产生共振。这个问题可以通过向半轴增加额外的质量来解决。这可以通过在具有适当弹性的橡胶衬套上压配铁环来实现。该系统起到调节其固有频率的阻尼作用。

对于扭转和弯曲振动的研究必须考虑到整个动力系悬架，它还受到前轴上驱动转矩反作用的影响；我们将在第五部分讨论这项研究。

由于空间有限和角度范围大，半轴多采用 Rzeppa 等速万向节，而不是普通万向节。

在后桥独立悬架中，技术方案类似于这些前驱悬架案例。

14.3　万向节

万向节的设计已经在前面图 14-2 进行了描述；很容易理解为什么万向节不总是等速度[⊖]的。

下面考虑图 14-4 上侧的方案，特别是左侧连接方案。

如果 θ 是第一轴件 1 的旋转角度，则在接合之前，t 为时间、φ 是第二轴件 2 的相应旋转角度，接合后 α 是轴 1 和 2 的中心线之间的角度，有

$$\tan\varphi = \frac{\tan\theta}{\cos\alpha} \tag{14-3}$$

如果已知式（14-3）的两个数值，可得

$$\frac{\mathrm{d}\varphi}{\mathrm{d}t} = \frac{\cos\alpha}{1 - \sin^2\alpha\cos^2\theta}\frac{\mathrm{d}\theta}{\mathrm{d}t} \tag{14-4}$$

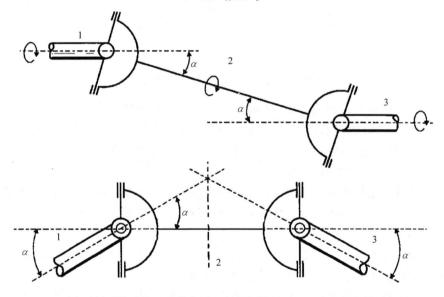

图 14-4　实现等速传动的万向节布局；在任何情况下，万向节之间轴质量的惯性矩将产生周期性输出转矩

因此如果输入速度

$$\frac{\mathrm{d}\theta}{\mathrm{d}t}$$

是常数，则输出速度

$$\frac{\mathrm{d}\varphi}{\mathrm{d}t}$$

⊖　在等速万向节中，输入和输出速度之间的比始终是独立于角的位置的；特别是，如果输入速度恒定，则输出速度也将是常数，或者与输入速度相等。

将为 0，并且将存在表示输入轴和输出轴之间的传动比的周期性参数 θ；这个参数由 α 决定。只有 $\alpha = 0$，才能获得等速条件。

但是如果在第二轴件 2 上安装一个连接第三轴件 3 的第二个万向节，则对于相同的方程，可以获得等速传动，如果第二段具有相同的工作角 α，并且其输入部分位于与第一接头的输出部分相同的平面上。这个任务可以以两种方式完成，如图 14-4 上部和下部所示。

这种论断只有在第二轴件 2 的旋转质量相较于系统总旋转质量可以忽略不计的理想情况下才可行；否则轴 2 的不稳定速度将在系统中引入无法保持其等速的转矩变化。

应用于传动轴的结构如图 14-4 中上部所示，意味着轴 1 和轴 3 总是平行；必须通过后桥悬架合适的弹性运动来达到这种条件。因为驱动力矩会导致弹簧的 S 变形，所以这种条件仅由板簧悬架近似获得。

图 14-4 下部中的第二种结构特别适用于一些越野车前驱动轴的半轴上，该结构具有刚性轴悬架，在转矩较大时不允许使用等速万向节。

这种结构如图 14-5 所示。用于转向的短轴和桥是通过主销铰接；主销轴线必须与轴 2 的中线重合；该结构非常短，长度减少到包含十字轴滚针轴承所需的最小限度。

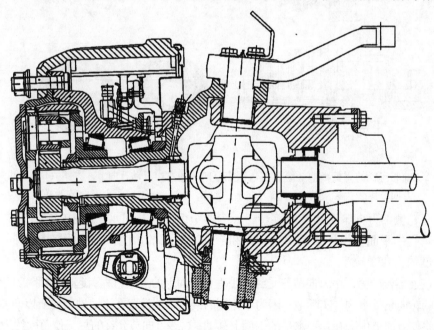

图 14-5 用于越野工业车辆的前刚性转向轴上的万向节方案；轴 2 的两个轭几乎重合（依维柯）

在这种结构中，转向运动在两个万向节中引起两个相等的工作角度，如以前的方案要求。桥和短轴形成密封旋转的特定形状，以保护传动装置。

选择万向节的尺寸并不难；通常考虑传递转矩和工作角度，在目录中进行选择。重要的是考虑转矩受工作角的限制，以及几何限制。由于轭和十字轴之间的干扰，必须在应用之前进行验证。

同样重要的是避免传动轴的使用工作角度太小；事实上，因为旋转有限，小工作角可能局部地磨损滚针轴承。

14.4 等速万向节

双万向节不能用于独立悬架到转向轮的传动；这个结构在过去已经应用在非转向后轮中；并行，但它会使倾角自动纠正受到限制，导致传动系第一轴和第三轴无法保持平行，使该方案如今看来不可行。

在独立悬架中只有 Rzeppa 等速万向节得到应用，如图 14-6 所示；该图展示了前驱车辆上完整半轴的一部分。图中未示出的车轮在此图示的右边。

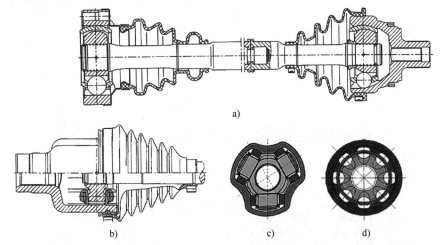

a)

b)   c)   d)

图 14-6 前驱车辆的完整半轴（a）、右边固定万向节和左边滑动万向节。方案（b）示出三销式
万向节用于代替滑动 Rzeppa 万向节。细节（c）和（d）示出万向节的横截面

车轮侧的万向节必须能够旋转，因为两个因素：几何水平面中的转向角以及在几乎垂直的平面上由悬架运动（行程和弯度）施加的角度；这些万向节允许的总工作角度约为 45°。

变速器侧的另一个万向节只受到几乎垂直平面上的悬架行程引起的角度和几何水平面上的转向角的影响。实际上，因为车轮侧的接头不能设置在主销轴上，所以车轮转向运动将使万向节中心在几乎水平的平面上移动；这些万向节允许的总工作角度约为 20°。

车轮转向和悬架行程在车轮侧施加一个与以变速器侧万向节为中心的圆形不一致的轨迹；由于这个原因，必须应用滑动万向节，实现 50mm 的位移。

球铰式滑动和固定万向节由与螺母内和外杯相应凹槽相结合的球冠制成，车轮或者差速器输出轴与其连接，球通过由带孔的环制成的笼保持在同一平面上。

图示 14-6d 表示固定万向节的截面，与滑动万向节截面相同。

螺母和杯上的球形凹槽的形状决定了接触表面几乎垂直于待交换力的 4 个不同接触点。

球中心所在的平面与万向节旋转轴的交点确定万向节中心或半轴交点；车轮侧的万向节杯的槽曲率应避免沿着旋转轴的球位移，而变速器侧有直槽，使半轴可以自由滑动。

重要的是要确认悬架位置（通常最危险的情况是在最大转向角下回弹）不会导致球离开其槽。套用橡胶波纹管密封，与半轴一起旋转，润滑球体保持其使用寿命。

这些万向节的等速行为可以由图 14-7 解释。在该图示中，仅示出了一个球 3，它同时与两个凹槽啮合。这些凹槽分别固定到万向节 1 和 2 的两个部分。

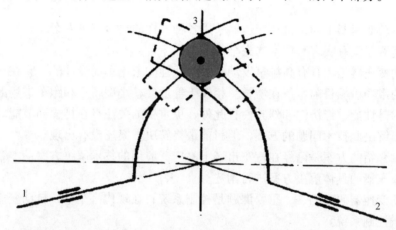

图 14-7　等速 Rzeppa 万向节；仅示出一个球 3，它与轴 1 和轴 2 上的两个凹槽接合

仅仅用全线表示的凹槽部分实际存在于螺母和杯上。

凹槽的形状使得所有球的中心均位于万向节轴的两个旋转轴线所形成角度的二等分平面上；在这种条件下每个球和两个旋转轴之间的距离将恒定，保证两个轴的旋转速度相同。在万向节旋转期间，滚珠将沿着它们的槽进行与万向节工作角成比例的位移。

从它们的运行描述看来，必须详细考虑万向节的摩擦；事实上，在万向节的完整转动中，每个球均沿着其沟槽进行与工作角度成比例的移位；这个位移不能单纯地通过滚珠在其凹槽中滚动来描述。

由于悬架和动力传动系统的运动产生的摩擦在变速器中造成一定的能量损失和在横向上的交换力；这些力会引起不能被动力系统和悬架有效过滤的振动和不适。

为此，必须详细确定万向节在力矩下滑动所需的力的极限，并进行控制；三销式万向节就是尝试用不同的结构来解决这个问题。

该万向节的结构如图 14-6b 所示，球被三个滚轴代替；它们安装在带滚针轴承的销上并且可以在杯直槽中滚动。这种结构考虑到在力矩作用下万向节滑动运动引起的摩擦。

15　自动变速器

15.1　概述

与手动变速器不同，自动变速器采用各种各样的技术解决方案，其原因可能是这种变速器还没有实现其技术的完全成熟。

自动变速器是为具有高排量发动机的舒适性的家用车而设计的。它在小型汽车和跑车的市场份额目前也正在增长。相较于舒适性，小型轿车和跑车市场的客户期待更多的是性能、经济性和驾驶性；此外，更重要的关注点在排放和节能。虽然不断涌现出解决此技术问题的方案，但目前最终解决方案还没有出现。

本章介绍的方案是已经在汽车市场上被广泛应用的技术解决方案；本章也将对一些工业车辆的具体解决方案进行阐述。

自动变速器研究的一个重要课题是控制系统；在现代汽车中，自动变速器主要使用电子控制系统。

研究工作通常是围绕电气和电子系统的课题。

然而，我们将研究的自动变速器控制策略，可以将它定义为控制系统中决定和执行速度变换的规则和方法。

这里不考虑混合动力车辆的自动变速器；它们具有更进一步的智能决策功能，即在给定情况下（主能源、储能系统、车轮）选用最实用的能源。

15.1.1　自动化级别

从历史的角度来看，自动变速器的第一个目标是提高驾驶人和乘客的舒适性。

驾驶人可以从汽车起动和变速以及换档期间制动踏板的操作中解放出来；在驾驶过程中，特别是在上坡起动中，也无需识别最适合换档的时机，以及协调操作。

对于乘客来说，其目的在于限制车辆换档及起动时的冲击（车辆加速度造成）；人体对此参数非常敏感，这使它与乘坐舒适性相关。

如果从自动化的角度考虑自动变速器，则可以分为以下类型：

- 全自动变速器：换档速度和起动功能全部自动执行，以此目的进行开发机制。在不同的可用工作模式中，通常包含半自动模式，其中速度的选择由驾驶人决定，换档顺序完全自动化。

● 半自动变速器：部分或完全缺失上述模式自动功能的一种。例如，起动车辆操作是自动的，但换档不是；或第二个功能是自动的，但最适合的换档时机由驾驶人决定。在第二种模式中，加速踏板必须由驾驶人协调离合器进行操作，以避免发动机超速、失速或任何形式的振动。汽车设计师对这种变速器不再感兴趣，因为它没有实现成本和效益之间的有利权衡。然而，由于它需要接合手动操作，在一些工业车辆上得到应用；这些变速器有时与手动变速器共享大多数组件。

● 机械或自动化变速器：特意使用来自手动变速器的机械装置，包括摩擦离合器。此类变速器不能像以前一样被定义为半自动变速器，因为它们的控制系统可以处理所有自动功能。基于其他目的而决定使用改装的手动变速器，例如降低生产和经营的成本。前者由于现有的生产设施而减少。对后者的影响是由于与自动变速器相比减少了机械损失。最终，对提高跑车性能有积极的影响，因为换档和起动时间可以减少到即使专业驾驶人也不容易获得的数字。

最后一类变速器正在获得巨大的市场份额，在未来几年可能有进一步扩大的趋势。

15.1.2　换档模式

变速器配置的一个重要内容就是换档方式；通常按照是否有动力中断或动力切换功能来区分不同的换档模式。

在第一种情况下，齿轮如在手动变速器中一样，使用同步或非同步的爪形离合器；在变速期间，通过齿轮箱的动力流必须被中断，以允许现有速度的分离和下一个速度的啮合。

在该操纵期间，可用于移动车辆的功率变为零，车辆减速。冲击将会非常明显。

图 15-1a 显示了在动力中断的换档期间，牵引力和车辆速度的关系曲线。

图 15-1b 显示了双离合变速器的情况。如果加速时不中断动力，可以将冲击降低到最小并保持车辆继续加速。如果每个同步器用离合器代替实现分离和重叠，则可以在有级变速器上实现这一结果；这很容易理解序列换档意味着要比常规同步器耗散更多功率；在这个过程中，换档时间不那么重要，重点在于得到更好的驾驶舒适性。

应该注意，对于带有动力中断的自动变速器，如果使用外部动力，则可以避免使用同步器。在降速期间，发动机可以加速自身，使旋转部件与双离合同步操作。变速器上的制动器在提速期间，降低相同部件的速度。

这个选择不仅仅是出于成本的考虑，而且减少了换档时间；在这种情况下，必须配备线控驱动加速器系统。

在无级变速器上，换档操纵，根据定义，属于双离合变速器类型，考虑到前后

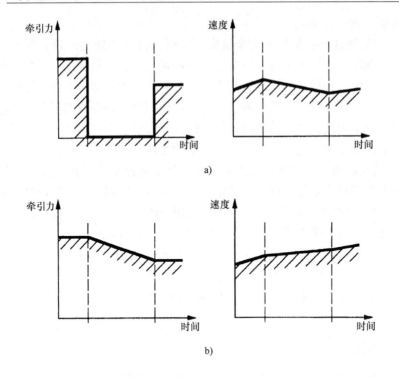

图 15-1　具有动力中断或动力切换功能变速器的牵引力 – 速度关系曲线
a）换档过程有动力中断　b）动力不中断换档

传动比的较小差别，在换档期间损失的能量可以达到最少。

15.1.3　有级变速器和无级变速器

如果手动变速器具有有限数量的传动比（级），则此类自动变速器被称为有级变速器。考虑到会增加的机械结构的复杂度，总传动比选项很少大于 6 个。

在使用变矩器设计自动变速器上的速度数时，需要记住起动装置本身是一个无级变速器。

在这种情况下，通常避免采用对应手动变速器的第一速度；其功能通过变矩器从失速到锁定来执行，因此可在不影响车辆性能的情况下，将可用传动比数量减少一个单位。具备四速变矩器的自动变速器可与具有离合器的五档手动变速器进行比较，依此类推。

无级变速器，简称 CVT（Continuously variable transmissions），具有下限和上限之间无限数量的传动比。

将在后面说明为此目的开发的执行此功能的装置。CVT 的一个重要设计参数是所谓的范围，即最高和最低可用传动比之间的范围。当设计 CVT 范围时，必须与同一车辆的有级变速器相同，同样需要考虑到上面关于变矩器的应用描述。具有非常大范围（具有非常短的低比率区间）的 CVT 可以避免使用起动装置。

有级自动变速器上使用的齿轮组可以分为两类：

● 带有固定旋转轴的齿轮，类似于手动变速器中采用的齿轮；该结构很简单，但为了给离合器留安装空间，很少在双离合变速器上采用。

● 不同结构的外摆线齿轮与带式制动器或多片离合器相结合，可以实现包括速度换向和不同传动比，总是具有输入轴和输出轴共轴的特点。

15.2　具有固定转轴的车辆变速器

15.2.1　同步器变速器

带同步器的自动变速器通常由手动变速器衍生而来。

在过去，有时采用具有变矩器的手动变速器。在这些变速器中，变矩器连接到离合器上，如同无级自动变速器执行从失速到锁止的功能。在发生任何传动比变化时，带电磁执行器的离合器将自动打开。

动力的选择和接合是手动的，通过变速杆执行；离合器的电磁体由能够测量并施加作用力到变速杆手柄上的传感器切换。

这种半自动变速器只省去了离合器踏板，变速杆保持手动。这些变速器不再应用于汽车上，但可以重新考虑以备将来使用。

与具有摩擦离合器的手动变速器共享装置的自动变速器，目前在市场上的应用正在增长；相反，它们的换挡机制却是相当特殊的。

外部换挡装置是电动或电动液压伺服驱动。第一种似乎不太适合快速反应。事实上，通过使用蓄压器，液压系统可以具有更高的功率峰值；相反，电动 12V 驱动会受到电池容量和线束的尺寸的限制。

在液压系统中，外部换挡装置由两个类别的组件构成：一组为提供液压能量发电、调节和分配的组件；一组驱动器。驱动器数量与换挡一样多：一个用于离合器，至少两个用于变速器（一个用于选择，一个用于啮合）。

图 15-2 展示了这种系统；液压驱动器 1 接合并且脱离离合器，而第二对制动器提供换挡并转动轴 2，以实现接合和选择动作；液压组 3 包括油泵、蓄压器和电制动阀门。选择装置由能够升高轴 2 的齿条操作，它通过 3 个选择区（第一和第二速度、第三和第四速度、第五和倒档速度）与变速杆动作匹配。

第二驱动器可以旋转同一轴以实现接合和脱离。它必须具有 3 个不同的位置：两个相邻速度的啮合和中间的怠速位置。

在图 15-3 中更详细地示出了驱动器。离合器驱动器 1 通过作用在其后室（螺旋弹簧侧）上的压力而分离。油压控制脱离，同时通过打开受控的排气装置实现接合；线圈将使制动器归位。

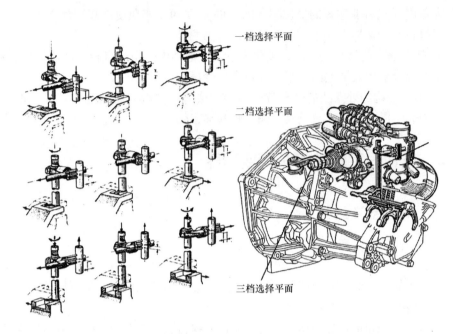

一档选择平面

二档选择平面

三档选择平面

图 15-2　由内部换档机械驱动的电动液压方案；液压驱动器 1 分离并接合离合器，而第二组制动器提供轴 2 的旋转和移位；液压组 3 包括油泵、蓄压器和电动制动阀（玛瑞利，MARELLI）

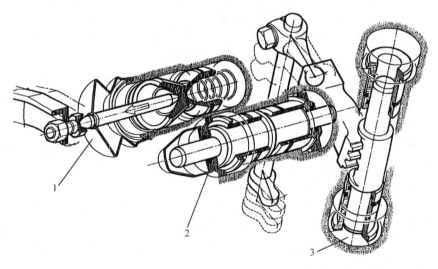

图 15-3　变速器的液压驱动组

1—离合器驱动器　2—接合驱动器　3—选择驱动器（玛瑞利，MARELLI）

　　压力控制必须通过比例阀进行，比例阀适用于控制驱动和排气压力以获得适当的驱动速度（即慢起动、快速起动、速度改变等）。离合器执行器必须具有由行程限制器制成的两个稳定的静止位置（分离和接合的离合器）；控制系统必须识别驱动板磨损，并相应地调整初始接合点。

选择驱动器 3 和接合驱动器 2 必须具有 3 种不同的稳定静止位置（3 个选择平面，怠速和两个接合的相邻速度）。在变速器的使用寿命期间这些位置几乎保持不变，它们只能在装配线上进行调整。与离合器制动器相反，接合和选择驱动器不具有回位螺旋弹簧，因此必须在两个活塞侧承受油压。

图 15-4 所示为实现中间稳定活塞位置的设计。缸体 4 内，在双头活塞 1 上安置两个衬套 2 和 3；它们可以自由地在气缸内移动。

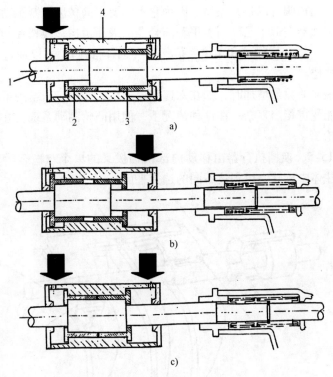

图15-4 带 3 个稳定位置的驱动器活塞。两个衬套 2 和 3 安置在气缸内；衬套上的行程限制器确定中间稳定位置。在将油供给至左腔（方案 a）时，可获得右侧全行程的稳定位置；将油输送到右室（方案 b）时，可以获得左侧全行程的稳定位置。向两室同时送油（方案 c）可使两个套管至其行程的终点，获得中间稳定位置（玛瑞利，MARELLI）

它们的行程由也决定中间稳定位置的轴环限制（方案 c）。将油送入左室（方案 a），右侧可以获得稳定位置；将油输送到右室（方案 b），左侧可以获得稳定位置。向两室同时送油（方案 c），可使两个套管至其行程的终点，获得中间稳定位置。

在发电机、调节器和分配器组中存在一个蓄压器，它可以在几乎与制动器所需的实际流速无关的数值下调节压力。为了实现这一点，泵的开关由电动机在压力传感器控制下驱动。在蓄能器中，油压也可在电动机停止时工作；可以根据所需流量的平均值而不是峰值设计泵。

组中还存在 3 种不同的电子阀：

- 一个比例类型，用于离合器驱动。
- 两个比例类型，用于接合机驱动。
- 两个开关类型，用于选择机驱动。

用于接合机构的阀的选择由控制推力的需求决定，以便在获得高驱动速度时不损坏同步器。选择阀可以是开关型，因为它不需要以高精度控制驱动力。

离合器驱动器类似于已经用于手动离合器的液压机构；换档控制系统还包括轴向位置传感器（接合行程）和角位置传感器（选择行程）。可以通过这些传感器识别所选择的档位。

当选择平面的数量增加时，如在六速变速器中，作用于新增的第四选择平面的驱动系统可能变得相当复杂；在这种情况下，使用凸轮制动系统，并按照其形状被命名为 S 凸轮。

参考图 15-5，换档执行器由移动内部换档拨叉的单个双稳态活塞 1 制成。活塞可以在圆柱体中旋转，以到达不同的选择平面。

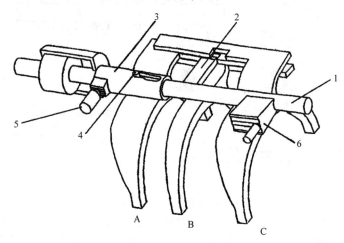

图 15-5 S 凸轮驱动器（玛瑞利，MARELLI）。请参见图 15-6 中的工作细节

两个活塞行程端对应于每个套管的两个接合位置，不能获得足够精度的中间怠速位置。由于这种限制，内部机构被完全重组，在第一选择平面上安置空档和倒档，在第二平面上放置第一/第二速度，以此类推。参考图 15-6 左下方的方案。

如在该图中看到的，活塞 1 通过销 4 啮合在套筒 3 上的凸轮；该凸轮形状为 S。套筒可以旋转或由磁性驱动器 5 固定。因为存在能够匹配活塞 1 上的一个轴向槽（用于每个选择平面的一个槽）的弹簧柱塞，所以活塞 1 交替地接合两个相邻的速度，直到驱动器 5 被接通；如果这种情况发生，那么当活塞向左移动时，拨叉下降一个选择平面，或者当活塞向右移动时升高一个选择平面。

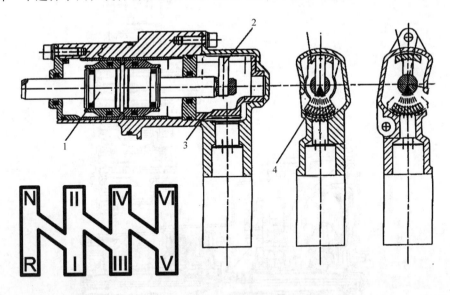

图 15-6　S 凸轮驱动器的工作细节；左下角是相关变速器（玛瑞利，MARELLI）的选择方案

在活塞和驱动器 5 上的组合，所有速度都可以并仅以 R、N、1、2、3、4、5、6 的顺序被选择和接合，反之亦然。

15.2.2　多片离合器变速器

这种自动变速器的构造类似于手动变速器，仅仅是将同步器由多盘湿式离合器代替，换档可以归类为双离合变速器型。

倒档速度通过惰轮实现，类似于手动变速器。对于这种变速器，与外摆线变速器相似，选择期望的传动比时没有限制。

简单的基本概念并不意味着这种变速器可以由手动变速器制成。事实上，离合器的尺寸明显增加了变速器轴之间的中心距离，而轴本身因为绑定到不同的离合器而变得复杂。仅具有 5 个速度的变速器就需要 3 个传动级。

用于横置发动机的前驱车辆的五速变速器的结构图如图 15-7 所示。在该图中，轴在同一绘图平面上表示；通过左侧的齿轮组，输入轴齿轮（从上往下第一个）匹配输出轴（从顶部的第二个）和那些中间轴（从顶部起第三个）。

这种双齿轮组是必要的，因为相较于输入轴，中间轴的旋转不能倒置；因为空间有限，所以设计复杂。

下面来看图 15-7 右上方的锁止式液力变矩器，其液压离合器通过输入轴上的孔提供油压；换流器泵给移动齿轮油泵和变速器润滑，并向不同执行器提供压力。

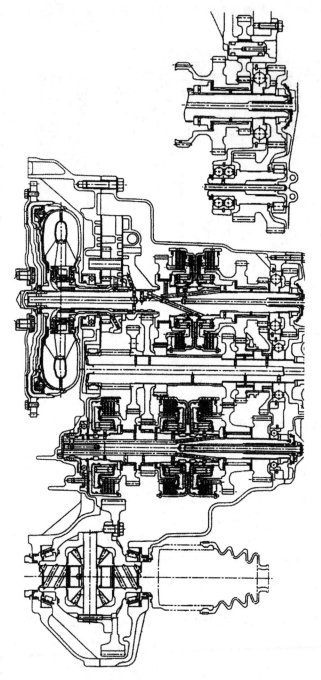

图 15-7　带多片湿式离合器的中间轴动力的换档变速器（本田）

　　第三档、第一档和第二档的齿轮从右边开始排列在中间轴上。第四速、第五速的齿轮从右边开始排列在输入轴上；齿轮的径向尺寸由离合器直径决定。倒档齿轮位于右侧，并与惰轮保持啮合；一个套筒爪式离合器与第五档共用。

图 15-8 所示为单独结构方案；它被称为双离合器，由两个不同的离合器提供起动和动力换档；该方案适用于带有横向发动机的前轮驱动车辆，但也可以用于不同的驱动结构。

离合器 F_1 和 F_2 可以移动两个同轴的轴，其中一个固定到奇数速级输入轮，另一个固定到偶数速级输入轮。例如，在第一档，离合器 F_2 接合，而离合器 F_1 断开；第二齿轮轴空转并且不传递力矩。如果第二档的套筒被接合，内轴开始移动，但仍保持怠速；在任何时候都可以根据动力换档过程接合离合器 F_1 并且断开离合器 F_2。

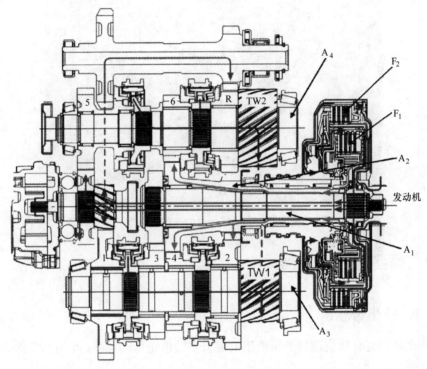

图 15-8　动力换档双离合器六速变速器（奥迪）的工作方案

以相同的方式，第一档可以脱离，以接合第三档，为下一次换档做准备。速度必须按顺序变化；双上或双下是不允许的。

离合器 F_2 也用于起动车辆。该齿轮箱的结构特殊，其特点为具有怠速转动的离合器数量减少，并且没有变矩器。这种结构可以提高对机械效率，但被设计上的复杂性的增加而抵消。

该方案与往常一样在同一平面上设计；在发动机轴上安装有用于移动轴 A_1 和 A_2 的两个离合器 F_1 和 F_2（起动装置）；轴 A_1 移动第一/第三/第五档位的输入轮，同时轴 A_2 移动第二/第四和第六档位（单轮）的输入轮。

两个中间轴 A_3 和 A_4 与最终驱动轮匹配，并且分别与第五/第六档位的从动轮，以及第一/第二/第三和第四档位的从动轮固定。

倒档速级为第三个空闲中间轴，在图中不可见，它可以在图 15-9 的前面看到。该中间轴与 A_2 轴上的第一速级的驱动轮和 A_3 轴上的 R 轮啮合；其同步器与第六档位的同步器相邻。

图 15-9　双离合器动力换档六速变速器（奥迪）的剖视图

15.3　行星齿轮变速器

15.3.1　行星齿轮系

下面将研究自动变速器上所使用的最重要的齿轮传动系统；它在实际使用中的配置更多。

这些齿轮系大多是由直齿轮组成；在其他例子中也可使用锥齿轮。

用于行星齿轮系的最简单的结构如图 15-10 所示。齿轮减速器、分离器和差速器也表示为相同的图。轮系由齿圈（环形）和具有同心中心线的外齿轮（太阳轮）制成；两个齿轮与其他齿轮（行星轮）啮合，其轮毂由安装在与太阳轮同轴的旋转结构上的轴支撑，称为行星架。

通常有 3 个行星轮以恒定的角度固定在行星架上；因此，传动力的径向分量是自平衡的。

这些系统显示出 3 个自由度；以便力矩从输入元件传递到输出元件，第三个元件必须固定到变速器箱体上（定子）。通过此种齿轮系（与可以作为定子的元件一样多：太阳轮、行星架、齿圈）可以获得3个传动比，乘以2（对于给定的元件输入或输出轴的可能性的数量）。对于这6种可能的传动比，通过将输入轴和输出轴固定在一起，还应该再增加一个作为直接驱动。

如果指定

$$\tau_0 = -\frac{z_3}{z_1}$$

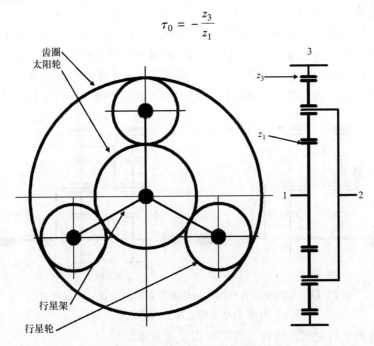

图 15-10　简单的外摆线齿轮系的方案

通过固定行星架可以获得的普通传动比，可以获得表15-1所列的传动比 τ 的6个不同值。

表 15-1　简单外摆线齿轮的传动比的可能值，约束条件和

普通传动比 τ_0 的关系

输入	输出	定子	输入输出定子传动比 τ
1	3	2	$\tau = \Omega_1/\Omega_3 = \tau_0$
3	1	2	$\tau = \Omega_3/\Omega_1 = 1/\tau_0$
1	2	3	$\tau = \Omega_1/\Omega_2 = 1 - \tau_0$
2	1	3	$\tau = \Omega_2/\Omega_1 = 1/\,(1 - \tau_0)$
2	3	1	$\tau = \Omega_2/\Omega_3 = 1/\,(1 - 1/\tau_0)$
3	2	1	$\tau = \Omega_3/\Omega_2 = 1 - 1/\tau_0$

应该注意，τ_0 是负的，因为当行星架被固定时，所述输出轴与所述输入轴相比反向旋转；不是全部传动比都可以在相同的变速器上使用，因为在相同机构中使相同的元件完成输入和输出工作明显有困难。通过这种机制，实际上可以获得两个

传动比（一个减速档和一个直接档）。

为了获得更高的传动比，必须接合更多的外摆线齿轮系；一个明显的解决方案是使用更简单的齿轮系。

其中每一个单独提供一个必要的传动比，或与其他齿轮组合。

第二种方法是利用复合齿轮系，其中不同的元件集成在一起。第二种方式在较早的结构中使用较多，允许简化设计，但是在确定传动比时的灵活性受到限制。

威尔逊外摆线齿轮系如图 15-11 所示，是第一个复合齿轮系的例子。在这种结构中，两个简单的齿轮系匹配到一起，使得第一齿轮系的行星架被固定到第二齿轮系的齿圈上；通过固定其中一个齿圈中的一个，可获得两个不同的同向传动比。

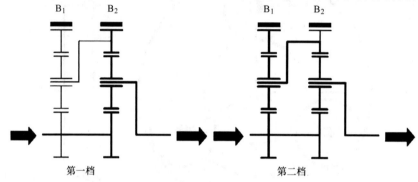

图 15-11　威尔逊复合外摆线齿轮系方案；两个速度可以通过用 B_1 和 B_2 带制动器停止两个齿圈之一来获得

通过将两个行星架固定在一起，可以实现直接驱动。

相同机制的替代方案在图 15-12 中示出。此图中 B_1 和 B_2 是带式制动器，而 C_1 和 C_2 是两个多片式离合器。3 个前进档和 1 个倒档可以通过根据该图所示的表（X 表示锁定元件）锁定不同元件来获得。

在第一档，当 B_2 制动器被锁定时，行星架锁定，对于左齿轮系有：

$$\frac{\Omega_{AS}}{\Omega_S} = -\frac{z_S}{z_A} \tag{15-1}$$

上式中，Ω 为角速度；z 为齿轮齿数；下标 d 和 s 表示右和左齿轮系，而 A 和 S 表示齿圈和太阳齿轮。应当注意，齿数不显示 d 或 s 下标，因为两个简单齿轮系的相应轮是相等的。

对于右齿轮系，再次通过下标 1 和 2 来区分输入轴和输出轴：

$$\frac{\Omega_1 - \Omega_2}{\Omega_S - \Omega_2} = -\frac{z_S}{z_A} \tag{15-2}$$

记住，Ω_{AS} 和 Ω_2 是相等的，因为它们对应的元件被固定在一起。

从这两个方程可以得出第一档传动比：

$$\tau_1 = 2 + \frac{z_S}{z_A} \tag{15-3}$$

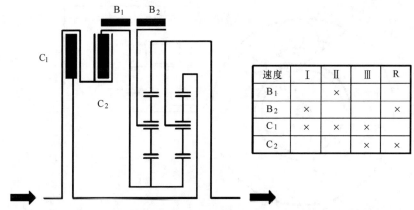

速度	Ⅰ	Ⅱ	Ⅲ	R
B_1		×		
B_2	×			×
C_1	×	×	×	
C_2			×	×

图 15-12　第二个带制动器和离合器的威尔逊复合外摆线齿轮系的方案；
该表显示与不同档相对应的状态

在第二档，右侧太阳轮被固定并且左侧简单齿轮系空转；右侧齿轮系固定到输入轴的齿圈，行星架被固定在输出轴上。因此有

$$\tau_2 = 1 + \frac{z_S}{z_A} \tag{15-4}$$

对于第三档，离合器 C_1 和 C_2 同时锁定直接驱动机构，具有：

$$\tau_3 = 1 \tag{15-5}$$

对于倒档，左侧简单齿轮系的行星架被固定，右齿轮系空闲。左齿轮系的太阳轮固定在输入轴上，所述齿圈固定在输出轴上；因此有

$$\tau_{RM} = -\frac{z_A}{z_S} \tag{15-6}$$

例如，如果 $z_S/z_A = 1/3$，则第一档传动比将为 2.333，第二档传动比为 1.333，第三档为 1，倒档为 -3；如果 $z_S/z_A = 2/5$，第一个传动比将为 2.4，第二个传动比为 1.4，第三档为 1，倒档为 -2.5。

回顾关于变矩器的论述，可获得的传动比与手动四速变速器类似（失速变矩器转矩比约为 2.5），但会影响期望传动比或反向传动比。

另外一种不同复合齿轮系结构是拉维尼奥克斯式（Ravigneaux）齿轮机构，如图 15-13 所示，它广泛应用于自动变速器。在该齿轮系中单个齿圈配有设置在相同行星架 P 上的 2 个行星轮 s_1 和 s_2；行星轮与两个不同的太阳轮 S_1 和 S_2 啮合。行星轮 s_2 与较小的太阳轮 S_2 啮合；它们不与行星轮啮合，但是较大的太阳轮 S_1 的行星轮 s_1 齿合。

因为行星轮 s_2 的中心线在不同的绘图平面上，所以它们通常用虚线绘制。

在图 15-14 中，离合器和制动器的状态采用既定程序。使用这个方案，用 3 个多片离合器和 2 个带式制动器，可以获得 4 个不同的前进档和 1 个倒档。

采用前面例子的符号，可得在第一档，右侧太阳齿轮固定到输入轴，齿圈固定

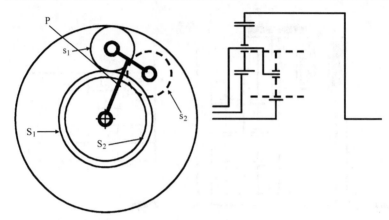

图 15-13　拉维尼奥克斯式齿轮系的方案；行星轮 s_1 常规地用
虚线表示，因为它的绘图平面不在草图平面上

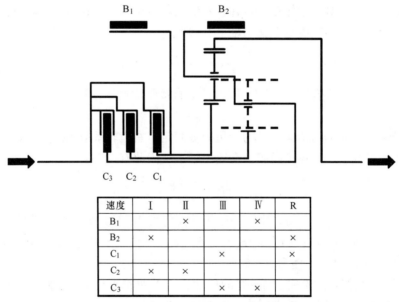

速度	I	II	III	IV	R
B_1		×		×	
B_2	×				×
C_1			×		×
C_2	×	×			
C_3			×	×	

图 15-14　具有拉维尼奥克斯行星齿轮的自动变速器的方案；
该表显示不同速度下的离合器和制动器的状态

到输出轴，而行星架是定子元件；因此：

$$\tau_1 = \frac{z_A}{z_{Sd}} \tag{15-7}$$

这代表右侧齿轮系的传动比；符号是正的，因为双重啮合行星轮不改变旋转方向。

在第二档中，齿圈固定到输出轴，而输入轴固定在右侧太阳轮上，左侧锁定。对于左齿轮系，有：

$$\frac{\Omega_{Ss} - \Omega_P}{\Omega_A - \Omega_P} = -\frac{z_A}{z_{Ss}} \tag{15-8}$$

因为左侧太阳齿轮被锁定并且齿圈固定到输出轴，有

$$-\frac{\Omega_P}{\Omega_2 - \Omega_P} = -\frac{z_A}{z_{Ss}} \tag{15-9}$$

对于右侧外摆线齿轮系，有：

$$\frac{\Omega_{Sd} - \Omega_P}{\Omega_2 - \Omega_P} = -\frac{z_A}{z_{Sd}} \tag{15-10}$$

右侧的太阳齿轮固定在输入轴上，有

$$\frac{\Omega_1 - \Omega_P}{\Omega_2 - \Omega_P} = \frac{z_A}{z_{Sd}} \tag{15-11}$$

如果比较方程，则得到

$$\tau_2 = \frac{1 + \dfrac{z_{Ss}}{z_{Sd}}}{1 + \dfrac{z_{Ss}}{z_A}} \tag{15-12}$$

在第三速级中，行星架和右侧太阳齿轮是固定的，因此变速器处于直接驱动，并且：

$$\tau_3 = 1 \tag{15-13}$$

在第四速级中，所述行星架固定到所述输入轴并且所述齿圈固定到输出轴，同时左侧太阳轮被锁定，因此：

$$\tau_4 = \frac{1}{1 + \dfrac{z_{Ss}}{z_A}} \tag{15-14}$$

在倒档时，行星架被锁定，太阳轮被固定在输入轴，齿圈固定到输出轴；传动比为左侧齿轮系传动比，因此：

$$\tau_{BM} = -\frac{z_A}{z_{Ss}} \tag{15-15}$$

对于之前案例提出的关于获得给定范围和比例步长的可能性的说明仍然适用。

如果可用速级的数量增加，则所应用的齿轮系变得更复杂；例如适合于五速变速器的方案通过向拉维尼奥克斯齿轮系添加简单的外摆线齿轮系来设计。

该方案可与我们讨论过的工业车辆减速器的应用进行比较。

速级的总数应该是8，通过由两个增加的减速器（减速和直接驱动）速度乘以复合齿轮系的4个速度；在现实中，许多可获得的速级将太接近彼此，因此没有用。

直到最近才考虑的最简单的方案已被放弃，由于复合齿轮系看起来没有必要那么复杂，但获得的传动比值接近理论数值。

图 15-15 所示为拉维尼奥克斯复合齿轮系连接两个简单的行星齿轮系；理论上

可用的速级的数量远远超过 5 个实际数级。因为很多可能组合被丢弃，所实现的传动比接近期望值，并且因此可以更好地优化性能、燃料消耗和排放。

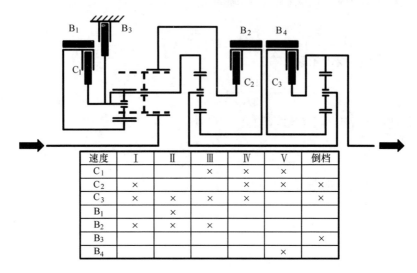

速度	I	II	III	IV	V	倒档
C_1			×	×	×	
C_2	×			×	×	×
C_3	×	×		×	×	×
B_1		×				
B_2	×					
B_3						×
B_4					×	

图 15-15　具有 3 个行星的自动动力换档变速器的齿轮系方案；
可以获得 7 个前进速度和 2 个倒档速度（梅赛德斯）

在同一个图中使用相同的过程表示在不同速度下制动器和离合器的状态，这个方案被设计和应用于装有纵置发动机的常规驱动车辆。

最近，这个方案已经以非常简单的方式被修改，如图 15-16 所示。附加的齿圈轮已被添加到拉维尼奥克斯齿轮系，并且在不改变数量的前提下修改制动器和离合器的设计，获得 7 个前进档和 2 个倒档，如图片中的表所示。

为简化起见，两个以前的方案将省略传动比计算。

这部分关于变速器方案的概述不是一个完整的来讲解正在或者可以生产的产品的报告。简单和复合的行星齿轮系的组合是较多的。

行星齿轮解决方案目前广泛地应用于动力换档自动变速器上。

15.3.2　生产实例

常规驱动的汽车受益于输入轴和输出轴的共轴线。

图 15-17 对应于图 15-15 中的方案，采用了 1 个拉维尼奥克斯齿轮系 3 和 2 个行星速度减速器 2 和 4；它具有 5 个前进档和 1 个倒档。

可以注意到，变矩器自动变速器不可能像手动变速器一样，在停车时通过仅接合最低速度来保持车辆制动。

在手动变速器上，使用发动机制动和摩擦力矩控制车辆移动的趋势。低速时，变矩器在传动线路中作为自由车轮接头；锁止离合器（如果有的话）不能保持汽

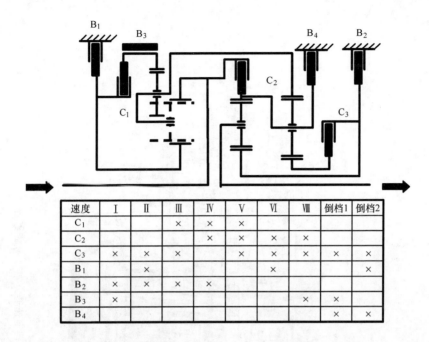

速度	Ⅰ	Ⅱ	Ⅲ	Ⅳ	Ⅴ	Ⅵ	Ⅶ	倒档1	倒档2
C_1			×	×	×				
C_2				×	×	×	×		
C_3	×	×	×		×	×	×	×	×
B_1		×				×			
B_2	×	×	×	×					
B_3	×						×	×	
B_4								×	×

图 15-16　从以前的方案衍生出的方案；它允许 7 个前进速度和 2 个倒档（梅赛德斯）

车制动，因为驱动力在发动机停止时是有限制的。

为了保持车辆停止，添加手动制动的驻车杆，与输出轴上的链轮匹配；在图中，驻车杆是元件 15 并且相应的链轮是元件 14。也可以看到变矩器（无锁止离合器）以及油泵 6 和用于齿轮接合的不同的多盘湿式离合器。

该方案的最新革新如图 15-18 所示。操作原理在前面的图 15-16 中做了解释。外摆线齿轮系类似于前一种情况。可以注意到变矩器上的锁止离合器。

用于具有纵置或横置发动机的前轮驱动车辆的自动变速器，由于需要使输出轴与输入轴之间具有一个适当的距离而不是如同摆线变速器那样设置为同轴，其设计变得复杂；另外，由前转向轮造成的空间限制在横置发动机上尤其关键。

然而，自动变速器基本上具有类似于常规驱动器的齿轮系。可以添加额外的单级齿轮系以将输出轴定位在期望的最终驱动齿轮位置。

该架构的示例如图 15-19 所示，用于纵置发动机前驱车辆。

该方案包括简单齿轮系和拉维娜齿轮系，与 3 个离合器和 2 个制动器接合获得 6 个可用速级。拉维娜齿轮系输出轴通过辅助轴驱动差速器来实现传动。全轮驱动的存在不影响布局。

使用横置发动机前驱车辆有两种可能性。

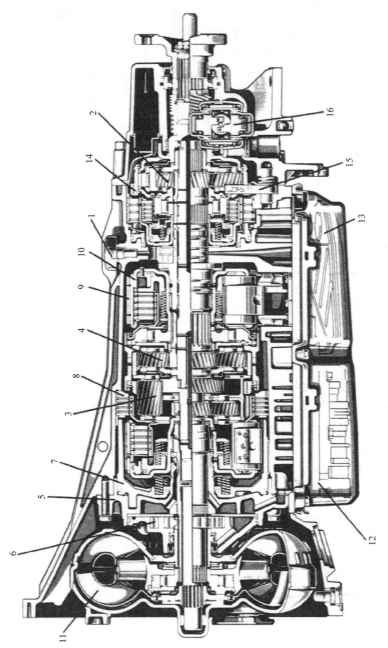

图 15-17　常规驱动用的五速自动动力换档变速器方案（梅赛德斯）

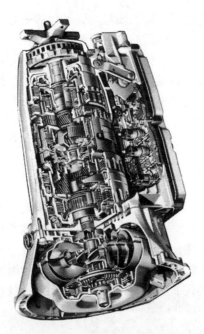

图 15-18　用于常规驱动的七速自动动力换档变速器的方案（梅赛德斯）

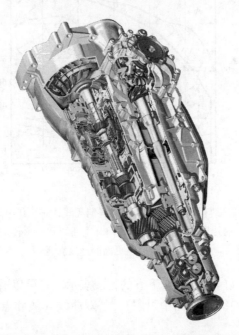

图 15-19　具有行星齿轮系的六速自动变速器；侧面轴将变速器输出轴与
差速器齿轮连接，位于发动机后面（奥迪）

第一解决方案提供与发动机一致的变矩器和油泵；变矩器输出轴固定在链轮

上，通过无声链将真实变速器的输入轴移动到平行的中心线上。

这种方案解决了关于汽车横置的几何问题；但是会出现汽车前悬的影响。

第二解决方案将行星变速器分成两个部分：第一部分可以包括与发动机同轴的拉维尼奥克斯齿轮系；输出轴通过单级齿轮系驱动与差动齿轮同轴的简单行星齿轮。因此在具有横置发动机的前驱车的可用空间内可以具有 5 个速度。

15.4 无级变速器

15.4.1 动力性

无级变速器（CVT）主要在前驱系统上应用。其优点在于可以提供无限数量的传动比，有益于提高舒适性、车辆性能和燃料经济性。

可以通过图 15-20 简明验证此论述。在该图中，使用发动机转矩和速度作为参数示出了具体的燃料消耗图；对于每个输出功率值，仅存在一个最小的燃料消耗曲线。

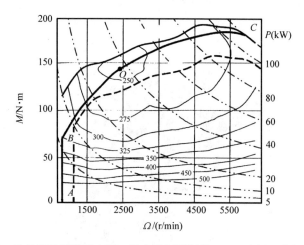

图 15-20 发动机燃料消耗率图；最小燃料消耗线 ABOC 和用于有级变速器的实际使用的区域。这片区域包括在宽节气门开度曲线和表示转矩的虚线曲线之间，当存在时，以更高的速度获得

这些点由最大节气门开度曲线下方的粗线表示。它可以通过连接相等的燃料消耗的所有相切点绘制曲线（在图中引用），与双曲线（线和点绘制）表示恒定功率曲线。

图 15-20 左侧垂直直线 AB 表示发动机的最小稳定工作速度线；该速度取决于发动机特性、传动系（由离合器和变速器组成）在汽车悬架和轮胎上的弹性和阻尼特性。

该曲线其他值得注意的点是点 C，根据定义，点 C 与全功率点重合，以及表示最小燃料消耗绝对值的点 O。

假设以这样的方式改变坐标，使它们表示在有级变速器的实际传动比 $i-1$ 下车轮转矩和车辆速度（而不是发动机转矩和转速）；虚线曲线，类似于最大转矩曲线，表示在下一个 i 传动比处的车轮转矩。

在给定的功率水平下，使用高效的有级变速器使特定的燃料消耗在 $i-1$ 速度的最大转矩曲线和 i 速度的最大转矩曲线之间波动；实际燃料消耗可以高于最小值。

在最后一种速度下，燃料消耗可以在最大转矩值和最后速度下的道路负载转矩之间波动。在这种情况下，燃料消耗大幅增加。

只有当工作在无限数量的传动比时，才可能使发动机以特定的最小燃料消耗工作。

这个事实解释了为什么近年来做了这么多的努力以增加手动或自动变速器的传动比数。

应该说，对于后者，只有当一个足够复杂的控制系统可用时，才能保证即时的最佳速度。

可以对加速度和污染物排放进行类似的说明。

可能适用于 CVT 的系统原则上包括：

- 电气传动。
- 液力传动（其中变矩器已知）。
- 静液压传动。
- 可变几何机械传动。

前三类在过去经常被考虑，但是由于传动效率低而被放弃在常规车辆上的使用。这直接影响了 CVT 理论上可用的优点。

这些类型的变速器可以考虑用于混合动力车辆，其中由变速器产生的中间形式的能量（电或液压能量）可以用于车辆动能回收或用作化石燃料的临时替代品。

可变几何机械传动可以达到类似齿轮传动的效率。目前主要采用带传动或链条传动，而滚子传动尚处于发展阶段。

在特殊用途的车辆，如拖拉机、挖土机、机场摆渡车等上，可应用静液压 CVT。

15.4.2 生产实例

钢带传动代表了最广泛使用的 CVT 技术解决方案。目前用的钢带是 Van Doorne 带和 LuK 链。它们的工作原理有许多共同点，但在部件设计方面有一些差异。这个问题会在后面解释。

使用 Van Doorne 钢带的 CVT 的横截面如图 15-21 所示。图中的变速器不包括变矩器，因为起动功能由输出轴上的电控多片离合器执行。

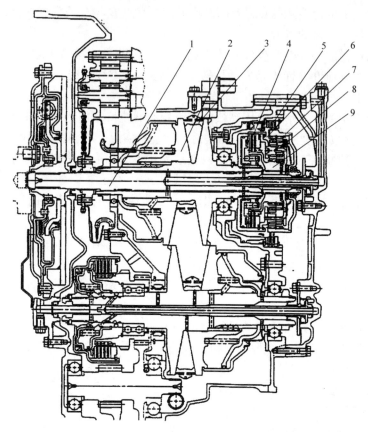

图 15-21　Van Doorne 钢带 CVT；变速器的特征在于在输出轴起动多片离合器（本田）

这种选择的原因有两个：

● 在驱动汽车时，避免了对传动带的任何损坏；当滑轮上无油压时，传动带会松动。

● 在紧急制动操作期间，传动比可以独立于车辆速度而改变，更快进行下一个加速。

发动机固定到具有用于正向和反向速级的双行星轮的摆线齿轮系行星架 8；齿轮箱输入轴 1 固定在同一齿轮系的太阳齿轮 9 上。通过使用离合器 4 可以直接驱动齿轮系；通过接合制动器 5，齿圈被锁定，并且太阳齿轮的旋转与行星架的旋转相反，进入倒档。

如果需要，通过这种设计可以改变前进档和倒档驱动的传动比。

传动比变化通过与传动带匹配的两个可变轨距 V 形带轮获得（参见图 15-22 中的细节）。每个滑轮由两个可以轴向滑动但在转动时固定在一起的钢锥制成。如图，左输入半滑轮和右输出半滑轮也沿轴向固定；其他两个半滑轮可以自由滑动。

因为传动带的长度不能改变，通过使两个驱动半滑轮变窄，驱动滑轮原始直径

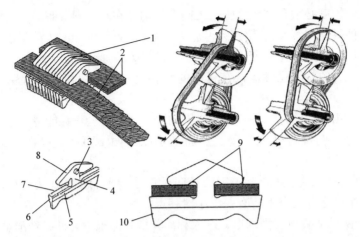

图 15-22　Van Doorne 钢带 CVT（上部）的滑轮运动细节；
传动带的细节（下侧）。转矩通过带压力传递

将增加，并且两个从动半滑轮必须相应地加宽，以减小其原始直径；传动带将向右移动，传动比将减小。随着相反的运动，传动比将增加。

给定的传动比范围在最小传动比和最大传动比之间。

两个极限比互为倒数；在这种情况下，1:1 传动比在比例范围中间必须通过额外的最终驱动器以适应车辆使用，这可以使接近 1 的概率更高。

由于这个原因，在输出滑轮和差速器齿轮之间安装有惰轮主减速器；在任何情况下，必须定位适合于发动机舱布局的不同中心线。这个主减速器也可以使同一个变速器适用于不同的汽车。

半滑轮的活动表面由液压活塞移动；这个运动可以改变它们的原始直径。油压决定了半轮与传动带的接触力。

控制这个参数是非常重要的，因为接触力通过滑轮和传动带之间的摩擦来实现转矩传递；如果这个力不足，部件滑动，会导致效率损失和表面损坏。如果这个力过大，机械损失也会高于必要值，因为传动带和滑轮之间的接触面积超过从运动学角度来说正确的原始面积。

Van Doorne 传动带使用许多推力元件 1，如图 15-22 下侧。

这些元件中的每一个均与下一个元件接触，并且沿着中心线安置；元件保持与一系列柔性钢环带 2 对准，互相无间隙插入。推力元件是具有中尾线的梯形形状；两个倾斜的侧面 10 与滑轮的侧面相匹配并且交换转矩传递所需的摩擦力。

每个推力元件中尾线 4 匹配两组同心环 9；环的接触表面倾斜，使环不与滑轮的侧面接触。

环必须非常薄，使曲率应力值在合理范围内；必要的张力由足够数量的环支持。

环的延伸长度必须允许组件张力无间隙均匀地在环之间分布。

推力元件只能与相邻的元件传递压力；因此，Van Doorne 传动带永远不会在正向张力下工作，并且会通过带轮被驱动部分的压力传递转矩。

环的唯一目的是将元件保持在正确的滑轮径向位置，并且在滑轮外保持它们对齐。

如果没有相对运动，元件和滑轮之间的摩擦力将不会消耗能量。这些力是有限的，因为部件之间没有宏观滑动；然而基于以下两个事实，存在局部微观相对运动：

● 推力元件接触区必须有一定的径向延伸才能限制接触压力；在每个接触区域，在原始半径之外的点上将有一个小滑移点。

● 由于路径从直线变为圆形，进入和离开滑轮的推力元件必然滑动。

这些由小的相对运动损失的功率在任何情况下都将由作用在带侧和滑轮之间的压力决定；这个压力必须被限制到避免宏观滑动所需的最小值。因此，接触压力必须作为传递转矩的函数进行仔细调整。

有些带式 CVT 在发动机和变速器之间安装有变矩器。

其他 CVT 采用不同的钢带，也被称为链条。

图 15-23 所示为一个链式 CVT 布局，不同于第一个滑轮式；相反，起动离合器被安置在变速器之前。主减速器通常被安置在差速器之前，差速器通常有锥齿轮传动装置，以使该变速器可以连接到纵向发动机。

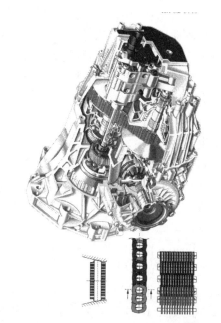

LuK 链在该图的上部示出。

该链条的链节由安装在销上的叠板制成，板在其触点上滚动而不是滑动；销端倾斜以匹配滑轮侧。销尖和滑轮之间的摩擦将力从传动带传递到滑轮，反之亦然；在这种情况下，传动带在其带轮驱动侧处于紧张状态。

板长度在不同的链接中可调，以避免噪声和振动。

链条的一个优点是在滑轮上可以采用较小的最小半径，在相同性能水平下减小尺寸；机械效率也略有提高。

图 15-23　顶部：适合带纵向发动的前驱车辆（奥迪）的链式 CVT。底部：LuK 链的视图和横截面

链条或传动带设计存在许多问题；由于应力水平和油相容性的原因，选择钢作为最合适的材料。

有人提出了使用增强弹性体材料的解决方案；这必须在变速器的润滑区域外使用，它们已经被应用在有限转矩的情况下，特别是在滑板车上。

另外一个尚未应用于量产的、可用于 CVT 的技术，是滚动体能够在有限的接触面积中交换切线力。这是可行的，因为特殊的合成润滑油具有随着接触压力的增大黏度增加的特性（驱动油）。

该原理的优点在于它具有较高的机械效率，这是由于接触部分之间的滑移有限，非常接近于纯滚动条件；缺点是由于机构的重量大，必须获得足够的接触压力以在润滑条件下产生足够的牵引力。

应用该原理的典型结构是环形变速器，其主要部分如图 15-24 所示。变速器具有两个相同的牵引体，每个牵引体由两个对称的环形表面组成。

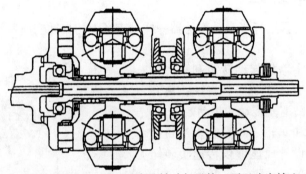

图 15-24　滚动体环形 CVT；通过适当地转动行星轮，可以改变输入（左侧）和
输出小齿轮（中间）之间的传动比（Torotrak）

这些环形表面由通过围绕旋转轴包裹旋转圆周弧而获得的两个旋转体组成；在旋转面对表面上安装多个滚轮，这些滚轮的主曲率略高于环形表面。

通过改变这些滚轮的旋转轴的角位置，可以改变环形体之间的传动比；当滚轮的旋转轴线垂直于旋转轴环面时，传动比将为 1：1。通过在同一平面上向两个方向转动旋转轴，可以减小或增加传动比。

为了限制箱体上的反作用负载，两个对称装置的推力可以通过中心轴以简单的方式自我平衡。输出轴与固定在两个环形从动表面上的中心小齿轮啮合。

使用 3 个滚轮来限制接触力；必须使用一个特定的策略以在所有这些滚轮上获得相同的中心线倾斜度。

15.5　工业车辆用变速器

工业车辆的自动变速器与汽车变速器相比没有太显著的差别；中间轴结构被广泛应用到半自动变速器或具有多种速度的自动变速器上，摆线齿轮系结构在其中可能并不适用，主要使用离合器和变矩器。

与汽车相同，行星齿轮变速器主要应用在公共汽车上，优先考虑舒适性，而不是变速比。

工业车辆的特殊之处是变矩器的操作。当泵和涡轮机功能互换时，该装置的机械效率特别差；这种情况发生在转矩反转时，此时发动机会利用其机械摩擦力或者其他专用装置（如发动机制动）对车辆制动。

这是由于叶片的角度不能同时优化两个相反的流动方向。

与手动变速器相比，在这些条件下发动机的制动效果大大降低。这个事实在汽车上可以被接受，并且有时有益于汽车的燃料经济性，但是在重型车辆上是不可行的。

一些特定的装置（如缓速器）被用于解决这个问题；这些会在稍后进行解释。

15.5.1　半自动变速器

与已经讨论的预选择半自动变速器一样，市场上的自动变速器均配备离合器和变矩器进行使用。

变矩器是为了增加起动转矩和平滑传动输出转矩而设置；变矩器具有锁止离合器的特点，以提高巡航传动的传动效率。

变矩器在泵和涡轮之间具有附加自由轮；该自由轮被设计成能够仅传递负转矩（即当发动机正在驱动时，它就像一个开放的接头，当发动机正在制动时，就像一个锁定的接头）；以这种方式实现期望的发动机制动效果。

附加部件安装在变矩器之后，它不仅是为了实现变速器自动化，还作为在较长的下坡路段时，帮助车辆制动的缓速器。

缓速器可以装到具有有限径向叶片尺寸的大直径的液力离合器中；这种形状由纵向变速器长度及高失速转矩的需求决定。参见图 15-25 的部件 7。

泵固定在变矩器输出轴上；涡轮叶片直接在变速器外壳上切割加工。

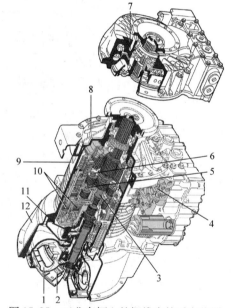

图 15-25　工业车辆上的摆线齿轮系变速器；缓速器 7 可以可选地安装在后盖 8 下（依维柯）

在车辆减速期间，液力离合器吸收等于失速转矩的制动力矩，并将相应的能量作为热量消散，以调节或消除制动力矩，用专用阀调节或消除离合器油量。

15.5.2　自动变速器

同样有用于工业车辆的全自动变速器。该全自动变速器与常规驱动车辆用的几乎相同，配有变矩器和摆线齿轮系。

　　档位的数量限制为 5 或 6，因此这种变速器用于需要频繁起停的公共汽车或限速载货车。

　　图 15-25 所示为该变速器的一个示例，它具有 6 个前进档和 1 个倒档；3 个简单的外摆线齿轮系可以单独或组合使用。

　　后变速器盖 8 可以改变来用于前面段落中描述的缓速器单元 7。在这种情况下，通过使用双面叶片轮来减小径向尺寸；中心转子固定在输出轴上，同时在箱体中绕定子旋转。

　　制动力矩由离合器中的油量控制进行调节。

　　最后介绍适合城市公共汽车的特殊自动变速器。它是为了获得不同的减速比而被研发出来的，适用于山区城镇行驶。

　　变速器如图 15-26 所示，其特征在于将变矩器安装在变速器的中心部分，而不是像往常一样，安装在与发动机连接的法兰上。

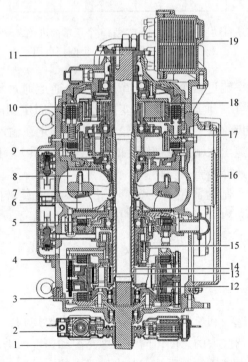

图 15-26　城市公共汽车自动变速器。该架构的特点是在变速器的中心部分
安置变矩器；它用于车辆起动以及发挥缓速器功能（依维柯）

　　变矩器（6 是泵，7 是涡轮，8 是定子）被作为起动装置和缓速器使用；输入轴 1 通过用作转矩阻尼器的接头 2 固定在发动机上。配置两个不同的离合器 3 和 4 用于第一级摆线齿轮系 13 以及直接驱动。两个输出摆线齿轮系 17 和 18 通过输入

轴和涡轮机的混合能量流以及反转速度。热交换器 19 可以消散由缓速器产生的热量。

方案参考图 15-27。制动器和离合器的相关状态表可以让我们了解机构的工作原理。

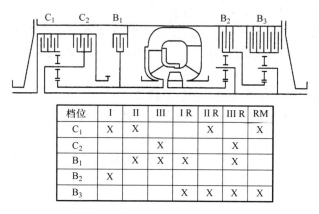

档位	I	II	III	I R	II R	III R	RM
C_1	X	X			X		X
C_2			X			X	
B_1		X	X	X		X	
B_2	X						
B_3				X	X	X	X

图 15-27　前述自动变速器的工作方案；3 个正常前进档，3 个减速前进档
（I R，II R，III R）和 1 个倒档可用

在第一档下，功率流过两个并行通道。第一个通道通过与外摆线齿轮系支架 13 的刚性连接组成；第二通道流过转矩变换器，其泵固定到同一齿轮系的太阳齿轮上。涡轮机固定在齿轮系 17 的太阳齿轮上。齿圈固定在输入轴上。

在第二档下，转速由太阳齿轮被锁定的外摆线齿轮系 13 减速；变矩器不负载。

在第三档下，变速器是直接驱动。

在后面档中，第三制动器包括使涡轮机沿相反方向旋转的外摆线齿轮系 18。涡轮机现在用作泵；泵由 B1 制动器锁定并用作定子。

变矩器在此情况下是有效的缓速器。

15.6　控制策略

下面将解释速度选择和速度转换操作所遵循的主要规则，自动变速器控制系统必须以最佳方式解读驾驶人的意图，同时考虑路况和速度所需求的功率。

假设变速器采用电液压控制系统，其中通过电控电动阀调剂液压制动器进行接合和分离。这种技术常用于新的自动变速器，即使一些市场上还有一些变速器通过液压逻辑电路执行控制功能。

用摆线齿轮系自动变速器的典型电子控制系统接收以下输入量：

● 档位选择器位置；通常存在位置 P、R、N、D 用于指示停车、倒车、空档位置和自动前进的驾驶情况；选择器还可以显示：

——固定速比位置（即 1、2、3、4）以指示驾驶人将变速器以其中一个速比锁定的意图，或者替代地将自动换档限制到这些速比之一。

——选择器可以选择不同的自动化程序，例如 W 代表冬季模式（当在冰雪路面上第一档被限制，且换档较慢）；E 为经济模式，适用于驾驶人希望在低燃料消耗状态下行驶；S 用于运动驾驶等。

- +／-位置实现按顺序使变速器换档，一次增加或减少一个档位的速度；在这种情况下方向盘上可能存在附加命令。
- 发动机速度。
- 汽油发动机的节气门位置或柴油发动机的进气量。较新的发动机可以具有线控调速系统：根据加速踏板位置或其他参数可以计算所需的功率。
- 巡航控制位置。
- 变矩器涡轮速度。
- 变速器输出轴转速。
- 加速器强制降档位置。
- 制动压力或制动灯开关，指示制动情况。
- 变速器油温；该传感器特别重要，因为油制动器响应受黏度和温度的影响。
- 发动机冷却液温度，显示发动机最大性能的可用情况。
- 驾驶人侧车门状态（打开或关闭），以禁止从车外部选择车辆档位。其他安全信号也可使用。

控制系统通常管理以下输出执行器：

- 电磁阀开/关，制动器和离合器操作需要诸多液压管路；可以通过将更多功能组合到同一阀门上来减少阀门数量。
- 比例阀，规定压力下同时启动诸多功能；在动力换档变速器上至少有一个用于接合下一档位，一个用于变矩器锁止离合器。
- 发动机控制系统通过通信线路调整发动机转速，这对离合器使用寿命至关重要。
- 仪表板通过通信线路显示所选档位和可能故障。
- 如果制动踏板没有被踏下，选择器互锁以禁止 N 到 D、N 到 R，或 P 到 R 换档；当应用变矩器时，如果不制动，车辆实际上可以移动。

随着控制系统功能的数量和复杂性增加，输入和输出列表会更为丰富。变速器控制系统使用的许多输入值可用于其他车辆控制；在这种情况下信号可以由串行通信总线收集。

15. 6. 1 最小燃料消耗的档位选择

控制系统执行的第一个功能是档位选择。该术语没有单一定义，因为在某些发动机操作中可用的档位有很多。

图 15-28 所示为在不同变速器档位、不同坡度下车速 – 可用功率的关系曲线；在坡度为 0 时，速度在 15 ~ 20km/h，发动机可以以第一/第二档位工作；在 40 ~ 60km/h 全速可用。

档位选择还必须考虑所要求的加速度；例如，在 50km/h 时输出 50kW，需要在第一档位，但是输出 40kW，第一和第二个可用。以明确的方式定义变速器档位，必须建立另一个条件—最小燃料消耗。

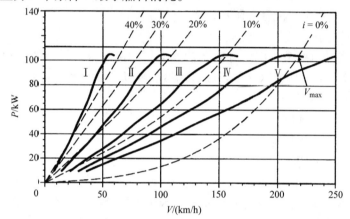

图 15-28　在不同档位、不同坡度下车速 – 可用功率关系曲线

回想图 15-20 所示的具体燃料消耗图，可知最小燃料消耗曲线略低于最大功率曲线。在最小发动机转速下，假定为最小燃料消耗曲线是垂直段（不变），发动机仅由负载调节。

如果在图 15-20 上绘制图 15-28 的曲线，考虑已经定义的传动比，可以得出第一速比在以下工作区限制内可得最小消耗：

- 左侧，最大可用功率在第一档位，最大可用发动机转速在第一档位。
- 右侧，最小可用速度（以秒为单位）、最大可用功率在第二档位；最大发动机转速在第一档位。

该结论适用于所有档位，其中一个的边界由驱动阻力消耗的功率给出。

所需功率不是控制系统的实际输入；此外，驾驶人不习惯从功率角度思考，而是通过将实际车辆状态与所期望车辆状态进行比较后，增加或减少加速踏板的行程。

事实上，当驾驶人考虑加速时，他们会踏下踏板直到获得所需的速度；如果想达到最大加速度，他们会将踏板一踏到底。

例如，让我们考虑具有节气门和与加速踏板机械连接的汽油发动机；发动机输出的转矩不会随着发动机速度变化，如图 15-29 所示，观察不同节气门角度 α 下的不同曲线。不同档位、不同节气门角度下可输出相同的转矩。

想象燃料消耗图建立在一定的车辆速度（在图 15-29 中右侧以 30km/h 为例）

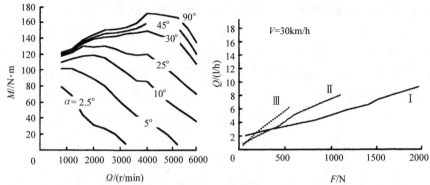

图 15-29　在不同节气门角度（左侧）输出的转矩图；通过简单的描述，可以计算出
获得给定的牵引力所需的燃料消耗率曲线。从这些曲线的交点开始可以在给定档位下获得
节气门角度，其换档非常方便

下，对应该车辆速度下的每个可用传动比，我们可以绘制一组燃料消耗率–牵引力
曲线。

　　牵引曲线之间的交点即为换档点，以保证消耗最低。

　　在换档点，节气门角度很容易计算。

　　根据燃料消耗图和节气门图，通过对足够数量的档位重复这个过程，可以得出图 15-30 所示的曲线。在节气门相对于车辆速度平面上，限制出了每个变速器档位的最佳利用区域；控制系统决定了两个相关参数。

　　最后，为了避免两个相邻变速器档位之间的任何振荡，所得曲线现被解释为升档曲线；其他趋向低速的曲线表示降档速度（灰色）。在这些曲线之间的区域内保持实际速比。

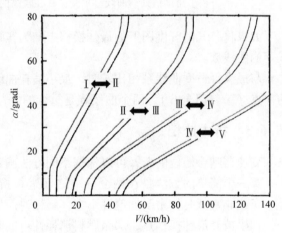

图 15-30　最小消耗的最佳换档曲线的定性图；
黑色曲线用于升档，灰色曲线用于降档

15. 6. 2　保证舒适的档位选择

　　如果现在考虑定义舒适度最高的换档速度，则必须要求在给定变速器档位下的牵引力对应一定加速踏板位置，与下一档位相同；事实上，使用自动变速器，驾驶人不会预估换档时间，并且通常在变速期间不移动加速踏板。

　　柴油机的情况与汽油机大致相同。现在将节气门角度图变换成在相同的节气门角度下的一个牵引曲线系（换句话说，用节气门开度作为参数，将速度的函数绘制成牵引力图）。出现的两个不同情况将在以下实例中解释。

在图 15-31 的左侧，可看到一个角度为 5°的小节气门开度曲线系（通常大节气门开度位置为 90°）；曲线显示出了最适合换档的交点。

在 45°开度（右侧）的情况下，曲线没有交叉；在这种情况下，最佳移动点应在曲线处最小间隔处；在节气门开度大时，换档点位于最大发动机转速处。

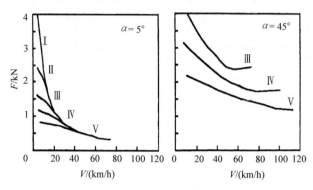

图 15-31　在同一节气门开度下的牵引曲线系列，同一参数的两种不同值。
在小角度值处，曲线显示交叉；在较高的角度值可能不存在交集

如果将节气门开度图上的最佳换档点归为车速的函数，则将得到一个类似上一段落的曲线族。

与最大舒适度曲线系相比较时，最小消耗曲线系通常换档到较低档位。在最大功率点（节气门全开），两个曲线族是重合的。

15.6.3　折中选档

变速器啮合档位的选择可以根据不同方法确定。

第一个简单的方法是在两个标准之间进行折中，定义它们之间的曲线族。但是，车速非常低时，由于加速度不大，降档时产生的冲击结果可能会令人失望；此外，如果放弃最佳换档点，那么燃料消耗性可能有一定程度的降低。

过去使用最多的方法是将选择的责任分配给驱动程序，通过引入一个程序选择器来确定选择。例如，在城市交通中或缓慢的郊区交通中，可以选择经济选项，而在其他地方可以选择舒适选项。

这种方法是有问题的，因为它引入了额外的控制而没有立即反馈，这可能导致程序停留在错误的状态。

在更新的控制系统中，通过对控制系统已知操作参数的快速统计和详细说明，实现了识别驾驶人意图和驾驶环境的算法。

15.6.4 实际行驶条件下的档位选择

在给定车辆速度和节气门开度处的固定变速曲线除了在没有阻塞的平坦道路上行驶以外，无法被使用。

假设车辆在平坦的道路上以高传动比行驶。操作条件如图15-32点1所示；虚线表示作为节气门开度 α 对应的车轮处的牵引力 F_x。

再假设汽车正面临一个突然的斜坡，如图所示提高牵引力到 $F_{x,0}$；驾驶人会感觉到汽车减速并做出反应提高节气门开度动作到达对应点2，开始降档。

当换档完成后，驾驶人将

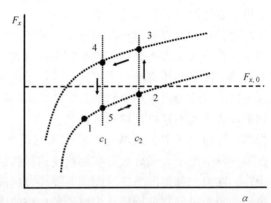

图 15-32　当所需牵引力值在相同节气门开度的两个相邻速度的可行值之间时，将发生典型变速器档位往复周期

很可能释放加速踏板，试图保持所需的汽车速度，开始一个新的升档并再次降低牵引力。

将发生一系列不必要的档位变化（周期2、3、4、5），所有在丘陵路上低速驾驶过的人都会了解。

解决问题的办法应该是暂时将换档线移动到较低的节气门开度，以便在较低速度下达到所需的牵引值，如在手动变速器上所实现的那样。

类似的情况还有如在上坡路上突然出现短暂的下坡，或在平坦的道路上遇到转弯。在第一种情况下，当重新开始上坡道路时，加速踏板被释放，下一个速度可以随着升档。使用手动变速器，速度不会改变。在意想不到的曲线路况上，可能会发生同样的情况。

手动设置选择器以保持低档时，可以避免上述不便。

该解决方案并不令人满意，因为它意味着需要施加额外的操作，并且会发生驾驶人将选择器遗忘在错误位置的情况，特别是当变速器本来就处在高档位时。

另外一个方案，专业驾驶人在使用自动变速器时会拉大与前车的距离，以避免对加速踏板施加额外操作；加速的动力储备将减少，使超车更加困难，有时会降低平均速度。

使用手动变速器的驾驶人可以看到即将到来的下坡或转弯，并决定保持或改变速度；这种可能性不适用于自动变速器控制系统。卫星导航系统的广泛使用可以在将来使这成为可能。

解决这个问题的更简单和有效的系统来自如下观察：在丘陵或弯曲道路上，如果驾驶人期望驾驶速度很快，那么加速踏板移动会更加频繁并且位移更大。

斜坡是否存在及坡度值可以通过节气门的平均值和变化幅度来估算。通过将计算值与经验值进行比较，可以决定降低降档点。

另一道路坡度指示参数可以是发动机转矩；控制系统可以通过对喷油时间和其他发动机参数的统计分析来进行估计。

运动驾驶行为可以通过节气门开度一阶导数来检测。

如果在踩下加速踏板之后车辆响应不足（现有变速器档位已经被保持），那么踏板上的第二次启动步骤将随之而来；这指示出驾驶人对响应不足不满。

这种情况可能建议采用更高的升档曲线；同样，持续低节气门角速度时，建议换档到更适合于燃料经济性的较低档位。

当释放加速踏板以轻微减速，或使用制动器减速时，可能发生另一种特定情况。在第一种情况下，最好放弃实际的变速器档位或选择较高的变速器档位以降低燃料消耗；在第二种情况下，可能需要降档以提高发动机制动力。

第一个行为已经在前面段落中讨论的换档曲线中实现。

第二个行为可以通过考虑制动压力和节气门角一阶导数来实现；对于强烈减速的需求，通过更快速释放加速踏板的行为体现。

15.6.5　制动器和离合器工作

使用控制系统要解决的最后一个问题是在换档和变矩器锁止离合器制动期间，使离合器或制动器制动。

在前面的段落中，已定义了最优舒适度或最小燃料消耗的换档条件；上述条件仍然不考虑由离合器产生的偏移瞬态。

在换档期间需要遵循一些标准使离合器分离和接合，避免行驶期间的干扰冲击。

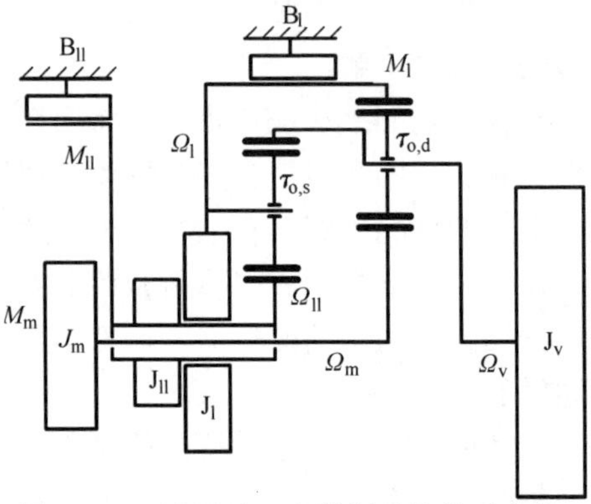

考虑图 15-33 的示例。行星齿轮系以 4 种不同的速比表示；这里只考虑一档到二档的转换，以了解在此期间发生了什么。

图 15-33　适用于四速的行星齿轮系方案；示出了从第一速比到第二速比的转动质量

在一档中，带式制动器 BI 闭合。

左右齿轮系的普通传动比分别称为 $\tau_{o,d}$ 和 $\tau_{o,s}$。

下标 m 和 v 表示在发动机转速和车辆传动轴速度下转动的元件；为了简单起见，变矩器被忽略。

在一档，带制动器 B_{II} 的滚筒将被制动以获得第二速比，以如下给定的速度转动：

$$\Omega_{\mathrm{II}} = -\Omega_{\mathrm{v}}\tau_{\mathrm{o,s}} \tag{15-16}$$

在二档中，制动器 B_{II} 关闭，而带式制动器 B_{I} 的转鼓将自由转动。

从一档到二档的换档操作将使制动器 B_{II} 的工作；发动机、变速器和车辆系统将由于制动力矩的作用而减慢，但将从制动器 B_{II} 旋转部件动能的部分变换中获得积极影响。这些都是用旋转质量 J_{II} 模型，而发动机则用旋转质量 J_{m} 建模；以相同的方式，制动器 B_{I} 的转矩降低将产生积极的影响，加速旋转质量 J_{I} 吸收的速度将产生的负面贡献：

$$\Omega_{\mathrm{I}} = \Omega_{\mathrm{v}} + \frac{1}{\tau_{\mathrm{o,s}}(\Omega_{\mathrm{m}} - \Omega_{\mathrm{v}})} \tag{15-17}$$

因此，用于高质量升档的输入量很多；图 15-34 示出在节气门开度较大处的一档升二档时，相关参数与时间的函数的典型图表。如果所提供的动力大于阻力，那么发动机转速在换档前后增加；如果传动比下降，那么发动机转速会随着下降。

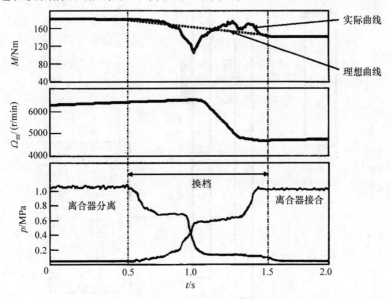

图 15-34　相对于时间 t 的升档中涉及的最重要的量值图；从顶部、变速器输出
转矩 M（实际值和理想值），制动期间的发动机速度 Ω_{m} 和油压 p

升档将会导致变速器输出转矩减小；减少冲击的理想解决方案，是创建一个直方转矩图，将换档点之前和之后的转矩值连接起来；实际值由振荡曲线表示。

在用于离合器或制动器制动的两个液压回路中，将存在：

● 在一档上，锁定的元件上的压力随时间减小。

● 为了换到二档，将要锁定的元件上的压力随时间增加；两个图应当精确重叠，以尽量最小化牵引力的变化。

压力的上升和下降曲线用于比例控制阀，以获得连续的转矩和速度的函数牵引曲线，必须针对每个速度变化确定制动器和离合器的最佳制动低点。不断重复制动试验和控制系统工作可能太繁重了，采用数学模型可能更方便。

在设计这些模型时，必须考虑到变速器输出转矩不仅与输入转矩有关，而且还与变速器旋转元件的惯性有关，特别是对于行星齿轮系，不能忽视这点。

当离合器（或制动器）压力可以按比例和独立地调节时，可以获得减少冲击力的最佳效果；可以通过连续调节接合元件和分离元件，来获得图 15-34 图所示的结果。

同样，在非外摆线齿轮系变速器（固定旋转轴和双离合器）中，不可忽略惯性的影响。

下面考虑一个双速变速器，如图 15-35 中的方案所示；M_I 和 M_{II} 是从 τ_I 到 τ_{II} 的传动比变化所涉及的离合器 B_I 和 B_{II} 的瞬时转矩（时间的函数）。表观车辆旋转质量由 J_v 表示，而 J_m 是发动机的等效惯性，M_m 是发动机转矩，M_m 是变速器输出轴处的驱动转矩。

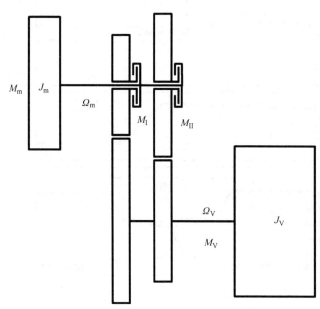

图 15-35　在具有固定旋转轴的动力换档变速器中研究速度转换瞬态的方案

假设在换档期间，阻力矩没有明显变化。发动机转矩有时也被认为是恒定的；通常情况下，如果节气门开度在车辆行驶时保持不变，则 M_m 是 Ω_m 的已知函数。

上述假设离合器制动力在时间上是线性的。

在图 15-36 中可以画出这个现象的示意图，有

$$\begin{cases} J_m \dfrac{\mathrm{d}\Omega_m}{\mathrm{d}t} = M_m(\Omega_m) - M_I(t) - M_{II}(t) \\ J_v \dfrac{\mathrm{d}\Omega_v}{\mathrm{d}t} + M_v = \tau_I M_I(t) + \tau_{II} M_{II}(t) = M'_m \end{cases} \quad (15\text{-}18)$$

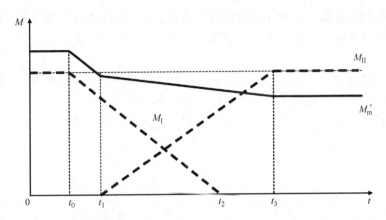

图 15-36　升档期间中间轴动力换档变速器的接合离合器上的转矩示意图

第二个方程的导数是冲击力，它远不会为 0。因为如果只有传动比变化，那么 M_m 的转矩将会改变。可以这样理解，如果 M_I 和 M_{II} 在时间上是线性的并且 t_1 和 t_0 相等，则冲击力最小。

活塞填充和排空的时间不仅由其体积和孔尺寸确定，而且还由以下各项影响：

● 油路压力，油泵速度（随变矩器泵旋转）和油黏度（温度的函数）决定；压力实际上由泵内的溢油量造成。

● 离合器的转速，因为通常情况下离心压力场是不可被忽略的。

● 离合器工作面上的摩擦系数，取决于磨损和工作温度。

● 油黏度和温度决定在给定压力下填充和排空的时间。

● 变速器的尺寸公差。

由于这些原因，开发可靠的数学模型特别困难。使用通过反馈参数集成的第一近似数学模型是一个好的方法；这可以从时间上考虑以补偿容忍度，或者更多地用于温度效应。

理想反馈参数应为输出转矩，但此时没有可用的转矩传感器；然而，一旦惯性质量已知，就可以通过加速度来估计转矩。

用于使加速度变化最小化的另一因素，是通过提前点火，或者如果可能的话直接控制发动机节气门。

通过将油压调节到恒定值，以及消除温度和黏度的一些影响，来消除系统的一些变量也很重要。

对于锁止离合器必须提到，它们的执行器应考虑离合器和制动器相关事宜。

当变矩器滑移率达到较低值时，表明不再需要转矩倍增，此时锁止离合器必须接合。

离合器接合也消除了阻尼力，当车辆等效旋转质量高时，对低速行驶来说非常有用。

在早期的变速器上，锁止离合器仅在高档起动。由于现在对燃料消耗模型的极大关注，造成锁止离合器在所有变速器速比下均使用；可以提高几个百分点的节能效果。

在这种情况下，不仅在接合时而且在正常操作期间，驱动力作为力矩的函数必须得到谨慎控制，以便在发生扭转振动时允许小的滑移。

在这种情况下，推荐使用类似于传统起动离合器的阻尼器。

16 设计和测试

本章将讨论前面章节中没有考虑的传动组件的设计规则和步骤，以及可用于整个传动系统的验证和检测的测试方法。

请记住，本章的目的是补充在机械设计和数学课程中获得之外的知识。这些课程的基础知识应该已知。

16.1 传动装置的任务

本节将描述车辆使用寿命期间传动装置的运行状况，使大家定性了解应用哪些负载以及必须承受多长时间，而不会造成损坏。

传动装置在车辆的操作中起重要作用，因此必须具有至少与车辆本身的平均使用寿命一样长的平均使用寿命，显然这必须遵循维护建议来进行维护才能实现。

变速器不仅必须保持其结构完整性，而且还必须保持它们功能特性，正如我们在变速机构和同步器的讨论中所描述的，机械效率与噪声的产生是最相关的。

传动系的寿命，如其他车辆系统的情况，只能通过统计而不是准确计算来描述，因为来自不同道路的负荷和驾驶风格具有统计性质。

因此，制造商通常采用的寿命规格，是严格根据 B_{10} 寿命要求，大约有 10% 的变速器产品满足不了要求。

寿命是在没有任何重大损害前提下，根据预设任务行驶的最大距离。

如果考虑最近的产品演进，则不应该限制主要损坏类别为中断车辆运动的故障，还应该包括通常在维修店内客户提出的问题，如：

- 噪声增加。
- 移动负载增加。
- 润滑剂溢出等。

作为 B10 的参考值，可以假设：

- 汽车用传动装置 >15 万 km；
- 建筑工程用车 >30 万 km；
- 城市公共汽车（工程用） >40 万 km；
- 长途载货车 >80 万 km。

要获得的最终结果很清楚；但必须说，由于工作条件总是在变化并且不可预测，使得传动装置寿命的定量规格非常难以制定。

如果限定在汽车领域，则可以说，在欧洲，驾驶分布在这 4 个典型环境中：

- 40%～70% 的高速公路。
- 15%～30% 在郊区道路上。
- 15%～20% 的城市道路。
- 3%～10% 的山路。

每个制造商各自推行测试活动以收集关于汽车使用的可靠数据；这些测试的结果是公司技术的重要组成部分，很少对外公布。

这些数据采集必须针对不同组的同类客户使用不同类型的汽车，并在不同时间重复进行，以将生活习惯、道路网络、交通和优选车型信息考虑在内。

通常采用在特殊客户集中收集的数据，例如出租车、公司汽车，在决定最佳售价时客户允许对他们的汽车进行数据测量（通过内置数据记录器）。

典型的数据采集包括轿厢速度、换档的位置、离合器位置、加速器位置和路面坡度一系列随时间变化的参数；这些信息被统计合成，以获得更容易使用的信息。基于这些数据，许多其他数据可以被推导出来，例如与传动相关的数据。传动系统运行由输入转矩、接合速度和离合器踏板位置确定。

这些参数的时间历程可以用作设计计算和试验耐力验证的固定参考系。

图 16-1 所示为汽车和中型载货车的报告，显示可用变速器速度的使用率。

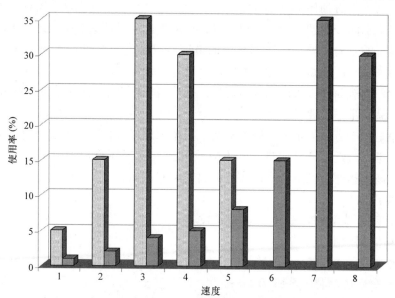

图 16-1 不同档位下，汽车（5 条直方图）和中等
工业车辆（8 条直方图）的平均寿命定性图

　　输入转矩随时间剧烈变化，也会有负面影响；传动系统所有结构部件的使用寿命因此受到疲劳度的限制。

　　齿轮和其他旋转元件会造成随时间变化的额外负载。

　　表 16-1 显示了应用一些简化后，传动装置寿命的定性描述。

　　作为假设，为了保证安全，只有速比Ⅰ和Ⅱ的机械为设计为有限使用寿命：机制在Ⅲ、Ⅳ和Ⅴ速比下设计为无限使用寿命；因为所有组件基本上由钢制成，寿命为 1 亿次。

　　至于倒车速度，通常假设使用寿命只有第一速比的 1/4。

表 16-1　汽车传动平均使用条件的定性描述。在第一/第二速比中消耗的寿命用千米计量，第三/第四/第五速比下以百万循环计量

档位	最大转矩	最大功率	制动	总数
一	5600	1600	800	8000
空档→一档				260000
二	21000	6000	3000	30000
一档→二档				180000
三	70	20	10	100
二档→三档				100000
四	70	20	10	100
三档→四档				20000
五	70	20	10	100
四档→五档				20000

　　第一/第二速比要求的寿命简单地通过将 20 万 km 的目标寿命乘以图 16-1 所示的百分比来得出。

　　假设汽车正在工作，负载条件被简化并以极端情况呈现：

　　• 70% 的时间在最大转矩和相应发动机速度的状态。

　　• 20% 的时间在最大功率和相应发动机速度的状态。

　　• 对于剩余的 10% 的时间，汽车在发动机制动作用下，转矩大小为最大转矩的一半，并且在最大发动机速度状态。

　　如果变速器按照欧洲燃油消耗和排放周期，整个生命周期为 20 万 km，则估计变速器换档驱动 20000 次。作为第三点假设的结论，增加的升档数量相当于 10% 的降档的数量。

　　这些负载条件可用于设计齿轮、轴、轴承、箱体和密封件，而升降档的数量可以用于设计同步器、换档机械和离合器。

　　此表应该通过对应用的精确统计学研究来进一步改进，但它可以被用作汽车传动系初步设计的起点。

　　在实际驾驶条件下获得的输入参数可用于估计部件的平均寿命；作为一个案例，我们也会阐述可能发生的传动系错误使用的一些特殊情况；在这些情况下，灾

难性的故障也是不可出现的。

这些测试程序是制造商专有技术的一部分；他们是通过执行极限驾驶，将汽车的使用寿命缩到最短。这种类型的典型测试包括例如突然释放离合器踏板，正如在穿着泥泞和较溜的鞋子时可能发生的那样。

传动部件根据设计过程，分为 3 个不同类别：

• A 类别，包括对正确传动操作至关重要的组件，此类组件可按照可靠、有效的步骤进行计算（如轴、齿轮、轴承）。

• B 类别，包括对正确传动操作至关重要的组件，但不能按照可靠的步骤进行计算（如同步器、润滑剂、密封件）。

• C 类，包括非关键组件，因为根据以往的经验没有故障记录（如通风阀、箱体等）。

B 类组件被仿照以往成功的案例来进行设计；这些组件的原型必须在制造第一台传动装置原型前，在工作台及车辆上进行大量的测试，以确保它们的可靠性。

因此，有效的管理和研发计划很重要，以保证所有组件均完成实验验证并具有相同的成功率。

所有组件，包括经过可靠设计过程的组件，一旦完成最终设计，均将在真正的传动装置上进行试验台的测试，最后在真实的车辆上进行测试，以确保其可靠性。

可靠性是无故障完成某个特定任务的概率。

可靠性必须在足够广泛的原型样品上进行验证；这必须以其实际生产过程中最大的容忍边界测试其关键特征。

这些测试的设计目标是保证足够的可靠度，并可以在更具体的手册中进行进一步的研究。

16.2 齿轮

16.2.1 寿命

齿轮使用寿命受 4 种不同的齿轮故障的限制：

• 弯曲疲劳。

• 点蚀。

• 刮伤。

• 磨损。

图 16-2 显示了这些限制条件下使用寿命的定性延伸。

以下问题直接决定齿轮使用寿命：

• 工作条件（传递转矩、圆周速度、油温）。

• 轮齿材料。

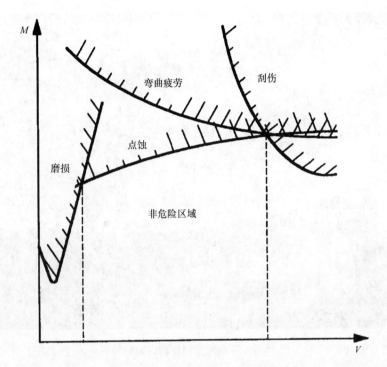

图 16-2　圆周速度 V 的与传动转矩 M 的关系图，示出了疲劳、点蚀、刮伤和磨损的
操作边界曲线的典型形状；曲线下方的区域对应于没有损坏危险的操作。
考虑到最可能的速度值，点蚀是最主要的使用寿命限制条件

- 齿形结构。
- 表面处理。
- 润滑剂配方。

对于直齿轮的计算，几乎所有汽车制造商均执行 ISO 6336 标准步骤。

发生齿面弯曲失效时，大部分齿因故障无法工作；通常发生在过载引起的故障和疲劳引发的故障。

第二种故障具有图 16-3 所示的侧面，清楚显示故障起始点（表面缺陷、缺口或非灾难性过载故障）。

一组几乎与起点同心的线示出故障的延伸方向。由于负载波动，故障表面被两部分连续的冲击打磨。

故障端部分的特征是由于阻力骤减造成突然断裂，在侧面造成非常不规则的表面。

过载故障在终端部分呈现疲劳故障的外观。

疲劳现象起源处的应力变化由以下原因引起：

- 低频转矩变化；转矩也可能改变方向。

图 16-3　弯曲疲劳损伤的齿面的外观

- 在中频下，齿循环啮合以及接触齿数的变化。
- 在高频下，发动机转矩谐波量。

根据其性质，惰轮在交替负载下工作。

点蚀损伤表现为外表面蚀坑增大并合并。这是由接触面高频压力引起的轮齿表面故障造成的。

这种故障的特征在于在其表面形成类似天鹅绒般的小的毛刺表面，如图 16-4 所示。或者形成比较大的不规则凹坑，如图 16-5 所示。外观上的差异是由所讨论的现象的严重程度造成的。

必须记住，点蚀现象仅发生在润滑面上；润滑剂的特性因此起主要影响。

低速磨损的特征在于齿面上沿相对速度方向形成磨损。除非存在明显的几何误差或润滑剂不足的情况下，它在汽车传动系上很少见到。

划伤表面的外观类似于前面描述；该损坏的原因可能在于润滑剂层在高温或高压下破损。它可能导致金属与金属直接接触；其外观是由轻微焊接、切割，或者由化学作用引发的。

引用的 ISO 规范包括用于验证以上现象不会发生的计算程序；只有划伤则不在计算的考虑范围内。

如图 16-2 所示，相较于汽车传动系，齿的安全操作区域基本都会受到点蚀限制。

图 16-4　齿面点蚀损伤外观

由于施加的负载随时间变化，必须在设计阶段就考虑到疲劳现象。

因此，必须考虑乌勒（Wöhler）疲劳曲线；该曲线之一如图 16-6 所示。

图右侧的两条线（倾斜和水平）以对数的尺度表示应力幅度（在垂直轴上），以此作为导致故障的循环数的函数，如已知的，存在水平极限，即疲劳极限。若低于此极限，则根据简化的理论，故障将永远不会发生。

如果必须同时兼顾平均寿命及可靠性的预测，则建议不仅仅考虑材料平均故障曲线，还要考虑 B_{10}、B_{50}、B_{90} 曲线。

为了将工作应力与乌勒疲劳极限进行比较，作为第一步，需要将转矩－时间曲线转换成应力－时间曲线。

此时，可以在相同应力振幅下计数循环数（图中的 h），以定义一个直方图，其中每个应力幅度等级用相应的循环数（图中 N）表示；这个直方图是所谓的负载曲线。

在递减负载振幅等级下重新排序的负载分布，在乌勒疲劳曲线下方用折线表示。

此时，可以进行实际应力与允许应力的比较。

此类比较中通常使用的规则是由 Miner 开发的；根据这个规则，相同幅度的每组负载产生对材料的部分损伤，等于乌勒疲劳曲线上实际循环次数与无损伤循环之间的比。

此规则证实，当部分损害（根据定义，每次损害低于 1）的总和等于 1 时，发生故障。

图 16-5　受到严重点蚀损坏的齿面

Miner 定律意味着当负载振幅低于疲劳极限时，不会引起磨损；这个假设也应该被探讨，因为如果局部损耗已经发生，裂缝已经出现，那么涉及未损伤的部分，即使低于疲劳极限的应力水平也会导致损耗的扩大。

考虑到这一事实，需要凭经验进行校正；根据校正，水平疲劳极限线被改变成斜线，其斜率由斜线和水平线之间的平分线（对数表示法）限定。该线在图上以点表示。

而在文献中选择适合齿轮材料的乌勒疲劳曲线，重要的是考虑到实际的热处理

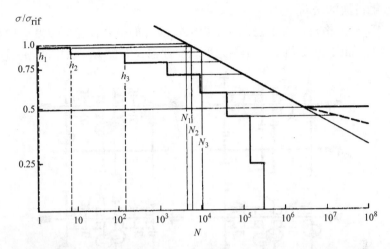

图 16-6　比较乌勒疲劳曲线（对数表示）与分配的负载曲线（阶梯线）。应力除以参考值；
N_1、N_2、N_3 表示施加相对负载 h_1、h_2、h_3 的周期数

（表面硬化或氮化，通常最后应用于外摆线齿轮）和使用研磨、刨削或磨削工艺对接触表面进行精加工。

　　汽车变速器中间轴的常见特征是对所有齿轮采用相同的中心距离。变速器的中心距离由受应力最大的齿轮对决定，通常是第一速度或倒车速度。

　　对于其他速度，应力较小时的应力面宽度会变小；面宽度和直径之间的比例受限于可安装传动装置的空间大小。鉴于这个原因，该比例在不同变速器中的差别不是很大（0.3~0.6）。

　　因此中心距离成为评价整体设计性能的工程参数；它可以用于比较具有相同转矩容量的变速器。

16. 2. 2　噪声

　　变速器产生的许多不同的噪声十分恼人，并且会分散驾驶人的注意力。它们可以根据不同类别精确分类：

- 齿合啸叫。
- 齿轮间"咯咯"声。
- 变速刺耳声。
- 轴承发出的"嘎吱"声。

啸叫可能由 3 个不同的因素造成：

- 接触齿的间距误差和由于接触齿变形引起的间距变化。
- 沿接触线的齿弯曲刚度变化；在这方面，螺旋直齿轮具有比直齿轮更好的性能。

● 接触齿面的松动。

"咯吱"噪声格外令人不悦，这是由恒定啮合的空转齿轮，以及套筒和同步器轮毂产生的；如图 16-7 所示，左侧为单级变速器，右侧为双级中间轴变速器。

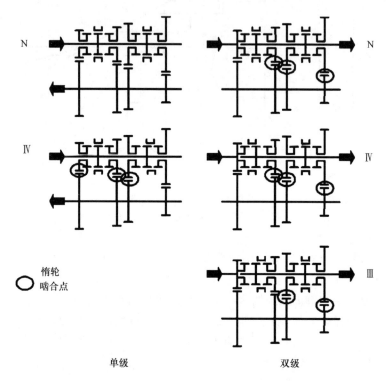

图 16-7　单级和双级中间轴变速器的方案；圆圈标记旋转的
空转齿轮的啮合点，由此产生"咯吱"的噪声

啮合的齿轮由它们的套筒位置标示；圆圈标记旋转的空转齿轮的啮合点。在图的顶部显示怠速情况下的变速器情况。

常啮合齿轮中间轴转动。因为发动机转速不是恒定的，中间轴将引起扭转振荡，导致齿侧面在两个角度方向上的空隙间自由撞击。

类似的现象可能发生在套筒花键和同步器轮毂之间，并且在空转配对、直接驱动或其他速度下可以察觉到。

在左图中，单级变速器呈现相同的现象，除了在怠速时以及驱动轴上具有套筒的轮对上；这些实际上仍然存在。

怠速时的"嘎嘎"声与加速时的"嘎嘎"声相似，但是由于限速可能产生的金属声；在加速期间，声音更具谐波频率，并且类似于管道中流动的液体的噪声。

因为许多谐波频率不在听觉范围内，并且噪声被其他来源掩蔽，所以在中等发动机转速下，这种噪声的感知可能性会持续下降。

油黏度的影响也需要格外关注，例如在低温下油黏度高时，上述部件的振动被完全阻尼。

只有当推力超过同步器的反作用力而过早完成变速行为时，速度转换行为才会引发噪声。

这种噪声是由同步器尺寸不足或暴力换档造成的；当同步器锥体不能成功地去除油膜时，可以在低速和低环境温度条件下检测。

最后要说的是，轴承呜呜只是轴承故障的前兆，产生的原因是轴承与环的间隙过高时，轴承转动引起的。

降噪必须在系统层面完成。其他噪声来源的子系统，如发动机、动力传动系悬架、传动线的弹性部件和半轴，有时悬架和轮胎都会助力于噪声传播。

空气中传播的噪声和结构上通过车体传播的噪声均能使噪声被人感知到。

想要仅通过改造变速器来实现降低变速器噪声的目的，是一种误导的思维并且会造成生产成本过高；然而，一些好的设计规则应予以考虑。

为了消除哨声，最好只使用覆盖率≥2.5的斜圆柱齿轮；它可以通过使用高接触比的轮廓，增加齿轮高度和间距比，来进一步降噪。

以得到纤薄的齿尖为导向的轮廓修正同样有益。

应避免整体传动比；任何齿轮的对优先磨损都会改变齿轮的噪声。

最好使用合理范围内严格的公差，如符合 IT5 和 IT7 等的要求；考虑到生产成本，可以为最频繁使用的齿轮制定更严格的公差。

齿面必须足够光滑。通过抛光和珩磨获得令人满意的结果；研磨可用于特殊情况。

如我们已经看到的，冲击噪声必然受到周向间隙影响；它可以通过以下措施减少：

- 减少间隙。
- 减少从动部件的惯性旋转质量。
- 改善润滑；接触部件润滑得越好，阻尼作用越好。
- 调节到更合适状态的离合器阻尼。通过该调节器可以将自然频率移动到临界区域外。
- 采用双质量阻尼飞轮。

因为噪声部分通过空气传播，部分通过结构传播，最好的办法是通过使用合适材料，以及增加与同动力系统连接点的局部刚度，来加固变速器箱壳体。

16.3　变速器轴

变速器轴的直径变化很大，因为它们必须匹配不同的部件；因为其直径很小，所以齿廓有时也会直接在轴上切割。

图 16-8 显示了配有横置发动机的前驱变速器的轴的细节。许多直径变化必须通过倒角或圆角来过渡，以减少扭转和弯曲应力的集中，甚至减小阻力。

机器设计手册呈现了最广泛使用的截面变换的静态形状系数；这些系数乘以通过应用圣维南（De Saint Venant）理论获得的应力，获得实际应力。

可以按照前述的齿轮计算过程来对轴进行相似的计算，以将疲劳现象和负载振幅变化考虑进来。

由于施加了负载，在设计轴时引入位移计算是非常重要的；事实上，位移（长度和角度）可能改变轮齿的工作条件，并给噪声和使用寿命带来负面影响。

在位移研究中，总结出如下一些重要的设计规则：

- 通过尽可能限制齿轮和同步器宽度，减少轴承之间的轴跨度。
- 承受最大负载的齿轮要尽可能靠近轴承安装。
- 为避免直径徒然变化，通过增加或减小直径来协调零件。
- 为避免滑键，优选花键连接。
- 平滑直径过渡和钻孔，如图 16-8 所示。
- 仅在轴的端部使用卡簧。

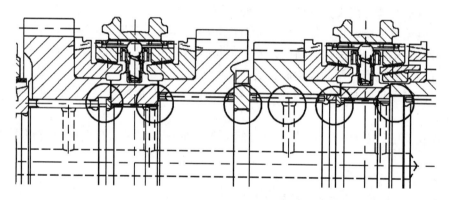

图 16-8　直径过渡处的刻痕减少的一些示例，以及用于
前驱（FIAT）的单级变速器的轴的横向钻头

16.4　轴承

变速器轴承通常是滚柱轴承；滑动轴承仅用于低应力惰轮和用于内部换档机构的滑动轴承。

如果可能，每个轴只用两个轴承，以避免超静装置对加工公差过度敏感。

选择滚柱轴承时要考虑的问题有：

- 足够的部件使用寿命。
- 符合轴角位移。

- 符合轴（由钢制成）和箱体（由铝或镁制成）不同的热变形伸长系数。
- 零件磨损颗粒引起的油污染。

应用于轴端的轴承主要有 4 种类型：

- 深沟球轴承。
- 角接触球轴承。
- 圆柱滚子轴承。
- 圆锥滚子轴承。

深沟球轴承应用广泛，因为它们可以承受径向和轴向载荷。它们容易组装在轴上，不需要调整位置，价格合理；但是它们有尺寸大和对油污染敏感的缺点。

考虑到这一点，有时优选自润滑密封球轴承，特别是在变速器大量溅油的情况下。

四个角接触球轴承几乎等同于上述的轴承，具有尺寸小的优点，同时成本增加。

圆柱滚子轴承能承受较大的径向载荷，但不能承受轴向载荷；它们通常在轴的另一端与球轴承配合使用。它们具有成本高和在大量角位移的情况下不能正常运行的缺点。

圆锥滚子轴承得到越来越多的应用，因为它们具有最佳的径向和轴向承载能力（参见图 9-11）。它们尺寸有限，装配在变速器上有些困难，因为带滚柱保持架的内圈以及外圈是可分离的部件。

为了正确的操作，它们需要适当的轴向预载荷，必须在每次工作前都保持执行。两个轴承中的至少一个必须调整轴向位置，以补偿轴和外壁的长度公差；此外，两个轴肩中的一个必须方便安装，从而使其对热位移不敏感。该结果可以通过用高热膨胀材料制成的隔离件来实现。

惰轮上的轴承主要是滚针轴承；有时候座圈是轴的外表面和齿轮的内表面，以减小径向尺寸。

16.5 润滑剂

正确的润滑剂规格对于变速器寿命至关重要，考虑到其多项预期功能。润滑油功能如下：

- 减少金属和非金属零件（旋转和滑动）的摩擦和磨损。
- 将较热区域产生的热量分配到较冷区域，有助于热耗散。
- 建立润滑膜。
- 保护组件免受腐蚀。
- 清除由磨损产生的残余颗粒。
- 在任何工作温度下，长时间执行所有上述功能。

变速器部件的润滑通常通过旋转齿轮喷溅油和喷射油来控制。因此，有必要正确地利用移动部件，以便为需要润滑的所有零部件提供和保持润滑。

这个任务是通过在箱体中设计油通道来实现，以此收集由齿轮喷射的油并将其分配到较少暴露的部件上；轴上的横向钻孔有助于润滑空转齿轮的轴承。

在重型手动变速器和自动变速器上使用加压润滑；齿轮泵通过输入轴、专用管道和通道驱动将油分配到工作点。

如果用数学模型进行研究，润滑剂分布的研究将会相当困难；更简单的方法是建立试验分析，使用带透明外壳的改装变速器。

当齿侧面啮合在一起时，可以识别不同的现象：

• 边界润滑，当表面接触而不浸入润滑油时，保护措施完全由其固有性质来实现；在这种情况下，只有润滑添加剂才能改变表面的化学性质并防止微粘连（摩擦改性剂）。

• 混合润滑，当发生表面部分分离时，通过由润滑剂产生的流体动力起作用。

• 流体动力润滑，当完全分离的油膜可用时。

这三种不同的情况是根据齿面上的接触点位置和圆周速度而触发的；在更接近原始圆周的部分，混合润滑将以低速进行，而流体动力润滑将以高速进行；在靠近第一个和最后一个接触点的部件上将会有边界润滑和混合润滑。

当指定润滑剂时，应考虑这些事实，大部分润滑剂最高工作温度可达到90 ~ 100℃，部分润滑剂最高工作温度可达150 ~ 160℃。

在目前的汽车上，预期的润滑油寿命与变速器的寿命一样长。

满足上述条件的润滑剂是与合成油混合的矿物油，因此必须提供合适的添加剂实现：

• 防止腐蚀和氧化物积聚。

• 清除和分散污染物颗粒。

• 改变接触表面的化学性质，以在边界润滑条件下防止微粘连。

黏度等级取决于工作温度。多级润滑油在欧洲被广泛使用，以便使整个市场上的产品标准化，以避免不可接受的季节性润滑油性质变化。

16.6 箱体和密封

箱体的功能如下：

• 对由内部部件施加的力和转矩做出反应，并将合力分配到发动机和动力传动系悬架的接口。

• 保持内部零件的准确位置。

• 消散产生的热量。

• 隔绝噪声。

• 允许简单的箱体装配和拆卸。

箱体设计可根据三种结构进行分类：

● 中通箱体，在同一箱体原件上切割轴承座时，箱体坚硬、易于加工；开口由可拆卸的盖子封闭，内部零件可组装和拆卸。

● 端装式箱体；箱体被横向切割成两半来装载轴。因此，同一轴的轴承座安装于箱体的不同部分上。

● 顶装式箱体；箱体沿着轴被切割两半，使得每个轴承支承在两个不同的半座上。

在最后一种情况下，必须设计额外的箱盖，以便进行组装和拆卸。

如果箱体被分成两半，则各部分在大多数过程中被单独加工。轴承座的最终钻孔将在组装零件时进行，以确定必要的公差；因此，没有明确用于半箱体组装的间隙定位销。

使用最广泛的架构是第二个；它具有容易组装的优点，并且在工业车辆齿轮箱的不同版本中，允许以模块（离合器、分离器、变速器、减速器、附件等）进行组装。

箱体通常由铝制成，有时为了减重由镁制成；它们使用了大量的局部加强件，例如肋板和腹板，以在有限质量中实现最大刚度。

图 16-9 示出了倾斜肋板的使用，以增加应对轴反作用力的扭转刚度。

箱体必须有通气孔。事实上，考虑到重量和摩擦损失，润滑剂不会占据所有可用的内部体积；没有通气孔，自由空间中的空气将随着温度的变化而改变压力，导致密封的问题。

在车辆操作期间，空气必须排出，并在车辆停止时重新吸入；灰尘及其他污染物必须过滤。通气孔就像一个盖子；它具有适用的带有分离栏和过滤器的开口。过滤器是用低密度烧结金属制成的，并安装在盖上。

旋转和滑动密封件必须仔细设计。密封必须完全紧密；考虑到环境污染和需要再次添加，即使微小的泄漏也是不可接受的。

为了密封固定部件，应用预成形垫圈（图 16-10 中间）或原位聚合垫圈（图 16-10 右）。在这种情况下，垫圈是用合成材料制成，以液态分布在零件上，并在组装后聚合成固体；因此，盖子必须具有合适的齿（由图中的箭头指示），以避免在螺栓紧固之后糊料会侵入。盖子还必须具有合适的凸起，以使垫片在拆卸时更容易被撕开。

对于尺寸限制和圆形盖，也使用 O 形环（图 16-10 左侧）。在使用预成形垫圈时，螺栓的数量和盖板刚度必须保证几乎恒定的压力接触。

为了验证这一事实，可使用照相压敏膜。

旋转密封件为唇形密封，其线圈弹簧夹紧旋转轴（图 16-11 顶部）。密封件必须用其弹簧组装在箱体内，以在由于温度引起的压力增加时更为紧固；第二唇形密封加在密封圈上，以使密封圈免受灰尘污染。

滑动密封或小角度旋转密封（选择杆，图 16-11，底部）由 O 形环或方形环

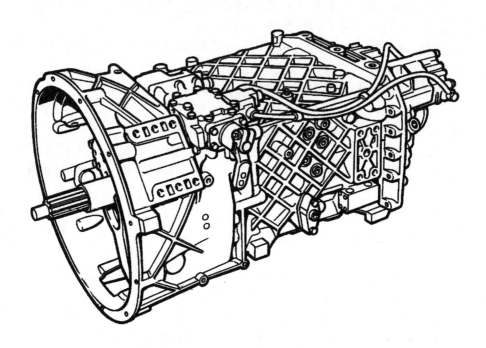

图 16-9　工业车辆变速器箱体，其特征在于具有相当数量的倾斜肋；
这些增加了总体扭转刚度和面板弯曲刚度（依维柯）

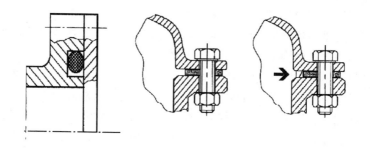

图 16-10　盖子上的密封件示例；从左边，匹配圆形盖子的 O 形密封圈、
预成形垫圈和原位聚合垫圈

制成。

　　用于多盘离合器制动活塞的密封件需要承受高压，因此由具有压敏唇缘的矩形
环制成（图 16-11，底部右侧）；这些密封件必须在组装时正确安装。

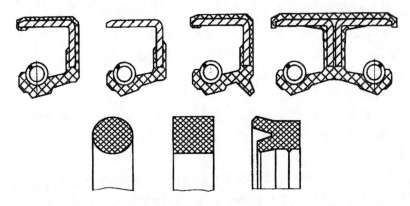

图 16-11　旋转密封（顶部）和滑动密封（底部）的示例

16.7　测试技术概述

为了验证变速器的功能和可靠性，是在计算完成后可以进行适合的测试；这些测试必须在不同的样机上执行，以提高可信度。

测试项目可参考新变速器的开发过程，根据其时间位置分类。

测试将在试验工具制造的有限数量的样机上进行，以验证其设计的正确性。

随后将进行第二轮的测试，使用大量批量生产工具制造的样机进行测试，以验证制造过程是否适当。

这些测试在台架和原型车上进行；随后是车辆可靠性测试项目，这应该确认传动系可靠性并发现其他问题。

必须对提供的所有零件分别执行相同的测试周期。

测试活动也可以根据预期结果进行分类；由此我们区分功能性测试和可靠性测试。

功能测试的基本特性是执行时间短，因为结果的突然变化是不可预测的。

一些功能测试可以在同一样机生命周期上重复进行。例如，机械效率测量应该在前期和后期重复进行，以验证方案的改进措施；泄漏测试必须在新的变速器上进行，以验证其设计和生产过程的合格性，还需要在使用寿命结束时进行检测，来检测由于磨损造成的不可接受的变化。

典型的功能测试结果是必须与项目目标进行比较的特征测量。

功能测试包括：

● 润滑试验，在不同的车辆工况下，证实变速器即使在三个方向倾斜，油依旧可以到达所有要润滑的点。

● 润滑油泄漏试验。

- 功率吸收测试，在任何可能的输入转矩、发动机转速和变速器速度下测试。
- 选择和接合力，在不同的变速器速度、车辆速度和不同的合理油温下测试。
- 怠速和不同速度等不同工作条件中的噪声的排放测试。
- 工作温度测量。
- 误用和滥用测试。

所有这些测试都可以在少量样机上进行，必须用与正在研究的现象相关的尺寸来加工和组装，尽可能接近公差极限；例如噪声测试应以图纸规格允许的最大角度间隙进行。

耐久性测试包括根据各种可能的工况使组件在预期的生命周期内运行。预期的故障是仅在使用寿命之后发生的故障；如果它们过早发生，则必须对其进行分析，以设计纠正方案。无论如何，重复所有计划的测试，直到获得成功。

可靠性可以通过在大量样机上统计的重复耐久性测试来证明。

几乎所有的功能和耐久性测试都可以在台架上或在车辆上进行；只有在足够数量的台架测试中达标，才能在车辆上进行测试以确认结果。事实上，工作台测试更容易监督，故障更容易分析。

考虑到样机制造成本高，应该避免正在进行试验的车辆的待机时间和齿轮箱故障所引起的损坏。

变速器测试台运行的道理特别简单，它配有台架以安装完整变速器。变速器可由实际的发动机或电动机驱动旋转；这更适合长期耐力测试。

当在特定测试中使用电动机时，需要控制电路以产生具有内燃机周期性不规则性的输入转矩。通过转矩脉动器连接电动机和变速器可以获得相同的结果。

根据试验的类型，可以使用制动器来模拟车辆阻力（图 16-12）。

当必须重现车辆惯性时，制动器可以耦合到可变惯性飞轮；制动器和飞轮组件可以由适当控制的电动机/发电机代替，以模拟车辆阻力并回收部分浪费的能量。

当（图 16-12，底部）需要进行恒定输入转矩的测试时，轴可以通过传动线路连接。传动线路通过恒定转矩预加载，从而对变速器施加所需压力。在这种情况下，电动机功率仅补偿摩擦阻力。

图 16-13 显示出了典型完整的变速器的现代测试装置的内部。

这种测试装置可以适用于所有类型的测试，包括声学测量。它在声学上是混响，但可以通过将一个变速器封装在合适的舱室中，使其变为消声室。

我们可以在左边看到电动机及其控制系统、变速器试验台和扭力计轴，用来测量输出转矩。在小图下方，可以看到取自控制台的电动制动器。

电动制动器具有 220kW 的最大功率和 600N·m 的最大转矩，转速高达 7000r/min，内燃机的转矩波动模拟频率范围为 0~500Hz。

制动器可吸收高达 200kW 的功率，在 650r/min 时最大转矩为 3000N·m；可以模拟最大转矩下的最大传动比为 5，足以分别测试最大转矩或者转矩减少时的变

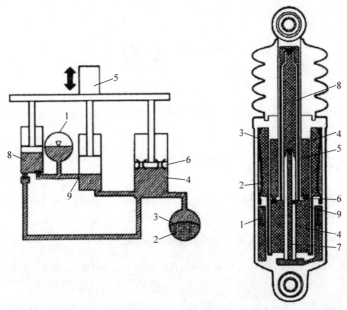

图 16-12　传动试验台架；在图的下部是再循环功率台的方案

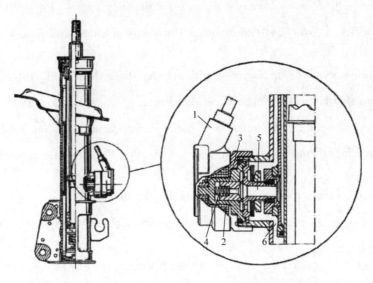

图 16-13　用于完整传动的典型现代测试装置的内部。这种测试装置可以适应各种测试，包括声发射
　　　　　测试。它在声学上是混响的，但可以通过将变速器封装在合适的舱室中，变为消声室

速器和主减速器。

参 考 文 献

1. L. Baudry de Saunier, *L'automobile théorique et pratique*, Omnia, Paris, 1900

2. O. C. Schmidt, *Practical Treatise on Automobiles*, The American Textbook, Philadelphia, PA, 1909

3. W. Neubecker, *Antique Automobile Body Construction and Restoration*, Post Publication, Arcadia 1912

4. M. Peter, *Der Kraftwagen*, R. C. Schmidt, Berlin, 1937

5. M. Serruys, *La suspension et la direction des véhicules routiers*, Dunod, Paris, 1947

6. M. Boisseaux, *L'automobile, méthodes de calcul*, Dunod, Paris, 1948

7. J. C. Maroselli, *L'automobile et ses grands problèmes*, Larousse, Paris, 1958

8. M. G. Bekker, *Off-the-Road Locomotion*, University of Michigan Press, Ann Arbor, MI, 1960

9. J. P. Norbye, *Sports Car Suspension*, Sport Car Press, New York, 1965

10. J. Pawlowski, *Vehicle Body Engineering*, Business Books, London, 1969

11. G. Oliver, *Cars and Coachbuilding*, Sotheby Parke Bernet, London, 1981

12. I. S. Ageikin, *Off-the-Road Mobility of Automobiles*, Balkema, Rotterdam, 1987

13. D. Giacosa, *Progetti alla FIAT*, Automobilia, Torino, 1988

14. T. D. Gillespie, *Fundamentals of Vehicle Dynamics*, SAE, Warrendale, PA, 1992

15. M. Mitschke, *Dynamik der Kraftfahrzeuge*, Springer, Berlin, 1995

16. W. F. Milliken and D. L. Milliken, *Race Car Vehicle Dynamics*, SAE, Warrendale, PA, 1995

17. K. Newton *et al.*, *The Motor Vehicle*, SAE, Warrendale, PA, 1996

18. J. Reinpell, H. Stoll, *The Automotive Chassis*, Arnold, London, 1996

19. P. L. Bassignana *et al.*, *Storia fotografica dell'industria automobilistica italiana*, Boringhieri, Torino, 1998

20. J. Fenton, *Handbook of Automotive Body and Systems Design*, Professional Engineering Publishing, London, 1998

21. J. Fenton, *Handbook of Automotive Powertrain and Chassis Design*, Professional Engineering Publishing, London, 1998

22. H. Heisler, *Vehicle and Engine Technology*, Arnold, London, 1999

23. J. Fenton, *Handbook of Vehicle Design Analysis*, SAE, Warrendale, PA, 1999

24. J. Appian-Smith, *An Introduction to Modern Vehicle Design*, SAE, Warrendale, PA, 2002

25. J. Brown *et al.*, *Motor Vehicle Structures: Concepts and Fundamentals*, SAE, Warrendale, PA, 2002

26. L. Baudry de Saunier, *L'automobile théorique et pratique*, Omnia, Paris, 1900

27. O. C. Schmidt, *Practical Treatise on Automobiles*, The American Textbook, Philadelphia, PA, 1909

28. A. Seniga, *Il meccanismo di trasmissione negli automobili*, Biblioteca d'automobilismo e d'aviazione, Milano, 1912

29. E. B. Butler, *Transmission Gears*, Griffin, London, 1917

30. M. Peter, *Der Kraftwagen*, R. C. Schmidt, Berlin, 1937

31. M. Boisseaux, *L'automobile, méthodes de calcul*, Dunod, Paris, 1948

32. W. H. Crouse, *Automotive Transmissions and Power Trains*, McGraw-Hill, New York, 1955

33. P. Patin, *Les transmissions de puissance*, Eyrolles, Paris, 1956

34. D. Thirlby, *The Chain Driven Frazer Nash*, McDonald, London, 1965

35. G. Rogliatti, C. Valier, L. Giovanetti, *La frizione nel tempo*, Valeo, Torino 1980

36. D. Giacosa, *Progetti alla FIAT*, Automobilia, Torino, 1988

37. H. J. Schöpf, G. Jürgens, J. Pickard, *Das neue Fünfgang-automatikgetriebe von Mercedes-Benz*, ATZ, 91, 1989

38. Many Authors, *Design Practices: Passenger Car Automatic Transmissions*, SAE, Warrendale, 1994

39. J. Fenton, *Handbook of Automotive Powertrain and Chassis Design*, Professional Engineering Publishing, London, 1998

40. H. Heisler, *Vehicle and Engine Technology*, Arnold, London, 1999

41. G. Lechner, H. Naunheimer, *Automotive Transmissions, Fundamentals, Selection, Design and Application*, Springer, Berlin, 1999

42. R. K. Jurgen et al., *Electronic Transmission Control*, SAE, Warrendale, PA, 2000

43. J. Happian-Smith, *An Introduction to Modern Vehicle Technology*, SAE, Warrendale, PA, 2002

44. J. Greiner et al., *7-Speed Automatic Transmission from Mercedes-Benz*, ATZ, 105, 2003